# 决战东北

刘统————著

辽宁人民出版社

© 刘统　2021

**图书在版编目（CIP）数据**

决战东北 / 刘统著. —沈阳：辽宁人民出版社，
2021.5
ISBN 978-7-205-10107-7

Ⅰ. ①决… Ⅱ. ①刘… Ⅲ. ①解放战争—史料—
东北地区 Ⅳ. ①K266.06

中国版本图书馆CIP数据核字（2021）第006529号

---

出版发行：辽宁人民出版社
　　　　　地址：沈阳市和平区十一纬路25号　邮编：110003
　　　　　电话：024-23284321（邮　购）024-23284324（发行部）
　　　　　传真：024-23284191（发行部）024-23284304（办公室）
　　　　　http://www.lnpph.com.cn
印　　刷：北京长宁印刷有限公司天津分公司
幅面尺寸：170mm×240mm
印　　张：28.5
字　　数：450千字
出版时间：2021年5月第1版
印刷时间：2021年5月第1次印刷
责任编辑：娄　瓴
封面设计：乐　翁
版式设计：高鹏博
责任校对：吴艳杰
书　　号：ISBN 978-7-205-10107-7

---

定　　价：79.00元

# "回顾丛书"序

约半年前，艾明秋女士来电，要我"再做点贡献"。小艾是辽宁人民出版社文史编辑室主任，也是我的第一本书《大汉开国谋士群》的责任编辑，我们的合作，非常愉快，进而"成为生活中的益友"（张立宪语）。

对小艾的要求，我一向近乎有求必应。听她谈过初步构想后，觉得挺有意思，可以操作。今年初，辽宁人民出版社副总编辑张洪兄来电，进一步讨论、商定了相关细则。这便是"回顾丛书"的由来。

"回顾丛书"拟每年出一辑，每辑6册左右。以经过时间和市场淘洗的旧书再版为主，新作为辅；以专著为主，文集为辅；以史为主，政治经济军事社会思想文学为辅。入选的各类书籍，都是我所感兴趣的，有料，有趣，有种。回顾的目的，当然是为了更好地前瞻、前行。

太白诗：却顾所来径，苍苍横翠微。2008年初夏，收到首册样书时，欧洲杯激战方酣。去年秋天再版，新书出炉时，我正沿着318国道驱车前往珠峰大本营。此情此景，宛如昨日。我想，再过五年、十年，回过头来看这套"回顾丛书"，又会是什么心境呢？

是为序。

梁由之

夏历癸巳芒种后一日，于深圳天海楼

却顾所来径·苍苍横翠微

# 目录 ★★★★★
CONTENTS

黄克诚赶到前线，发现他们处于"七无"状态——林彪与黄克诚一致决定后撤

# 第一章

# 抗战胜利与重庆谈判

苏军进军东北——日本宣布无条件投降——延安积极部署反攻受降——蒋介石请毛泽东来重庆——斯大林的电报惹怒毛泽东——毛泽东在中央政治局会议上作出去重庆的决策——各军区将领匆匆返回——毛泽东到重庆

1945年8月9日凌晨1时，漫长的东北中苏边境线上，苏联红军歼灭日本关东军的远东战役突然打响。牡丹江地区的绥芬河、东宁一线，苏军重炮震天动地，火光映红了半边天空，密集的炮弹倾泻到日军阵地上，把一个个地堡掀掉了盖子。苏军坦克集群向日军阵地猛扑，苏军的远程轰炸机在空中呼啸而过。日本关东军被打得晕头转向，根本无法组织有效的抵抗。

苏军长驱直入，向中国东北的各大城市进军。在西面，马林诺夫斯基元帅指挥的后贝加尔方面军以8个集团军60个师的兵力，一路由满洲里沿铁路线向南推进。由坦克组成的快速兵团一天前进了150公里，翻越大兴安岭，向齐齐哈尔进军。一路由中蒙边境穿越广阔的大戈壁，两天推进300公里，占领鲁北、洮南，进入东北平原后分兵向沈阳、长春进军。

麦茨列科夫元帅指挥的远东第一方面军以7个集团军45个师的兵力，从兴凯湖以南地区发起进攻。绥芬河、东宁一线是日军筑垒地区。日军经过多年经营，修建起宽大正面和纵深的永久性防御工事。中心碉堡、坑道、壕沟、铁丝网重重叠叠，期望以此挡住苏军进攻。苏军从侧面迂回，坦克在森林中开辟道路，向牡丹江挺进。另一路沿图们江向朝鲜进军。

普尔卡耶夫大将指挥的远东第二方面军，以5个集团军23个师的兵力，在黑龙江区舰队的协同下，强渡黑龙江和乌苏里江，沿松花江南下，逼近佳木斯。

苏军参加远东战役的部队，是在攻克柏林后从西线调来的精锐部队。他们久经战争考验，擅长大兵团协同作战。各部队以多路机动迂回的战术，

◎ 苏军进攻东北

步、炮、坦克、航空兵密切配合，显示出现代化作战的强大威力。苏军炮火之猛，坦克集团冲锋速度之快，都是日军从未见过的。相比之下，关东军不仅兵力相差一倍，飞机、坦克、火炮的质量也差得远。在苏军的猛烈进攻下，日军很快丧失了抵抗能力，伤亡惨重。

8月9日是日本帝国丧钟敲响的日子。苏军对中国东北发起总攻的同时，美军在长崎投下第二枚原子弹，造成近7万人的伤亡。在苏、美强大的军事压力下，日本战败已成定局。8月10日，在裕仁天皇授意下，日本政府向苏、美、英、中四国发出乞降照会。这个消息通过无线电波，很快传到全世界各个地方。

延安沸腾了！重庆沸腾了！饱受十四年抗战苦难的中国大地沸腾了！这天夜里，延安军民举行了盛大的火炬游行。山坡上、山沟里，大街小巷，到处都是灯笼火把，红旗招展，锣鼓喧天，鞭炮齐鸣。人们欢呼跳跃，把衣服帽子抛向空中，扭起了粗犷的陕北秧歌舞。在山城重庆，当报社将号外新闻印出来，街上立即聚集了大量的人群。人们在狂跑、狂叫，没有人还能平静地聊天，电影院里的观众也都跑到了街上，爆竹噼噼啪啪地响起来，没有爆竹的就把盆碗敲起来。

8月14日上午，裕仁天皇在东京召集最后一次御前会议。在听取了铃木首相的停战建议和情况汇报后，裕仁决定无条件投降。8月15日中午，关东军总部将领与其他战区的日本军人，奉命收听东京的广播。裕仁天皇亲自宣读了停战诏书。几天后，关东军总部秦彦总参谋长前往苏军马林诺夫斯基元帅处，接洽投降事宜。[①]

这天，全国各大报纸都刊登了号外。《大公报》以前所未有的大字庄严宣布："日本投降矣！"在社评的开头，特地引用唐代诗人杜甫的诗句："剑外忽传收蓟北，初闻涕泪满衣裳。却看妻子愁何在，漫卷诗书喜欲狂。白日放歌须纵酒，青春作伴好还乡。即从巴峡穿巫峡，便下襄阳向洛阳。"此时人们的心情，与这诗句多么贴近。

十四年的苦难，终于结束了。在和平的环境下重建中国，是每一个中国平民的真诚愿望。但是谁也不会预料到，随之而来的竟是持续四年的内战。这是国共双方决定中国两种命运的大决战，是埋葬旧中国、建立新中国的大决战。这场大决战最初的主战场，就在那一望无际的东北平原上。

毫无疑问，毛泽东和蒋介石在抗战之中都看着抗战胜利后的中国未来。皖南事变后，国共谈判基本停止，中国是走向内战还是和平，并不取决于处于弱势地位的中国共产党。对于弱小的中国共产党来说，无论战后中国走向战争还是和平，增强自身实力于战于和皆有利，也是至关重要的。

抗战胜利突然到来，使延安的中共中央领导人感到既高兴，又意外。5月7日德国法西斯宣布无条件投降后，中共中央就预料到战胜日本帝国主义的最后时刻即将来临。但是谁也没有估计到形势发展得如此迅速。中共中央仍然按照预定计划，举行中共第七次全国代表大会。会后又举行七届一中全会。来自各分区的党政军主要负责人，会后仍然留在延安，没有返回。

苏联出兵东北的消息，毛泽东与中国普通老百姓一样，都是通过无线电广播才获悉的。[②]延安顿时忙碌起来。中共中央领导人开始昼夜不停地工作。抗战漫长艰苦的战略防御阶段终于熬到了头，大反攻和胜利时刻即将来临。8月10日下午，中央召开七届一中全会第二次会议，研究当前局势。会后，毛泽东为中央起草了《关于日本投降后中国共产党任务的决定》，于11日发到全党。[③]

---

① 服部卓四郎：《大东亚战争全史》，商务印书馆1984年版，第10篇第9章。

② 师哲：《在历史巨人身边》，中央文献出版社1991年版，第307页。

③ 中共中央文献研究室编：《毛泽东年谱》下卷，人民出版社、中央文献出版社1993年版，第1页。

8月10日和11日两天，周恩来起草了延安总部的第一到第六号命令，以朱德总司令的名义命令解放区各部队前往敌占区接管受降。令吕正操、张学思、万毅、李运昌、贺龙、聂荣臻等部分别向热河、察哈尔、辽宁、吉林等地进军。各部闻风而动，八路军、新四军和各地方武装向华北、华中、华南的城镇和交通要道大举进攻，拉开了大反攻的序幕。①

延安的行动，急坏了在重庆的蒋介石。8月11日，他也连发三道命令。一是要国民党各战区部队"加紧作战努力，一切依照既定军事计划与命令积极推进，勿稍松懈"。二是命令沦陷区伪军"维持治安，保护人民。非经蒋委员长许可，不得擅自迁移驻地"。三是特地命令第18集团军（八路军）"该集团军所属部队，应就原地驻防待命。政府对于敌军之缴械、敌俘之收容、伪军之处理及收复地区秩序之恢复，均已统筹决定，分令实施。为维护国家命令之尊严，恪守盟邦协议之规定，各部队均勿再擅自行动"。②

毛泽东收到蒋介石的电报，怒不可遏。华北、华中、山东大片的敌后抗日根据地，都是共产党领导的八路军、新四军和游击队打出来的。如今胜利到来，不让我军去受降，是何道理？他在8月13日以朱德总司令的名义，给蒋介石回电指出："这个命令你是下错了，而且错得很厉害，使我们不得不向你表示：坚决地拒绝这个命令。因为你给我们的这个命令，不但不公道，而且违背中华民族的民族利益，仅仅有利于日本侵略者和背叛祖国的汉奸们。"③当天，毛泽东在延安干部会议上发表了长篇讲演《抗日战争胜利后的时局和我们的方针》，提出了"针锋相对，寸土必争"的方针。④

但是，怎样去同蒋介石争夺胜利果实，毛泽东这时还没有想好。8月15日以后，日本侵略军总司令冈村宁次并没有向八路军、新四军投降，而是按照美军和蒋介石的命令，向重庆方面投降。美国空军运输机开始昼夜不停地向上海、南京、北平运送国民党军队和接收官员。

8月11日，毛泽东起草的《中央关于日本投降后我党任务的决定》中说："目前阶段，应集中主要力量迫使敌伪向我投降，猛力扩大解放区，占

---

① 中共中央文献研究室、军事科学院编：《周恩来军事文选》第2卷，人民出版社1997年版，第534页。

②《大公报》1945年8月12日。

③《毛泽东选集》第4卷，人民出版社1991年版，第1142页。

④《毛泽东选集》第4卷，人民出版社1991年版，第1126页。

领一切可能与必须占领的大小城市与交通要道，夺取武器与资源，并放手武装基本群众，不应稍有犹豫。"第二天，毛泽东在给各中央局、各区党委的指示中又说："太原以南之同蒲路，郑州以西之陇海路及以南之平汉路，长江以南各要道及大城市，根本不作占领计划，而置重点于占领广大之乡村。"①

共产党在积极行动，蒋介石当然不会无动于衷。相比之下，他有优势，也有忧虑。抗日战争的胜利，使蒋介石达到了他一生中最辉煌的顶点。他不仅得到了美国、英国的支持，苏联也与他的政府签订了《中苏友好同盟条约》，承认他的正统地位。天时、人和，都让蒋介石占据。唯有地利这方面不占优势，国民党的精锐部队都远在中缅边境和云南、四川大后方。要想用西南地区现有的破烂交通工具将如此之多的政府官员、军队运送到东部沿海和平原的各个城市，没有半年十个月是办不到的。而共产党的军队就挨着敌占区，迈开双腿就到。蒋介石必须要想一个冠冕堂皇的办法，阻止共产党的进军。

8月14日，一封电报从重庆发往延安：

万急。延安毛泽东先生勋鉴：

倭寇投降，世界永久和平局面，可期实现。举凡国际国内各种重要问题，亟待解决，特请先生克日惠临陪都，共同商讨。事关国家大计，幸勿吝驾，临电不胜迫切悬盼之至。

蒋中正　8月14日

三天之后，毛泽东的答复是：

重庆蒋委员长勋鉴：

未寒电悉。朱德总司令日午有一电给你，陈述敝方意见。待你表示意见后，我将考虑和你会见的问题。

毛泽东　未铣

毛泽东代朱德起草的电报中就国共双方联合受降、避免内战、结束一党专政、组织联合政府等一系列重大问题，提出了中共方面的要求。毛泽东估

---

① 《毛泽东军事文集》第3卷，军事科学出版社、中央文献出版社1993年版，第6页。

计蒋介石绝不会接受中共的任何条件，所以对驻在延安的国民政府联络参谋周励武、罗伯纶说：他目前不准备离开延安，希望周、罗转告重庆。[①]

谁知蒋介石不但没有放弃，在 8 月 20 日的第二电中，以更咄咄逼人的语言，向毛泽东将了一军："抗战八年，全国同胞日处在水深火热之中，一旦解放，必须有以安辑而鼓舞之，未可蹉跎延误。大战方告终结，内战不容再有。深望足下体念国家之艰危，悯怀人民之疾苦，共同戮力，从事建设。如何以建国之功收抗战之果，甚有赖于先生之惠然一行，共定大计。则受益拜惠，岂仅个人而已哉！特再驰电奉邀，务恳惠诺为感。"

蒋介石抓住了人民渴望和平的心理，来了一次高姿态的表演。电报一发，舆论界拥护之声四起。重庆《大公报》8 月 21 日的社评《读蒋主席再致延安电》，表示要珍惜抗战来之不易的胜利，全力维护国家的统一和安定。社评说："抗战胜利了，但在胜利的欢欣中，人人都在悬注延安的态度。国家必须统一，不统一则胜利不完全，而建国更困难。全国必须团结，不团结则有内乱的危险，更无从使国家走上民主建设的大路。""我们相信全国同胞的心情都与蒋主席相同，殷切盼望毛先生不吝此一行，以定国家之大计。"

蒋介石的电报给延安造成了压力。与蒋介石现在就公开对抗，寸土必争，将会在广大的国统区失掉人心。以共产党现有的武装与国民党军队开战，也没有多少胜利的把握。但是接受蒋介石的邀请，去重庆谈判，究竟会是个什么结果，谁也不敢乐观。毛泽东在未做最后决策之前，先行缓兵之计，于 8 月 22 日回电蒋介石称："兹为团结大计，特先派周恩来同志前来进谒，希予接洽，为恳。"

蒋介石料定毛泽东不敢来，趁热打铁发出第三次邀请。在与蒋介石周旋的同时，毛泽东向斯大林发报通报情况，商量对策。目前毛泽东最需要的是苏联的支持。但是，斯大林通过驻延安的苏军情报组给毛泽东连发两封电报说：中国应该走和平发展的道路，如果打内战，中华民族有毁灭的危险。尽管蒋介石想打内战消灭你们，但是蒋介石已再三邀你去重庆协商国事，如果一味拒绝，国内、国际各方面就不能理解了。

毛泽东看了斯大林的电报，气愤地对秘书兼翻译师哲说："我就不信，

---

① 中共中央文献研究室编：《毛泽东年谱》下卷，人民出版社、中央文献出版社 1993 年版，第 7 页。

人民为了翻身搞斗争，民族就会灭亡?!"①

当时国内国际形势都对蒋介石有利，延安没有得到来自任何一方的支持。在沉重的气氛中，8月23日中共中央政治局举行扩大会议，分析国内外形势，商讨对策和下一步行动方针。毛泽东在会上作了长篇发言。他说："中国有两种可能进入和平情况，一种是我们得到一部分大城市，一种得不到。现在是得不到，原因有二：一是苏联为了国际和平和受中苏条约限制，不可能帮助我们；二是蒋利用合法地位，使日本完全投降他。我们只能承认这个事实。只能在得不到大城市的情况下进入和平阶段。"

毛泽东清醒地分析了蒋介石的有利条件，同时也列举了解放区目前的有利条件。他说："我们现在新的口号是：和平、民主、团结（过去是抗战、团结、进步）。和平是能取得的，因为苏美英需要和平，不赞成中国内战。中国人民需要和平。国民党也不能下决心打内战，因为他的摊子未摆好，兵力分散，内部矛盾，加上解放区的存在，我们不易被消灭。"毛泽东估计今年的局面蒋介石还不会发动大规模内战，但很可能是"打打停停，甚至可能要打痛他才能逼他让步""不可能设想在蒋的高压下，没有斗争可以取得地位"。所以，毛泽东说："这次谈判应该去，不能拖，而且估计也不会有什么危险。只要我们站稳脚跟，保持清醒的头脑，就不怕一切大风大浪。"

会议展开了激烈争论，主要是围绕毛泽东究竟去不去重庆的中心议题而展开。周恩来表示不愿意毛泽东去冒险。多数意见是：周恩来先去重庆，毛泽东随后再去。会议结束前，毛泽东说："我们要准备有所让步以取得合法地位，利用国会讲坛去进攻。我们很需要这样一个时期来教育全国人民，来锻炼我们自己。我是否去重庆？还是出去。出去的时机由政治局、书记处决定。先派恩来同志出去。我出去，决定由少奇同志代理我的职务，书记处另推陈云、彭真同志为候补书记，以便我和恩来同志出去以后，书记处还有五人开会。"他的建议得到了一致的同意。②

如何去重庆，延安方面设计了一个小小的谋略。当时美军中国战区司令魏德迈将军致电延安，希望调解国共之间的问题。毛泽东于25日复电说：

---

① 师哲：《在历史巨人身边》，中央文献出版社1991年版，第308页。
② 中共中央文献研究室编：《毛泽东年谱》下卷，人民出版社、中央文献出版社1993年版，第11页。

"欢迎赫尔利大使来延面叙，鄙人及周恩来将军可以偕赫尔利大使同机飞渝，以应蒋委员长之约，以期早日协商一切大计。"赫尔利当然不会理解其中的奥妙，他乐于在解决国共争端中充当一位明星，便兴冲冲地去向蒋介石通报。蒋介石不好意思让他一人去，于是让张治中将军陪同一起飞往延安。

方针既定，中共中央立即安排有关的准备工作。因为参加中共第七次全国代表大会，各战略区的领导人和主要将领还都在延安，现在迫切要求他们立即回到各自的岗位上去。就在25日这天，恰巧美军观察组的飞机要从延安飞往太行山区的黎城县，中央紧急决定，刘伯承、邓小平、林彪、陈毅、陈赓、薄一波等二十几位将领搭乘美军运输机返回各自地区。这真是一个极为冒险的决定。如果飞机出了岔子，解放战争的历史可能就是另一个样子了。

上飞机之前，刘、邓向毛泽东请示。毛泽东说："我们的口号是和平、民主、团结，首先立足于争取和平，避免内战。我们提出的条件中，承认解放区和军队为最中心的一条。中间可能经过打打谈谈的情况，逼他承认这些条件。你们回到前方，放手打就是了，不要担心我在重庆的安全问题。你们打得越好，我越安全，谈得越好。别的法子是没有的。"[1]

8月26日，中央政治局再次开会，讨论去重庆谈判问题。毛泽东在会上宣布了他决心亲自去与蒋介石谈判的决定。他说："去，这样可以取得全部主动权。要充分估计到蒋介石逼我城下之盟的可能，但签字之手在我。必须作一定的让步，在不损害双方利益的条件下才能得到妥协。我们让步的第一批是广东至河南，第二批是江南，第三批是江北。陇海路以北迄外蒙一定要由我们占优势。东北行政大员由国民党派，我们去干部，一定有文章可做。如果这些还不行，那么城下就不盟，准备坐班房。如果是软禁，那倒不怕，正是要在那里办点事。红军不入关，美军不登陆，形势上是中国自己解决问题，实际上是三国过问。三国都不愿意中国内战，国际压力是不利于蒋的独裁的。所以重庆是可以去，必须去。领导核心还在延安，延安不要轻易搬家。由于有我们的力量、全国的人心、蒋介石自己的困难、外国的干预四个条件，这次去是可以解决一些问题的。"[2]

---

[1] 毛毛：《我的父亲邓小平》上卷，中央文献出版社1993年版，第505页。
[2] 中共中央文献研究室编：《毛泽东年谱》下卷，人民出版社、中央文献出版社1993年版，第14页。

会后，毛泽东起草了《中共中央关于同国民党进行和平谈判的通知》。在通报了即将去重庆谈判的决定后，指出："中国反动派的内战阴谋，可能被挫折下去。如他们必欲内战，英美苏可能出面干涉。同时我党力量强大，有来犯者，只要好打，我党必定站在自卫立场上坚决彻底干净全部消灭之（不要轻打，打则必胜），绝不要被反动派气势汹汹所吓倒。""但是不论何时，又团结，又斗争，以斗争手段，达团结目的，有理有利有节，利用矛盾，争取多数，反对少数，各个击破等项原则，必须坚持，不能忘记。""你们绝对不要依靠谈判，绝对不要希望国民党发善心。""坚决依靠人民，就是你们的出路。"最后，毛泽东特别强调了东北问题："至于东北三省为中苏条约规定的范围，行政权在国民党手里。我党能否派军队进去活动，现在还不能断定，但是派干部去工作是没有问题的。中央决定派千余干部由林枫同志率领去东北；万毅同志所率军队，仍须进至热河边境待命。"①

完成了这些部署后，毛泽东与刘少奇估计了可能产生的各种情况，研究对策。第二天，重庆来的专机到了。8月28日上午11时，毛泽东、周恩来、王若飞等在张治中将军、赫尔利大使的陪同下登上飞机。前来送行的千余干部们表情沉重，机场上的气氛非常压抑。大家都在为毛主席的安全担心，赫尔利为了活跃气氛，故意大喊大叫，不但没有起到喜剧效果，反而引起大家反感。当飞机隆隆吼叫，升入云天，人们才带着沉重不安的心情返回各自的窑洞。②

1945年8月28日是中国历史上一个重要的日子。重庆九龙坡机场上，各界人士和新闻记者们都翘首以待，等待毛泽东先生的到来。下午3时37分，一架巨大的美式运输机降落了。善于抢先的美国记者像打仗一样，一马当先冲到飞机前，不停地按动照相机快门。当周恩来第一个走下飞机后，毛泽东出现了。

《大公报》记者彭子冈第一次亲眼见到毛泽东本人。她的印象是："毛泽东先生，五十二岁了。灰色通草帽，灰蓝色的中山装，蓄发，似乎与惯常见过的肖像相似。身材中上，衣服宽大得很，……他的手指被香烟烧得焦黄，当他大踏步走下扶梯的时候，我看到他的鞋底还是新的。无疑的，这是他的

---

① 《毛泽东选集》第4卷，人民出版社1991年版，第1154页。
② 师哲：《在历史巨人身边》，中央文献出版社1991年版，第309页。

新装。"

　　记者们紧随毛泽东的专车，来到桂园的张治中公馆。毛泽东在这里稍事休息，彭子冈看到："毛先生宽了外衣，又露出里面簇新的白绸衬衫。他打碎了一只盖碗茶杯。广漆地板的客厅里的一切，显然对他很生疏，他完全像一位来自乡野的书生。"

◉ 毛泽东到重庆

　　彭子冈以她特有的敏锐和细腻，写下这篇著名的《毛泽东先生到重庆》。毛泽东那朴素的衣着、拘谨的举动，给歌舞升平、纸醉金迷的重庆带来一股清新的空气。《大公报》8月29日的社评欢呼："毛泽东先生来了！中国人听了高兴，世界人听了高兴，无疑问的，大家都认为这是中国的一件大喜事。"

　　最了解毛泽东的是蒋介石。在两人第一次会见时，微笑和握手中隐含着较量。蒋介石在当天日记中写道："正午会谈对毛泽东应召来渝后之方针，决以诚挚待之。政治与军事应整个解决，但对政治之要求予以极度之宽容，而对军事则严格之统一，不稍迁就。"[1]毛泽东则胸有成竹："人民的武装，一支枪，一粒子弹，都要保存，不能交出去。"[2]枪杆子里面出政权的道理，他们都明白。

　　重庆谈判，变成了马拉松般的对话。双方就军队编制、政府方案上等问题的谈判相当艰难。毛泽东白天接待来客，登门拜访国民党元老和民主人士，作诗填词，唱和应酬，显得轻松自如。晚上则与周恩来、王若飞等守在电台旁，与延安交换情报，磋商问题。重庆谈判后期，中共开始向东北进军。

---

　　① 土屋奎二：《蒋介石密录》第4卷，广西人民出版社1989年版。
　　②《毛泽东选集》第4卷，人民出版社1991年版，第1161页。

# 第二章

# 十万大军闯关东

曾克林部队在山海关与苏军会师——抗联干部与中央联络——苏军代表与曾克林飞到延安——中共中央东北局在九一八这天到达沈阳——"向北发展，向南防御"方针的提出——林彪在去山东途中接到去东北的命令——黄克诚师千里长征——罗荣桓组织山东部队渡海北上

　　进军东北，绝不是中共中央的临时决定，而是毛泽东考虑已久的设想。早在1944年11月，毛泽东在中共中央六届七中全会主席团会议上就说过："中国的国土蒋介石丢到哪里，我们就到哪里。还要准备几千干部到满洲去。"1945年5月，在中国共产党第七次全国代表大会上，毛泽东又几次强调："要准备20到30个旅，15万到20万人，脱离军区，将来开到东北去。""东北四省极重要，有可能在我们的领导下。有了东北四省，我们即有了胜利的基础。"到6月9日选举中央委员会时，毛泽东还专门谈到东北说："东北是很重要的，从我们党的发展，从中国革命的最近将来的前途看，东北是特别重要的。只要我们有了东北，中国革命就有了巩固的基础。现在我们的基础是不巩固的，因为我们根据地在经济上还是手工业的，没有大工业，没有重工业，在地域上也没有连成一片。"[1]

　　毛泽东之所以盯住东北，因为这个地区有丰富的资源和完整的工业体系。更重要的是蒋介石在东北也没有统治的基础。谁捷足先登，谁就取得了打天下的主动权。所以，在听到苏军出兵东北的消息后，毛泽东、朱德立即下达命令：冀东李运昌部，山东万毅部迅速向东北进军。

　　当苏联与国民党政府签订条约的消息传来，延安的干部们担心东北还能

　　① 中共中央文献研究室编：《毛泽东年谱》中卷，人民出版社、中央文献出版社1993年版，第455页。

不能去，中央此刻也没把握。8月29日中央给晋察冀、山东分局的指示中说："晋察冀和山东准备派到东三省的干部和部队，应迅速出发，部队可用东北军和义勇军等名义。只要（苏联）红军不坚决反对，我们即可非正式地进入东三省。不要声张，不要在报上发表消息。进入东三省后，亦不必坐火车进占大城市，可走小路控制广大乡村和红军未曾驻扎之中小城市，建立我之地方政权和地方部队，大大地放手发展。在我军不能进入的大城市，亦须尽可能派干部去工作。对红军可进行非正式的接洽，将情报通知红军。但不要勉强与红军做正式的接洽与联络，亦不要请求红军给我们帮助。只要红军不作声，不坚决反对我之行动即好。但红军所坚决反对之事我必须照顾，不要使红军在外交法律上为难。山东干部与部队，如能由海道进入东三省活动，则越快越好。"①根据中央的指示精神，晋察冀和山东分局派遣先头部队，由陆路和海路向东北开始了最初的进军。

8月11日延安总部发布第二号命令后，冀热辽军分区立即在河北省丰润县大王庄举行紧急会议，进行部署。军分区司令员兼政委李运昌同志在会上传达了延安的命令。李运昌是河北乐亭人，1925年黄埔军校第四期学生，同年入党的老党员。他参加过秋收起义，后来又在刘少奇领导下的满洲省委搞过地下工作，对东北是十分熟悉的。接到中央的命令，冀热辽军分区党委决定成立以李运昌为书记的"东北前进工作委员会"，调动八个团两个支队一万多人分三路出发。当时正是盛夏雨季，道路泥泞，河水猛涨。日军和伪军仍然守在他们的据点里，等待国民党军队来接收。冀热辽部队向既定目标前进，一路到达承德，与苏军会师；一路到达平泉、赤峰。由十六军分区曾克林、唐凯指挥的两个团和朝鲜支队四千余人，向山海关进军。

当时山海关有日伪军两千人驻守，拒绝向八路军投降。山海关城墙高大坚固，八路军攻不下来。曾克林等决定先扫荡外围据点。8月30日早上，他们绕道出关，占领了前所车站，切断了山海关敌军的退路。这时，有人报告苏军汽车向这边开来了。不多时，苏军六十多人分乘卡车，拖着三门炮，来到前所，与八路军会师了。这是一个激动人心的时刻。曾克林带领大家拥上前去，热烈欢迎苏军官兵。曾克林向苏军自我介绍，并请求苏军配合进攻山海关。天近傍晚，苏军开始向山海关开炮。曾克林命令部队分头出击，攻占

---

① 军事科学院编：《中国人民解放军第三次国内革命战争史料选编》第1辑第1册。

◎ 冀东部队与苏军会师山海关

城楼。日军本来就无心恋战，见势头不好，拔腿就跑。山海关很快攻下来了。曾克林向上级报捷后，又带领部队沿铁路向锦州前进。9月4日与驻锦州的苏军会合后，曾克林、唐凯留下一个团守卫锦州，带上四个连坐上火车，向沈阳前进。

这些八路军第一次乘火车，感觉又快又舒服，一个个兴高采烈。9月5日到达沈阳车站，苏军守卫部队一看车上有这么多中国军人，不知是从哪里来的，神经顿时紧张起来，把住站台不许他们下车。曾克林带人到苏军沈阳卫戍司令部接头，遭到苏军司令的一顿责问："你们是什么军队？从哪里来？谁叫你们来的？"曾克林耐着性子向他解释，我们是八路军的冀热辽部队，奉延安总部命令前来接收东北。不料这位司令一口拒绝，将曾克林等赶回火车上。曾克林与唐凯政委决定以硬对硬，来到苏军司令部，唐凯见到苏军司令，把袖子一卷，露出胳膊上刺的五角星和镰刀、斧头标记，大声喊道："共产党，毛泽东！"一位苏军政工干部听曾克林、唐凯诉说了他们的来历和任务，苏军的态度缓和了，同意部队进入沈阳市区。

曾克林整顿队伍，大家扛上枪，列队走在沈阳的大街上。被日本人奴役了十几年的东北人民，第一次看到了自己的队伍。他们不了解"八路"是怎么回事，只要是中国人来了，大家谁不欢迎！道路上挤满了看热闹的男女老幼，不少人跟着队伍行进，前呼后拥，好似节日大游行。苏方看到这支队伍受到如此热烈的欢迎，态度大有改善。两天后，苏军驻沈阳的最高领导人克拉夫钦科上将亲切会见曾克林和唐凯，称他们为同志，并答应给予配合。

曾克林得到苏军的支持，便在沈阳大干起来。他们成立了沈阳卫戍司令部，曾克林自任司令。当时沈阳市面上还很混乱，大批日本军人和侨民等待遣返回国，伪满的警察仍然在街上维持治安。苏军忙着搜集日本人的财产，拆卸军工厂的机器设备，当战利品装上火车，运回苏联国内。大批工人失业，成了游荡街头的流民。曾克林命令扩充部队，干部战士在街头一喊，马上就有成群的人来参加。不到十天工夫，曾克林的部队从不到千人迅速扩展到两万。苏军把日本关东军在沈阳苏家屯的一个军火仓库交给他们看守，曾克林便下令开仓取枪，很快搬出三万支步枪、三百挺机枪和一百多门炮。这一下又把苏军惹恼了。根据他们和国民党政府签订的条约，东北的大城市都要交给国民政府，不能交给八路军。曾克林在沈阳大干起来，必定会刺激国民党方面和美、英等国，对苏联不利。于是苏军下令赶他们走。曾克林也不吃这一套，说我们也是奉命来的，你们要赶我们走是不行的，要延安中央下命令才行。苏方没有办法，便向苏军在东北的最高指挥官华西列夫斯基、马林诺夫斯基两位元帅报告。①

话分两头，在苏军发起远东战役的时候，苏联境内的东北抗日联军同志在周保中等率领下，分头担任苏军各部队的向导。临出发前，他们收到斯大林的来电："东北是你们中国人民的东北，苏联红军的任务是解放东北，建设东北的任务是你们的。待命。"大家受到极大鼓舞，他们跟随苏军打回东北后，迅速分散为许多小组，进驻到东北各地57个城市。苏方担任卫戍司令，抗联的人任副司令。为了便于开展工作，周保中化名黄绍元中校，任长春卫戍副司令。张寿篯化名李兆麟，任哈尔滨卫戍副司令。周保中听说八路军到了沈阳，非常激动，立即指示在沈阳的冯仲云前去与曾克林联络。周保中向马林诺夫斯基元帅请求接通与延安的联系，马林诺夫斯基元帅便派遣一位懂中文的贝鲁罗索夫（旧译卫斯别夫）中校，与曾克林一起乘飞机前往延安。临行前，冯仲云将抗联给中共中央的信交给贝鲁罗索夫。②

曾克林和周保中在东北最初的行动，中央尚未得到报告。根据中央的指

---

① 《曾克林将军回忆录》，辽宁人民出版社1992年版，第132页。

② 王一知：《"八一五"前后的东北抗日联军》，载《辽沈决战》上册，人民出版社1988年版，第174页。

◎ 曾克林

示，山东军区胶东军分区在8月下旬派遣邹大鹏、吕其恩等分别率领侦察小分队乘船渡海，前往东北。邹大鹏在庄河地区登陆，建立起接应联络地点。吕其恩到大连与苏军进行非正式接触。苏军将领对他说：红军只控制大城市，对八路军在乡村的活动，红军不干涉，也可以在城市里以非武装组织的形式活动。邹大鹏、吕其恩在9月初返回胶东后，向山东军区汇报了以上情报。中央收到山东来电，非常高兴，于9月11日指示山东"抽调四个师十二个团，共二万五千至三万人分散经海道进入东北活动，并派萧华前去统一指挥。我军进入东北一律不事声张，不用八路军名义，而用东北义勇军及东北其他地方军队名义，首先进驻乡村、小城市及红军尚未占领之中等城市和交通线，发动群众壮大力量，建立地方政权"。正当中央谨慎地安排秘密进军东北行动时，曾克林一行乘坐的飞机从天而降，给中央带来了好消息。

9月14日上午，一架小型军用飞机突然降落在延安机场跑道上。曾克林从机舱门走出来，向延安的同志们大声招呼。听说是东北来的，还把苏军代表也请来了，中央领导人真是喜出望外，马上吩咐会讲俄语的杨尚昆、伍修权前来迎接。朱德总司令在王家坪八路军总部会见了苏军代表。授权有限的贝鲁罗索夫用正式的官方语言向朱总司令转达马林诺夫斯基元帅的四点声明：

一、按照红军统帅部指示，蒋军与八路军进入满洲，应按照特别规定的时间。

二、红军退出满洲之前，蒋军及八路军均不得进入满洲。

三、因八路军单独部队已到沈阳、平泉、长春、大连等地，红军统帅请朱总司令命令各部队退出红军占领之地区。

四、未得红军允许进入满洲之国民党部队，已被红军缴械。红军统帅部转告朱总司令，红军不久即将撤退，届时中国军人如何进入满洲，应由中国自行解决，我们不干涉中国内政。

最后，贝鲁罗索夫转达：马林诺夫斯基元帅"不论对总司令个人、对八路军均抱深厚之同情"。[①]

下午，刘少奇主持中央政治局会议，听取曾克林关于东北情况的汇报。窑洞里坐着朱德、任弼时、彭真、陈云、康生、高岗、李富春、博古、叶剑英、杨尚昆等中央领导人。看到这么多中央大首长，曾克林自豪地放开嗓门讲起来。报告了进入沈阳的经过后，他说：东北各地秩序混乱，到处堆积着武器和物资，无人看管，各种轻重武器都可以随便拿。任何人只要不打八路军和中央军的旗号，都可以自由进入东北。乘火车不用买票。在东北扩兵很容易，我们四个连进沈阳，一星期就扩大了四千人，还收编了一万多人的保安队，全都装备了新式武器。我们已经看守了沈阳各重要仓库和工厂，枪有几十万，大炮有几千门。弹药多得数不清。红军只占领大城市，中小城市和乡村都没有人管。红军虽然不让八路军进满洲，但我们个别同志去了，可以在红军帮助下当市长、卫戍司令。

曾克林又谈到，到苏联学习的义勇军干部大部分已经回到东北。在抚顺、本溪、鞍山有八路军被俘人员两万多人，他们已经组织了游击队。国民党的地下人员也从监狱里出来了，到处活动，挂起牌子招收人马。我们已经禁止国民党的活动，但是现在我们的大批干部还没到，处处缺乏干部。[②]

曾克林的汇报使中央领导人都喜形于色。这真是天大的好事，东北遍地是物资武器，我们不去谁去？在当时的兴奋状态下，曾克林的一些话明显地夸大了实际情况。

晚上，中央政治局继续举行会议，就东北局势展开热烈讨论。大家一致认为，东北工业基础雄厚，物产丰富，蒋介石还没有派军队进入东北，这是我党占领东北的大好时机。朱德、刘少奇下定了决心。经过讨论，会议通过两项决议：

一、立即成立东北局，以彭真为书记，陈云、程子华、林枫、伍修权为委员，马上随苏军飞机去沈阳。"东北局全权代表中央指导东北一切党的组织及党员活动，东北一切党的组织和党员必须接受其领导。"

---

① 中共中央文献研究室编：《任弼时传》，中央文献出版社1998年版，第566页。
②《曾克林将军回忆录》，解放军出版社1992年版，第134页。

◎ 中共中央东北局书记彭真在研究工作（左二）

二、从华中、华北派遣100个团的干部去东北。"不带武器，穿便衣作为劳工到满洲找东北局。""在进入满洲边境时，绝不可被红军及英、美、国民党人发现，绝不要经过有红军驻扎的地方，并且一旦进入满洲境内，即须使用满洲本地番号，消灭八路军原有的证件。"只有用东北地方部队的名义和非共产党的面目，才有可能得到红军的帮助。[①]

第二天上午，刘少奇、朱德、任弼时会见贝鲁罗索夫。朱总司令交给他一封信，请他转给马林诺夫斯基元帅。主要内容是：

一、贵使贝鲁罗索夫中校来此，得悉国民党军及八路军均需按照特别规定的时间，在红军撤退后方得进入满洲。

二、现按照鲁意，命令进入沈阳、长春、大连、平泉及满洲其他各点之

① 金冲及主编：《刘少奇传》，中央文献出版社1998年版，第523页。

八路军各部队，迅速退出红军占领地区。

三、在热河、辽宁之各一部，自1937年中日战争爆发时即有八路军活动，并创有根据地。请允许该地区之八路军仍留原地。

刘少奇对贝鲁罗索夫说：中共中央准备派几位同志前往沈阳与苏军联络，希望能搭苏军的飞机一起走。贝鲁罗索夫答应了。

9月17日，彭真、陈云、伍修权、叶季壮及报务、译电员各一人，与曾克林、贝鲁罗索夫乘苏军飞机从延安起飞，向沈阳飞去。当飞机到达山海关机场时，准备在那里降落加油。由于飞行员操作失误，飞机冲出跑道，一头扎在稻田里。机头插进泥土里，机尾高高翘起来。乘员和货物一下倒向前舱，彭真的头被狠狠撞了一下，叶季壮被翻滚的油桶压在下面，伍修权和报务、译电员都受了轻伤。只有陈云最幸运，被飞机的惯性推到驾驶室里，一点儿没有受伤。第二天改乘火车，正赶上"九一八"这天，中共中央东北局领导人到达沈阳，在原张作霖大元帅府安营扎寨，开始了新的工作。①

送走彭真一行，刘少奇、朱德、任弼时立即发出一封长长的电报，向重庆的毛泽东汇报东北的新情况。提出党的战略方针应该是"向北推进，向南防御"。建议新四军在江南的主力立即转移到江北，从华东、华中抽调十万部队北上。

毛泽东在重庆已有二十天，谈判还是毫无结果，进行得非常艰难。9月15日以后，延安方面的电报突然增多，东北的好消息使毛泽东精神振奋。9月17日毛泽东、周恩来复电延安，完全同意组建东北局和力争东北的决策。并且指出：东北及热河、察哈尔控制在手，全党团结一致，什么也不怕。9月19日，毛泽东再次电复延安，完全同意"向北发展，向南防御"的战略方针。并对人事安排做了重要调整，决定陈毅、饶漱石去山东；罗荣桓、萧华去东北；林彪去热河，领导那里的军事指挥。②

党中央一声令下，各路人马立即启程，分头从陆路、海路向东北进军。

9月23日，林彪、萧劲光一行到达河南濮阳。从延安乘飞机出发时，毛

---

① 中共中央文献研究室编：《陈云传》，中央文献出版社2005年版，第405页。

② 中共中央文献研究室编：《毛泽东年谱》下卷，人民出版社、中央文献出版社1993年版，第27页。

泽东交代给他们的任务是到山东军区任司令员和副司令员。山东军区部队是
八路军115师发展起来的，是林彪的老部队。林彪自平型关战斗后被阎锡山
军队误伤，身体受到很大损害。后来到苏联养病，也未见多少好转，变得面
色苍白，弱不禁风。但是只要有仗打，林彪的神经便会高度兴奋。这次毛泽
东把山东战场的任务交给他，又是指挥自己的老部队，他当然是很满意的，
所以在晋南与刘伯承、邓小平告别后，便与萧劲光等昼夜兼程，向山东奔
去。谁知这天突然接到要他到冀东的命令，林彪浓眉紧锁，掂量这个命令的
分量。

　　林彪与毛泽东的关系，确实非同一般。在井冈山时期，他就受到毛泽东
的器重，是毛泽东一手提拔起来的，二十多岁就当上了红一军团的军团长。
他是黄埔军校四期学生，善于作战。所以，无论是长征还是延安时期，毛泽
东对林彪都十分器重。1942年10月，林彪从重庆返回延安。毛泽东闻讯，
一反晚睡晚起的常规，特地起个大早，拉上秘书师哲，亲自下山迎接。见到
林彪，毛泽东和他紧紧握手，非常高兴，一路说个不停，还特地安排林彪住
在紧靠他的地方。这些举动使刚从苏联回来不久的师哲感到大惑不解，心
想："朱总司令从前线回来，恩来、弼时从苏联回来，主席都没有这样迎
接。恩来1940年回到延安的前一天，在甘泉和他通了电话。第二天八九点
钟他仍在睡觉，只有李富春前去迎接，而且主要还是接他的夫人蔡畅。过了
几天才在杨家岭山下的河滩上开了个欢迎会，还是由中组部主持的。而今天
他竟亲自迎接比朱总、恩来、弼时地位低得多的青年林彪。"[1]所以，林彪后
来当上东北战场的最高指挥员，统率百万大军，绝非偶然，体现了毛泽东对
他的信任和倚重。

　　眼下，林彪是个真正的"光杆司令"。身边没有一支战斗部队，他不知
道将要指挥哪些部队，甚至不知道具体的作战任务。他掉头北上，先骑马到
河北南宫，再改乘汽车到河北固安的冀中十分区司令部。然后在当地部队护
送下穿越封锁线，步行到冀东玉田的冀辽热军区司令部。这一路，林彪、萧
劲光走了二十多天。

　　另一支南下的部队，也掉转头来向北进发。这是著名的359旅。他们在
陕北根据地大生产运动中，开荒南泥湾，为粉碎蒋介石的围困，解决陕北的

--------

　　[1] 师哲：《在历史巨人身边》，中央文献出版社1991年版，第231页。

温饱立下了功绩。1944年，王震先率部分人马南下开辟根据地，到达湘赣边界地区。1945年6月，中央命令刘转连、晏福生率359旅余部3000多人南下与王震会合。9月中旬，当他们行军到河南林县，突然接到刘伯承、邓小平二位首长的命令，要他们迅速北上去东北。并指示他们放下重武器，轻装前进。

当时，不少北上部队都收到中央关于东北情况的通报。在层层向下传达时，本来就已经夸大的情况越说越乐观。什么"东北遍地是物资，枪炮要多少有多少""到东北住大城市，吃大米白面"。还有的说"到东北每人至少提一级"。这些好话把大家的心都说活动了，谁还稀罕手上这些老掉牙的破枪。于是，359旅来个大轻装，把自己仅有的一门92式日本小钢炮和五门迫击炮以及一些轻重机枪、步枪、弹药，大大方方地留给了林县的太行军区七分区。他们一路走，一路送，到河北邢台，又送给冀中军区地方部队一批枪支。作为回报，当地同志们送给他们一些自行车。骑上自行车在华北平原上跑，比用两条腿步行当然舒服多了。有的干部看着好奇，也拿自己的手枪、步枪去和地方政府换自行车骑。刘转连认为这样违反群众纪律，下令禁止。当部队于10月下旬到达河北玉田时，每个班只剩了一支枪，这还是因为站岗放哨的需要才保留下来的。[①]

黄克诚率领的新四军第3师，是进军东北的部队中人数最多、战斗力最强的一支队伍。黄克诚，湖南永兴人，1925年入党，1928年湘南起义后，随朱德、陈毅上了井冈山。后来在红三军团工作，与彭德怀共事多年。黄克诚作战指挥有方，又善于独立思考。他最痛恨"左"倾机会主义的路线和作风，绝不为了迎逢上意而放弃原则。因此，他在历史上几次被打成"右倾"，差一点掉了脑袋。但是黄克诚照样说真话，办实事，敢于同不良倾向作斗争。所以有些人很不喜欢他，虽然资格很老，但职位晋升并不快。

1945年9月初，黄克诚率新四军第3师返回苏

◎ 黄克诚在新四军第3师

---

① 军委一局电报汇编：《1945年9—12月东北我军行动部署摘要》，军事科学院图书馆藏。

北根据地。在华中局驻地他获悉我军先头部队已经进入东北，当即向华中局书记、新四军政委饶漱石建议：给中央发电报，要求派大部队到东北去。饶漱石认为这不属于他管辖的事，不同意发这个电报。于是黄克诚以个人名义，于9月13日给中央发了一封长电，就当前形势和我党战略方针提出自己的看法和建议。他说："东北既能派队伍去，应尽量多派，至少应有五万人，能去十万人为最好。并派有威望的军队领导人去主持工作，迅速创造总根据地，支援关内战争。""以晋、绥、察三地为关内第一战略根据地"，"以山东为关内第二战略根据地"。黄克诚强调指出："目前我党若没有联系一片的大战略根据地，就不会有大的胜利；没有大规模决战的胜利，就不会有联系一片的大战略根据地。故集中兵力决战，当为当前之急。如依靠谈判或国际干涉，均带有极大危险性。"

黄克诚作为一个基层指挥员，心里却装着全党全军的大事，表现出一个共产党员的高尚品德和战略远见。他的建议与中央的想法不谋而合，刘少奇向毛泽东通报情况时，特别汇报了黄克诚的意见，得到毛泽东的同意。9月23日，黄克诚接到中央命令，要他率3师开赴东北。这样，3师主力四个旅、三个特务团共35000人在师长黄克诚、副师长刘震、副师长兼参谋长洪学智、政治部主任吴法宪带领下，士气高昂地从苏北淮阴踏上千里征途。

出发时，华中局首长对黄克诚说：中央通报，东北物资武器很多，你们现有的武器可以留下交给地方。黄克诚并不这样乐观，万一到那里没有枪怎么办？他坚持部队要全副武装，多余的武器可以留下，因此招来一些责难。经过山东时，新四军军部又指示他们停留一段时间，协助山东部队作战。黄克诚以为兵贵神速，直接向军委请示。中央军委10月6日答复："为了迅速达成战略任务，3师部队在到达山东后，应兼程北进，不能在山东担负战斗任务。"

这样，3师仅在临沂休息了两天，补充粮食，便继续北上了。由于淮北痢疾流行，不少老战士生病。新补充的地方部队也来不及训练，拖着全部辎重长途行军，进度很受影响。黄克诚只好下令把辎重全部留下，轻装前进。在河北行军中，又遇上连阴雨天，部队在泥泞中艰难行进，一些战士的脚走烂了，一些掉了队。历尽千辛万苦，这支大部队终于在11月10日到达玉田境内。35000人的队伍减员3000，已经疲惫不堪。[1]

山东部队在罗荣桓、萧华等领导下，开始大规模渡海行动，向辽东半岛进军。中央在8月下旬就命令万毅部渡海北上，因为没有部队接防，拖延了些日子。中央对此很不满意，几次批评山东方面行动迟缓。9月19日，中央向各分局传达了"向北发展，向南防御"的战略方针后，指示山东军区要承担进军东北的主要任务。9月20日，刘少奇电告山东分局："发展东北，控制冀东、热河，进而控制东北，除去各地派去之部队和干部外，中央是完全依靠你们及山东的部队和干部。原则上以山东全部力量去完成这个任务，其他各地加以帮助。"要求"罗荣桓及萧华望能很快到东北，林彪到冀东"。9月28日，中央电告罗荣桓："向东北和冀东进兵及运送干部是目前关系全国大局的战略行动，对我党及中国人民今后的斗争，有决定的作用。在目前是时间决定一切，迟延一天即有一天的损失。"第二天下达严厉的命令："必须在二十天至一月内渡过二三万部队和干部，否则决不能完成你们的战略任务。""必须用全力迅速组织渡海，再不能容许片刻迟缓。"

但是，主持山东军区工作的罗荣桓却无法立即动身。接替山东工作的陈毅还在途中，山东这一摊也很重要，不能扔下就走。再说，罗荣桓的肾病越来越重，已经卧床不起。军令如山，罗荣桓忍着腰痛，调遣人马，一部分由萧华指挥走海路，一部分过黄河北上走陆路。许世友等留在山东坚持斗争，接受陈毅指挥。

10月上旬，陈毅长途跋涉一个多月后，到达临沂。罗荣桓非常高兴，抓紧时间向陈毅交代山东的工作，同时开始组织山东各主力部队进军东北的准备工作。配备干部，整编部队，设置兵站，筹集粮食，制定渡海和陆地行军路线，忙得不可开交。

10月25日，毛泽东又给陈毅、罗荣桓等下达严厉的渡海命令："渡海与野战并重，而

◎ 罗荣桓在东北

---

① 《黄克诚自述》，人民出版社1994年版，第195页。

渡海最急。""请罗、李精密组织渡海，务使每日不断，源源北运。山东应出之兵，请分别陆行、海运，下月必须出完，并全部到达辽宁省，那边需用至急，愈快愈好。"①其实，罗荣桓和山东军区领导未敢稍有怠慢，各路军马纷纷开拔。

这次山东部队的大搬家规模空前，也是争夺东北战略上具有决定性意义的一步。根据东北军区后来的统计，陆续到达东北的山东部队有：

万毅率领的滨海支队，约3500人，从海路到辽东半岛，10月中旬到达盘石、海龙地区。

萧华率山东军区机关人员及部队1000余人，从海路到辽东，于10月下旬到达安东（今丹东市）。

胶东军区副司令吴克华部，约8000人，从海路到辽东，10月24日到达营口地区。

渤海军区司令杨国夫率山东7师三个团，副政委刘其人率三个团，共12000人，从陆路行军，11月分别到达山海关、古北口一带。

山东军区2师罗华生部，约7500人，从海路到辽东，11月上旬到达沈阳以西地区。

山东军区1师梁兴初部，约7500人，走陆路于11月中旬到达锦州以西地区。

山东田松支队约1000人，从海路到辽东，11月中旬到达牡丹江地区。

山东军区机关直属部队和几个独立营，约4000人，从海路到辽东，11月到达沈阳、安东地区。

最后出发的是鲁中军区司令罗舜初率领的山东3师及鲁中警备第3旅，共9000余人。从海路到辽东，12月上旬到达沈阳、鞍山地区。②

上述各部队，人数总计约6万人。在1945年进军东北的十万大军中，除去黄克诚部3万多人，山东部队显然是绝对的主力。他们构成了东北野战军的基础，这些经过抗日战争考验的老部队，作风硬朗，战斗力强，在东北解放战争中建立了卓越的功勋。

10月24日，罗荣桓接到中央来电，要他"率轻便指挥机关，日内去东

---

①《毛泽东军事文集》第3卷，军事科学出版社、中央文献出版社1993年版，第82页。
②《中国人民解放军第四野战军战史》，解放军出版社1998年版，第41页。

◉ 八路军部队沿北宁线向东北挺进

北"。当天，罗荣桓带领参谋处长李作鹏、情报处长苏静、国际友人罗生特医生等，乘汽车离开临沂去胶东。肾病严重的罗荣桓一直在尿血，在通过敌占区时，既不能乘车，又不能骑马，只好由战士用担架抬着行军。11月5日，他们到达龙口海滨。胶东军区司令员许世友正在指挥各部队渡海，码头上挤满了征集来的帆船、汽船。（据萧华回忆，当时征集到小汽船三十余只，每只可载七八十人；小帆船一百四十多只，每只可载二三十人。）为了执行中央的命令，在没有气象预报，没有导航设备，缺乏通讯联络的条件下，只要不是赶上狂风暴雨天气，一条条满载战士的渔船就从港口强行出海，向辽东半岛驶去。他们的命运全交给了老天爷和船老大，只要能到达彼岸，就是胜利。山东老区的人民群众是值得称赞的，为了配合部队行动，他们组织有经验的渔民水手，掌舵领航。有首长过海，县里的干部还要亲自护送。沿海的老百姓为部队准备棉衣、干粮，站岗放哨，防奸防特。尽管气候时有变化，刮风下雨，海运工作却从未停止。罗荣桓在岸上化装成商人，与许世友告别，便和随行人员登上一艘小汽船，向大连方向开去。

这艘汽船当时算是最好的渡海工具了，但远离海岸后，它就像一片轻飘飘的树叶，在波涛汹涌的海浪上起伏颠簸。第一次乘船的干部们都被晃得晕头转向，呕吐不止，躺在舱底不能动。而身患重病的罗荣桓却奇迹般没有晕船。下午，海浪越来越大，他们只得到一个岛上暂避一时。第二天风浪稍弱，罗荣桓就下令开船。傍晚进入大连海域时，突然迎面开来一艘军舰。大家顿时紧张起来，做好了预防不测的准备。靠近才发现这是一艘苏军巡逻艇。罗荣桓让翻译通报：船上有八路军山东军区司令员。苏联艇长见到罗荣桓，举手敬礼，并告诉他：苏军不干涉八路军的行动，八路军可以在旅顺、大连以外的任何地点登陆。于是，罗荣桓一行向东北方向驶去，在一个叫貔子窝的地方（今新金县皮口）平安踏上了东北的土地。随后，罗荣桓改乘火车，前往沈阳会合彭真。①

---

① 杨国庆：《罗荣桓在东北解放战争中》，解放军出版社1986年版，第30页。

第三章

# 国共两军东北竞走

彭真发现东北情况并不乐观——招兵买马发展部队——东北局向延安要干部——老蒋忙着接收内地，一时顾不上东北——铁路被共军扒了——国民党接收大员长春碰壁——毛泽东下令：占领全东北——林彪当了总司令——杜聿明受命进军东北，在营口被堵回来——蒋介石命令打出关去

彭真一行到达沈阳后，立即争分夺秒地开始了紧张的工作，在大帅府西楼召开了东北局第一次会议。彭真传达了党中央"全力争取东北"的指示，要大家放手接管城市、收集武器资材，猛烈扩大部队，建立民主政权。据彭真估计，由于京汉、津浦铁路不通，国民党军队短时期内来不了，正是中共发展的大好时机。当时除了李运昌、曾克林的冀热辽部队和周保中的少量抗联干部，大批各解放区的部队和干部才刚上路，还没到达。但是东北局领导决心很大，要在最短时间内干出成绩来。

在伍修权陪同下，彭真以中共中央东北局第一书记的身份拜访苏军驻沈阳的领导人。开始他们还很客气。告诉彭真，沈阳附近有一个储存十万支枪的军火仓库，可以移交给八路军。彭真听了非常高兴，一面向中央作了汇报，一面带上叶季壮等人，到处调查寻找我方急需的军用物资情况。

经过几天的调查，实际情况却不像曾克林在延安所说，东北到处是飞机大炮，枪支弹药随便可以拿到。9月21日，彭真给中央书记处的电报中说：

一、曾克林部原1500，现已发展到37000，轻重机枪400及相当数量的子弹。

二、现在我看守下的较可靠的军械库只有七五山炮11门，迫击炮70门，六五子弹500万发，曾在延报告数不确。

三、沈阳兵工厂仍在苏军看守下，传有步枪60万支，大炮6000门不

确。究有多少正调查中。

四、绥中飞机已被苏军搬走，沈阳南机场确有27架双引擎日本烂飞机，及十余个大零件库。但修理不可能。沈阳西机场有单引擎完整的战斗机70，但无点滴汽油，目前对我全无作用。备用运输车交涉尚无结果。

五、已获得许多帮助，将来能否取得大批武器，还是个谜。

六、在大城市如沈阳我受有相当限制，但仍有相当便利。在广大乡村和中小城市基本上我们可以放手干。①

9月24日，刘少奇代表中央复电东北局，作如下指示：

一、目前对于你们最重要的工作，是迅速组织和接引山东部队和干部进入东北。

二、较集中的武装，应布置在靠近热河、外蒙、苏联、朝鲜的地区，以便生存发展和保持多量武器，尤其是重武器。

三、沈阳及其他城市的武器资材，应向乡村及热河运出。②

这是中央最初的"分散发展"的方针，但是执行中又遇到了许多困难和意外的情况。

东北对共产党人来说，是一个空白地带。日本占领东北后不久，就破坏了中共满洲省委组织。后来东北抗日联军也被日军挤压到苏联境内，几年内东北都没有共产党人的活动了。东北老百姓对共产党、八路军基本不了解，相反，国民党政府倒是他们心目中的"正统"所在。苏军占领东北后，将"满洲国"伪军全部解除武装，遣散在各地，只有旧警察仍在负责维持治安和交通秩序。这些人的政治态度都倾向于国民党，对于共产党和八路军，则持对立或观望态度，表现为"先投八路，后投中央"。苏军在东北到处拆卸工厂，没收日本人财产，作为战利品运回国内，造成大批城市工人失业，日本人流浪街头。在这样混乱的局面下，要在东北站稳脚跟，建立根据地，谈何容易！

---

① 中共中央文献研究室编：《彭真年谱》，中央文献出版社2002年版，第285页。
② 中共中央文献研究室编：《彭真年谱》，中央文献出版社2002年版，第286页。

根据中央指示，东北局在 10 月 13 日发出了"放手发动群众，发展武装，收集资材，创造根据地，接收并改组政权，以便在长期斗争中达到全部控制东北"的行动方针。于是，先期进入东北的李运昌部、曾克林部、周保中部、万毅部便开始大规模地扩充部队，他们将城市失业工人、伪军的散兵游勇、乡村地主武装（大排队），不论来历，只要肯当兵，统统拉过来。这些部队在很短时间内急剧膨胀起来。李运昌回忆："冀热辽部队采取以老部队为基础，吸收新兵的方法，以连扩为营、团，团扩为旅。新兵大部分是矿工、工厂工人和有爱国思想的青年学生以及被俘人员和关内被抓到东北的劳工，同时也收编和加委了一批伪满国兵和警察队。从八月到十一月，我冀热辽出关部队迅速发展为十二个旅、二个支队、十个独立团，约十万余人。"[1]周保中部发展也很快，在他 10 月 18 日的日记上，列出了在北满一个月扩军的统计，约 24000 人。

在沈阳郊区、抚顺等地，李运昌、曾克林部打开了一些军用仓库，取出大批枪支弹药、军装鞋帽。这些部队穿着新军装，扛着新枪，真是威风得很。但是究竟有多少战斗力，很值得怀疑。李运昌说："我们四个分区部队八个团、二个支队、一个营，接收了锦州全省（伪满的省）、热河全省、辽宁全省、黑龙江和吉林西部地区。地域大了，部队多了，团长当了旅长，连营长当了团长，班长当了连长，战士当了班排长，全是新兵了。"原来的老部队都打散了。他也承认："在扩军过程中，由于我们扩充部队的心情过急，对改编的伪军审查不严，对国民党先八路后中央的阴谋缺乏警惕，致使后来出现了部分新部队叛变事件，牺牲了一些干部。"[2]实际上，这样匆忙组建的新部队，只求数量不求质量，致使军队成分复杂，内部不纯，有的甚至被地主、土匪、伪军官把持，虽有新武器装备，却没有战斗力，等于是一群乌合之众。一个月后战争来临，这些新部队多数叛变倒戈。教训是沉痛的。

八路军在东北招兵买马，迅速扩大，引起苏联方面的不安。第一，他们与国民党政府有约在先，东北要移交给国民政府。八路军大干起来，使苏方处境尴尬。第二，苏联方面也不方便公开支持八路军。于是，苏军代表通知彭

---

① 李运昌：《忆冀热辽部队挺进东北》，载《中共党史资料》第 15 期，第 73 页。

② 李运昌：《1982 年 8 月 23 日在东北三省党史资料征集工作会议上的讲话》，军事科学院图书馆藏。

真，要中共军队退出沈阳。不得已，李运昌部于10月6日撤出沈阳，移往锦州。彭真当天向中央报告，准备将东北局也迁到锦州。后来苏方态度转缓，东北局才留在了沈阳。

由于受到中苏条约的限制，苏方一直不允许中共军队在东北公开活动，东北局也处于地下状态。先期进入东北的部队，多数是在南满地区（今辽宁省境内）发展。北满广大地区市县，我方只向一些地方派遣少量干部，难以形成气候。彭真向中央紧急求援，希望派大批干部来东北。其实延安早就把所有能派遣的干部都打发上路了。集中一批走一批，还从晋察冀、晋冀鲁豫军区抽调干部支援东北。在林枫、陶铸等带领下，800名延安干部长途跋涉横穿山西、河北，到承德乘上火车，于10月23日到达沈阳。一起到达的还有张平化、倪志亮、程世才、袁任远、刘澜波、雷经天等，真是雪中送炭。由李富春率领的第二批延安干部队伍也正在途中。截至11月1日，毛泽东给彭真的电报中说："十月底止已到东北及热河之干部，计有：山东二千，林枫一千九百，晋察冀五百，太行、太岳六百，冀鲁豫三百五十，黄永胜一千五百，万毅八十，共计六千九百。"为了开创东北根据地，中共中央把最得力的部队和干部都派出了关。

当共产党的十万大军向东北开进时，重庆方面却行动迟缓。难道蒋介石不想要东北？当然不是。是因为当时国内头绪太多，牵制得蒋介石一时腾不出手来。

承受了十四年抗战的苦难，无论是前方沦陷区还是大后方蒋管区，都是一片荒凉破败景象。正如美国驻重庆的情报官员向华盛顿报告的那样："中国的情况，无论在哪个方面都很糟。与外部世界的贸易全部停顿。通货急剧膨胀；学生、职员和士兵都感到生计难以维持。中国的铁路90%陷于瘫痪。全部车辆都被砸烂焚毁，隧道和桥梁被破坏，中国曾极为依赖的内河航船几乎全部毁坏，或因拮据而无法经营。在大多数地区，公路破烂不堪，各种货运车辆都为数极少。"[①]

中国的地方毕竟太大，够老蒋一口口吃的。最重要的当然是南京、上海、北平、广州。一架架美国军用运输机轰隆隆地从重庆起飞，将接收大员、达官贵人运向南京和上海。国民党军队则运用一切交通工具，分别前往

---

① 赫伯特·菲斯：《中国的纠葛》，北京大学出版社1989年版，第389页。

华东、中原等各大、中城市，接受日伪军的投降。抗战胜利的果实，一批大个、中个的桃子，由南向北，逐个落入蒋介石的囊中。

根据国民党政府和美方的协议，蒋介石派军队先接收华东、华北，然后再接收东北。在美军配合下，蒋介石开始行动。在九、十月间，美国运输机向华东和华北的关键防区运送了三个军的庞大兵力。美国海军陆战队（大约五万人）在青岛、天津、北平和秦皇岛登陆，保卫港口和机场。但是在华北和山东，国民党军队的行动被阻止，进度很慢。通向北方的道路，无论铁路还是公路，都被扒得破破烂烂。从十月下旬开始，近半个月津浦、陇海两大干线都不通车。

造成交通中断的原因，是中共中央为了迟滞国民党军队进入山东、华北解放区，配合东北根据地的开辟，10月15日，刘少奇代表中央起草了《关于在铁路线上消灭和阻止北进敌军的方针部署给各局、各区党委的指示》。指出："目前华北、华中解放区作战的重心，应放在铁路线上，作战的主要目的是消灭和阻止北进之顽军。"

刘少奇特别强调："必须发动广大群众和民兵去进行破坏。凡群众在破路时，所获得的一切铁料、枕木、电杆、电线及其他东西，均归群众所有，由公家定价收买。其破坏桥梁、道基、水塔、机车及车辆者，则由公家定价奖赏。对于铁路工人和路警，应十分注意联合和解释，其失业者，须加救济，使其参加破路，不反对我军破路。""凡为我控制之铁路及在可能时，对于高出地面用土垫起之路基，及车站、月台等，均须彻底破坏。所有机车及车辆、行车用具均须彻底毁坏。"[1]

中央指示一下，各解放区军民闻风而动，在几天时间内，就将铁路扒了个稀烂。南北交通大动脉被切断，火车动弹不得。国民党军队北进的步伐大大延缓了。与此同时，八路军、新四军部队和来自各解放区的干部，正源源不断、日夜兼程奔向东北。这一个月的竞赛举足轻重，共产党人就凭两条腿，硬是走在老蒋之前到了东北。如果没有破路的配合，这个先机是占不到的。

蒋介石的战略部署，首先要把南京、上海、北平、武汉、广州这些大城

---

[1]《中国人民解放军历史资料丛书·解放战争时期·过渡阶段军事斗争·文献》，解放军出版社2000年版，第133页。

市接收过来，然后调兵北上。东北他实在是无兵可调，只能等到华北、华东接收完毕，再从苏联人手里把东北完整接收过来。再说，有中苏条约的限制，苏军三个月不走，他也不能派兵去。

起初，国民党上上下下都认为，接收东北问题不大。但是9月以来，蒋介石不断得到情报，说共产党的军队正在秘密进入东北。到底去了多少，分布在什么地区，则不清楚。蒋介石坐不住了，命令接收东北的官员先飞去长春，与苏方进行交涉。

1945年10月12日，国民党东北行营主任熊式辉、外交特派员蒋经国等国民党接收大员乘专机到达长春。第二天，熊式辉、蒋经国等前往苏军总部（原关东军司令部大楼），与苏军总司令马林诺夫斯基元帅进行第一次会谈。熊式辉提出建立政权、接收日本及伪满在东北之工业机构及其设备、协助国民党军队在大连港登陆等四点要求，不料被苏方软硬兼施，全都顶了回去。苏方立场明确：在苏军撤退之前，拒绝国民党军队进入东北。熊式辉无奈，只好飞回重庆向蒋介石汇报。

10月11日，毛泽东结束重庆谈判，返回延安。在听取中央书记处的汇报后，决定对东北战略作大幅度调整。10月16日，毛泽东电示彭真："蒋军从秦皇岛登陆，向山海关、锦州攻击前进，是必然的。除令在途各部兼程急进，胶东方面星夜海运，并令林彪急至沈阳助你指挥作战外，望你就现有力量加强训练，并动员民众坚决阻止登陆，争取时间。"同日，中央又电示彭真、陈云、程子华等："蒋军在东北登陆及从任何方面进入东北之蒋军，须坚决全面消灭之。凡我到东北之曾克林、万毅、萧华等部，须迅速集中加以补整，全力消灭蒋军。除早已分散者外，不要再分散。此刻我军须集中作战，暂时不能分散。如能消灭蒋军先头部队，即可使蒋军后续部队有所畏惧，方可争取时间。""万毅、吕正操、萧华、李运昌应暂留辽宁，指挥作战，整训部队，战胜蒋军登陆，是目前中心一环，其他一切均为此服务。"10月19日，中央再次指示东北局："我党方针是集中主力于锦州、营口、沈阳之线，次要力量于庄河、安东之线，坚决拒止蒋军登陆及歼灭其一切可能的进攻，首先保卫辽宁、安东，然后掌握全东北，放弃过去分散的方针。"[1]

这些命令一下，就把原来"分散发展"的战略来个大转弯。但是命令好

---

[1]《毛泽东军事文集》第3卷，军事科学出版社、中央文献出版社1993年版，第64页。

下，部队已经撤出去了，几天之内如何拢得起来？中央的决心十分明确，正如毛泽东10月23日给东北局电报中所说："总之，竭尽全力霸占全东北。万一不成，亦造成对抗力量，以利将来谈判。"[1]

最大的问题就是如何阻止国民党军队在秦皇岛一带登陆。毛泽东对李运昌的部队寄予了很大期望。10月25日，毛泽东指示彭真、程子华、李运昌：将李运昌的冀东部队抽出有战斗力的二万人，编为十个团，总称冀东纵队。"由运昌亲率位于机动地区"，准备迎战来自海上和承德方面的敌人。毛泽东甚至乐观地认为，像李运昌那样在辽宁发展，到年底可以组织起一百万地方军，加上苏方的帮助，在两个月内阻止蒋军登陆是有把握的。

最令毛泽东焦急的是：林彪在哪里？自10月中旬中央电令林彪、萧劲光速去沈阳以来，有十多天没有他们的音信。10月30日，中央连发两电追问。先是毛泽东问彭真："林彪等现至何处？"后是刘少奇致电林、萧："你们现在何处？中央前电要你们即速赶到沈阳，收到否？你们意见如何？久未得复，甚为焦念。现美蒋军急于在营口、葫芦岛登陆，苏军恐难以拒绝，我军必须坚决抵抗，以阻止蒋军进入东北。在此情形下，冀东战略地位，已不如沈阳重要。望你们星夜赶去沈阳，指挥作战。"

林彪、萧劲光在冀中接到中央要他们去东北的命令后，真是昼夜兼程赶路，身边没有电台，一路也没经过大的军区机关。所以，半个月内与中央没有联系。当他们乘上火车，终于到达沈阳时，已是10月29日。林彪几乎没来得及喘口气，山海关一线就交上了火。林彪又受命匆匆赶往锦州，指挥作战。

为了建立统一的东北军事指挥部，10月31日，毛泽东为中共中央起草给东北局的命令，同意东北局10月22日来电提出的干部配备方案，决定：

> 林彪为东北人民自治军总司令。
> 吕正操为第一副司令。
> 李运昌为第二副司令。
> 萧劲光为第三副司令兼参谋长。
> 彭真为第一政治委员。

---

[1] 刘统：《和平民主新阶段研究》，载《党的文献》2002年第4期。

罗荣桓为第二政治委员。

程子华为副政委。

11月2日，毛泽东再次电告东北局，补充同意周保中为第四副司令，伍修权为第二参谋长。[①]

为了开辟东北后方工作，中央决定组织东北局北满分局。以陈云为书记，林枫为副书记。为了加强东北局的工作，中央决定再增派三位领导人从延安去东北，他们是高岗、张闻天、李富春。为了东北，中共中央真是尽了最大努力。

重庆方面得知东北接收碰壁，蒋介石憋了一肚子火。10月22日，蒋介石把他的心腹将领杜聿明召到重庆，面授机宜。

杜聿明，陕西米脂人，黄埔一期毕业。在北伐战争中初露锋芒，由连长晋升到团长。抗日战争中，他先后参加过淞沪、忻口诸战役。不仅作战勇敢，而且善于治军。蒋介石任命他为第5军军长，这是用美式装备武装起来的第一支机械化部队。1939年11月，日军侵占广西战略要地昆仑关。杜聿明指挥部队与日军激战18天，包围歼灭了日军精锐部队第5师团第12旅团，打死日军4000多人。1942年参加中国远征军入缅甸作战，在极其不利的情况下，突破日军包围，将部队带回云南。杜聿明以其战绩和对蒋介石的忠诚，获得了蒋的信任。

蒋介石指示杜聿明："你到长春去与苏军接洽，要他们根据中苏条约，掩护我军在东北各港口登陆，接收领土主权。"杜知道共产党部队已经秘密进入东北，他请示蒋："假如共军确已先进入东北，苏军又不承担掩护我军接收的任务，下一步怎么办？"蒋说："你先到长春去会见马林诺夫斯基元帅再说。根据条约规定，他们一定要对中国负

◎ 杜聿明

---

① 《中国人民解放军第四野战军战史》，解放军出版社1998年版，第46页。

掩护接收之责。"然后，蒋要杜先去南京见总参谋长何应钦，再去上海拜访美军第七舰队司令金开德海军上将，联系运输军队事宜。把这件事办好，就去东北。

10月28日，杜聿明到达长春，当天就去拜访马林诺夫斯基元帅。元帅说："杜将军带领中国军队接收东北的领土主权，苏军很欢迎。你们从海路来，从陆路来，我们都欢迎。"经过双方具体协商，马林诺夫斯基同意国民党军队从营口登陆，并提供了营口苏军位置图。杜聿明想不到接洽得如此顺利，非常高兴。他马上又飞回重庆，向蒋介石报告。

蒋介石听了杜聿明的汇报，告诉杜：已经与美方商量好，用军舰先将13军和52军海运到营口登陆。现在13军已陆续到达秦皇岛，52军正由越南海防市启程北上。杜应迅速去秦皇岛，乘美国军舰到营口指挥登陆。

杜聿明飞到天津，拜访美军第三陆战队司令洛克将军。请求美军协助维持天津至秦皇岛铁路的畅通和安全。洛克一口答应。11月3日，杜聿明在秦皇岛登上美国军舰，在第七舰队司令巴贝中将陪同下前往营口。[1]

秦皇岛这个宁静的港口，一下变得喧闹起来。随军记者跟着杜聿明及其随从登上美国军舰时，发现海面上停泊着二十多艘军舰。它们是从上海港开来的。从贵州出发的国民党第13军刚刚到达这里。11月4日早晨，军舰到达辽河口。杜聿明在巴贝陪同下从旗舰换乘小舰到营口港去。海上风大浪高，小舰不停地摇晃起伏，似乎给他们一个不祥之兆。当国民党的联络官登岸联络时，船上的人都举着望远镜张望。记者看到"远远的辽河入口处有一个大炮台，西岸出现了一群人，其中有两个着军装的，也用望远镜向我们看。营口这边有一幢未完成的大建筑，那时有一个中国军人指挥着一群人拆去木料，在搭一个工事"。从早晨一直等到下午两点，联络官员才回来。对记者说"苏军卫戍司令不在，无法登陆"，就无可奉告了。只见小船又调头开回旗舰去。[2]

记者们都稀里糊涂，杜聿明看到岸上的情况不对头，就与巴贝研究对策。巴贝命令舰上做好一切战斗准备，然后拿着报话机与登陆的官员保持密

① 杜聿明：《国民党破坏和平进攻东北始末》，载《辽沈战役亲历记》，文史资料出版社1985年版，第523页。

② 《渤海上的消息》，载《大公报》1945年11月9日。

切联系。联络官员与岸上来人接触后，才知道苏军已经撤离，这里由八路军接管。登陆当然被拒绝了。杜聿明愤愤地说："以目前情况看，要接收东北主权，恐怕非用武力不能解决。"他们根据沿海军用地图，对营口至葫芦岛一带进行了实地侦察，确定了若干登陆点，便返回秦皇岛港。

其实，营口岸上的八路军是来自胶东军区的吴克华部队。他们一共只有6000多人，10月24日才到达营口地区。在营口市的只是一部分，尚未做好战斗准备。以他们简陋的步枪、机枪，和美军第七舰队的火力是没法比的。但是杜聿明不摸虚实，只好退回秦皇岛。兵贵神速，八路抢先一步，国民党军队在东北登陆的计划完全破灭了。

11月6日，杜聿明飞回重庆，向蒋介石汇报营口之行的情况。蒋愤怒地表示：一定要打出关去。杜向蒋要十个军的兵力，由美国舰队掩护，在营口或葫芦岛登陆，肃清东北共军。蒋表示：十个军调不出，只能用13、52两个军从山海关打出去。并指示何应钦下达命令，把这两个军交杜聿明指挥。三年东北战争的战火，首先在山海关点燃了。

第四章

# 国民党军打开东北的大门

国军在秦皇岛登陆——冀东部队把守山海关——杨国夫师赶来参战——杜聿明亲自督战，拿下山海关——毛泽东要林彪在锦州反击——林彪手里没兵，准备放弃锦州——黄克诚赶到前线，发现他们处于"七无"状态——林彪与黄克诚一致决定后撤

　　1945年11月初的秦皇岛和山海关，嘈杂喧闹的气氛打破了这两个小城昔日的宁静。穿着黄军装的国民党军队和身着灰军装的共产党军队在不停地往来运动，进行战争前的准备。

　　国民党军队是怎样在秦皇岛登陆的？10月中旬，美国海军第七舰队的军舰装载着海军陆战队，在渤海湾来回游弋，寻找登陆港口。营口苏军让八路

◎ 国民党军空运到东北

军出面，拒绝美军登陆。美军又到了葫芦岛，那里有冀东军分区沙克部一个团把守，也不许他们上岸。美军最后来到秦皇岛，这里有少数日军和伪军看守，冀东部队没有把这个重要港口拿下来。美军借口解除日军武装和保护美侨财产，在秦皇岛登陆。这样，就为国民党军队接收东北，建立了一个据点。

10月下旬，20多艘美国军舰将国民党13军三个师两万多人运送到秦皇岛。13军原归汤恩伯指挥，现在是全部美式装备，军长石觉。11月初，云南的52军两万人也到达秦皇岛。他们是从云南出发到越南海防在那里登上美舰沿着漫长的中国海岸线北上的。这支军队是半机械化装备，但士兵多数是云南老兵，有作战经验，战斗力不弱于13军。

毛泽东在延安不断收到国民党军北上的情报，他敏锐地感到：一场争夺东北的大战迫在眉睫。11月4日，毛泽东以中央名义电告罗荣桓等："战争中心将转入东北，必有一场恶战。"同日，军委给林彪、彭真的指示也说："十一月至十二月中旬将是蒋与我武装争夺东北的另一次高峰，战场是在辽宁南部、锦州、热河、冀东地区。我必须集中可能的力量，争取这次战略性质的决战胜利，奠定我巩固的大根据地。"

当时毛泽东把在山海关堵截国民党军的希望寄托在冀东李运昌部队的身上。他们最先进入东北，发展很快，短短两个月就发展到8万人，而且是新枪新炮。山海关号称"天下第一关"，长城在这里依山傍海，蜿蜒而上，经义院口、九门口、角山寺形成一条难以逾越的防线，就是用现代武器进攻也难免要付出重大伤亡。10月上旬，李运昌部离开沈阳到锦州，还征用了不少大马车拉武器装备，准备给陆续北上的老部队。10月下旬，中央指示东北局，山海关、锦州一线防御交给李运昌。为此，中央11月1日还直接电告李运昌："你即在彭真、林彪指挥下担任山海关、锦州地区指挥作战、整编部队、运输干部等项任务。而以作战为中心任务，坚决歼灭北进之敌，不要回冀东。詹才芳编成之野战军及在山海关、锦州地区之一切军队及地方工作统归你指挥，而你则接受彭、林指挥。"①

李运昌在锦州部署作战，开始心里并不踏实。他虽说兵马不少，但并不

---

① 《中国人民解放军历史资料丛书·解放战争时期·过渡阶段军事斗争·文献》，解放军出版社2000年版，第321页。

集中，大部分分布在辽西的各个地区，现有的几个团还在山海关到锦州一线摆开。真正守在山海关的只有沙克的两个团。10月30日，他电告中央："秦皇岛美军掩护顽军向我山海关驻军进犯，在石河发生冲突，该地情况不明。……此间部队分散沿岸，调不动。不少部队缺武器弹药，不能应战。"

11月5日，国民党13军84师开始向山海关发起进攻。他们的主攻方向是山海关城西北的娘娘庙、二郎庙等制高点。在炮火轰击下，国民党军一度占领了这些制高点，突进到离山海关城北门只有一里地远的地方。经我军全力反击，又夺回了阵地。

◎ 杨国夫

就在这关键时刻，山东渤海军分区司令兼第7师师长杨国夫带领7师三个团赶到山海关前线。他们是步行一个多月从山东来到这里的。杨国夫是安徽霍丘人，1929年参加红军，在红四方面军当过团长。长征中又转到红一方面军当团长，身经百战。他的部队作风硬朗，以敢打敢拼著称。尽管这7000人长途跋涉，非常疲劳，武器也不全，但是接受命令之后没顾上休息，就接管了山海关正面防线。

当时，敌我双方互相都不摸底。我方估计，秦皇岛上岸的国民党军有5万人，加上美军和伪军共有8万人；国民党军估计共产党军队有5万人，而且得到东北日本人的武器，力量强大。其实，双方都过高估计了对方。国民党军精神紧张，行动小心翼翼，不敢轻易发起进攻。

对峙了两天，杨国夫决定出击一下。11月6日夜里，他派两个营向国民党13军89师阵地进攻。这些擅长游击战的战士深入到敌军阵地内部，又扔手榴弹又打枪，还缴获了一门炮、18挺轻机枪和50支步枪。然后趁着黑夜从容撤回。国民党军不知来了多少共军，轻重机枪猛打了一夜，天亮才发现是自己打自己。守在沙河的一个连差不多死光了，一个团自相残杀得伤亡惨重，只得撤回秦皇岛休整。

打了一个胜仗，杨国夫高兴地向上级报告。说顽军特点是射击准确、火力强，指挥灵活，每个阵地都有电话。但怕我军冲锋，一冲即溃。李运昌看到捷报，原先的不安一扫而光。他在11月9日给林、彭的电报中乐观地说：

"目前顽军三个军已在秦皇岛登陆，数度企图进占山海关，均被我打回。应于目前固守山海关、九门口，而以助守石门寨、海阳镇、滦河镇，局限顽于狭小范围内。并不断以夜摸袭击动作消灭其分散驻守之敌，增加其物资生活困难，消灭其士气。顽大军久驻狭小范围，人地生疏，不能展开，吃烧均要困难。后兵舰撤走则等于瓮中之鳖，不难全部歼灭，东北可无大忧矣。"

这种乐观的情绪甚至影响了毛泽东本人，他在11月11日给梁兴初的电报中也说："顽军火力盛，士气低。""最怕冲锋，一冲即溃。"认为山海关一线"如能坚持一个月两个月，于大局极有利"。后来情况的发展，与想象完全两样。

11月8日，杜聿明来到秦皇岛，他奉蒋介石的命令，决心打出山海关，武力占领东北。在召集13军将领开会时，军长石觉汇报共军火力强大，不可轻易进攻，建议加强工事，稳固防守。杜聿明感到惊讶，因为据他所获情报，共军武器破烂，战斗力并不强。他毕竟是打过硬仗的人，不相信石军长的汇报。于是，他带领13军的团以上军官，13日亲临沙河前线阵地视察。

杜聿明找来6日夜里被共军消灭的那个连的连长，要他说明哪个村被共军炮火摧毁了。连长指了北边的一个村庄。杜聿明走进村子查看，房子没有一间被毁坏。连长又说搞错了，是中间的那个村子。杜又亲自前往查看，一连转了几家，也没有发现被摧毁的房屋。他亲自询问了一个老农，老农说八路在东墙边上打了几炮，但是没有打到院子里。他蹲在墙角，弹片就打不着他。杜聿明在院子内外转了一圈，看到的只是几个手榴弹炸过的痕迹。这样实地调查，真相大白。杜聿明压抑心中怒火，对军官们说：看来沙河战斗共军并无炮火，只有手榴弹。这个连长谎报军情应该严厉处分。石觉等人狼狈不堪，对杜长官表示佩服。

杜聿明实地考察后，增强了进攻山海关的决心。他马上召集13军营以上军官开会。说共军火力、战斗力并不像传说那样强大，国军在各方面都比共军强。再次研究了情况后，杜聿明下达作战命令：以13军主力4师、89师担任山海关正面主攻，以54师攻占九门口；52军的25师迂回进攻义院口，其余部队为总预备队。对通讯联络、策应措施，杜聿明都作了详细安排。总攻时间定在11月15日清晨。最后，他重申了蒋介石的"连坐法"。胆敢作战不力、临阵脱逃者，必然严惩不贷，并追究各级主官的责任。对那个倒霉连长处以死刑，暂且留下一个脑袋，让其戴罪立功。军令一下，各级军官都唯唯听命，再也不敢怠慢。

11月15日早晨，国民党13军54师运动到九门口，首先发起进攻。担任迂回的25师向义院口进攻，策应54师。杜聿明亲自到九门口督战。这次13军拿出全部力气，用重炮猛轰山头阵地。杨国夫师的战士顽强阻击。但是火力悬殊太大，到中午1时，九门口被54师攻占。这一天险的失守立刻使全线的情况发生变化。到黄昏时候，义院口也被25师占领。①

杨国夫的队伍已经打得弹尽力竭。他们从山东长途行军到山海关，没有休整就投入战斗。当时出发时幻想到东北能拿到新枪大炮。没想到打了几天仗，连一点支援也未得到。战士们甚至连最起码的人手一支枪都达不到，怎么与全部美式装备的蒋军拼杀！他们在阵地坚守了十天，吃不饱睡不好。11月已是秋风萧瑟，他们还穿着破旧的单衣单裤，有的鞋子烂了，打着赤脚。这里不是解放区，老乡都躲起来，没有人送饭送水，甚至给伤员抬担架的人也找不到。至于那些配合作战的新编地方部队，一听见炮响就四下溃散，不知跑到哪里去了。只剩下杨国夫这支老部队孤军奋战。当杨国夫获悉九门口、义院口均已失守，他们的部队有被国民党大军合围的危险。于是，杨国夫没有等待李运昌的命令，在11月16日早晨下令撤出山海关，仅留下少数人担任掩护。②

16日早晨，13军向山海关正面阵地发起总攻。重炮轰得震天动地，打了一个钟头，担任主攻的13军4师还是没有发起冲锋。杜聿明亲自到前线督战，下令一线部队发起冲锋。4师官兵用机枪火力掩护冲锋时，对面阵地只打了一阵机枪就没动静了。原来八路军主力早已撤走了。这天下午，13军与52军的迂回部队在山海关以东会师，占领了山海关城，打开了通向东北的大门。

毛泽东在延安收听新闻广播，获悉山海关失守，他直接发指示电给李运昌、沙克，命令"山海关、绥中、兴城之线必须坚守，掩护我主力黄梁集中锦州，时间至少三星期，多则两个月"③。李运昌如实报告：他的部队都是

① 杜聿明：《国民党破坏和平进攻东北始末》，载《辽沈战役亲历记》，文史资料出版社1985年版，第531页。

② 东总：《顽军进攻东北战斗材料》，1945年11月1日到1946年1月13日，军事科学院图书馆藏。

③《毛泽东军事文集》第3卷，军事科学出版社、中央文献出版社1993年版，第139页。

地方武装，没什么战斗力，要守住绥中、兴城一线，恐怕难以胜任。[1]11月17日，中央命令李运昌、杨国夫部在锦州地区"节节坚决抗退，既不死守，又不轻易放弃阵地"。命令黄克诚、梁兴初部迅速集结到锦西地区，"待敌深入锦西、兴城线，从敌左侧后突然攻击"。

然而，这些指示还没来得及执行，杜聿明已经抢在了前面。16日晚间他接到先头部队25师占领山海关的报告后，当即下令要各部队第二天一早就出发，向绥中前进。17日早上13军刚上路，杜聿明就乘吉普车赶到了。他一面吩咐部队继续前进，一面通知各部队长官前来开会。

没进房子，也没坐处，众人就在路边站着听杜长官训话。杜问石军长："为什么不实行战场外追击？"石觉说："共军早已脱离战场，恐怕追不上，所以未令各师追击。"杜聿明当即向先头部队的一个连长调查。该连长报告说：东面、北面村庄里共军很多，他因为兵力单薄不敢前进。杜聿明的判断得到证实，他要大家抓住战机，迅速前进占领绥中。

杨国夫师刚从山海关撤退到绥中，战士们又饿又乏，还没喘口气，国民党军队就紧紧追赶上来。高地上的杨国夫看到情况不利，便主动后撤。天色近晚，国民党军队各自安营扎寨。杜聿明却命令今天必须占领绥中。石军长不同意，与杜争执起来。杜聿明接通前卫团的电话，该团长报告说：绥中城内情况还没侦察清楚，部队正在吃饭，饭后就向绥中前进。杜说："你这一团今晚进了绥中，我给重赏。"此时杨国夫师已撤离绥中，夜里12点，国民党军占领绥中。这样，杜聿明才下令停止前进，休整几天。[2]

绥中失守，兴城、锦州便暴露在国民党军面前。这时，林彪在做什么呢？

在国民党军对山海关发起总攻前夕，东北局领导人曾向中央请示，待黄克诚、梁兴初两支主力部队到达山海关地区后，就集中兵力与国民党军决战。毛泽东考虑敌我双方形势，于11月15日给彭真、林彪发了一封电报，要他们将主力隐蔽在锦州一带，进行内线作战。毛泽东设想得很好，但实际情况变化太快。就在林彪收到毛泽东电报的同一天，传来了山海关失守的消

---

① 《东北我军行动部署摘要》，载李运昌、沙克报东北局：《山海关部队情况》。

② 杜聿明：《国民党破坏和平进攻东北始末》，载《辽沈战役亲历记》，文史资料出版社1985年版，第532页。

息。我军节节后退，国民党军步步紧逼。形势急转直下，变得对我方越来越不利。林彪心急火燎，匆匆离开锦州指挥部，前往兴城、锦西一带察看地形，集合部队，等待黄克诚、梁兴初主力部队的到来。

在兴城，林彪见到了撤下来的杨国夫部队。该师作战科长向林彪汇报了山海关、绥中战斗情况。杨国夫师几天来"伤亡失散千余人，极疲惫。无棉裤，许多无鞋，赤脚战斗，情绪不高。抵抗力降低"。看来这支部队一时难以再投入战斗，林彪指示他们撤退到后方休整，暂时不参加正规作战。

11月21日，山东军区1师8000人在师长梁兴初、政委梁必业的率领下，终于赶到兴城。这个师的前身是八路军115师的685团和686团，是林彪的老部队。他们10月初从山东诸城出发，途经山东昌邑、寿光，河北霸县、玉田，从冷口出山，来到兴城。这支能征善战的红军部队经过长途行军，此刻也是疲劳不堪，比杨国夫师强不了多少。

林彪视察了其他部队的情况，检查了各部队的联络指挥系统，不禁浓眉紧皱，忧心忡忡。现在的条件，不要说打胜仗，就是基本的作战条件都不具备。11月21日，他给军委和沈阳的彭真、罗荣桓发电报，汇报前方情况，阐明他的意见：

> 连日我在兴城、锦州一带所见所闻，我部队已参加作战者皆极疲惫涣散，战斗力甚弱。新兵甚多，缺乏训练。梁师刚到，黄师尚未到达，远落敌后。各部皆疲劳，武器弹药不足而未得补充；衣鞋缺乏，不惯吃高粱，缺少费用。此外，自总部起各级缺乏地图，对地理形势非常不了解。通讯联络至今混乱，未能畅通。地方群众则未发动，土匪甚多。敌迂回包围时，无从知道。敌人利用我以上弱点，向我推进，并采取包围迂回。依据以上情况，我有一个根本意见，即：目前我军应避免被敌各个击破，应避免仓皇应战。应准备放弃锦州以及以北二三百里，让敌拉长分散后，再选弱点突击。……目前黄梁二师皆我亲自指挥，如能求待有利作战时，即进行极力寻求战机。侧面的歼灭战，此可能性仍很大，但亦不拟轻易投入战斗。[①]

因为林彪的电台无法与各部队接通联络，他请军委将他的电报转达给各

---

① 军委一局电报汇编：《东北我军行动部署摘要》，军事科学院图书馆藏。

部队，自己带参谋人员前往锦西江家屯，准备与黄克诚师会合。

黄克诚师3万多人长途行军，在11月12日赶到河北玉田冀东军分区司令部。刚休息了两三天，就接到军委命令，让他们参加山海关战斗。于是部队匆忙上路，当时他们是与杜聿明的大军平行东进。不同的是国民党军队走大路，有汽车；黄克诚部是钻山沟，绕远路，全凭两条腿。连日秋雨，道路泥泞，干部战士疲劳已极，苦不堪言。国民党军终究抢在了前面，13军、52军500里的长途奔袭，在11月24日到达锦州城下。

当时，我军在锦州西线的兵力十分薄弱。老部队只有文年生的警1旅两个团。这支部队是从原359旅分出来组建的，9月南下至河南境内时，接到延安的命令北上的。11月中旬，他们经承德来到锦州，马上就搞新老部队合编。敌人兵临城下时，他们还没完全准备好。另外还有沙克的特务团，共五个连布防在女儿河一线。锦州城内是李运昌的19旅。

11月22日，国民党军先头部队到达兴城。杨国夫师奉命主动撤离，国民党军占了一座空城。杜聿明命令13军沿锦榆公路向前推进，52军2师向锦西、葫芦岛进攻。守在葫芦岛沿岸的冀东31团见侧翼受到威胁，便随主力东撤。用李运昌的话是"新部队无主力配合，一触即溃"。[①]

本来，国民党军对杜聿明如此孤军深入，是心有疑虑的。52军2师师长刘玉章占领锦西后给杜打电话说："锦西太大，兵力不够，现兴城方面仍有共军大队退下来，缴枪也来不及。部队出了锦西，共军一旦反攻，就毫无办法。"杜聿明知道他说的有理，但不肯放弃机会，让刘玉章量力而行，继续前进。刘叹了口气说："不是不敢打，实在力量不够啊。"下午，当他们到达葫芦岛时，发现共军已经撤退。刘玉章才高兴地向杜聿明报捷。11月22日这一天，国民党军连占兴城、锦西、葫芦岛三处要地。[②]

锦州是辽西第一军事重镇，是东北与关内联系的交通枢纽。杜聿明得到情报，锦州城内空虚，林彪的主力部队正在进军中，尚未到达。他决心不惜代价，抢占锦州。于是下令52军为右攻击兵团，向大凌河东岸进攻。13军为左攻击兵团，主力沿塔山、高桥向锦州进攻，分出一部沿大小虹螺山道向

---

① 李运昌11月29日电：《我军失守前锦州情况》，载《东北我军行动部署摘要》。

② 杜聿明：《国民党破坏和平进攻东北始末》，载《辽沈战役亲历记》，文史资料出版社1985年版，第534页。

锦州西边进攻。

国民党大军压境，锦州城里顿时紧张起来。李运昌组织人力抢运枪支物资。锦州机场上停着一些日本飞机，是苏军移交的战利品。当时既没有飞行员，也没有汽油，李运昌搬不走，只好下令统统烧毁。飞机场上浓烟冲天，几十架飞机就这样炸的炸、烧的烧，全都报销了。然后，李运昌下令向黑山、阜新方向撤退。当他们撤离锦州时，城里的一些地方武装放火烧仓库，与国民党军里应外合。沙克的五个连在女儿河抵抗了一阵，势单力薄，也主动后退了。11月26日早晨，国民党军进入锦州城。①

就在同一天，黄克诚带领3师到达锦西江家屯。经过50多天的长途行军，因病倒、掉队造成4000多人的减员。此时全师三个旅共有32000人。按黄克诚的设想，部队应该马上休整一下，补充枪支弹药、棉衣棉裤。谁知到这边一看，情况比在苏中根据地要糟得多。地方部队和政府不知去向，部队要吃没吃，要穿没穿。在寒冷的天气里穿着单衣直哆嗦。大家情绪大受打击，黄克诚也是一肚子气。北上动员时说得那么好听，现在怎么向干部战士解释？于是他马上给毛泽东发了一封电报：

一、3师主力已于11月25日到江家屯，锦州亦于此日失守。

二、部队50多天行军，极疲劳。自华中及沿途动员，均说坐火车汽车、到东北背好武器等乐观心理。现在处于无党、无群众、无政权、无粮、无经费、无医药、无衣服鞋袜之困难情况，部队士气受极大影响。锦州至山海关以西地区土匪甚多，少数人无法通行，战场极坏。而顽已占锦，将直趋沈、长。

三、在上述情况下，我提议我军应暂不参加主力战，进行短期休整，恢复疲劳，再行作战。并以一部主力占中小城市，建立乡村根据地，作长期斗争之准备。

四、我与林彭罗初见面，特向你提议。是否有当，希考虑。②

---

① 李运昌：《1982年8月23日在东北三省党史资料征集工作会议上的讲话》，军事科学院图书馆藏。

② 《黄克诚自述》，人民出版社1994年版，第196页。

毛泽东很快回电，要黄克诚直接向东北局请示和提出建议。中央军委也电告黄克诚："关于你部编制、干部配备与活动地区和作战意见等，你均可与林彪坦白商谈，并由你与林向中央提出意见解决。"但是，由于无线电联络不通，黄克诚虽然与林彪相距不远，却都不知道对方的位置，见不了面。

这时，林彪指挥他手头能掌握的老部队——梁兴初师，前往高桥，按毛泽东的既定部署准备侧面打击国民党军。杜聿明刚刚进入锦州，屁股还没坐稳，高桥和千家寨就打响了。13军89师向杜告急：驻千家寨的89师已被击溃，阵地大多失守。杜聿明吓出一身冷汗，忙召唤54师回头增援，要后面的195师星夜北上。那几天用杜本人的话，真是"千钧一发"。但令他不解的是，共军打了一阵就主动撤走了。国民党军才松了一口气。杜聿明感到孤军深入有危险，便停在锦州休整20多天，招兵买马补充正规军，培植地主武装，为进一步占领东北作准备。①

林彪为什么打了一下就停止了？说起来几乎难以置信，他手上没有大功率电台，发不出电报。作为东北自治军总司令，既无法指挥部队，也无法与延安联系。近一周时间，他的电报稿积压了一叠，就是发不出去。直到12月3日，他才找到一部能用的电台，向中央汇报锦州作战情况：

> 敌25日攻占锦州，该日我梁师始赶到江家屯以东三十里，黄师主力到达江家屯（江家屯距锦州约一百里），其一个旅尚距江家屯三日行程。我因对敌情不明，故继续向高桥、塔山前进。于27日占高桥、塔山，但却扑了个空。旋即分三路向锦州西北追击前进，于30日黄昏到达大茂堡一带。得知敌一个师在锦州以北三十里一带，当即决定次日攻击。但次日战斗，因有的部队未收到电报，故兵力未能照计划赶到参战。只有不到四个团的兵力参加了战斗，在战场上又缺乏电话联络，不能配合攻击，致仅将敌给予打击，未能解决战斗。次日因顾虑锦州增援，故脱离敌人。②

黄克诚与东北局联系不上，便决定按原来的作战命令准备与国民党军打

---

① 杜聿明：《国民党破坏和平进攻东北始末》，载《辽沈战役亲历记》，文史资料出版社1985年版，第535页。

② 军委一局电报汇编：《东北我军行动部署摘要》，军事科学院图书馆藏。

仗。他带领各旅干部巡视战场，正巧遇到林彪派来与他们联系的李天佑。黄克诚这才知道中央已任命林彪为东北人民自治军总司令，指挥各路人马。而且林彪就住在离黄克诚只有20里地的村子里。黄克诚马上与李天佑一起去见林彪。林彪看到黄克诚这支大部队终于到达，心里自然很高兴。他们互通情报、交换意见，一致认为我军远道疲劳，又无根据地，在目前情况下不宜与敌硬拼。当前最重要的是建立后方，站稳脚跟，发展壮大自己，准备将来与国民党军决战。林彪与黄克诚意见完全一致，决定放弃在锦州作战的计划，将部队转移到义县、阜新一带。

# 第五章

# 让开大路，占领两厢

我军向各地分散发展——苏军将东北局赶出沈阳——混乱的局面——刘少奇指示："让开大路，占领两厢"——叛乱之风四起——"老兵老枪，新兵新枪"——要城市还是要农村——东北领导干部的报告和意见——毛泽东发出建立根据地的指示——苏军延期撤走——明停暗打——中央命令林彪停火——占了营口丢热河——林彪告诉中央：和平是阴谋

　　11月山海关、锦州战局的变化，对中共在东北的全局产生了不利的连锁反应，迫使党中央和东北局对东北的方针做重新的估价和考虑。

　　从10月到11月中旬的一个多月里，东北的形势看起来是相当乐观的。来自关内各根据地的部队和干部源源不断到达东北，受东北局指示，又分散到东北的一些城市和乡村开展建立政权和军队的工作。据12月东北局向中央的报告，当时东北各地部队的情况是：

　　万毅率领的山东军区滨海支队3500人于10月中旬到达吉林的盘石、海龙、西丰地区。

　　萧华部分布在辑安、通化一带，萧本人带领山东军区机关1000多人11月到达安东地区。

　　罗舜初率山东军区3师和鲁中军区警备3旅共9000多人于12月初到达辽阳、鞍山地区。

　　吴克华、彭嘉庆率胶东军区5师、6师8000多人登陆后，就留在营口、海城、盖县一带开辟根据地。

　　程世才、曾克林、唐凯所部自沈阳撤出后，活动在沈阳、抚顺、本溪之间的地区。

　　周保中部约8000人分布在吉林、敦化、五常和延吉地区，周保中本人作为东北局的领导成员，在长春市内开展工作。

陈云、高岗受东北局委派到北满开展工作，随行的有200名干部。他们12月到达哈尔滨后，住在市里的大和旅馆，从事秘密工作。公开出面的是抗联干部李兆麟。

山东军区田松支队1000人，在辽东半岛登陆后，于11月中旬到达牡丹江地区。

359旅刘转连部于10月到达抚顺、辽阳后，又率3000人从吉林出发去北满。

刘锡五部6000人，分散在嫩江、洮安地区。①

以上分散各地的部队，有的是内地来的老部队，有的是就地扩充人马发展起来的，如周保中、曾克林部，但是大多数部队和干部还是部署在西满地区。山海关至锦州一线是一大块，沈阳、抚顺、本溪一带是一大块。把部队撤开之后，东北局根据当时的九省划分，建立了九个军区和党的省工作委员会。但是由于力量分布很不均匀，有些省的机关不过是刚搭起了一个架子，还谈不上对所在地区进行有效的控制。

起初，苏军对中共的态度还是友好的。苏军驻沈阳的司令对东北局领导人说：苏军要在11月20日撤军，要中共在沈阳做主人。然而山海关炮声一响，苏方态度马上变了。11月10日，苏方通知东北局：他们准备在撤退的前五天允许国民党军队在沈阳、长春等大城市空降，并让国民党来接收各大城市。彭真获悉后，感到非常震惊，急电中央请求向斯大林交涉。13日毛泽东回电：

1. 十一日电悉。友人方针已定，恐难改变，此间亦不好交涉。

2. 如友人方针不能改变，我们应服从总的利益，立即重新部署力量，适应新形势。

苏方对中共态度的大转变，一方面是国民党政府向苏联政府施加压力，另一方面也是斯大林出于自身利益的考虑。因为国民党政府与苏联政府毕竟是有条约的，如果被国民党政府抓住把柄，引起美国的干涉，苏联不仅在东北的利益保不住，在国际社会也将处于被动地位。权衡利弊之后，斯大林决

①《中国人民解放军第四野战军战史》，解放军出版社1998年版，第59页。

定还是要苏军配合国民党政府接收东北。与此同时，苏方开始在长春和沈阳驱逐中共机关和部队，在沈阳驱赶中共中央东北局。彭真对苏方的背信弃义极为愤怒，11月20日电告中央：苏方19日提出"长春路沿线及城市全部交蒋，有红军之处不许我与顽作战，不许我存在，必要时不惜武力将我驱散"。①

这时，毛泽东由于疲劳过度，生病住进了延安的和平医院。刘少奇代表中央电复彭真："彼方既如此决定，我们只有服从。"但要彭真向苏方提出两点要求：1. 希望不让出锦州、葫芦岛及北宁路之一段。2. 撤出大城市需要较多时间，希望苏方尽量延缓蒋军进入大城市的时间。但刘少奇对此并不抱幻想，在电报最后指示彭真："大城市让出后，应力求控制次要城市，站稳脚跟，准备和蒋军斗争。"②

11月22日刘少奇致电在重庆的中共中央代表团周恩来、王若飞，明确阐述了中央对东北战略方针的转变："彭林电：11月19日友方通知他们，长春路沿线及城市全部交蒋，有红军处不准我与顽作战，要我们退出铁路线若干里以外，以便蒋军能接收，他们能回国。彭、林未答应，我们已去电要他们服从彼方决定，速从城市及铁路沿线退出，让开大路，占领两厢。""让开大路，占领两厢"八个字，就成为此后东北行动的战略方针。③

11月26日，国民党军队即将进入沈阳，东北局领导决定马上撤离。具体安排是：才到沈阳不久的高岗、张闻天去北满，与陈云会合开展工作；彭真、罗荣桓、林枫带领东北局机关去本溪；李富春、吕正操、张平化组成东北局西满分局去抚顺；陶铸、邓华带辽宁省委和军区去法库县建立根据地。这些决策和撤离几乎是同时进行的，很多单位都没有得到通知。伍修权同志也承认："在转移中也发生了一些缺点，有一些单位没有及时通知到，这是我们的工作没有做好做细，曾经造成一些人对我们的埋怨。"④

东北局一撤走，沈阳城内顿时出现了混乱的局面。当时在辽宁省委组织

① 彭真：《东北解放战争的头九个月》，载《党的文献》1989年第1期。
② 《中国人民解放军历史资料丛书·解放战争时期·过渡阶段军事斗争·文献》，解放军出版社2000年版，第343页。
③ 金冲及主编：《刘少奇传》上册，中央文献出版社1998年版，第534页。
④ 伍修权：《回忆与怀念》，中共中央党校出版社1991年版，第6章第1节，其中关于东北局撤出沈阳的时间有误差，今以电报文献为准。

部工作的萧岗回忆：11月25日，他奉命到沈阳城外的马三家子去迎接冀中来的200名干部。第二天上午，他带领一部分干部乘卡车回城。"不料我率车进入市区后，即发现满街都是我军全副武装的队伍在行进，我初以为这是我军为抗议国民党而进行的武装示威游行，但接着看到骡马驮着军锅，炊事员挑着伙食担子紧跟部队行进。我即意识到情形有变，于是促司机疾驶。赶到省委组织部，先到楼下的干部招待所一看，那里已空无一人，只有锅碗瓢钵、大米白面狼藉满地。原来我军一撤，机关已遭洗劫。我立即命令卡车开到省委驻地，幸见站岗的警卫员还在那里，经询问才知道省委机关已分头撤退，只有几位省委领导人尚在里面举行最后的紧急会议。"萧岗找到领导请示，决定这两卡车干部一部随组织部去本溪，一部随陶铸去辽西。当下午他们随陶铸上车撤离时，"沈阳城内枪声四起，街上行人绝迹"。①

东北局机关撤出沈阳后，沈阳城里的国民党地下军和原伪满官员、军人、警察大肆活动，追杀共产党员和八路军干部，在中长铁路沿线的大中城市，掀起了一股叛乱的浪潮。原来被我方收编或留用的伪满人员、军人、土匪，纷纷倒戈，各地新组建的部队和保安队整连、整团地哗变，有的干部被叛匪杀害，有的被迫转移。

北满的形势也是如此。11月，东北局北满分局书记陈云和张闻天、高岗先后来到哈尔滨，主持北满工作。但是17日苏军命令中共机关和部队在23日前退出哈市，以便让国民党来接收。22日，陈云、高岗带领北满分局撤到哈尔滨旁边的宾县，发动群众，建立根据地。张闻天本来要去佳木斯主持合江省委工作，因土匪叛乱，受阻于牡丹江。当时，陈云手头只有1500人的老部队，60个干部，力量是很微弱的。各地的土匪看到国民党快要来了，便到处发动武装叛乱。陈云、高岗到宾县后也多次遇险，张秀山回忆："为防止土匪突然袭击，当时许多同志经常是抱着枪支，轮流坐班或和衣枕戈待旦的。"②

佳木斯、牡丹江一带的合江省情况更严峻。当初抗联干部孙景宇在佳木斯收编土匪，委任亲戚、朋友，扩充部队，收编了约8000人。土匪头子孙

① 萧岗：《走向胜利的历程——回忆东北解放战争中的一些亲身经历》，载《辽沈决战》下册，人民出版社1988年版，第261页。

② 张秀山：《松花江畔的暴风骤雨》，载《辽沈决战》下册，人民出版社1988年版，第69页。

荣久、谢文东等都被委任为司令。12月初国民党特务委任谢文东等为上将司令，这些土匪就大搞叛乱，到处杀害共产党干部。李华堂、谢文东、孙荣久、张雨新、刘山东等大小十几股土匪又打着国民党旗号招兵买马，很快发展到上万人。各地的地主武装"大排队"总数在两万左右。合江成为东北匪患最严重的地区。11月底，东北局派方强到合江主持军事工作，他是化装成老百姓，冒险通过土匪盘踞的勃利县才到达佳木斯市的，可见当时土匪猖獗到了何等程度。①

这时，林彪的指挥部与黄克诚、梁兴初的主力部队三万多人驻守在锦州东到义县之间的乡村，杨国夫部在他们的西南。已经到了寒冷的冬季，但这些大部队衣食无着，陷入严重的困境。林彪不断向东北局告急，而黄克诚部队到东北半个多月，情况不仅和他以前汇报的"七无"没多大差别，反而越来越严重。东北局拨给他们一些伙食费，只是杯水车薪，支持不了多久。东北局通知补充给老部队的武器，只拿到很少一些，远不够用。冀东的新部队都用的新武器，打起仗来却一触即溃。12月17日，黄克诚给中央军委发了一份电报，直言他们目前的困难，尖锐地提出"老兵老枪，新兵新枪"的问题。大敌当前，如果过分追究责任，可能会使东北的新老部队矛盾激化，所以中央只能做工作让大家搞好团结。12月20日，刘少奇代中央复电黄克诚，把他批评了一顿，但是困难和问题并没有得到任何改善。

这些情况东北局也清楚。彭真、罗荣桓向李运昌调查武器装备的下落，得知运往锦州的枪弹物资，在中途就被别人取用，又无可靠部队押运，到锦州已非原数。锦州失守。七列车物资在运回朝阳、北票途中，又被人偷去、私拿一部分。总之，我军初进东北时获得的大量武器装备，由于形势的变化和新部队的叛变，已经被土匪偷盗和抢劫一空。在与国民党争夺东北的较量中，我方已处于极为不利的境地。

对此，中央是有清醒认识的。11月28日中央指示东北局，要他们改变战略方针："苏联由于条约限制，长春铁路沿线各大城市将交蒋介石接收。我企图独占东北，无此可能，但应力争我在东北之一定地位。长春路沿线及东北各大城市我应力求插足外，东满、南满、北满、西满之广大乡村及中小

---

① 李延禄等：《合江前期的剿匪斗争》，载《辽沈决战》下册，人民出版社1988年版，第5页。

城市与次要铁路，我应力求控制。目前你们应以控制长春路以外之中小城市、次要铁路及广大乡村为工作重心。"①

12月5日彭真给中央的复电，仍坚持要夺取沈阳和长春。这个决策也向林彪和北满、西满分局作了通报。北满的陈云、高岗12月7日复电彭真，提出质疑："在歼灭及阻断北宁敌之同时，以三万主力攻沈，一万主力威胁长春。如此分兵，能否全胜，请考虑后果及影响如何？""中央战略与你们来电是不同的，我意你需请示中央。"②

12月7日，刘少奇以中央名义复电东北局，不同意东北局5日电报的部署，重申中央的战略方针。他说："我们目前不应以争夺沈阳、长春为目标来布置一切工作，而应以控制长春路两侧地区建立根据地，利用冬季整训十五万野战军，建立二十万地方武装，以准备明年春天的大决战为目标来布置一切工作。这是一个工作方针问题，望你们迅速考虑成熟，加以确定。否则，动摇不定，将妨害工作，丧失时机。"

刘少奇强调指出："请你们注意目前事实：杜聿明两个军由山海关打到锦州几乎未遇严重抵抗，我之东北新部队还不能作战，黄、梁、杨国夫等部因疲劳没有地方群众配合及各种困难，如不经休整准备，亦几乎不能作战；阻断北宁路及大量歼灭顽军暂时是不可能的。林彪2日电部署以旅为单位分散打土匪、做群众工作是对的。""因此目前与顽军作战，我们一切条件都不够。但我们必须利用东北一切对我有利的条件，迅速准备，以便明春能够进行胜利的决战。"③

◎ 刘少奇

研究了中央的指示，彭真于12月15日对东北我军的行动做了全面部署。确定下一步的总方针是"为了争取在东北之一定地位以至优势，主要力量应放在控制长春线两侧的广大地区（包括中小城市及次要交通联结点），

① 《中国人民解放军历史资料丛书·解放战争时期·过渡阶段军事斗争·文献》，解放军出版社2000年版，第351页。
② 《陈云传》，中央文献出版社2005年版，第428页。
③ 《中国人民解放军历史资料丛书·解放战争时期·过渡阶段军事斗争·文献》，解放军出版社2000年版，第362页。

建设根据地"。"目前对于沿长春线大城市的争夺，基本上应该放弃。但对个别大城市如哈尔滨或齐齐哈尔，如果国民党兵力不大，兵力不够分配，我军可能夺取的情况下，我们应不放过时机，以适当兵力争取控制之。"部队的具体部署是：

"万毅部仍集中吉林附近，及时力争并控制吉林，并协同周保中造成对长春之威胁。"

"三师程（世才）、曾（克林）、唐（凯）所部仍在现地不动，控制辽阳、抚顺两点，以分散性的小部队向沈阳进逼。"

"北满部队应集中相当力量，相机争夺哈尔滨或齐齐哈尔。"

"西满部队应力争控制辽源、洮安，以便控制西满之广大地区。"①

刘少奇看了东北局的部署后，感到十分不安。在12月24日又给彭真发出一封长电：

彭真同志：

1. 毛主席因疲劳过度，已休息一个多月，现仍在休养中。

2. 东北情况我不会比你更清楚，但我对你们的部署总有些不放心，觉得是有危险性的。你们主力是部署在沈阳、长春、哈尔滨三大城市周围及南满，似乎仍有夺取三大城市的态势，而在东满、北满、西满许多战略要地（如通化、延吉、密山、佳木斯、嫩江、洮南等），并无坚强部队和有工作能力的党的领导机关去建立可靠的根据地。屁股坐在大城市附近，背靠很多土匪的乡村，如果顽军一旦控制大城市，你们在城市附近不能立足时，你们主力以至全局就不得不陷于被动。你们今天必须放弃争取东北大城市的任何企图。在东北今天的情况下，没有大城市即没有优势。但你们不要在立足未稳之前，去企图建立在东北的优势。你们今天的中心任务，是建立可靠的根据地，站稳脚跟。然后依情况的允许去逐渐争取在东北的优势，这应作为下一阶段的任务。你们只有这样做才是稳当的、没有危险的、不会陷于被动的，否则恐有一时陷入被动之危险。

3. 我提议你们把屁股坐在东满、北满、西满等可靠地区，去建立根据

---

① 《中国人民解放军历史资料丛书·解放战争时期·过渡阶段军事斗争·文献》，解放军出版社2000年版，第371页。

地。背靠苏联、外蒙，而把双手伸到三大城市附近去。如此，我可随时缩手，而不会使全局陷入被动。现在东北的主力和干部，必须分散部署，应以大半分到东满、北满、西满各战略要地去建立根据地，只留一小半在三大城市附近发展，并准备随时能撤走。你们应了解，主力从四周向城市集中是容易的，士气是高涨的；而主力在紧张情况下从城市撤走是困难的，必将引起混乱。你们应趁顽军尚未到达时将主力从容移至安全地带，好好在冬季进行几个月发动群众建立根据地的工作，明春才有办法应付。黄克诚及梁（兴初）、罗（华生）等部，亦须迅速分散到全西满各地，才能过活。否则严冬一到，即是分散与剿匪亦难进行，冬季工作将不能获得很好结果。以上意见，请你们考虑。如你同意的话，请向东北局提议迅速适当地改变若干部署。

刘少奇

1945 年 12 月 24 日[①]

从刘少奇的电报可以看出，在东北的战略方针上，中央与东北局主要负责人有不同意见。究竟采取什么方针，对我党我军在东北的前途是至关重要的。毛泽东虽然在病中，仍然时刻挂念着东北局势，但他并没有轻易表态。黄克诚回忆，12 月初，"毛泽东来电，询问我们对东北拟采取的方针的意见。我拟了一个电报稿，送给林彪看后发出。据我所知，当时在东北工作的其他领导同志，也都回电提出了意见"。[②]

林彪作为前线指挥员，有责任向中央反映实际情况。12 月 11 日他给东北局和中央发电报，通报关于目前我军作战之困难及对今后工作方针的意见。他说：我军目前的弱点是：

1. 各地皆有土匪。股匪、散匪到处皆是，许多县城被匪盘踞。我少数侦察人员与通讯人员皆派不出，土匪战斗力尚不强，训练尚未成熟。

2. 老百姓说：八路军与中央军都是为老百姓的，彼此不打好了，并认

---

① 《中国人民解放军历史资料丛书·解放战争时期·过渡阶段军事斗争·文献》，解放军出版社 2000 年版，第 376 页。

② 《黄克诚自述》，人民出版社 1994 年版，第 199 页。

为国民党是中央。旧政权、旧武装的人员皆盼望找国民党接头。

3. 我军收编的旧武装，一到与敌接近时，即叛变投敌。

4. 我军无钱，在乡村中行动时，则到处征发。老百姓恨我，与征给养人员打骂。我军驻城市时，因用边币大票子，商店关门。我新编部队纪律最坏，部队政治工作亦须大加整理。

5. 部队缺枪弹、衣服、鞋袜，现虽补充了一部分，但均未补齐。仓库存的东西有的已经没有了，以后如何补充，尚无着落。

6. 战斗中我火力不强，不能压倒敌人。我冲锋时猛劲较差，这一则由于疲劳，次则未进行充分的政治动员，同时来东北的观念是进大城市，装备新武器，对打仗无精神准备。

7. 战斗中伤兵须用战斗员抬，下火线又要随军行动，甚感不便。指挥员最怕此麻烦。

8. 地图不全，致走弯路；电台不灵，致有部队调不到。电话线少，在出发与战斗中皆不能迅速动作。侦察未良好建立，对敌情了解迟缓而不正确。

9. 指挥机关不健全，锣齐鼓不齐，阴差阳错的事情特别多。

鉴于以上诸多问题，林彪建议对东北斗争须作长期打算。目前最重要的是坚决肃清土匪与改造旧政权；建立后方基地，包括军工厂、兵站、医院；对部队进行整编训练。具体地说，是将部队"以团为单位，一概分散于广大乡村打匪，做群众工作，收集资料，建军与整训，准备度过整个冬天，而在明春再集中打大仗"。林彪反对目前与国民党军队硬拼，"以我部队的现状而勉强打，则结果多不佳。在锦州以前敌集中前进时，当时我如真的以主力投入大仗，则很可能演成主力的退却，而损兵、损士气"。①

12月13日，罗荣桓在东北局以个人名义给林彪和西满分局负责人李富春、吕正操发了一封电报，阐述他对东北局势的意见："东北已无我独占局面，沿长春路各大城市，将为国民党所接收。但我争取控制长春路两侧之广大地区，包括中小城市、次要交通线及某些工业原料地区，仍然来得及。""我若控制长春路两侧广大地区，将使各大城市趋于孤立，其优势地位将明

① 四野战史编辑室1960年编：《四野战史资料汇编》，军事科学院图书馆藏。

显下降。反之，如果我们没有掌握中小城市和次要交通线，将会发生困难。这一问题之提出，我认为有非常之必要，因为它关系到我们今后能否在东北坚持以及我们能否在同国民党或战或和的斗争中处于有利地位。"①

主持北满工作的陈云，11月30日与高岗、张闻天联名给中央和东北局发报（电报是陈云起草的，高、张二人刚到北满，还不太了解情况），电报中说：

我们必须承认，首先独占三大城市及长春铁路干线以独占满洲，这种可能性现在是没有的。因此，当前在满洲工作的基本方针，应该不是把我们的全部注意力集中于这三大城市，而是集中必要的武装力量，在锦州、沈阳前线给国民党部队以可能的打击，争取时间。同时，将其他武装力量和干部，有计划地主动地和迅速地分散到北满、东满、西满，包括广大农村、中小城市及铁路支线的战略地区，以扫荡反动武装和土匪，肃清汉奸力量，放手发动群众，扩大部队，改造政权，以建立三大城市外围及长春铁路干线两旁的广大的巩固的根据地。我们必须经过战争及根据地之建立，以达到包围歼灭大城市之敌及钳击长春铁路干线，使我们能够在同国民党的长期斗争中，取得全局的优势。

陈云的电报中还特别强调了反对党内错误倾向的问题，他说："必须防止干部中以为不经过严重斗争而可以取得全满洲的想法，竭力避免把一切希望寄托在苏联的援助上，以苏联对我们援助一时增减而发生盲目的乐观或悲观失望的情绪。必须严重注意干部中由于进入城市而生长起来的享受腐化倾向。同时，应该预先防止国民党进入中心城市后向我们压迫时，在干部中可能发生的精神上、思想上和行动上的混乱。"后来形势的发展，证明陈云的预见是完全合乎实际的。②

毛泽东仔细地阅读了这些电报。在东北的斗争需做长期打算，必须建立巩固的根据地，已成为东北局多数领导人的共识。但是怎样建立根据地，大

---

①《中国人民解放军历史资料丛书·解放战争时期·过渡阶段军事斗争·文献》，解放军出版社2000年版，第367页。

②《陈云传》，中央文献出版社2005年版，第423页。

家还有不同看法。有人虽同意退出大城市，但希望不久就可以打回来。林彪在 12 月 25 日又给中央和东北局发了一封电报，表明他对建立根据地的意见："凡愈靠近城市与铁路的地方，人心愈浮动，群众愈难争取；而这一带亦往往首先失掉，使群众工作的建设白费力气。距城市与铁路线（北宁、长春两路）愈远的地方，人心愈巩固，群众工作愈易发动，且敌来的可能少，故愈易成为巩固的后方。""故我群众工作的布置，应将重心布置于边缘地区。先把那一带搞起来，然后用群众运动的影响，来向城市扩张群众运动。"所以他建议："我绝大部部队皆应严格离开城市，住到乡下去。"

经过深思熟虑之后，12 月 28 日，毛泽东为中共中央起草了给东北局的指示。这就是后来被收入《毛泽东选集》的名篇——《建立巩固的东北根据地》。

毛泽东的这个具有纲领性的指示，汇集了中共中央和东北局多数领导成员的正确意见，更深刻、更全面、更具体地指出了我党我军在东北斗争中的一系列指导方针。在七点指示中，核心的意图是在东满、北满和西满建立巩固的军事政治的根据地。他强调指出："建立这种根据地的地区，现在应当确定不是在国民党已占或将占的大城市和交通干线，这是在现时条件下所做不到的。也不是在国民党占领的大城市和交通干线的附近地区内。这是因为国民党既然得了大城市和交通干线，就不会容许我们在其靠得很近的地区内建立巩固的根据地。这种地区，我党应做充分的工作，在军事上建立第一道防线，决不可轻易放弃。但是，这种地区将是两党的游击区，而不是我们的巩固的根据地。因此，建立巩固根据地的地区，是距离国民党占领中心较远的城市和广大乡村。"他还指出：我党在东北的工作重心是群众工作，群众工作的内容，是发动人民清算汉奸的斗争，是减租和增加工资运动，是生产运动。我党必须给东北人民以看得见的物质利益，群众才会拥护我们，反对国民党的进攻。他要求将正规军的相当部分，分散到各军分区去，从事发动群众，消灭土匪，建立政权，组织游击队、民兵和自卫军，以便巩固地方，配合野战军，粉碎国民党的进攻。

毛泽东的指示，显示了他的战略眼光和英明预见，成为东北解放战争胜利的指南。但是，全面地、真正地落实毛泽东的这一战略指示，又经历了一个曲折、痛苦的过程。

11 月下旬苏军强迫中共中央东北局和所属部队退出沈阳、长春和哈尔滨三大城市后，自己却按兵不动，毫无撤走的意思。在苏联撤军问题上，国民党政府也改变了立场，从要求苏军尽快撤走变为挽留苏军。因为国民党军队正在向东北调动，还需要时日。如果苏军按规定时间从东北撤退，国民党政府就要面对极为困难的局势。既不能把军队运到东北，也无法组织政府机构。所以请求苏军缓撤一个月，到1946年2月再走。①

中国的内战和苏军在东北延期撤军，引起美国政府的强烈关注。二次大战已经结束三个多月，但中国的和平不但没有到来，还有爆发全面内战的危险。中国不和平，美国的既得利益就得不到保证。1945年底美国总统杜鲁门决定修改对华政策，他任命德高望重的五星上将马歇尔为特使，来中国重建和平。12月16日，苏美英三国外长会议在莫斯科举行。会议结束时发表的联合公报要求中国停止内部冲突。苏美两国外长还宣布：双方军队在完成各自的任务后，将尽早撤离中国。由于国际形势的这些变化，饱经战火的中国大地再次露出了和平的曙光。当马歇尔特使来到中国时，受到国共双方的共同欢迎。

◎ 马歇尔到延安

---

① 杜聿明：《国民党破坏和平进攻东北始末》，载《辽沈战役亲历记》，文史资料出版社1985年版，第536页。

中共中央对美国的政策和马歇尔使华表示了明确的欢迎。12月19日刘少奇代表中央给各解放区发出指示说："马歇尔即将来华，政治协商会议即将开幕，恩来、剑英同志等已到重庆，我们准备利用杜鲁门的声明，在政治协商会议上向国民党展开和平政治攻势，以配合解放区的自卫战争。"①

蒋介石的态度是表面欢迎，暗地反对。马歇尔来华，使他有所顾忌。国统区还没有稳定，现在就打全面内战有一定困难。马歇尔会见他时说，如果中国不能维持和平局面，美国将要考虑是否继续提供援助的问题，令蒋十分恼火。因为没有美军的空中和海上支援，蒋介石就无法将更多的军队运到东北。所以他表面上接受马歇尔的建议，与共产党进行停战谈判；暗中密电杜聿明，叫他抓紧向东北发动进攻。

杜聿明忠实地执行蒋介石的命令，他坐镇锦州，命令52军主力于12月24日冒着大雪向北镇和黑山进攻。我军主动撤离。13军军长石觉向杜聿明建议："东北辽阔，交通便利，为防意外，最少以两个军由锦州、义县向热河，进迫匪之来路，确保后方交通。"杜表示同意。12月28日，13军主力沿铁路向义县进攻。国民党军采取大迂回包抄，夜间接近、拂晓进攻的战术，使我军来不及做好防御准备。原来我军从锦州后撤时，曾彻底破坏了沿途铁路，炸了几座铁路桥。估计国民党军有两个月上不来。谁知国民党军使用机械修路，不到半个月铁路就通了车。②当国民党军在夜间向义县迂回时，我军因没有棉衣，夜里冻得出不去门，放不出侦察哨。直到国民党军接近才知道，因而处于被动。在抵抗了一个白天之后，我军于黄昏时撤离义县。13军继续前进，12月30日进攻阜新。黄克诚要林彪先撤，林彪带领梁兴初师和黄克诚部的彭明治旅撤退到彰武、法库。黄克诚率3师余部退向通辽。这样，国民党军队控制了热河与沈阳间的铁路线，切断了关内解放区与东北的联系。随后，杜聿明下令兵分两路，52军南下进攻营口，13军由阜新沿铁路向西进攻朝阳、热河。

国民党军队在东北步步推进，在重庆的国共谈判也有了进展。共产党方面主张无条件停战，双方军队停留在原地维持现状。国民党方面则不肯做出

① 《中国人民解放军历史资料丛书·解放战争时期·过渡阶段军事斗争·文献》，解放军出版社2000年版，第185页。

② 东总：《顽军进攻东北战斗材料》1945年11月1日到1946年1月13日，军事科学院图书馆藏。

不进攻解放区的承诺。马歇尔为了表示他的公正，综合双方的提案，在1月3日提出了自己的建议。主要内容是：立即停止一切战斗行动，停止一切军事调动，但国民党军队为接收主权而开入东北和在东北境内的调动除外；停止一切破坏交通的行为；一切军队维持其现时驻地。

这个议案，对国共双方都有一定好处，也都有不利之处。国民党不愿停战，更不愿将军队停在原地。对共产党来说，最不利的是国民党照样可以进军东北，我方在东北的局面将更加困难。但是受到中苏条约的限制，我方也不能公开反对国民党军队接收东北。权衡利弊之后，中央决定在东北问题上作出让步，来换取国内的和平。

停战之前，国共双方的斗争焦点是热河的承德。蒋介石指示杜聿明一定要在停战令公布前夺取热河，这样就能切断关内解放区与东北的联系。中共中央意识到热河的重要性，1946年1月3日电告在热河的程子华、萧克和林彪、李运昌："最近数星期是热河命运决定的关键。而我能否控制热河，对全国战略意义及我党在全国的地位均有极大关系，这是决定我党在今后整个阶段中的地位问题，望你们迅速集中冀东及杨、苏等主力，不惜一切牺牲坚决打击进攻热河之顽军，保卫承德。只要你们能支持数星期的时间，对重庆谈判均有极大关系，望尽一切努力达成任务，为此而牺牲数千人的生命是完全值得的。"[1]

林彪对和平谈判表示怀疑。几个月来，他被杜聿明整得很苦，国民党军咄咄逼人，哪里有一点儿准备停战的意思？刚刚收到毛泽东关于建立巩固的东北根据地的指示，他准备把部队分散到各地开展工作。现在中央要他主动出击，这又是一个战略性的转变。1月5日，林彪询问中央：

"3号电悉。国内和平是否完全可靠？如完全可靠，则我在东北部队目前应集中力量做最后一战。如不可靠则仍分散建立根据地，准备应付敌明年之进攻。盼复。"

中央6日回电说："国内和平有望。保卫热河的战斗是带着决定性的，目前阶段中并可能是最后的一战，决战方面是由程萧部队担任，你在义县、阜新方面是钳制作用，但须由你们作有力之钳制。"[2]

---

① 《承德解放战争史料选》，人民日报出版社1998年版，第65页。
② 《承德解放战争史料选》，人民日报出版社1998年版，第70页。

中央让打，林彪就开始集结部队，做好战斗准备。10日他向中央报告："根据中央8、9日的情况，此间作战部队决定明天开始出动，向阜新、新立屯一带前进，消灭留在该地之敌一个师。尔后再以义州为目标向敌进攻，协同杨得志消灭向热河前进之敌。"

但是，计划赶不上变化。与此同时，延安和重庆都宣布了停战协议。毛泽东代表中共中央发布的命令说："全中国人民在战胜日本侵略者之后，为建立国内和平局面所作之努力，今已获得重要之结果。中国和平民主新阶段，即将从此开始。"①中央的态度是认真的，1月12日一天，刘少奇以中央名义向林彪、黄克诚连下三道命令："你们对顽军进攻务必于1月13日24时以前停止，否则违法。"

当时，国民党进攻东北的部队现在已经分散开来，我军也集中了兵力，抓住战机打一仗，是很有可能取胜的。如果就这样停了战，国民党就能名正言顺地占领东北，我军则被捆住了手脚，谁占便宜谁吃亏是明摆着的。14日林彪给中央发报，提出了对停战协议，特别是国民党军队有权向东北调动的八条疑问。其中有："我驻军地区与城市，他是否有权进驻？如有权进驻，则我之后方即难设立。""倘顽军开入后，实行高度分散，以合法地位控制政权，限制群众运动。则我既不能在军事上打他，又无合法地位进行群众工作，则岂不是很难发动群众？""如我无政权、财权，则部队衣食、供给如何解决？""如我无一定的整块立足地区，无实行民主、民生的政策权，无发动组织群众之权，则顽一旦翻脸，我岂不无立足地区？"所以，林彪是坚持要打一仗的。15日他请示中央："以现在敌之分散情况，我们如配合热河部队采取各个击破方法，消灭杜聿明全部，夺取锦州有充分把握。望中央速考虑，是否能让我们开始攻击。我意最好利用国民党对东北问题拒绝谈判以前，我们开始攻击。"中央当天答复："国民党在各方面已遵令停战，15日只有个别地方有战斗。你们现在决不要攻击，部队在现地停止待命。但对方来攻时，则坚决消灭之。"②

在13日停战令生效前的几天里，国民党军抓紧时机抢占地盘。1月7

---

①《中国人民解放军历史资料丛书·解放战争时期·过渡阶段军事斗争·文献》，解放军出版社2000年版，第191页。

②《中国人民解放军历史资料丛书·解放战争时期·过渡阶段军事斗争·文献》，解放军出版社2000年版，第392页。

日，国民党52军25师进攻营口。驻守当地的我军第二纵队（吴克华部）打退了国民党军六次冲锋，坚持了一天，但却没注意从辽河迂回过来的国民党军。我军的2旅4团在副旅长指挥下前去增援，因雪深过膝，部队前进困难，又不了解敌情，副旅长带着指挥部人员到附近的大高坎村寻找友邻部队时，与敌人遭遇。除副旅长带警卫员逃出外，其他全部被俘。因敌情不明，纵队首长下令放弃营口，撤回海城。25师占领营口后，只留下一个营驻守，其主力部队乘火车北上准备接收沈阳。二纵首长查明情况，决心夺回营口。13日19时，二纵1旅1团向营口之敌发起攻击，敌人以市公署为核心，占据附近的烟草公司大楼等几个制高点拼命顽抗。我军缺乏城市作战经验，两个连一齐往上冲。道路狭窄，人挤在一堆，在国民党军密集的火力封锁下，伤亡很大。指挥员改变战术，让一个排占领纺纱厂，绕到国民党军背后。国民党军果然动摇，放弃了烟草公司大楼等制高点，全部收缩到市公署大楼内。这时已经到了午夜，停战令开始生效。究竟还打不打？二纵首长果断决定，坚决消灭这股敌人，把营口夺回来。14日凌晨2时，以1旅1团为主攻，2团助攻，从西、南两个方向向国民党军发起猛烈进攻。战士抱着炸药包冲到楼下，两次爆破成功，乘势冲上二楼，全歼守敌。拂晓5时，战斗结束，我军收复营口。①

　　但是承德方向却让国民党军占了便宜。杜聿明指挥13军主力和52军195师从义县沿铁路向承德进犯。由于前一段时间我军集中力量进军东北，在热河只留下了黄永胜的教导2旅两个团的兵力。1945年11月，当张闻天、高岗、李富春带领延安干部从承德乘火车去沈阳时，已经发现这一带我们的力量太薄弱。他们打电报告诉中央，"从平泉到朝阳段的火车，很不安全。沿途各站无人负责，无兵警戒。""沿途有些地方，有土匪捕杀人员，劫我武器。有的地方国特企图焚毁铁桥，如此种种阻碍干部、部队、武器输送及热河境内的治安。"他们警告说："热河如没有必须的主力与新部队合编，剿匪肃奸，则土匪将为热察等地心腹之患。"②当时东北我军正在山海关与国民党军作战，无力顾及热河。锦州失守后，才让李运昌带两个旅的新部队去热河

---

　　①《中国人民解放军第41军第三次国内革命战争史》，1956年10月初稿，军事科学院图书馆藏。

　　②《承德解放战争史料选》，人民日报出版社1998年版，第45页。

配合程子华同志的部队作战。国民党军队主力沿铁路西进，而我军则是在地上走。时值寒冬，平泉、古北口一带人烟稀少，又没有可靠的地方政权，我军寻找粮食、柴草都十分困难，加上土匪捣乱，新部队的士气低落，形不成坚强的战斗力。所以国民党军步步西进，我军步步后退。李运昌、黄永胜部的电台与林彪和中央的电台失掉联络达五天之多。13 军在 1946 年 1 月 5 日占领朝阳，9 日占叶柏寿，10 日占凌源。这时杜聿明收到蒋介石密令，说停战令将于 13 日生效，着令各将领督率所部星夜攻击前进，务必于停战令下达前占领平泉等重要城市。于是 13 军和 52 军 195 师继续西进，李运昌的冀东 12、14 旅在平泉郊外阻击敌人。在训练有素的国民党军队进攻前，我军的新部队显然不是对手。13 日平泉失守。当李运昌整理部队，再次向国民党军发起反攻时，国民党军以密集火力顽强抵抗。打到半夜，国民党军队阵地上突然挥舞白旗，军官高喊："停战了，不打了！"李运昌只得停止战斗，撤离平泉。①

1 月 13 日的国共停战，东北局上上下下都认为对我方不利。国民党可以畅通无阻地接收各大城市，我军却被捆住了手脚，处于进退两难的境地。14 日彭真致电中央："现停战令下，全国能和平对我甚为有利。但国民党仍不承认我在东北之任何地位，并且仍可能向东北进兵。蒋军不向我进攻时我又不能向蒋军进攻，此种情况对我争取控制东北则甚为不利。""现华北、华中停战，敌又控制交通线，可自由将关内兵力运来。东北境内敌机动方便，而我则甚困难。"

林彪 15 日给中央的电报，对停战和平表示明显的怀疑。他说："依照中央 13 日 18 时电看来，此次和平协定的实质，实为蒋之一重大阴谋。这一阴谋是对我党力量采取避实就虚、各个击破的方针。""从目前所知条件看来，则我此次和平的前途较之继续战争的前途更坏。我入东北的部队目前完全处于无根据地的状态，与我军脱离中央苏区以后到陕北以前的状况大体相同。如敌调全国兵力，向我到处进攻，则对我甚为不利。"最后他警告说："如我在这方面停战，而让敌自由攻击东北，则对我党的后果是很不利的，华北之暂安局面也决不会长久的。因此我们对现在所谓和平的实际收获，须清醒地

---

① 李运昌：《1982 年 8 月 23 日在东北三省党史资料征集工作会议上的讲话》，军事科学院图书馆藏。

考虑之。"

1月16日中央军委复电彭、林，对停战问题作了解释。电报说："我们在月初及以前时期，能给杜以沉重打击，推动全国停战，保障和平，提高我在东北及国内国外地位是有利的。而在停战命令公布以后情况起了变化，杜聿明部又未继续进攻承德，我如主动的向杜部进攻，将受到国内外舆论的严重责备。蒋顽发动内战的责任将推在我们肩上，人民是不容易了解的，这于我是不利的。因此目前可能取得局部的军事胜利（你们来电所说杜部分散），也只有暂时放弃不向杜部进攻，以服从目前全局的政治形势。"对下一步的行动，中央军委指示："东北的武装冲突前途是难以避免的，但必须坚持自卫原则，才能有理；利用时间训练军队，准备战场，在顽军进攻时给予歼灭打击才能有利。经常注意掌握住有理有利这两个原则，才能立于不败地位。营口、盘山胜利后，应巩固这一胜利，准备将来继续争取胜利的各种条件。"①

但是，林彪仍然按照他的既定方针，在15日向各部队连下两道命令："时局尚在动荡中，各部须严整战备，只有战争才能争取和平！""对于和平问题，切勿向下级指战员散布和平空气，以免解除精神武装，涣散军心民心。故只应鼓励为和平而战，为停止敌之进攻而战。"②

然后，林彪带上他的指挥部前往法库县以西的秀水河子，准备在那里迎击前来进犯的国民党军。

---

① 《中国人民解放军历史资料丛书·解放战争时期·过渡阶段军事斗争·文献》，解放军出版社2000年版，第393页。
② 《四野战史资料选编》，1960年7月编。

# 第六章

# 秀水河子和沙岭战斗

东北我军重新部署——"和平民主新阶段"——林彪进行战前动员，讲述"一点两面"——秀水河子歼灭战——沙岭碰上王牌军，打了个得不偿失的消耗战

1946年1月初，东北局遵照毛泽东《建立巩固的东北根据地》指示的"迅速在西满、东满、北满划分军区和军分区，将军队划分为野战军和地方军"的精神，将东北人民自治军改称东北民主联军。在民主联军总部管辖下，建立了东满、南满、西满、北满四大军区。林彪将战斗力最强的两个老部队——山东1师（梁兴初部）和新四军3师7旅（彭明治部）划归总部直属，其他各部队根据所在地区分别置于军区领导之下。

北满军区：司令员高岗，政委陈云。辖山东7师（杨国夫部）、陕甘宁359旅（刘转连部）及松江、合江、北安、牡丹江、嫩江五个军区。

南满军区：司令兼政委萧华。辖第三纵队（吴克华部）、第四纵队（胡奇才部）及辽宁、安东、辽南三个军区。

东满军区：司令员周保中，政委林枫。辖山东2师（陈光部）、第七纵队（万毅部）及通化、吉东、辽北三个军区。

西满军区：司令员吕正操（后为黄克诚），政委李富春。辖新四军3师（黄克诚部）及嫩南、辽西两个军区。①

在"分散安家"的口号下，各部队分散编制，到远离大城市的城镇乡村去发动群众、创建根据地和重建地方武装。林彪带领1师和7旅两支老部队，来到法库以西的秀水河子。部队通过清算汉奸、恶霸，获得了必要的粮食、财物，生活有了着落，不像前一个月那样到处找饭吃，找柴烧。老百姓在清算斗争中分到了财产，斗倒了欺压他们的地主恶霸，感到了八路军的好

---

① 《中国人民解放军第四野战军战史》，解放军出版社1998年版，第68页。

处，便纷纷开门迎接，让战士到他们家里住。短短半个多月，这些老八路就打开了局面，正常的部队生活恢复起来。连队每天出操、洗澡、剃头、上课、训练，吃得饱睡得香，几个月来长途跋涉的疲劳状态消除了，部队的情绪也有了明显的提高。

国共双方在1946年1月10日签署停战令后，蒋介石在"接收东北主权"的正统名义下，大举向东北增兵。在马歇尔支持下，美国海军第七舰队集中所有运输舰，从上海、广州、越南等地陆续运送国民党新1军、新6军、60军、71军、93军到秦皇岛、葫芦岛登陆，使东北国民党军的总兵力迅速达到28万人。杜聿明加紧了进军的步伐。在苏方同意下，1月15日，52军25师一部乘火车到达沈阳。13军89师1月26日接收新民、彰武。

国民党军依据中苏条约和国共停战协定之便，不费一枪一弹，占领了沈阳以西和辽东半岛的大片地区，而我军则步步后退，几乎到了无路可走的地步。1月12日，奉林彪的命令，黄克诚率3师主力乘苏军退出通辽城之机发起进攻，消灭了盘踞的土匪，占领通辽。这虽然是一个小城，但粮食较多，可供他的部队吃一年。城里还有小型的鞋厂、被服厂和皮衣工厂。黄克诚决定在通辽扎根，建立西满根据地。国民党军占领彰武，引起黄克诚的警觉。通辽再往西北全是沙漠，他们已经无路可退。他电告东北局和中央，如果国民党军敢来通辽，他一定要打，不再退让。

这时，重庆方面国共谈判的形势看好。1月10日，政治协商会议在重庆开幕。蒋介石在开幕词中作出了关于保障人民自由、保障各党派合法地位、实行普选和释放政治犯四项许诺。会议结束时，由蒋介石主持通过了《和平建国纲领》《关于军事问题的决议》等五项决议案。国统区民主和平呼声甚高，中共中央对此也表示十分欢迎，认为"和平民主新阶段"已经到来。毛泽东的秘书胡乔木回忆："在那段短时间里，我们党内洋溢着一种乐观的情绪。我们准备参加政府的工作，同时也准备允许各党派到解放区进行社会活动，甚至准备允许他们参加解放区政权。"[1]

但是黄克诚不信这一套，1月25日他向东北局和中央发出措辞强硬的电报："3师现有伤病员三百人及工厂（于榴弹鞋袜被服）均在通辽，已无地方

---

[1]《胡乔木回忆毛泽东》，人民出版社2003年版，第423页。

可退。我们决死守通辽，任何军队来接，坚决抵抗到底。请向苏军司令部力争，西满西部乡村没有多少村庄，尽为蒙民、沙漠，如不力争过来，3师三万部队只有向热、察撤退。否则我们为求生存在此地拼死一战，即苏军来也坚决抵抗，全部战死在所不顾，我们决定主力集中通辽拼命。"①

中央看到黄克诚电报，感到东北事态的严重。但和平是大局，1月26日刘少奇代中央电告黄克诚："我控制通辽十分重要，如苏军只送少数国民党人员来接收，不带兵来，你应很好招待，允他接收，向他提出要求，和他合作。暂不要生硬赶走，免引起外交纠纷。但如国民党大兵来接收并向你们开火，你们应在自卫条件下坚决打败顽军。"

同日，中央又给东北局和林彪、黄克诚发出关于目前东北方针问题的指示。强调"我党目前对东北的方针，应该是力求和平解决，力求国民党承认我党在东北一定合法地位的条件下与国民党合作实行民主改革，和平建设东北。在目前国际国内形势下，只有这个方针才是正确的，行得通的。因此企图独占东北，拒绝与国民党合作的思想是不正确的，行不通的，必须在党内加以肃清。在目前形势下这种思想显然带着冒险主义性质，是目前客观形势下不能允许存在的。如果我们对国民党采取内战方针，我们必归失败。"但是中央承认，要蒋介石承认我党在东北的合法地位，还需要进行艰苦的斗争。我军要"在军事上力求巩固自己，建立巩固的根据地，打下长期坚持的基础，在完全自卫的条件下力求打一、二个大胜仗"②。

东北局研究了中央指示，认为单纯追求和平是办不到的，只有实行自卫反击，才能在东北存在下去。彭真在1月26日报告中央："在长春线之外地区，如顽军向我进攻时，我亦拟坚决自卫。""现兵力已布妥待机，可否请火速指示。"27日刘少奇复电，同意彭真的意见。指示："如国民党不与我谈判即向我军进攻，在友方不坚决反对，我在完全防御有理条件下（退避三舍之后），给进攻之顽以坚决彻底歼灭之打击。为此必须激励士气，细心准备，不要多战，务必一战大胜，煞下顽军在东北之威风。此为历史新阶段中之最后一战，决定东北今后大局，望彻底向干部说清，不惜以重大牺牲求得这一

---

① 《中国人民解放军历史资料丛书·解放战争时期·过渡阶段军事斗争·文献》，解放军出版社2000年版，第397页。
② 《中国人民解放军历史资料丛书·解放战争时期·过渡阶段军事斗争·文献》，解放军出版社2000年版，第398页。

战役之完全胜利，立下最后一次战功。为此，林彪应设法到主战方面去指挥。"①

遵照中央指示，2月9日林彪在秀水河子一个小学的教室里召集1师和7旅营以上干部开会，进行战前动员。他说："东北和平已成确定前途，但和平到来之前尚有一番激烈的争夺战。国民党新6军逗留于沟帮子、彰武之线，证明这一仗是不能避免的。这一战的意义，是争取我军在东北的地位。只有英勇顽强的浴血奋战与辉煌伟大的战果，才能较多地分给我们以生存的根据地，才能打下国民党的威风，才能取得广大群众对我们的信仰，才能巩固与提高新老部队的信心，才能争取我党在国内国际的地位。"

这一仗究竟能否打胜呢？林彪分析了敌我双方的形势："这一仗是必然能胜利的。它与过去敌我的情况完全不同。从前敌人是六个师集中在一起行动，而现在他们分散于热河和东北，有了许多的目标，便于我们选择目标与各个击破。我们进入东北时，缺乏作战准备，武器留下很多。而现在战斗情绪与装备都比以前改善了。从前我们对敌情不明，现在侦察技术也改善了。从前我们没有根据地，伤兵到处放，现在则有了。从前南满方面的部队或被营口海防牵制，或未到达。现在有3师、7师，已经形成单独作战的强大力量了。"

据当年在场的1师政委梁必业回忆，林彪的讲话鼓起了指挥员们的士气，增强了战胜国民党军队的信心。这些精神很快传达到部队，掀起了练兵的新高潮。大家摩拳擦掌，准备打一个大仗。②

此时，杜聿明正陶醉于大踏步前进的胜利喜悦中。停战后共产党不再打了，销声匿迹不知去向。而他的军队可以大摇大摆沿着铁路前进。为了维护北宁路的交通，为下一步接收沈阳创造条件，杜聿明于2月9日下令：先头部队兵分三路，扫荡铁路沿线的共军武装。三路分别是：

新6军22师为南路扫荡队，向盘山、台安、辽中等县扫荡。

52军2师为中路扫荡队，沿北宁路两侧向新民以东扫荡。

13军89师为北路扫荡队，向秀水河子、公主屯、鸷欢池等地扫荡。

---

① 《中国人民解放军历史资料丛书·解放战争时期·过渡阶段军事斗争·文献》，解放军出版社2000年版，第403页。

② 梁必业：《秀水河子歼灭战前后》，《红旗飘飘》第15辑，中国青年出版社1961年版，第8页。

我军侦察到国民党军队的行动后，林彪决定在秀水河子一带寻找机会，待敌军兵力分散时，对其进行歼灭性打击。战前，林彪做了周密的部署。2月10日他在法库指挥部电告梁兴初和彭明治说：

这一仗关系重大，必须打得很艺术、很坚决，切不可鲁莽草率。务须严密弄清敌情，干部须亲自侦察地形，选择攻击点与布置火力，当面详细交代任务，切实取好联络，规定统一动作时间。一切布置好后，即行猛打。①

同日林彪又电告7旅等部队，初次讲述他琢磨的"一点两面"战术：

所谓一点，就是要选择敌人一个最薄弱点，将主要兵力集中使用于这一点上，对其他的方面只用少数兵力助攻。总之，不可平均使用兵力。

所谓两面，就是不应将突击队与钳制队统用在正面。通常应将突击队应用在敌人侧面去，钳制队用在敌人正面。如只从正面攻击，则敌无后顾之忧，必顽强抵抗。且击溃后他能跑脱，不易消灭。以上两条，排以上干部无论对大目标或对小目标的攻击，皆当采取。

一向寡言少语的林彪，对作战却是千叮万嘱。事后证明，他的话每句都说到了要害上，没有一句是多余的。

2月11日，13军89师266团进至秀水河子，与265团一部会合。国民党军共有四个营及师属山炮连、输送连。林彪分析了情报，认为歼灭这股敌军是有把握的。因为该敌兵力不大，远离主力有一天的路程，形成分散孤立的局面。我军在力量上占据优势，打好这一仗，可以杀掉国民党军的气焰，使他们在一个时期内不敢冒进。决心已定，林彪立即下令1师和7旅迅速出动，完成对秀水河子的包围。

7旅旅长彭明治、政委郭成柱带领19、20、21三个团于11日夜里出发，向秀水河子以东的团山子进军。彭明治是湖南常宁人，北伐战争中在叶挺独立团里当排长。南昌起义时负伤，后来到江西苏区参加红军，在红

---

① 《中国人民解放军第四野战军战史》，解放军出版社1998年版，第76页。

一军团当了团长。抗日战争中在八路军115师任团长，一直是林彪的老部下。后来115师到了山东，彭明治率部南下，归黄克诚指挥。林彪到了东北，点名要7旅归他直接指挥。这次彭明治要好好露一手，打出老部队的威风来。

20团的一个营行军到团山子，那里大约有一个连的敌人。听到风声，爬上卡车就往秀水河子跑。我军扑了个空，彭明治决定向前推进，12日上午，7旅三个团到达秀水河子东南，占领有利地形。此时，梁兴初带领1师主力到达秀水河子西北，对敌军形成包围。

中午，300多敌军从秀水河子村冲向西八家子我军阵地，想打开一个缺口。21团2营战士向敌军猛烈射击，战斗非常激烈。敌军看看冲不动，缩回秀水河子，固守待援。

13日的白天在沉静中度过，这是战前的沉静。林彪的电话与各部队首长保持畅通，了解敌情，进行部署。总攻时间定在夜里22时，以1师的1、2团和7旅的19、21团为攻击部队。1师由东北、西北进攻，7旅从东南、西南进攻。其他部队在外围防御增援敌军，保证总攻的顺利进行。布置之后，各部队分头进行战前准备和政治动员，只等太阳落山。

东北的夜晚出奇的冷，哈气成霜，嘴里出的气把帽子挂上一层白色。穿棉鞋的脚一会儿就冻僵了。战士们端着步枪，握紧手榴弹，严阵以待。国民党军从村子里不断向外打炮，照明弹在天空中一闪一亮。

◎ 秀水河子战斗前观察阵地

　　22时整，总攻的信号升起，1师立即全面开火。步枪、机枪响成一片，密集的火网划破夜空。战士们从雪地上一跃而起，以战斗小组队形向前冲去。敌军也用猛烈的炮火还击，密集的炮弹在1师阵地前倾泻。我军的火力明显压不住敌人，梁兴初命令部队不要停顿，尽量靠拢敌人阵地，让敌人的炮火失去作用。

　　整整二十分钟过去，7旅方面却没有动静。梁兴初不知是什么原因，心里真是着急。突然，7旅向敌人发起更猛烈的进攻。我们的山炮打响了，而敌人的炮火刚才只顾向1师方向猛轰，此时背后挨打，来不及掉头。7旅成功地压制了敌军火力，19团集中轻重机枪，为冲锋部队打开一个缺口。部队把敌军压缩到村里，展开巷战。八路的步枪加刺刀大显神通，国民党军不会打近战。自动武器多，每个班只有三支步枪，拼刺刀就更不行了。在我军的分割包围下，敌人到处乱窜，被我军消灭或俘虏，当14日天将破晓的时候，秀水河子战斗胜利结束了。

　　这是我军在东北打的第一个胜仗，也是一个漂亮的歼灭战。共消灭了国民党军四个营，毙伤敌军500多人，俘虏敌军副团长以下800多人。缴获各种炮38门，轻重机枪98挺，步枪790支，弹药7万多发，汽车32辆，电台2部，还有被服等其他战利品。我军在战斗中伤亡771人。战斗结束后，战士们高兴地搬运枪弹，开卡车，拖大炮，一队队垂头丧气的国民党军俘虏被押

◎ 秀水河子战斗祝捷大会

送出村子。当林彪路过秀水河子街道时，战士们一片欢呼。

国民党军南路扫荡队的新6军22师，2月10日由沟帮子出动占领盘山，然后继续向南推进。2月11日，22师的66团和师教导营共3000多人进驻盘山县东南的沙岭。这是辽河南岸一个较大的村镇，村南有通向营口、海城的公路，村东紧靠辽河大堤，村北有三个小丘陵。村镇有南北两条街道，民房都是土墙草屋，并不坚固。国民党军到达后，不顾疲劳立即构筑工事。依村边形成四面防御，修筑土木地堡，用交通沟相连；设置多层鹿砦、铁丝网等障碍物。兵力部署把教导营放在与沙岭邻近的马家店，全团主力都集中在沙岭村内，并控制了村外制高点。

吴克华自营口战斗胜利后，自信心大为提高。听说新6军占据了盘山和沙岭，他便召集2纵团以上干部开会，进行战斗动员。在会上他提出了"这是和平前最后一仗，我们必须动员一切力量，不惜一切代价争取战斗胜利"的口号。下边传达动员又层层加码，高呼"最后一战建立功勋"。

为了打好这一仗，吴克华集中主力共六个团，拖着十几门山炮、野炮向沙岭开进。旅以上干部到沙岭村外看了地形，认为敌人只有一个团，村子地形又没什么险要，当即

◎吴克华

作了部署：炮兵在村东河堤下布置阵地，以31团为主攻，先拿下村东北高地，再向村里突破；28团辅助进攻，向村南突破。29团去打马家店之敌，其他部队做预备队和牵制打援之用。

2月16日黄昏，我军向沙岭发起进攻。十几门大炮向国民党军阵地猛轰，但由于射击技术差，许多炮弹都没打到村里。轰了两小时，炮弹打光了，28团才向沙岭村南发起进攻。出乎意料，国民党军不仅没有逃跑，反而以密集火力向我军扫射，并用炮火隔断了后续部队的支援。28团两个营轮番冲击，都被敌军的反冲锋打回来，营指挥员在炮火下全部伤亡，部队失去指挥，只得撤退下来。

主攻的31团占领河堤后，以1营向村里攻击，另外两个连分头去攻占村北的小高地。他们冲上高地后，立足未稳，2连就遭到敌军的炮火袭击。连

长犹豫不决，既没让战士隐蔽，又不撤离，一连人伤亡殆尽。1营向村里进攻，也遭到重大伤亡。当团首长派2营上去支援时，1营干部全部伤亡，2连也跑散了。2营无法执行任务，只好撤回。

1营3连攻击村北另一高地时，因动作迟缓，被敌军火力压制在鹿砦之外，队形混乱。连续三次爆破没有成功，部队暴露在敌人火力下，伤亡很大，失去战斗力。支援部队上来接着打，冲上高地。敌军扔出烟幕弹，因为不知道这是什么东西，战士两次被吓得跑回来。急得团长组织迂回进攻，才把敌人赶跑，占领了这个小高地。与此同时，29团在马家店的进攻，也是一夜无效。

打到天亮，为了避免部队遭受更大损失，吴克华决定停战，夜里再说。没想到这正给了敌军喘息机会，尽管一夜没睡，国民党军都在忙着整修阵地，调配兵力。看来，这次真是碰上冤家对头了。

确实，国民党的新6军是一支久经沙场的部队。在军长廖耀湘率领下，他们参加过远征印度、缅甸的作战，与日本人真刀真枪地厮杀过，号称"国内无敌"的王牌军。据东北野战军司令部对其评价："老兵很多，都有三五年、七八年的军龄，其中甚至有个别排长仍当战斗兵者。较顽强，不容易缴枪，甚至一个连打到七八个人还不缴枪，带着远征军、常胜军的骄傲态度。"他们有山地战和正规战经验，军官指挥熟练，特别善于依靠坚固地堡和障碍物，结合严密的火力和反冲锋进行阵地防御战。

2月17日夜22时，我军以三个团的兵力向沙岭村发起攻击。主攻的32团3营冲进村里北街，干部们不进行侦察，就让两个连盲目冲击，结果被铁丝网阻挡。后来组织爆破冲开铁丝网，又被鹿砦阻挡。这时，干部又犹豫起来，部队不进不退，停顿于敌人火力之下，两个连伤亡的只剩下40多人，干部全部伤亡，3营失去战斗力，只好退出战斗。配合进攻的1营动作迟缓，接到命令后一小时还没选好突破点，因此没有协同3营作战。发起进攻后两次受挫，部队乱成一团，1营干部也全部伤亡。这一夜，又是劳而无功。

18日我军为了争取时间，决定下午15时发起总攻。在炮火支援下，28团两个连又突入村内，与敌军一座房屋接一座房屋地进行争夺。敌军顽强抗击，坚决不后退，还用燃烧弹炸毁我军占据的房屋。我军坚持两个小时，因后续部队上不来，自己伤亡过大，被迫退出村子。增援的34团赶到后，未侦察地形就仓促上阵，一个营组织密集冲锋，两次都被敌人火力打回来，全营伤亡180人。黄昏后战斗稍息，村里敌人停止了射击，我军以为敌军逃跑，便盲目大意地向村里冲去。谁知接近鹿砦时，敌人突然开火，又造成我军重大伤亡。如此进进退退打了一夜，仍然进展不大。到19日清晨，盘山方向两个营敌军前来增援，我方情报不准，误会成来了两个团。吴克华见部队已经打得精疲力尽，被迫下令撤出战斗。①

沙岭之战，新6军22师伤亡674人，而吴克华部伤亡高达2159人，大伤元气。沙岭战斗集中暴露出我军的弱点是不会打正规战。炮火乱打一通，到冲锋时就没炮弹了；虽然我们的兵力远超过敌军，但每次投入只有一两个连，而且协同不好，你冲我不冲。冲锋时干部不会指挥，让战士们一群群地上，机枪一扫倒一片。遇见意外情况不会果断处理，既不隐蔽也不退，在敌人火力下傻站着，不少人糊里糊涂送了命。血的教训使人变聪明了，打仗不能只凭英勇，要好好学战术。

秀水河子和沙岭战斗，我军一胜一负。林彪让干部总结经验教训，并如实向中央作了汇报。在2月16日关于秀水河子战斗经验的电报中说："占秀水河子之敌四个营，我集中彭明治、梁兴初等共六个团，以四个团攻击，两个团担负阻援与包围攻击，经过通夜激战，才胜利结束。此战的战斗组织是很好的，胜利甚大，但我伤亡亦重（约八百人）。打破内战、抗战任何一次夜战的激烈程度（从华东、华中的范围内说）。经过此次战斗，更加确定了在战役上仍应采取待敌分散以多胜少的原则，在战术上更确定了夜战的原则。不过经此次胜利后，敌士气下降及我本身条件逐渐改善，故今后打仗是可以较过去放手一点了。同时对非美械师及较弱的部队的打法应放手些。但在目前阶段上，仍以稳打为主。"

2月17日关于沙岭战斗经验教训的电报中说："沙岭之敌为新6军22师之一个团，我直接攻沙岭者为吴克华部五个团，在数十里内策应警戒者还有两个旅。此皆山东部队，过海后数月来在该处休整而未调动者，故有充分休整。但此次战斗结果仍不好，这又一次证明了我们过去和现在及今后应采取的作战方针。此次虽然他们集中了优势兵力打击敌人，但同时又未将最精锐

①《中国人民解放军第41军第三次国内革命战争战史》，1956年初稿。

部队使用在主要方向，这仍表示有轻敌观念。"①

秀水河子和沙岭战斗，是东北我军和国民党军真刀真枪的初次较量。比起以后的战争，这两仗确实算不上决定性的大战。但是它使人们从和平幻想中清醒了一些。什么"和平前最后一战"，国民党与共产党之间还有的是仗要打呢！

---

① 《四野战史资料选编》，军事科学院图书馆藏。

第七章

# 从和谈到破裂

国民党向东北增兵——东北局抚顺会议——罗荣桓提出建立根据地的主张——夺取长春、四平——毛泽东指示林彪在四平与国民党军决战——杜聿明重返前线指挥

秀水河子和沙岭战斗后，国民党军也谨慎了。新6军停留在盘山、辽中一带，52军在新民和沈阳西郊，13军在凌源、平泉一带巩固阵地，暂时停止了前进。

秀水河子之战是一次中等规模的战斗，沙岭之战国民党军还打胜了，但是杜聿明的思想震动很大。他本来就认为，靠两个军的兵力接收东北是远远不够的。13军调到热河，又削弱了国民党军队在东北的力量。他紧急请求蒋介石再向东北增兵。蒋介石也意识到接收东北绝非原来想象的那么容易，决定从上海、广州、越南等港口运送新1军、71军、60军和93军到秦皇岛，进一步增强东北国民党军的力量。

这样大规模的运兵需要时日，当时又正值停战协议生效，一时不会有大战。杜聿明的身体也支持不住了。他患有严重的肾脏病，卧床不起，遂于2月18日到北平住院开刀。杜聿明考虑自己的病短期好不了，便推荐他的老同学和副手郑洞国担任东北保安司令部副司令，代理他的职务。

1946年3月，苏军开始陆续回国。苏军撤退后，东北就成了国共双方争夺的战场。当时东北局机关由本溪迁到抚顺，为了建立根据地，进入东北的部队都分散行动了。黄克诚率3师主力由法库北上向四平转移，萧华、吴克华的三纵、四纵在辽东半岛，359旅和山东7师去了北满。林彪带着山东1师和3师的7旅在沈阳与抚顺之间牵制国民党军主力。

当时国共双方军事对峙的态势，对我方是不利的。国民党军队是名正言顺地根据中苏条约进驻东北。老百姓对"中央"都抱着幻想和期望，所以国民党军队所到之处，都受到老百姓的欢迎。我军没有根据地，没有群众支

持。打完了仗连伤兵都要自己抬，无根据地作战造成的种种困难，令人恼火。我们的部队一分散，握不起拳头，也没办法和国民党军队决战。

为了解决我党我军在东北的行动方针问题，3月6日到8日，东北局领导人在抚顺开会。出席会议的有彭真、林彪、林枫、罗荣桓、吕正操、萧劲光、伍修权等。

关于抚顺会议，现有的历史书中基本上没有什么记载，对这次会议的评价也很不一致。陈沂同志在一篇文章中说："总的说，会议对毛主席《建立巩固的东北根据地》的指示，当时尚无统一的认识和决定；在行动上，有些方面做得好一点，有些则做得差一点，还没有真正开展发动群众的运动。"[1]

伍修权回忆抚顺会议，则是另一种评价："在此以前，我们对东北地区的局势有两种意见，一种意见是主张打大城市，另一种意见是离开铁路干线，建立农村根据地。正在此时，党中央给东北局发来了《建立巩固的东北根据地》的指示，要求把工作重心放在中小城市和农村。抚顺会议讨论并一致同意了这一方针。"[2]

尽管说法不一，却反映出共同的事实：抚顺会议上东北局领导成员之间，就东北战争的方针问题产生了争论。抚顺会议后，罗荣桓因严重的肾脏病，前往大连养病。在南满停留时，罗荣桓为局势担忧，写了一封信请萧华转达给东北局。信中提出四点建议：

1. 东北战争要作较长期准备，不要把和平估计过急，而且自己应发展全面工作，要全力支持这一长期战争，应很好地接受最近与内战时的教训。

2. 部队作战须要保持有生力量。就是和平，须要有本钱，不要发生拼命主义情绪。东北局要努力加强主力，以保持元气。西满部队应迅速根据东北局指示，赶快合编组织两个机动纵队，并加强指挥。

3. 巩固地（方）武（装），发展游击队，造成主力运动战更果敢条件。

4. 加强各地后勤工作，兵工建设。应就地取材利用人力建设医院，安

---

① 陈沂：《四平保卫战》，《辽沈决战》上册，中共中央党史资料征集委员会等合编，人民出版社1988年版，第220页。
② 伍修权：《回忆与怀念》，中共中央党校出版社1991年版，第204页。

置病员。要克服和平大后方大机关作风，力求作战化与加强下层领导。[1]

就在东北局抚顺会议期间，国内局势又发生了很大变化。

1946年3月4日，两架飞机降落在简陋的延安机场。机舱门打开后，一位身材高大的美国老人出现在大家面前。他就是马歇尔五星上将。根据政协会议精神和国内停战协定，成立了由国共双方和美国参加的军事调处执行部。马歇尔、周恩来和张治中组成三人小组，为实现和平和整军开始了国内的穿梭巡视。在华东、华北转了一圈后，便飞到了延安。

当天下午，马歇尔到枣园与毛泽东进行了会谈。马歇尔强调了停火的必要性，告诉毛泽东：他已经向蒋介石表明，如果中国不统一，美国就不能给予援助。毛泽东答应遵守停战的各项协议，并希望停战协定能应用于东北地区。

但蒋介石拒不接受与中共平等相处。在1946年2月进行整军方案谈判时，马歇尔本着公平合理的原则，提出一个整军方案：中国陆军改编为六十个师，中共军队占其中二十个；海军、空军中要给共产党三分之一的编制。他把这个方案私下交蒋介石征求意见，蒋介石大为恼火，推翻了马的方案，将军队比例改为五比一，即国民党陆军保留五十个师，中共十个师。海、空军中也没有中共的份儿。为了寻求和平，中共还是同意了这个整军方案。正当马歇尔准备把它落实执行时，蒋介石又节外生枝，企图推翻政治协商会议决议，实行国民党独裁统治。

消息传到延安，引起中共中央的强烈反应。毛泽东电令周恩来从重庆返回延安，研究对策。一方面下达命令，与国民党争夺东北。半个月前马歇尔到延安的和平空气，被内战的寒流一冲而散。从中央下达的一系列指示中，我们可以清楚地看出这个变化。

3月13日，中央电告东北局和林彪："东北问题有和平解决之可能"，"苏军退出沈阳后，我军不要去进攻沈阳城。我军进去在军事上必会陷于被动，在政治上亦将处于极不利。不仅沈阳不必去占，即沈阳到哈尔滨沿线在苏军撤退时我们都不要去占领。让国军去接收。"强调"只有在国军向我军进攻时，我们应在防御的姿态下组织有力的回击"。

---

[1] 杨国庆：《罗荣桓在东北解放战争中》，解放军出版社1986年版，第67页。

3月20日以后，形势为之一变。毛泽东指示东北局，好好打几仗，杀下蒋介石的威风，巩固我党我军在东北的地位。从3月23日毛泽东给东北局和林彪的电报中，可以看出他的决心：

你们应立即放手大破北宁路及沈阳附近之长春路，愈迅速愈广泛愈好，迟则无用。同时立即动员全军在运动中及其立足未稳时，坚决彻底歼灭国民党进攻部队。愈多愈好，不惜重大伤亡（例如一万至二万人），求得大胜，以利谈判与将来。

3月24日，毛泽东又给东北局、林彪、黄克诚等发出详尽的指示：

我党方针是用全力控制长（春）哈（尔滨）两市及中东全线，不惜任何牺牲反对蒋军进占长、哈及中东路，而以南满西满为辅助方向。

……

黄李部动员全力坚决控制四平街地区，如顽军北进时彻底歼灭之，决不让其向长春前进。

我南满主力就现地坚决歼灭向辽阳、抚顺等处进攻之敌，如能歼敌一两个师，即可牵制大量顽军不得北进。

如作战结果顽军在辽阳、抚顺地域巩固了他们的地位，以致可以抽兵北上向四平街、长春前进时，你们须准备及时将南满主力转移至四平街、长春之间，与黄李及周保中协力，为保卫北满而奋斗，留下相当数量之部队保卫南满解放区。[①]

接到中央指示，东北局于3月26日向各部队下达作战部署的命令。西满军区主力兼程开赴四平街，归林彪亲自指挥；吉辽军区的罗华生、贺庆积、邓克明、曹里怀四个旅向长春集结，罗华生旅归林彪，其余三个旅在周保中指挥下准备夺取长春；北满抽调杨国夫师南下到四平，359旅准备进攻哈尔滨；南满部队配合沈阳以北之作战。东北局号召："此次作战为决定我党在东北地位之最后一战，望空前动员全党全军以最大决心，不惜任何牺牲，争

---

① 《毛泽东军事文集》第3卷，军事科学出版社、中央文献出版社1993年版，第153页。

取这次作战的决定胜利!"

再看国民党军队的行动。从1946年1月国共双方停战协议生效后,蒋介石就抓紧时机,将他的王牌部队调往东北。3月底,由海路运送到秦皇岛登陆的有孙立人的新1军、陈明仁的71军、曾泽生的60军、卢浚泉的93军,加上先到的新6军、13军、52军,国民党在东北的总兵力上升到24.7万人。其中,新1军、新6军和13军是全部美式装备的嫡系部队,60军、71军虽然装备稍差,但也是经过抗战的老部队,战斗力很强。国民党依靠军事上的绝对优势,想把共产党在东北的军队尽快消灭。

苏军的撤退,给我军在东北的发展创造了机会。原来苏军受中苏条约的限制,不能公开承认和支持共产党部队。国民党当局掀起反苏浪潮后,苏军的态度有明显的变化,他们不再限制我党我军的行动,而且还与我方达成默契,事先通报他们的撤军日期,好让我军能及时赶到,夺取城市。

东北局抓住了这个机会,从西满地区调黄克诚3师主力迅速北上,由法库赶往四平。苏军在3月13日撤出四平,黄克诚就指挥他的两个旅加上邓华的辽西军区保1旅,在17日半夜突然攻占四平。

我军攻占四平,国民党东北行辕主任熊式辉在锦州坐立不安。他生怕让共产党抢了先,催促各部队向前进攻。从3月18日起,国民党军由沈阳地区分路出击,向辽阳、抚顺、铁岭等城市进军。其部署是:

52军沿浑河两岸向抚顺进军,企图两侧迂回,合围我军。我军万毅部节节阻击后,3月21日撤离抚顺,没有对工厂和煤矿进行破坏。于是,抚顺新旧两城和抚顺煤矿、发电厂等均被52军占领。

新6军主力和94军的5师、71军的88师于3月21日攻占辽阳后,又分三路向鞍山、海城、营口进军。我军吴克华部因在沙岭战斗中损失较大,一时尚未恢复,进行一些阻击后,于4月1日和2日分别撤离鞍山和营口。东北钢铁工业中心鞍山市和营口港也被国民党军控制。

新1军沿中长铁路线向北进攻,3月下旬分别占领了铁岭和开原,随后又向昌图进军。

71军主力向康平、法库进军。

国民党军兵分四路,开始了全面进攻。毛泽东将注意力集中到四平。他估计到四平重要的地理位置和战略意义,将会成为国共两军的争夺焦点。他在3月24日给东北局、林彪、黄克诚的电报指出:"如作战结果顽军在辽阳、抚顺地域巩固了他们的地位，以致可以抽兵北上向四平街、长春前进时，你们须准备及时将南满主力转移至四平街、长春之间，与黄、李及周保中协力为保卫北满而奋斗。"①

果然不出毛泽东所料，3月底蒋介石派范汉杰前往东北指挥国民党军队。范汉杰与熊式辉商议后，以东北行营名义命令各部队继续前进，于4月2日拿下四平。当时连日大雨，道路泥泞，河水暴涨，化冻的土地变成一片稀烂的沼泽。国民党机械化部队的坦克、汽车行进十分艰难，根本无法按预定计划完成任务。我军也同样不轻松，万毅的部队在泥泞的小路上深一脚、浅一脚，人人滚成了泥猴，也没有按预定计划与西满其他两个旅会合。

林彪于4月4日带领他的指挥部到达四平。当晚他就给黄克诚、李富春发电报说："我此刻已到四平，对情况尚不了解，明天南去侦察地形。此次集中近六个旅的兵力，拟坚决与敌决一死战。望以种种方法振奋军心，一定要争取胜利，以奠定东北局面。请将此报即转东北局与中央。"

黄克诚得知林彪到来的消息，非常高兴，立即电告中央、东北局和3师所属各部队："林总已到四平街，决心在四平地区与顽军决一死战，打垮顽军进攻，以奠定东北局面。""因此四平地区的战斗，是决定现在和将来局势变化的关键。必须动员全体军人在林总司令决一死战的决心下，以最高度的勇气和牺牲精神来进行作战。不惜任何牺牲和疲劳来达成争取决战胜利的光荣任务。"

4月5日，林彪看完地形后，傍晚电告东北局和中央："原预定于情况许可下，则利用双庙子以南山地歼敌。如果兵力来不及反击时，则决心死守四平，主力突击侧后。此间已在进行守城布置。"

毛泽东看到林彪的电报，非常高兴。立即指示林彪、彭真说："集中六个旅在四平地区歼灭敌人，非常正确。党内如有动摇情绪，那怕是微小的，均须坚决克服。希望你们在四平方面，能以多日反复肉搏战斗，歼敌北进部队的全部或大部，我军即有数千伤亡，亦所不惜。""如我能在三个月至半年内，组织多次得力战斗，歼灭进攻之敌六个至九个师，即可锻炼自己，挫折敌人，开辟光明前途。为达此目的，必须准备数万人伤亡，要有决心付出此项代价，才能打得出新局面。而在当前数日内，争取四平本溪两个胜仗，则

---

① 《毛泽东军事文集》第3卷，军事科学出版社、中央文献出版社1993年版，第153页。

是关键。"①

毛泽东的决心如此之大，对林彪和东北我军指战员也是很大的鼓舞。自进军东北以来，除了秀水河子一战，我军一直是且战且退。国民党军趾高气扬，根本不把这些"土八路"放在眼里。为此，林彪要在四平与国民党的王牌军们真刀真枪大干一场。那些天，守卫在四平的部队积极备战，挖壕沟、修地堡，准备粮食、弹药、医疗用品，广泛开展战前动员。战士们纷纷表决心，要争取在战斗中立功。

4月7日，四平外围的战斗打响了。新1军在东北保安副司令长官梁华盛指挥下，从昌图沿中长铁路向北进攻。新1军是国民党的王牌军，在远征缅甸作战中，驻守彦南阳的英军被日军包围，危在旦夕。38师师长孙立人率领部队杀开一条血路，为英军解围。在日军强大攻击下，中国远征军被迫后撤，孙立人没有随杜聿明撤回云南，而是随英军撤往印度。在号称"死亡行军"的撤退过程中，他们在热带丛林中历尽千辛万苦，死者沿路相望，这支部队也没有垮掉。他们的英勇精神，受到英美军人的尊敬，也说明这支部队的战斗力和顽强作风。抗战胜利后，孙立人任新1军军长，前往伦敦接受英国女王的授勋，尚未归来，部队暂时由梁华盛指挥。新1军到东北后，还没吃过亏，带着一股"常胜军"的傲气，大摇大摆地往前进。

4月7日新1军攻占昌图以北的泉头车站后，沿公路向西北的兴隆岭一带进军。此时，梁兴初的1师、黄克诚的3师8旅、万毅纵队共12个团的兵力已经集中在这里，准备迎击。8日傍晚，1师的2团向兴隆岭以东新1军临时设防的山地发起攻击。一个连很快突破阵地，占领了山头制高点。4团、5团冒着敌军的密集炮火，向兴隆岭村内的敌军进攻。他们用迫击炮压制敌军火力，迅猛突入村内，歼灭了顽抗之敌。另一侧迂回新1军的万毅纵队19旅进攻六家子和兴隆沟，55团集中兵力，大胆迂回包抄，消灭了六家子的新1军一个连。进攻兴隆沟的50团有两个营出发后迷了路，又没有协同信号，结果发生误会，自己人打起来造成伤亡，失去了切断敌军退路的时机，没有完成任务。②但即使如此，也给新1军造成很大的震动。梁华盛向郑洞国通报情况，认为4月8日占领四平街的计划根本行不通，"越前进越感到兵力不

---

①《毛泽东军事文集》第3卷，军事科学出版社、中央文献出版社1993年版，第159页。
②《中国人民解放军第38军战史》，1956年初稿，军事科学院图书馆藏。

足"，请求援兵保护新1军的侧翼安全。

配合新1军北进的71军占领法库县城后，其87师沿公路北进，企图经大洼、八面城迂回到四平。我军主力在兴隆岭打击新1军后，迅速运动到大洼一带，张开"口袋"等着71军来。4月15日，71军87师行军到大洼的金山堡、秦家窝棚一带，走在前面的一个团看到一个集市，老百姓熙熙攘攘地正在交易。于是国民党军解散休息，官兵们在集市上买吃买喝。突然枪声四起，大批"八路"冲进集市，把国民党军打得无处藏身。原来我军与当地老百姓里应外合，早已埋伏好了，集市上许多老百姓就是我军化装的。87师这个团被我军切割成几块，连打一下的机会都没有就被缴了械，真是窝囊。①与此同时，我军主力部队分别向87师的其他几个团发起进攻。国民党军聚集在几个村子里，顽强抵抗。我军发起冲击，经过激烈交火，敌军支持不住，有的缴枪投降，有的沿着公路往回跑。我军一夜猛追了十里地，到16日早上才结束战斗。大洼战斗将71军的87师大部歼灭，毙伤和俘获国民党军2000多人，缴获汽车30多辆和大批物资。这一仗是在敌进我退的形势下打的又一个胜仗，我军在运动中抓住机会，贯彻"一点两面"战术，大胆迂回追击，伤亡少，缴获大，受到林彪的通令嘉奖。

就在我军与国民党军激战正酣时，马林诺夫斯基元帅与苏军总部撤离长春。在撤军之前，苏军与东北局达成默契，要我军接管长春。林彪于14日致电吉林军区司令周保中，对进攻长春作了具体部署。

当时长春城里没有国民党的正规军，都是伪满军改编的保安部队。夺取长春的战斗由周保中组织指挥。担任主攻的是从北满调来的杨国夫的7师、东满的罗华生旅、贺庆积旅和曹里怀部，共13个团的兵力。当14日苏军最后一列火车离开长春不久，我军就兵分三路，向长春市郊重要目标和市区发起攻击。到18日，长春守敌除少数人向公主岭方向逃窜外，国民党的长春城防司令陈家珍、市长赵君迈及警察局长以下8000多人统统当了俘虏。

占领长春，使我军受益不小。缴获的武器物资堆积如山，使我军的装备得到很大改善。黄克诚说："国民党当局本以为苏军撤出东北会对他们有利，却未料到会促成我军得以进占大城市的局面。我军进占大城市后，装备

---

① 杜聿明：《国民党破坏和平进攻东北始末》，载《辽沈战役亲历记》，文史资料出版社1985年版，第552页。

得到很大改善，给养也不成问题了，给了部队以非常有利的休整、补充时机。"①

毛泽东获悉我军占领长春，非常高兴。4月19日他连发两电给东北局，表示"长春占领，对东北及全国大局有极大影响。望对有功将士传令嘉奖"。指示："东北局应迁长春。""考虑于短期内召集东北人民代表会议成立东北自治政府问题。"彭真回电报告："对于长春，我们决定采取巩固与确保方针，争取成为我们的首都。"②4月20日，毛泽东再次指示东北局："长春防御工事一概保留，准备于必要时把长春变为马德里（指1939年西班牙内战中'国际纵队'与西班牙人民联合保卫马德里事——作者注）。现在就要做此准备。"

四平不能按时占领，又丢了长春，使蒋介石大为恼火。熊式辉指挥无方，范汉杰是胡宗南的人，东北国民党军将领不欢迎，内部矛盾重重。这样的局面必须要有一个得力的人才能推动，蒋介石考虑再三，还是选中了杜聿明。当时杜聿明做完肾切除手术，正在北平住院。蒋介石指示他立即返回东北，"望速指挥部队收复东北主权，有厚望也"。杜聿明养病期间，看到范汉杰顶替他的职务，以为蒋介石不用他了，心里未免酸溜溜的。现在蒋介石要他重返东北，他非常高兴。不顾手术后尚未痊愈，于4月16日返回沈阳主持军事。国民党军队重整旗鼓，向四平冲杀过来，一场全国瞩目的大战，将在这里展开。

①《黄克诚自述》，人民出版社1994年版，第203页。
②《中国人民解放军历史资料丛书·解放战争时期·过渡阶段军事斗争·文献》，解放军出版社2000年版，第438页。

第八章

# 四平保卫战

林彪在四平布防——新1军外围受挫——毛泽东命令死守四平——我军暴露出弱点——罗荣桓调来的弹药在梅河口被炸——毛泽东给予林彪指挥大权——黄克诚建议撤退——廖耀湘攻下塔子山——林彪决定撤离四平——黄克诚与毛泽东的争论

1946年4月18日，新1军推进到四平西郊。林彪预料国民党军会大举进攻四平，急电长春部队南下增援。几天内，东北我军主力云集四平。有黄克诚3师的7、8、10三个旅，万毅纵队，梁兴初的山东1师，罗华生的山东2师，杨国夫7师的20、21两个旅，邓华的保安1旅。加上后来从北满调来的359旅、7师的炮旅，总数将近8万人。

四平是一座新兴的小城。由于中长路和辽源至通化两条铁路在此交汇，这里就成了通向南满、西满和北满的交通枢纽。也是东北粮油集散地。四平市区地势平坦，过去很少打仗，没有防御的城垣。铁路从市中通过，将城市分为道东区和道西区。东区多是中国人的矮小平房，比较密集。西区则是政府和日本人居住区，有些坚固的楼房建筑。城西有飞机场。城北是西辽河支流红嘴河，城东、南、北三面十里之外是起伏的丘陵，渐成连山。从地形看，四平是无险可守的。

最初部署防御时，林彪并没有将主力部队一线摆开，而是选择要道，布置少量部队。主力部队则处于机动，根据需要投入战斗。四平市内东区及市北高地为万毅纵队56团防御，西区由保安1旅防御。1、2、7师和黄克诚3师等主力部队则散布在两翼的要点地区。为了避免被动，林彪把主要防线设在市区以南的泊罗林子、市区西北和东北的小高地上，争取在四平城外与国民党军决战。各级指挥员都接到了命令：要以最大决心坚守防线，没有命令不得后撤。这些打惯了游击战、运动战，从来没打过阵地防御战的将士，现在挥着镐头铁锹，挖工事修地堡，四平城外出现了蜿蜒曲折的交通壕。四平城西面和南面都有小河流过，为了利用这仅有的天然屏障，战士们将下游堵塞，抬高小河的水位，让水流漫出河床，形成沼泽，阻止国民党军队的坦克冲击。为了保证战斗中通讯联络的畅通，各指挥所与观察所、市内较高的楼房之间都架上了电话线。军用电话设置专线，原有的市内电话统一号码，一条线断了还可以补救。为了保密，

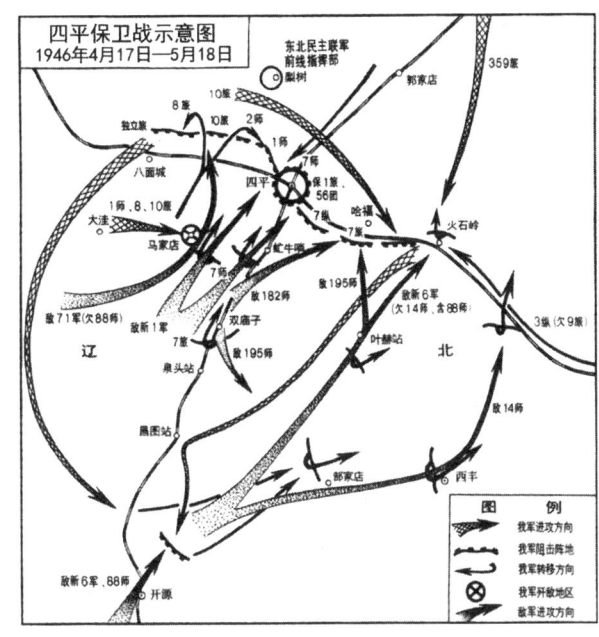

◉ 四平保卫战示意图

切断了四平至沈阳的长途线路，往长春的长途非经批准不得随便使用。每一部电话都有专人看守，以防中断和窃听。城外和市区的各阵地内都准备了水缸、熟干粮、弹药、医疗用品。各部队都进行了战前动员，战士们摩拳擦掌，准备和国民党军队大干一场。

4月18日，郑洞国指挥的国民党新1军在飞机、坦克支援下，向四平城南的泊罗林子、三道林子和鸭湖泡外围阵地发起进攻。守卫三道林子的7师战士顶着国民党军的密集炮火，用机枪和手榴弹与蜂拥而上的敌人展开激战，18日一天打退了多次冲锋，守住了阵地。这天，国民党新30师以一个团兵力向鸭湖泡发起三次进攻，也被我军56团战士击退。第二天，新30师寻找我军防御薄弱处集中力量猛攻。我军在鸭湖泡的一处阵地被敌人炮火打烂，被迫后撤，国民党军打开了一个缺口。这一天国民党新38师向四平以西的飞机场和白家沟一带进攻，我1、2师夜间出击，准备在夜战中消灭敌军。但由于情况不明，一夜连摸几个村都扑了空。天将拂晓才在机场附近与敌人交上火。天渐渐亮了，我军无阵地依托，打起来肯定吃亏，于是主动撤回了原来的阵地。

4月20日是战斗的第三天。国民党新50师向我56团阵地发起进攻。由

于鸭湖泡阵地已被突破，国民党军向纵深发展，占领了四平市区西南的一座小红楼。我军由于正面防线太宽，又没有预备队支援，没有及时夺回小红楼。到晚上组织部队反击，没想到敌人不顾疲劳，在短时间内完成防御工事，用密集火力向我军扫射。一个连冲上去，很快就伤亡近百人。国民党军虽然没有再向城内延伸，但是红楼被他们控制，对我军造成很大威胁。我军只好抽调力量，在小红楼三面构筑工事，修补防线的空缺。①

4月22日，新1军猛攻四平以东我军小高地。先以密集炮火轰击一小时，将我军阵地的火力点和壕堑大部分轰塌，造成我阵地交通堵塞、联络中断。然后敌军以营为单位，向我军56团1、2连阵地发起冲击。我军虽然伤亡过半，战士们仍然顽强抵抗。当敌人接近时，战士们跃出战壕，与敌军展开白刃战。现代化装备的国民党军拼刺刀不行，节节后退。激战两个小时，敌军被消灭300多人，我军以伤亡100多人的代价守住了阵地。23日新1军又集中炮火向泊罗林子进攻，我军在阵地被摧毁的情况下向后撤退，但是国民党军队的步兵冲锋却一次次被我军打退。到26日，国民党军的进攻收效不大。郑洞国感到兵力不足，为求稳起见，下令停止进攻，向沈阳的杜聿明请求增援。

毛泽东在延安密切关注四平战局的发展。4月21日他电告林彪："新1军是缅甸远征军，蒋军主力，我必须集中绝对优势兵力，养精蓄锐，待其疲劳不堪，粮弹两缺，选择良好地形条件，以数日之连续战斗，将其各个击破，全部或大部歼灭之，就可顿挫蒋方攻势。……总期集中优势兵力，争取这一有决定性战役的胜利。"②22日，毛泽东再次指示林彪："望死守四平，挫敌锐气，争取战局好转。"

毛泽东的指示，林彪非常重视。到东北以来，由于敌强我弱的总态势没有改变，林彪一直是且战且退，找到适当时机才打上一仗。现在毛泽东命令他死守四平，他就不能再走了。为了打好四平保卫战，林彪把总部迁到了离四平很近的梨树县。这个总部工作人员不满百人，有两部电台，随从部队只有一个特务连。这样精简的机构林彪还嫌人多，行动不方便。到作战时，林

---

① 《中国人民解放军第38军第三次国内革命战争战史》，1956年初稿，军事科学院图书馆藏。

② 《毛泽东军事文集》第3卷，军事科学出版社、中央文献出版社1993年版，第182页。

彪只带一个小电台、一个参谋和几个工作人员，加上警卫员不到二十人。他们到前线观察地形，随时掌握战场的情况变化，直接指挥部队，减少了中间环节。在四平保卫战过程中，林彪曾几次亲临前线部署指挥。

23日，林彪致电毛泽东："二十二日亥时电悉，当坚决执行，死守四平。"八天的激战，干部战士们确实打得英勇顽强，把新1军挡在四平城外。这一阶段的较量，让国民党军官大吃一惊，想不到这些穿得破破烂烂的八路这么能打，新1军跟日本鬼子打都没这样吃力过。但是经过这些天的战斗，我军不善于打正规战的弱点也都暴露出来了。

在火力配备上，我军最大的缺陷是只知道向正前方射击，而不懂得组织交叉火力网。在防御时不能只管自己眼前的敌人，还要照顾到两侧的友邻部队。当侧翼吃紧时，要以侧射、斜射的火力进行支援。火力的配备要有层次和纵深，机枪、步枪搞好配合。我们的干部开始不懂这些，敌人上来也没有统一射击的口令，发现目标就各自开火。有的开火过早，敌人接近了，自己的子弹也打光了；有的沉不住气，夜里敌人来袭扰一下，就死命地开火，白消耗了许多弹药。

在战斗中另一个严重失误是对枪支的保养不好。有的战士抱着机枪不要命地打，枪筒因温度过高不能使用。有的不注意及时擦洗上油，结果枪支被烟土蒙住打不响了。在敌人的一次进攻中，55团4连阵地上所有的自动火器除了一挺重机枪，其余都因故障不能开火。敌人的坦克冲上来，把这唯一的重机枪射击孔堵塞，阵地便因此失守了。

还有一些问题，在防御战中也暴露出来。部队打了一天，必须换下来休息。在部队换防时，交防的部队都盼着早点下去，没

◎ 四平保卫战中的东北民主联军阵地

有及时修复被打坏的工事。换防的又迟迟才来，来不及修工事就遇见敌军进攻，结果因为工事不坚固顶不住或增加伤亡。还有的按照固定时间在黄昏换防，被敌军摸到规律，每天黄昏都要向我军阵地上猛轰一顿。

与之对比的是，新1军在正规作战方面，显示出较好的战术水平。他们善于步炮协同作战。战斗开始后，他们便用各种口径的火炮向我军阵地轮番轰击，有的打到前沿让你抬不起头，有的打到纵深阻挡预备队上前。国民党的炮兵听步兵信号，当步兵冲到我方前沿100米时才停止打炮。步兵冲锋时，有机枪在侧面掩护，使我军不易进行反冲击。但国民党军致命的弱点是怕死，不敢近战。他们多数使用冲锋枪，最怕我军跟他们拼刺刀。只要面对面干上了，国民党军往往掉头就跑。[1]

战争是最好的教员，几天战斗下来，我军指战员得到不少经验教训。他们学会了如何在防御战中组织火力，如何进行战斗指挥和战场配合，如何对付国民党军的夜间偷袭和近迫作业（用交通壕沟掩护前进），如何进行战场管理。最重要的是注重发扬自己的长处，用反冲击、刺刀和手榴弹去打垮敌人。

林彪最担心的是几天的胜利，可能会使我军产生轻敌和骄傲情绪。他在4月27日致毛泽东的电报中说："我们干部通常毛病，皆为轻敌。在战斗部署上，总是把战斗正面拉得太宽，结果形成对峙。各主力旅都吃过这样亏，但至今尚未彻底转变。"

4月26日，郑洞国指挥新1军向四平城东发起攻击，在我军顽强抵抗下，国民党军扔下百余具尸首，再次败退回去。在城北三道林子，杨国夫的7师向新1军反冲锋，在国民党军密集火力封锁下未能奏效，双方伤亡500人。四平保卫战的第一阶段到此结束。郑洞国等待援军，暂时停止大规模进攻。双方进入对峙阶段。林彪向毛泽东报告战况，毛泽东于27日回电："一、四平守军甚为英勇，望传令嘉奖。二、请考虑增加一部分守军（例如一至两个团），化四平街为马德里。"[2]

看来，毛泽东是决心要把四平和长春变为马德里，死守到底了。但是以

---

① 《38军四平保卫战经验总结》，军事科学院图书馆藏资料。
② 《中国人民解放军历史资料丛书·解放战争时期·过渡阶段军事斗争·文献》，解放军出版社2000年版，第454页。

我军目前的实力装备，是否具备了和国民党王牌军硬碰硬地打阵地战的条件，多数指挥员是心存疑虑的。4月28日，毛泽东指示林彪："从长春及南满调来的生力军集中后，我们意见只有在充分把握，能击溃新一军并歼灭一大部根本改变战争局面这样的条件下，才应当使用生力军，否则不宜轻易使用，留待将来使用为有利。"①但是林彪29日的回电委婉地向毛说明，照现在这样打下去，我军不但不能消灭新1军，而且会消耗自己的有生力量。电报说："二十八日亥时电悉。近十日内，恰值夜间无月亮，不便我大军的夜间进攻。又因地形平坦及新一军已构筑阵地，且七十一军及五十二军、六十军各一个师已与该军靠拢，故在十日内歼灭或击溃该军可能性不大。进入东北之敌，为国民党最精锐的，新一军又为其最强者。故我军虽英勇奋战，伤亡重大，弹药消耗甚多，但只能作部分的消灭与击溃敌人，而难于全部击溃与消灭。四平仍在我手，敌攻势受挫，但正在调防，准备向我作新的进攻。以上情况供你们研究参考。"②

4月26日以后，新1军停止了大规模进攻，四平战事进入对峙阶段。除了夜间有些零星战斗，战场基本上是平静的。四平城里却热闹起来。老百姓原以为国民党军队很快能打进来，所以大炮一响，都往家里躲。看了几天，国军也没进来，还往居民区打炮，伤了不少人。于是大家都骂国军无能，转过来支持八路军。从4月底以来，在人民政府组织下，老百姓掀起拥军慰问的高潮。大家给部队送干粮、抬伤员、修工事，四平城里的水、电一刻不断，街上有工人巡逻，秩序井然。这就更提高了我军的士气，大家都想坚守下去。③

暂时的胜利也助长了骄傲情绪与和平思想。大家以为国民党军队也不过如此，我们守住长春、四平不成问题，东北的和平局面很快就会到来。但是林彪不这样看。在梨树总部举行的东北我军第一次政治工作会议上，林彪指出：全国有无和平，因不了解情况，不敢说。但是东北肯定没有和平，和平是打出来的。我们现在的情况只是略好了一些，敌人给了我们一个喘息时间，使我们能在四平街守下来。我们决不能就因此产生错觉，敌人新的进攻

---

① 《毛泽东军事文集》第3卷，军事科学出版社、中央文献出版社1993年版，第188页。
② 《中国人民解放军历史资料丛书·解放战争时期·过渡阶段军事斗争·文献》，解放军出版社2000年版，第457页。
③ 刘白羽：《英雄的四平街保卫战》，载《东北日报》1946年5月7日。

还会到来的。当前最重要的是决不要为国民党的和平触角所麻痹,这纯粹是一种缓兵之计。只要南满他们一抽出手,四平前线更大的战斗就会爆发起来。[1]

形势的发展果然与林彪的估计相同。杜聿明考虑要集中兵力打下四平,首先要攻占本溪,解除后顾之忧。当时保卫本溪的是萧华指挥下的南满四纵的三个主力团27、30、31团。这样少的兵力防御一个大城市,显然是太少了。每个团的正面防线宽达二十里,人员只能一线摆开,没有纵深和预备队。5月2日,廖耀湘指挥国民党新6军及71军的88师,赵公武指挥52军共五个师的兵力,向本溪发起进攻。国民党军以师为单位,集中所有炮火,摧毁我军前沿阵地。7架国民党飞机也在空中往来盘旋,轰炸扫射我军。守卫本溪以西防线的30、31团打得十分顽强,与敌军展开白刃战。30团四个连的干部全部伤亡,每连只剩下十余人,仍然死守阵地与敌人拼刺刀。由于部队伤亡过大,工事大部坍塌,又没有预备队接应,防线逐渐被突破。萧华眼看寡不敌众,于5月3日9时下令放弃本溪。

四平前线的局势一天天严峻起来。罗荣桓在大连养病,听说四平战事紧张,便找到苏联方面请求援助。苏军态度不错,调拨了八列火车的武器弹药和医药交给我方,由海路运到北朝鲜,再由铁路经集安、通化运到了梅河口。然而此时东北局机关正由梅河口向长春搬迁,连沙发、钢丝床都要装车运走。大批弹药因为缺少火车头,被搁在站台上。4月28日,国民党飞机轰炸梅河口车站,炸毁车厢260个。林彪获悉这个重大损失,立即向中央告急。他在电报中对东北局机关搬家影响军火运输表示强烈不满,指出:"过去所使用的子弹、炸弹及其他军用品,皆系利用现成的仓库存品,现仓库存品已尽,而自己制造,则未开始,连手榴弹的制造也只是个别地方开始了。战争继续打下去,我们的困难与弱点将日益暴露。"

毛泽东立即做出决定,5月1日电告林彪:"(一)前线一切军事政治指挥,统属于你,不应分散。如因工作繁忙需人帮助,则可考虑调高岗等同志来助你,如前线机关以精简为便利,则照现状为好。(二)东北战争中外瞩目。蒋介石已拒绝马歇尔、民盟和我党三方同意之停战方案,坚持要打到长

---

① 陈沂:《四平保卫战》,《辽沈决战》上册,中共中央党史资料征集委员会等合编,人民出版社1988年版,第222页。

春。因此我们必须在四平本溪两处坚持奋战，将两处顽军打得精疲力竭，消耗其兵力，挫折其锐气，使其以六个月时间调集的兵力、武器、弹药，受到最大消耗，来不及补充，而我则因取得长、哈，兵力资材可以源源补充，那时，便可能求得有利于我之和平。"①

这是毛泽东的一个重大决策，他先把东北的军事指挥权交给林彪，为以后林彪担任东北党政军第一把手，实行一元化领导打好了基础。这对东北今后局势的发展，是有重要意义的。但是毛泽东的战略思想却是想以四平保卫战来争取谈判桌上的有利地位，达到国民党占沈阳，我方占领长春、哈尔滨，平分东北的目的。这是蒋介石绝对不能同意的，以我军的实际情况，尚不具备战胜和消灭国民党军队的实力，在四平的防御战逐渐处于被动。时间拖延越久，对我军就越不利。

新1军在与我军对峙期间，一方面修筑和加固工事，等待援兵到来。白天用大炮向我军阵地轰击，并大挖交通壕，向我前沿阵地接近。这一着还不好对付，只见敌人不断往上扬土，却不见人影，枪也打不着，有的敌人一直挖到离我们只有50米的地方。他们用火箭筒打我军的地堡，或用机枪封锁我军行动，或破坏我们的铁丝网和障碍物，我军说话和一举一动他们都能听清楚。我军也还以颜色，有时乘着夜色派战斗小组摸出去打一顿，组织特等射手埋伏在前沿，敌人一露头就给他一枪。敌人的交通壕挖到我们面前，就给他几个手榴弹，把挖沟的敌军炸死。

5月6日，7师炮兵旅2团拉着9门大炮来到四平城里，当天黄昏就开始向国民党军阵地轰击。我军的大炮一响，战士们都欢呼起来。国民党炮兵也立即还击，炮战进行了两个小时。我军摧毁了国民党军的两个堡垒，国民党军找不到我军炮阵地，便漫无目标地往四平城里打炮，炸毁了一些民房。最后敌军炮火终于被压制，12日下午，我军又向国民党军红楼据点猛烈炮击，一连打了400多发炮弹。国民党军挨了这几次打，不敢再轻视我军，他们把炮阵地撤退到隐蔽地区，不敢像以前那样随便打炮了。

取得了一些胜利之后，部队中产生了骄傲和轻敌思想。国民党新38师到达后，7师首长打算乘他们立足未稳，先打一下，压住对方的气焰，减轻我方防御阵地的压力。也没有仔细了解敌情、地形、火力部署，甚至没有和

① 《毛泽东军事文集》第3卷，军事科学出版社、中央文献出版社1993年版，第195页。

友邻部队打招呼，就在夜间发起攻击。敌人守在山上，有阵地依托。我军没有炮火支援，从山沟里往上运动。结果黑夜里不辨方向，找不到敌人，天亮时被敌人发觉，受到火力夹击，白白伤亡了1000多人。林彪对这种打莽撞仗的做法极为不满，严厉批评7师领导："这是小游击队袭击敌人的办法。"这次失利给大家以深刻教训，打正规战可不是一件简单的事，是需要认真准备和组织的。①

当时后方的气氛十分乐观。《东北日报》一再刊登"四平前线固若金汤"的消息，长春、哈尔滨民主政府组织慰问活动，向四平前线运送物资。好像四平保卫战结束后，东北的和平局面就要到来了。林彪却一直乐观不起来，在5月3日致毛泽东的电报中，坦诚地汇报了我军的不利情况。他说："近一月来的战斗，每旅皆伤亡一千数百人，战前连队原不充实，目前缺额更大。现在部分进行缩编，因此先不要成立新的野战旅，应将新兵开来前方补充，且不必等待很大的数目时才开来，须随时集中，随时开来前方，以维持部队的源源补充。"他又向毛泽东建议，乘国民党军尚未集结完毕，派出部队深入敌后，开辟第二战场，切断敌人的供给运输线。毛泽东同意林彪的建议，指示南满部队迅速北上配合作战。程世才率南满三纵的两个旅连夜乘火车，到达四平右侧的哈福。359旅也从北满南下，到达哈福以北的赫尔苏。

本溪失守后，形势发生很大变化。国民党军解除了后顾之忧，集结兵力迅速北上。廖耀湘的新6军向叶赫前进，迂回四平右侧。陈明仁的71军向八面城前进，包抄四平左侧。新1军居中，军长孙立人回到部队指挥。为了防止国民党军的迂回包抄，我军只好延伸防御正面，防线不断向两翼伸展，长达一百多里。战线拉长，防御兵力也渐趋稀薄，一个团就要负责几里地的防线。我军有限的主力，绝大部分被附着于第一线阵地上，在战斗中逐渐消耗。林彪动用了所有可以参战的二线部队，仍感到兵力不足，难以改变劣势和被动的地位。再加上我军缺乏正规防御的作战经验，炮火也十分不足，没有足够力量组织强有力的反冲击，争取积极防御和战场的主动权。形势越来越对我军不利。

黄克诚的3师负责四平左翼的防御，他本人随西满分局住在白城子。在

<hr>

① 《中国人民解放军第43军第三次国内革命战争战史》，1956年初稿，军事科学院图书馆藏。

对峙的时候，黄克诚就感到这样死守不是办法，他给林彪发了几次电报，建议适可而止，不要与敌人硬拼。他在电报中说，敌人一开始进攻的时候，打他一下子，以挫敌锐气，是完全必要的。现在的情况是敌人倾巢出动，与我决战，而我军暂时尚不具备进行决战的一切条件。因此，应当把四平及其他部分大城市让出来，让敌军进来，我们则到中小城市和广大乡村去建设根据地，积蓄力量。等到敌军背上的包袱沉重得走不动了的时候，我们再回过头来去逐个消灭它，那我们就主动多了。

黄克诚连续发了几封电报，林彪既不回电，也不撤兵。黄克诚的这些话毛泽东是不接受的，当时共产党与国民党的谈判正在激烈地讨价还价，马歇尔作为美方调解人，在大方向偏袒蒋介石的前提下，也主张给共产党人一些利益。谈判的焦点就在于东北地盘怎么分配，5月13日周恩来电告中央：在东北问题上，马歇尔与蒋介石双方意见已相去不远，在关内问题上美国与我党日趋对立。形势真正好转绝无可能，全面破裂蒋尚有顾虑，但危险已经增长，半打半和也许可能性较大，最后要看力量的变化和对比来决定，必须动员群众，以待决战。毛泽东同意周对局势的分析，提出两条谈判条件：一、停战一星期；二、长春国共双方不驻兵。

5月15日，毛泽东向各中央局发出指示："我方权利所在，必须力争，彼方无理要求，必须拒绝，但总的精神是求得在不吃亏的基础上解决纠纷，而不是使纠纷扩大。""东北方面是一方面坚决作战，四平街保卫战支持的时间愈长愈有利，另一方面是我对外谈判人员应强调停战与争取停战。"[①]四平是毛泽东与蒋介石谈判最重要的筹码，绝不轻易放弃。从当时的形势看，毛泽东认为林彪打得很好，完全可以坚持下去。这样，林彪也就不能再说二话了。

此时，杜聿明已经把东北国民党军精锐主力，全部集结到四平前线，他亲自部署对四平的总攻。廖耀湘率新6军及88师为右翼兵团，从莲花街、大台子山向西丰、哈福屯、叶赫方向进军，迂回四平。陈明仁率71军为左翼兵团，向八面城、郑家屯方向进攻，迂回四平和梨树的林彪总部。孙立人指挥新1军为中央兵团，从现地发起进攻直指四平城。14日，两翼兵团开始行

---

① 《中国人民解放军历史资料丛书·解放战争时期·过渡阶段军事斗争·文献》，解放军出版社2000年版，第262页。

动,四平之战到了决战时刻。

国民党军队的调动集结,我军情报机关也有所了解。林彪迅速做出部署。程世才率南满三纵向昌图、开原一带前进,拦截新6军北上;万毅的七纵增援塔子山阵地。彭明治的7旅和杨国夫的7师增强四平正面三道林子阵地;黄克诚3师和梁兴初的1师在四平以西到八面城一带拦截71军。

5月15日,四平之战最后阶段的战斗在三条战线上同时打响了。战斗的焦点在右翼。廖耀湘,这个黄埔出身,在远征缅甸与日本人打过硬仗的国民党将领,刚在本溪打了个胜仗,这次也想在杜长官面前露一手。鉴于新1军向四平进军处处受阻的教训,他命令部队成宽大正面分为两个纵队前进。这样就可以防备共军的袭击,还可以互相照应。

新6军出发不久,所属新22师就在威远堡门遇上了共军部队。战斗激烈地打起来,22师65团一个连冲锋失败,连长也被打死。65团团长集中全团所有重炮、山炮,向山上的共军轰击。共军只有机枪步枪,又没有设置防御阵地,在国民党军大炮火和集团冲锋下顶不住,向北撤去。

◎ 廖耀湘

廖耀湘赶到威远堡门,以为是与共军先头部队遭遇,派人搜寻共军主力所在。谁知从阵亡者身上发现的文件说明,这就是南满三纵的主力。廖耀湘感到信心倍增,三纵主力既然不能阻止65团一个团的进攻,那么以新6军的实力,不仅进入四平没什么问题,就是北上长春也没有重大困难了。廖耀湘回忆:"威远堡门(之战)不仅给我个人带来了嚣张狂妄的气焰,也给整个新6军的所属各部队带来旺盛的士气。对新6军而言,可以说威远堡门之战斗开启了顺利进犯四平与长春的端绪。这个并不闻名也不为人所注意的小战斗,其影响是很深远的。"[1]

初战得胜,廖耀湘下令新6军全力推进,夺取叶赫和哈福。先头部队雇佣当地农民带路,开着卡车沿公路前进。三纵连续行军作战,转移修工事,七天没睡一个整觉,携带的子弹炮弹也都消耗光了,实在是精疲力尽。他们

---

① 廖耀湘:《国民党新六军迂回四平街的经过》,载《文史资料选辑》第42辑。

也没有估计到新6军会来得这样快，在火石岭子，三纵部队正在公路两侧山头上修工事，也没派警戒，新22师就气势汹汹杀过来。三纵来不及组织防御，只好向四平方向撤退。从梅河口开来的一列军用列车还在铁路上运行，得知火石岭子车站被国民党军占领，火车才停止前进，顺原路退回。

新6军行动之快，不仅三纵没想到，就是林彪和前线总部也没想到。陈沂回忆："当时三纵是打得英勇顽强的，给敌人以不少杀伤。但三纵没有估计到，'前总'也没有估计到新6军美械装备的优势，特别是他们机械化运输的优势。他们以小部队和我三纵在阵地上厮杀胶着，大部队悄悄地用六百辆汽车装运强行通过，途中遇到道路翻浆（春季冻土融化出现的泥泞状态——作者注）铺上钢板通过。等我军发觉，用炮火追击已来不及了。这样，新6军主力很快就冲破三纵的防线，进入四平的右侧，而且很快就占领了西丰、平岗车站，然后进占哈福车站。并利用他们美械装备的优势，在飞机大炮的掩护下直扑塔子山和三道林子。"①

四平保卫战进入最激烈的阶段。国民党军中路右翼的50师，5月15日猛攻哈福以南的258高地。由于地形不利和缺乏友邻部队的支援，我守卫部队伤亡过半，不得不撤出该高地。16日，国民党军又向万毅纵队所部把守的331.5高地进攻。在激烈的战斗中，我军冒着猛烈的炮火，顽强抵抗，先后打退敌人七次冲锋，毙伤敌军六百余人，自己也付出了重大代价。17日国民党军增调坦克对高地进行正面攻击，又以一个团兵力从侧面迂回。我军因工事被炸烂，火器大部分被敌人炮火摧毁，终于无法支持。331.5高地被国民党军占领，从而推进到四平外围左翼最重要的制高点——塔子山下。

新6军冲破三纵防线，于16日攻击叶赫车站。359旅从北满南下增援刚到此地，匆忙投入战斗。打了一天，挡不住新6军的炮火，退出叶赫。17日新6军推进到哈福屯，配合中路的50师对我塔子山阵地形成三面包围。

塔子山距四平二十余里，为群山之首，从山顶上可以俯瞰我军四平东北的全部阵地。塔子山的得失，关系到四平全线的安危。林彪为了增强塔子山的防御，下令黄克诚的3师10旅前往增援。5月18日，新6军集中兵力，以强大的炮火向塔子山猛轰。在方圆不过七八十米的山头，几分钟内就落下

① 陈沂：《四平保卫战》，《辽沈决战》上册，中共中央党史资料征集委员会等合编，人民出版社1988年版，第226页。

500多发炮弹，炸得山上乱石横飞。塔子山是座石头山，没有办法构筑工事，守在山上的7旅19团战士只好寻找比较大的石块作掩护。在国民党军的炮火下，山头东部我军一个排伤亡的只剩下不到十个人。班长王先德正在隐蔽，突然身边好似落下一个炮弹。仔细一看，原来是一条被炮弹炸飞的人腿。他一阵伤心，咬着牙说："记住，这是我们同志的腿，我要用敌人十条腿来还这血债！"国民党军以一个营的兵力向山头发起冲击，王先德和大家一起不停手地往下面扔手榴弹，打退敌人一次又一次进攻。正面进攻不成，新6军又全力攻占了塔子山右侧的一个小高地，对塔子山形成四面包围。我19团不顾重大伤亡，抽出两个班进行反冲锋，夺回了小高地。

这天，四平全线都在激战之中，三道林子方向由于工事构筑较好，新1军的多次进攻都被打退，正面防线没有被突破。林彪最担心的是塔子山，17日他向塔子山守卫部队发出两封电报。第一电命令"塔子山尽可能再支持一天"。获悉新6军突破三纵防线后，他又发出第二电："再命塔子山守军，最少明天要顶半天，不惜一切牺牲。"

形势发展到这一步，林彪心里清楚，四平不能再死守下去，该考虑撤退了。他把陈正人和陈沂找来，指示他们起草撤退的电报。林彪说："估计敌人明天就可占领塔子山，廖耀湘必定要以全力攻塔子山。塔子山如果失守，敌人就可以从我侧后迂回，封闭四平守城我军的退路，那时我们就完全处于被动，而且有被歼之危险。我们已经大量消耗了敌人，并赢得了时间。我们的保卫战是胜利的，特别是我们每一个部队，都在一定程度上得到了锻炼。"说到这里，林彪长叹一声："可惜我们后面没有好好珍惜和利用这个时间。"他严肃地对身边所有的部下说："和平空气，在我们今天的东北是最害人的。我们对全部美械装备的敌人还是估计不足，三纵的防线被新6军迅速突破，影响保卫战的全局，这是最大的教训。"[1]

果然如同林彪预料的那样，18日一早塔子山就发生了激烈的战斗。紧急关头，林彪向毛泽东发出了告急电报："四平以东阵地失守数处，此刻敌正猛攻，情况危急。"就在林彪发电不多时，由于人员伤亡殆尽，塔子山阵地终于失守。四平前线的形势到了最危险的时刻，林彪不等中央回电，果断作

---

① 陈沂：《四平保卫战》，《辽沈决战》上册，中共中央党史资料征集委员会等合编，人民出版社1988年版，第228页。

出决定。他把作战处长和情报处长叫来，口述命令："七师于三道林子北山，七旅于四平东南高地掩护全线撤退。"

从晚间8点30分开始，各部队有序地撤出阵地。四平城内的56团归还万毅纵队建制，炮兵团归还7师建制。外围部队静悄悄地离开工事和战壕，在黑夜的掩护下向后方的集结地点分头撤去。由于组织严密，保密好，国民党军虽然近在眼前，却毫无察觉。还打了一夜的枪和炮。夜里9点，当部队开始撤离后，林彪给毛泽东发出电报："中央、东北局：敌本日以飞机大炮坦克车掩护步兵猛攻，城东北主要阵地失守，无法挽回，守城部队处于被敌切断的威胁下，现正进行退出战斗。"

5月19日上午，毛泽东才给林彪发来电报："（一）四平我军坚守一个月，抗击敌军十个师，表现了人民军队高度顽强英勇精神，这一斗争是有历史意义的。（二）如果你觉得继续死守四平已不可能时，便应主动地放弃四平，以一部在正面迟滞敌人，主力撤至两翼休整，准备由阵地战转变为运动战。"电报最后说："究应采取何项方针，由林根据情况决定之。"①

历时一个月的四平保卫战结束了，这场规模空前的大战，虽然给国民党军队以沉重打击，但是自己也付出了巨大的代价。据东北野战军司令部后来的统计："四平保卫战中我军伤亡总数达八千人以上，部队元气损失甚大。黄克诚之三师七旅，原为井冈山老部队，四平撤退后仅剩下三千余人，失去战斗力；万毅之三师原有一万三千人，经四平战斗伤亡及撤退被击散，只剩下四五千人，失去战斗力；一师梁兴初部，剩五千人，还保持有战斗力；二师罗华生部还保持有战斗力；邓华保一旅损失相当严重，其次是三师、八旅、十旅、杨国夫部都弄得疲惫不堪和不少损失。"其结论是："防御战不是消灭敌人的有效手段，在当时的情况下是不宜采取大规模的防御战。四平保卫战是由于对时局估计的错误下形成的，以为守住了四平就能获得和平。这种作战按当时一般条件是不甚适宜的。"

多年之后，当人们反思这段历史时，韩先楚上将作了客观和详细的分析："四平保卫战，是在特定历史条件下形成的城市防御战。虽然取得了毙伤敌人一万余的战果，阻滞了敌人的进攻，但在我军处于劣势情况下，过多地看重了一城一地的得失，与敌进行不利条件下的作战，在战略上是失策

①《毛泽东军事文集》第3卷，军事科学出版社、中央文献出版社1993年版，第224页。

的。我军动用不少兵力，以浅近的防御纵深，在兵力、火力并不得心应手的状态下，在那样长的战线上，打那样长的时间，部队打得相当苦，有的甚至丧失了元气。我军虽然打得很英勇，也取得了作战的经验和教训，但付出了八千多战斗骨干伤亡的代价。由于我军果断的撤退，摆脱了战略上的被动，又一次避免了不利条件下的决战，保存了有生力量。经过四平保卫战和大撤退的反面教育，彻底消除了和平幻想，对东北全党全军在和战问题、根据地建设问题上统一思想，产生了积极影响。"这个结论，可以说是当年参加四平保卫战所有老战士的共识。①

---

① 韩先楚：《东北战场与辽沈决战》，《辽沈决战》上册，中共中央党史资料征集委员会等合编，人民出版社1988年版，第88页。

# 第九章

# 退过松花江

我军放弃长春——王继芳叛变——我军的不利局面——南满部队进行鞍海战役——拉法战斗反击国民党军——林彪要和，毛泽东要打——黄克诚、李富春给中央的报告——毛泽东指示坚决斗争

1946年5月19日深夜，我军各部队遵照前线总指挥部的命令，悄悄撤离守卫一个月的四平。国民党军队还不知道，第二天一早又用大炮向四平轰击。打了半天不见反应，才发现对面阵地已经空无一人。到20日下午，国民党军队才占领了四平。大战后的四平，到处是残垣断壁，瓦砾成堆。原来有二十万人口的城市，逃的逃，死的死，仅剩下四万多人。老百姓们悲哀地在硝烟未散的破房前寻找自己残存的家产，清理物品，老太太抹着眼泪说："可不要再打了。"

林彪的总部从梨树转到公主岭的范家屯。下一步向何处去？就在5月19日同意放弃四平时，毛泽东还发了一封电报，要求东北局和林彪布置守卫长春。电报说："长春卫戍部队应立即开始布置守城作战，准备独立坚守一个月，不靠主力援助，而我主力则将在敌人两侧及远后方行动。"[①]

长春还能不能守？罗荣桓听到四平战事吃紧的消息后，19日不顾病体未愈便匆匆赶到长春。在东北局会见彭真后，看到大家意见不一，就拉上彭真和周保中、吕正操等负责人一起去范家屯找林彪。会议争论得相当激烈。东北局的同志舍不得放弃长春，主张守；林彪说明了部队的现状，坚持要撤。罗荣桓支持林彪的意见，说："长春、吉林都是大城市，不利于防守，防线又宽，现在部队打得很疲劳，如果守长春，敌人从梅河口沿奉吉线插到吉林，就会把我们的后方打得稀烂，不但长春守不住，非退到西满蒙古大沙漠不可。我赞成撤出长春，一直退到松花江以北。"彭真等听了罗荣桓的分

---

① 《毛泽东军事文集》第3卷，军事科学出版社、中央文献出版社1993年版，第226页。

析，终于同意放弃长春。散会后，林彪留在前总组织部队后撤，罗荣桓、彭真等回到长春，组织东北局机关乘火车撤往哈尔滨。①

5月23日，毛泽东又电令彭、林，要他们守住长春和公主岭。林彪和彭真当日都回了电报，林彪在电报中报告："我军自四平防线撤出后，连日一面抗击敌人，一面进行转移。白天受敌机轰击，行军多在夜间，部队甚疲惫，被敌人切断掉队的甚多，目前无法组织兵力进行战斗。已令各部如遇敌时，则向敌进路的侧面转移，避免单独决战。现具体敌情及各部具体情况，均无法得知，我电台正在转移中。"彭真在电报中报告："长春方面幅员广大，周围地势平坦，我兵力不足，不可能固守。为避免被迫作战，我们（林、罗等）决定撤出长春。我们昨夜退出，现已抵哈尔滨，林仍率主力在前线指挥。"②

国民党军占领四平后，是就地停止，还是继续进攻？在统帅部内也是有争论的。总参谋长白崇禧到沈阳督战，传达蒋介石的意见：只要打下四平，与共产党谈判就有了面子，不必再向长春北进。但是杜聿明坚持要打下长春。他向白总长陈述：夺取四平后如果不乘势前进，必将前功尽弃。因为共军扩充非常迅速，国军却不能尽量补充，现在停战是对共军有利。长春是东北首府，小丰满水电站是东北最重要的电力来源，拿下小丰满可以保障沈阳、长春的电力供应，否则小丰满被共军控制，东北用电都成问题。白崇禧问杜：攻占长春和小丰满是否有把握，杜回答有绝对把握。白崇禧才同意杜聿明按原计划打，他本人飞回南京向蒋介石汇报。

杜聿明送走白崇禧，就乘火车赶到泉头前方指挥部，当时国民党军队已经进入四平，杜聿明立即下达命令，要各部队以扇形攻势追击共军，以广正面搜索捕捉共军主力，包围歼灭之。并下令给孙立人和廖耀湘：谁先进入长春，就奖励东北流通券一百万元。

谁知命令下达后，郑洞国就报告说：新1军军长孙立人不服调遣，到20日还没出发。杜聿明一听，心急如焚。新6军和71军都已经出动，新1军作为中路按兵不动，造成两翼突出，如果被共军捉住一头就会吃大亏。他火速乘车到四平前面的双庙子，孙立人来见他说："部队作战过久，疲劳不堪，

① 杨国庆：《罗荣桓在东北解放战争中》，解放军出版社1986年版，第73页。
②《中国人民解放军第四野战军战史》，解放军出版社1998年版，第100页。

要求停止休整。"杜聿明耐着火气，对他说明自己的分析和决心处置。谁知孙立人一再纠缠，两人扯到中午也没说通。实际上孙立人是心里有气，新1军在四平正面打了一个月，结果让廖耀湘从右翼突破，抢先进了四平。而新6军又于19日继续北进，孙立人算计着新1军无论如何迅速，也赶不到新6军之前进入长春。所以他认为杜聿明指挥不公，让新1军打硬仗，新6军占便宜。满腹牢骚，不肯前进。杜聿明只好下命令，对孙说："现在已到中午，各路进展顺利，没有遇到抵抗。新1军应照令迅速前进，否则长春攻不下，出了问题要你负责。"孙立人见杜长官发火，只好口头答应，很不高兴地走了。[①]

◎ 孙立人

就在杜聿明为孙立人不服管制而发火，为廖耀湘孤军前进而担心的时候，下面突然报告：林彪总部作战科长王继芳前来投降。据国民党方面的记录："王继芳，四川巴中县人，现年二十七岁。自幼即随林彪，至今十余年。曾参加共军二万五千里长征，嗣在延安抗大毕业，曾任教官。及从林彪抵东北后，升任共军民主联军作战科长，为林彪之亲近重要部属。于5月19日国军进驻四平街时，知共军所行非义，逐向我军投诚来归。其投诚自述书中有云：'本人痛悟过去共军破坏交通、阻挠接收之种种行为，危害国家民族至深至巨，军事上已完全失败。继此以往将被国军逐入黑龙江内兴安岭一带大山，冻饿而死。故特决心来归，自动投诚，以作尚在迷忽中之份子之先导。'"[②]

王继芳的叛变给我军带来了灾难性的后果，他随身携带了大量机密文件，向国民党方面交代了我军各部队的实际情况。杜聿明这才了解到，林彪的部队在四平之战后，主力受到重大损失。许多部队减员半数以上并失去战

---

① 杜聿明：《国民党破坏和平进攻东北始末》，载《辽沈战役亲历记》，文史资料出版社1985年版，第557页。

②《东北保安司令长官司令部接收东北周年纪念册》，军事科学院图书馆藏，第10章。

斗力，目前正在向松花江以北撤退。杜聿明得到这些可靠情报后，立即改变以往的谨慎做法，命令新6军等以机械化部队为先导，大胆分兵冒进，紧追不舍。在攻占公主岭和长春后，不仅未作片刻停留，反而向长春铁路两侧迂回扩张，力求把共军截在松华江南岸。

这是我军在东北最艰难的时刻，也是林彪军事生涯中最倒霉的一段日子。自5月21日起，当我军从四平向公主岭地区撤退时，国民党军以多路平行纵队，坐着汽车开着坦克对我军进行迂回包抄。国民党军显得大胆自信，一个团一个营就敢孤军深入，完全不像以前那样集中兵力、步步为营。这时候我军也顾不上夜行军，只要不被敌人追上就行。国民党飞机在头顶上扫射轰炸，把许多部队都打散了，团不成团，连不成连。有的部队被敌人割断，落在后面，与上级失去联系。有的边撤边打，几天几夜得不到休息，疲劳不堪。大家都感到奇怪：国民党怎么一反常态，追着赶着我们打？后来才知道是叛徒王继芳造成的恶果。（国民党当局为了表示对王继芳的奖赏，授予他少将军衔，并调到军统特务机关工作。1949年国民党政权崩溃前夕，毛人凤抛弃了这个叛徒，不许他去台湾，王继芳只得隐藏起来。重庆解放后，王继芳被人民政府捕获，专程送到四野总部驻地武汉，公审后枪决。）

国民党军队大踏步前进，5月21日占领公主岭，22日占领范家屯，23日就占领了长春、海龙、德惠、农安。以后几天又沿长吉铁路占领九台和永吉。88师一部沿松花江边南下，直扑小丰满发电厂。我军罗华生部2师4团急行军三昼夜，赶在敌军前面于24日深夜到达小丰满。在江桥和两侧的公路上组织防御。25日，国民党88师到了小丰满，企图占领小丰满发电站，切断我军退路。2师4团战士们猛烈开火，阻止国民党军前进。我军七纵及其他兄弟部队在4团掩护下匆匆过桥，撤到松花江东岸。4团战士阻击了一个小时，看到部队都已过江，便撤出战斗，炸毁了松花江桥。随后，4团又在松花江沿岸布防，占领制高点。国民党军占领小丰满水电站后，在夜里从两面渡江，企图迂回包围4团。4团战士已经六天没有休息，极度疲劳，不宜与敌军硬拼，便主动撤出，向蛟河方向退去。

1946年5月下旬的局势是非常严峻的。罗荣桓同志后来回顾这个时期的情况，痛心地说："从长春撤退到哈尔滨时思想很混乱，全军无所措手足。无政府无纪律现象非常严重。各人搞各人的，各人抓各人的。有些同志把新招编来的伪满军队和新缴获来的武器，看成是自己的，不去充实和补充主力。这样的部队虽然有武器，但很不巩固。敌人一进攻，散的散，叛变的叛变，给我们造成了很大的困难。"①国民党军的快速推进，把我军各部队切断或冲散，造成了进入东北以来我军最严重的损失。从下面几份电报中，可以看出当时的情况。

5月29日林彪给吉林军区领导人的电报中说："你们炮兵团的直属队，及一门榴弹炮，共五百多人，其中大部分为革命的韩国人，另有十余日本人，因未接到你们撤退命令，在吉林附近被敌机械化步兵追上，全部被俘。此为我军进入东北，唯一被歼的事实。"

5月30日林彪致东北局的电报："我在吉林附近渡江部队被敌机械化部队切断，有四个团未渡江来。该四部无电台、无地图、无群众之引路报信，并在土匪的扰乱下将遇到很多困难。而且渡江之诸部队建制皆不完全，逃亡与疲惫现象极严重。"

6月2日林彪致东北局电："被敌隔断尚未找得之部队，梁兴初缺一个团，罗华生部缺一个营，万毅部缺四个营。万部减员最大，有的团只剩得半数。"

黄克诚的3师也遭受到严重损失。5月24日他向中央作了详细报告，电报说："从我所了解的东北部队部分情况及地方情况和我对今后作战意见，略报如下：

（一）从3月下旬国民党进攻起，到长春撤退，我军除南满外，总伤亡一万五千人，仅西满四个旅及一部地方部队伤亡达七千左右，七、十旅连排干部大部换了三次，部分营级干部亦换三次，团级干部伤亡尚小，有些部队元气受到损伤，不经整训已难作战。

（二）部队从四平撤退尚有计划，长春撤退则已有些混乱。西满四个旅，一个旅到北满，一个旅到东满，两个旅到西满，其他各部情况不明。部队非常疲劳，有些战士撤退是走不动，不愿跟走；干部因长期支持作战，亦极倦怠。

（三）干部中一般情绪不高，特别是营以下干部一般有很大厌战情绪，

---

① 罗荣桓：1949年3月29日在四野高干会议上的讲话，载《辽沈决战》上册，中共中央党史资料征集委员会等合编，人民出版社1988年版，第38页。

负伤后到后方抢扰打人嫖赌（表现）很坏，伤愈后不愿归队。比较好的则要求到地方工作，坏的很多逃跑、做生意、做手工，有些干部则装病到后方。这些现象是抗战八年所未有，主要是由于后方工作太差。但干部在长春撤退前逃跑的尚少，在战场上一般均积极勇敢。

（四）地方工作在西满只有法库、康平、昌图、通辽几县比较普遍的有初步基础，其他各县除县城外，乡村中有些则有了点工作，有些则完全没有工作。土匪问题尚未解决，长、哈、齐占领后，西满散匪达一万以上，进剿很难消灭，不剿则散了。因为集中兵力于四平，亦无较多部队进剿，地方武装有部分尚不巩固。地方工作进展迟缓，是由于时间短、干部少、土匪多及干部恋着城市不肯下乡。工作作风亦有毛病等。分配土地农民情绪很高，但提得较迟，一时难普遍开展。故从西满说，我们尚无广泛的、有组织的群众基础。

（五）整个军队与地方干部，除一部先进者外，一般渴望和平而厌战，希望在城市享乐腐化。从承德来之干部，几无愿在乡村工作者，都要求到长春、哈尔滨去。军队干部则很多要求休养，做后方工作，做地方工作。一般的战士艰苦精神比之内战与抗战时代都差了很多。

在当时各方面给中央的报告中，黄克诚的汇报是最详细的，也是真实的。这表现出黄克诚一贯说真话、说实话的作风；报喜不报忧，文过饰非的那一套，黄克诚是不会做的。他向中央坦诚建议："在目前情况下，我们的作战方针不能死守城市。……应以消灭敌人为主，应避免被动的守城战，争取主动的歼敌。而目前争取一个时间来整理部队，恢复疲劳，提高士气，肃清土匪，发动乡村群众为最有利。待敌分散后作战，即失掉一些城市，这样做亦较稳妥。"①

5月26日，东北局向中央报告四平之战后我军情况，并请示今后作战方针。电报说：东北我军经长期苦战，主力甚为疲惫。敌已占四平至长春线及郑家屯、西安至海龙线。我西满、北满甚为空虚。同时东、西、北满土匪尚未肃清，今又乘虚弥起，现敌向我军前进，我甚难做有力抵抗。今后作战方

____

① 《黄克诚军事文选》，解放军出版社2002年版，第414页。

117

针，请中央指示。[①]5月27日毛泽东复电说："目前军事方针，除以一部与敌保持接触，给以扰乱及破路外，主力应不怕丧失地方，脱离并远离敌人，争取时间休整补充，恢复元气再行作战。外交方针已告恩来，我方让步至长春双方不驻兵为止，此外一概不能再让，美蒋要打由他们打去，要占地由他们占去，我方绝不承认他们的打与占为合法。总之东北是未了之局，我党须准备长期斗争，最后总是要胜利的。"[②]同日毛泽东在给各大区的电报中说："四平防御战为一时特殊条件所致，不能成为我一般的作战方针。"[③]表示中央已经吸取了教训，不会再打这样的消耗战了。

四平之战后，国民党方面气焰嚣张。杜聿明打算乘胜进军，越过松花江占领哈尔滨。但是两件事情使得他在松花江边停住了脚：一是蒋介石来到东北；二是南满我军发起鞍（山）海（城）战役，从后面牵制住了国民党军队。

国民党军刚刚占领四平，5月23日，蒋介石和宋美龄在白崇禧等陪同下飞到沈阳。蒋介石参观了沈阳故宫和北陵，视察了沈阳工业区，接见了东北国民党军营以上军官代表，看望了国民党伤兵。5月29日，出席了沈阳市民的欢迎大会。在一周的活动中，蒋介石笑容满面，情绪极佳。东北的达官贵人、地主富商也争先恐后地向蒋大献殷勤，送上写有"民族救星""世界伟人"字样的锦旗。杜聿明在记者招待会上得意扬扬地说：四平是国军打下来的，不是共军让出来的。他宣布：目前共军主力已被击溃，林彪的作战科长王继芳上校在四平撤退前向国军投诚。30日蒋介石又飞往长春作短暂视察，途中特地飞经四平上空，观看硝烟散去的战场。

我军南满部队撤出本溪后，经过一段休整，恢复了战斗力。当时国民党军主力都开往四平前线，南满兵力不足，60军的184师分散在鞍山至营口铁路沿线的几个城市。5月25日，吴克华接到上级命令，以三纵两个旅、一个炮兵团的主力会同辽南军区两个团，向鞍山发起进攻。鞍山守敌只有两个营，根本不是对手。我军用炮火摧毁了国民党军队在鞍山市郊两个制高点的防御工事，国民党守军即向市区逃跑。我军勇猛追击，很快推进到市里。一

①《中国人民解放军历史资料丛书·解放战争时期·过渡阶段军事斗争·文献》，解放军出版社2000年版，第473页。
②《毛泽东军事文集》第3卷，军事科学出版社、中央文献出版社1993年版，第234页。
③《毛泽东军事文集》第3卷，军事科学出版社、中央文献出版社1993年版，第236页。

部占领鞍山炼铁厂，主力将敌人包围在市中心的女子中学大楼内。我军在炮火掩护下向大楼连续实施爆破，国民党军眼看要被炸上天，350人被迫投降，我军当天占领鞍山。

驻守海城的184师是云南部队，抗战胜利后蒋介石为了削弱云南军阀势力，以到东北"接收主权"的名义将60军调往东北。60军不是蒋的嫡系，到东北后政治上、部队待遇上均受歧视，使这些云南官兵极为不满。大家不愿意为蒋介石卖命送死。三纵解放鞍山后迅速南下，5月28日包围海城。当天黄昏我军向海城郊外的玉皇山、双子山敌军阵地发起进攻，由于没有炮火支援，我军与184师反复争夺，战斗了一夜。第二天我军集中炮火摧毁玉皇山顶的184师阵地，夺取了制高点，完成了对海城的包围。184师师长潘朔端起初还想固守待援，枪毙了两个作战不力的连长。后来感到支持不住，急电杜聿明请求突围。沈阳回电命令他们死守，不许撤退。潘师长眼看救援部队一个不来，派人与三纵联系，请我军代表进城与他面谈。深夜12点谈判成功，潘师长率师部及一个团共2700人宣布起义，放下武器。我军于5月30日晨占领海城，184师起义部队由我军护送到后方整编。

海城起义震动了国民党军。杜聿明命令新1军和南满国民党驻军迅速南下解救。我军在逼近大石桥时，派184师军官手持潘师长亲笔信令其守军投降。谈判持续了两天，驻守大石桥的184师551团团长口头答应，却迟迟不降。原来他已接到杜聿明委任他代理师长的命令，企图拖延时间待新1军来援。在劝说无效的情况下，我军于6月2日黄昏向大石桥发起进攻，集中炮火摧毁敌军外围主要工事。敌人招架不住，向营口方向突围逃跑，被我追击部队全歼于大石桥西北。此时，前来增援的国民党新1军已接近海城，我军遂主动撤出海城、大石桥，结束了鞍海战役。

鞍海战役是我军南满部队打的一场漂亮仗。他们充分吸取了沙岭之战的经验教训，集中优势兵力和炮火，一个一个地消灭敌人。他们还把军事打击与政治工作相结合，促成了国民党军队进入东北后第一次起义投诚。这对于牵制敌人兵力、减轻北满主力的困难，都是很有作用的。南满部队鞍海战役的胜利，受到中央和东北局的表彰。

国民党军队的向北推进，并没有在松花江岸边停住。在夺取小丰满发电厂的同时，88师一部渡过松花江，占领了松花江对岸我军部分防御工事。杜聿明获悉新6军占领小丰满和永吉，十分满意。以为蒋介石即将下达停战令，这样可以同共军隔江对峙。他向蒋介石汇报，要求暂时停战。蒋介石打开地图一看，见拉法是永吉以东铁路公路的交会点，便指点着说："拉法非常重要，必须派一个团固守。"杜聿明也想在松花江北占住一个据点，以便下一步大举进攻。便立即指示廖耀湘，要88师派一个加强团去拉法。廖耀湘以为共军已经溃不成军，便派263团孤军深入，于6月初先后占领了拉法和新站。

我军撤出四平后，已经连续行军十余天，看见国民党军还是穷追不舍，决心狠狠打他一下，让他们知道我军的厉害。

拉法位于松花江以东，铁路通向哈尔滨、吉林和图们，在当时确实有重要的战略意义。拉法是个小村子，地形低洼，无险可守。新6军这一个团是孤军深入，其他部队都在松花江以东，这是犯兵家之忌的冒险做法。如果是四平之战前，杜聿明是绝不敢这样做的。现在他占的地方越多，兵力必然就越分散，我军不再守大城市，就可以集中兵力消灭敌人。

梁兴初接到命令，于6月7日夜间率1师主力从蛟河出发，进攻拉法。1团和2团沿铁路两侧，迂回包抄敌人。凌晨3点战斗打响，我军勇猛冲向拉法两侧的小高地，与国民党军激烈交火。国民党军做梦也没想到共军又打回来，团长用电台向88师师长韩增栋求援。韩再向杜聿明报告，杜不准拉法守军撤退，要他们固守待援。其实国民党军兵力如此分散，哪里来得及增援？战斗没打几小时，我军便突入拉法村中，将敌人分割歼灭。

拉法战斗结束后，我军决定乘胜前进，扩大战果。8日晚上1师和2师主力一起出发去消灭新站的敌人。新站这个镇子比拉法要大，国民党驻了三个营，村外有土墙、水沟，敌人修筑了工事，还在路口架了铁丝网。我军有打秀水河子的经验，到达后先侦察了地形，作了周密布置。深夜2时，战斗打响，我军突击队仅用15分钟就突破了东南角的阵地，打开了一个缺口。在南边和西南进攻的部队一度冲进街内，但遭到敌人的火力反击，又退了出来。天亮后，四架敌机轰炸拉法，乘火车前往拉法参战的我军一个营来不及停车，受到严重损失。敌机在拉法的轰炸，使我军民伤亡百余人。9日黄昏，增援的2师和警备2旅的部队赶到，为了不给敌人喘息机会，1师首长果断更换部队，调动有生力量继续进攻。国民党军在我军连续进攻下终于顶不住了，团长被打死，守敌1800多人全部被消灭或俘虏。我军缴获各种炮十余门、轻重机枪七十多挺。敌人团长的尸首被装在棺材里送到松花江对岸，廖耀湘如同挨了当头一棒，与杜聿明互相抱怨，推卸责任。①

　　拉法、新站战斗的胜利，提高了我军的士气，使大家从低沉的气氛中又看到了希望。东北局首长在11日的通报中指出："可见敌人愈分散，愈便我歼灭。……我指战员切勿因敌占我一些城市而感觉恐慌，须知我军在现时的作战条件下，在不得已时放弃某些城市，以诱致敌人分散，换取灭敌机会是有利的。"

　　6月6日，蒋介石与马歇尔协商后，宣布停战十五天。这并非是蒋介石需要和平，而是在有利的形势下，休整国民党军队，准备对共产党发动新一轮的进攻。在南京谈判的周恩来马上飞回延安，向中央汇报情况，研究对策。毛泽东认为，我党"决定竭力争取和平，哪怕短时期也好"。根据这一决策，周恩来回南京继续与蒋介石谈判，毛泽东则于13日电告林彪等人："我党方针是竭力争取和平，争取于十五天内保持平静，争取延长停战时间，变暂时停战为长期停战。同时我东北全军应积极准备再战，并应准备长期战争。"②

　　果然不出所料，周恩来回到南京，蒋介石就傲慢地开出了和平的价格：要求中共退出察哈尔、热河两省，山东的烟台和威海，东北的哈尔滨、安东、通化、牡丹江和白城子。这些苛刻的条件遭到毛泽东的拒绝。这样，国共的全面破裂就是在所难免，全面内战也就迫在眉睫了。毛泽东最担心的是东北方面，真打起来是否能顶得住。6月22日他打电报给东北局，指出："蒋介石为着完成进攻准备，延长休战八天至三十日止。如我党不能承认其苛刻条件（例如东北只给旧黑龙江，其余一切不给），七月初将向东北及全国进攻。你们现在即应准备于谈判破裂时，动员全党全军克服任何动摇犹豫恐惧心理，利用我方各项有利条件，紧紧依靠群众建立根据地，粉碎国民党的进攻。"③

　　消息传到哈尔滨，东北局领导人心情沉重。他们的压力是可想而知的。现在的局面是国民党占据了极大的优势，而我方则退到了最后的一步。以我军现在疲劳混乱的状况，要想与国民党大打是没有什么胜利的希望。当6月

　　①《中国人民解放军第38军第三次国内革命战争战史》，1956年初稿，军事科学院图书馆藏。
　　②《毛泽东军事文集》第3卷，军事科学出版社、中央文献出版社1993年版，第271页。
　　③《毛泽东军事文集》第3卷，军事科学出版社、中央文献出版社1993年版，第286页。

初国民党军队突破松花江防线时，东北局准备放弃哈尔滨，到农村去打游击，让各部队独立开创局面，化整为零。就在他们向中央请示时，毛泽东获悉蒋介石准备停战，立即急电东北局，要他们坚守哈尔滨十天，至要至要！从而制止了东北局机关的再次转移。半个月停战已过，现在毛泽东又指示要打，林彪的信心是不足的。他带领主力部队驻在离哈尔滨百余里外的五常地区，准备与国民党打运动战。他甚至做了最坏的打算，如果哈尔滨失守，他就到辽南的山区去打游击。

6月24日，林彪以东北局名义给中央发出一封长电，阐述他们对时局的看法。对国民党的无理要求，东北我方当然是不能答应的。但是能不能打，林彪回避作正面回答。他向毛泽东提出了一个明确要求："彼如集中力量打东北，则我应在华北、华中发动大攻势，给蒋方以大破坏，迫其停战。这是求得全面停战最有效的办法。"至于东北方面的情况，林彪报告说："由于东北根据地尚未真正建立，干部思想的混乱，部队的不充实与缺乏训练，后勤无巩固基础等等原因，我方的确以目前能取得和平为有利，以便造成有利的条件对付国民党以后翻脸。故我们固然要基本上准备作战，但同时应力争和平，准备作暂时的一定限度的让步。这种让步的限度，以国民党能增多少兵来，我即酌量让多少步。估计他如以军事进攻时，能何时到达何地，我即准备在何时交出何地。这是我们让步的标准。"

毛泽东25日回电，口气是强硬的没有余地。他告诉林彪："（一）国民党一切布置是打，暂时无和平希望。（二）谈判破裂，全国大打，不限于东北。（三）全靠自力更生。（四）半年至一年内如我打胜，和平有望。（五）友邦（指苏联——作者注）在将来可能在外交上给以援助。（六）我党在南京谈判中，当尽最后努力，付出最大让步，以求妥协。但你们不要幻想。"[1]

历史就是这样变化无常，在1946年初，林彪看到国民党军队在东北立足未稳，坚持要打。中央则认为重庆谈判后国内出现了"和平民主新阶段"，坚持要停战，不许林彪打。现在林彪感到东北我军没有力量打，毛泽东又坚持要打。其实，毛泽东作出这个决策，是经历了长时间痛苦的思考。胡乔木当时在毛泽东身边工作，对此印象非常深刻。他回忆说："那个时候，我们党要下决心面对两个破裂（与美、蒋破裂）并不是一件容易的事

---

[1]《毛泽东军事文集》第3卷，军事科学出版社、中央文献出版社1993年版，第295页。

情。1950年派遣志愿军入朝作战，毛主席思考了三天三夜，最后才下了决心。这个情况传播很广，大家都知道。人们不大知道的是1946年年中我们准备同国民党彻底破裂，毛主席也反复思考了很长时间才下了决心。当然，国共两党最终是否破裂主要地不取决于我们的态度，但我党采取的方针策略却会对中国的前途产生决定性的影响。"[1]

当时，在西满分局工作的李富春和黄克诚6月28日给中央送上一份报告，阐述他们对国际和国内局势的看法。他们认为：二战结束后，苏联严重地受伤了，需要休息与巩固已取得的胜利。美国却相对地加强了，采取全面的扩张政策。中国经过八年抗战，人民势力得到空前的发展与壮大，但还没有形成几个省区连成一片的根据地，目前又得不到国际革命的实力援助。蒋介石的反动势力在抗战后加强了，嫡系军队增多，又得到美国的援助，今后数年还可能加强军事、政治、经济方面的力量。反革命势力虽然也面临严重的困难，但目前均不足以致其死命。

基于上述估计，李、黄建议：我党应力求采取保存力量，等待时机的方针。具体办法是，一、让步以达和平；二、拖延以待时机；三、坚决打下去以分胜负。他们认为，目前和战已到最后关头，拖延下去的可能性很少，只有一、三两条路可走。如采取让步以达和平的方针，若能求得全师而退，保存干部、部分军队和解放区，还是以让步求和平为宜。但估计蒋介石不会因我们让步而放下屠刀，而且把刀拿得更稳，随时可爆发大屠杀。这样则不如采取坚决打下去的方针，这个方针当然也危险，胜利把握不大，但如打得好可能取得打打停停，可以长期坚持以待国内外的根本变化。

这个报告的观点和所反映出的疑虑，胡乔木认为在当时是带有普遍性的。由于国共力量对比差距太大，谁也不敢说我方肯定能打胜。但毛泽东不这样认为，7月6日他在报告上批示："你们分析中许多观点是合乎实际的，是好的。但缺点是对美帝国主义及蒋介石的困难条件估计不足；同时对国际国内人民民主力量所具备的顺利条件，也估计不足。二战后各国革命力量所处的地位，比一战后要好得多，而不是要差些。对美蒋的压力与要求，我们应当有所让步；但主要的政策不是让步，而是斗争。如果我党既有相当的让步，而对其无理压迫与无理要求又能予以坚决的斗争，其结果比付出更大更

---

[1] 《胡乔木回忆毛泽东》，人民出版社1994年版，第436页。

多的让步反而要好些；如无坚决斗争精神，结果将极坏。"①

这是毛泽东的一个重大决策，也显示出他的魄力与胆量。在形势转折的重要关头，虽然我方面临种种不利条件，但是坚决斗争的方针揭开了解放战争走向胜利的序幕。

就在林彪为如何以疲惫之师与国民党军开战而苦苦思索时，形势突然发生了变化。6月7日，山东军区司令员陈毅遵照中央军委自卫反击的指示，集中山东野战军主力和鲁中、渤海、胶东军区部队，向国民党军队发起大规模进攻。战役打了十天，先后解放了胶县、张店、周村、泰安、枣庄、德州、高密、即墨等城镇，歼灭国民党收编的伪军三万多人。这次战役巩固和扩大了山东解放区，使国民党控制的津浦和胶济铁路线面临被切断的危险。蒋介石慌了手脚，把原准备调往东北的两个军抽回来，应付内地的战事。这就大大减轻了东北我军的压力。对此，林彪是非常高兴的。1947年4月东北民主联军总部给中央的报告中强调指出："1946年5月四平、长春撤退后，主力失去战斗力。如果敌人继续增加两个军，我们军事的情况是很危险的，因主力来不及休息补充和装备。山东大打起来救了我们一手，使得我们能够缓过气来。"

杜聿明的军队在占领大小城市的过程中被散开了，他的战线越拉越长，摊子越铺越大，已经不可能像四平之战时那样集中优势兵力进行决战。一条松花江把双方隔开，东北战场出现了相当长的一段沉寂。利用这段宝贵的间歇，我党我军开始了大规模的、踏踏实实的建设根据地，巩固后方的工作。

---

① 《毛泽东文集》第4卷，人民出版社1996年版，第146页。

# 第十章

# 《七七决议》指明方向

中共中央调整东北局领导班子——东北局扩大会议——陈云起草
《七七决议》——毛泽东制定东北解放战争战略方针——林彪论发动
群众——一万干部下乡

鉴于东北战场的严峻局势，由于东北局领导层内部的意见不统一，难以形成强有力的领导，以摆脱困难局面。中共中央经过慎重考虑，决定调整东北局领导班子。1946年6月16日，中央向东北局下达指示：

东北局：

目前东北形势严重，为了统一领导，决定以林彪为东北局书记、东北民主联军总司令兼政治委员；以彭真、罗荣桓、高岗、陈云四同志为东北局副书记兼副政委。并以林、彭、罗、高、陈五人组织东北局常委。中央认为这种分工在目前情况下，不但有必要而且有可能，中央相信诸同志必能和衷共济，在重新分工下团结一致，为克服困难争取胜利而奋斗。

中央①

这是中央的一个重大决策，从此形成了以林彪为首的东北党、政、军一元化领导。东北局领导人对中央指示表示一致赞同，并迅速执行和落实。东北局委托高岗和谭政到五常，将林彪接到哈尔滨，开始了对东北全局的领导工作。

新的东北局开始运转后，首先抓什么工作？大家一致认为，当前最重要的是要统一认识，对前一段的工作进行总结，肯定成绩，吸取教训，为以后的工作制定行动纲领。七月初，在东北的中共中央委员、中央政治局委员和

---

① 中央文献研究室编：《陈云传》上册，中央文献出版社2005年版，第462页。

◎ 林彪主持东北局会议

各地区领导云集哈尔滨，举行东北局扩大会议。这是一次空前的盛会，出席会议的有：中共中央委员林彪、彭真、罗荣桓、陈云、高岗、李富春、李立三、张闻天、蔡畅、林枫；候补中央委员黄克诚、王首道、谭政、陈郁、萧劲光、吕正操、古大存等。

　　会议期间，大家对前一段的工作进行了认真的总结，在一些重大问题上纠正了以往模糊不清的认识。正如后来四野同志们总结的："首先，对当前中国民族民主革命是农民问题这一实质的忽略或认识不足，因而在工作上偏重和强调了城市，而忽视和放松了农村；实际上也就是忽视和放弃了广大的革命力量——农民群众。这一思想表现在军事路线上，是建军问题上缺乏阶级观点、群众路线，而采取招兵买马，收编、加委的错误做法。在战争问题上则是孤立地处理军事问题，把战争单看作是军队的事情，忽视发展人民群众的战争，因而使我党我军在东北地区内的初期自卫作战中表现得战斗无力。其次，由于对蒋匪的反动本质认识不足，也就在和、战问题上产生了某些混乱思想，对东北的严重形势没有足够估计，因而在政治上就麻痹起来，失掉警惕，没有长期艰苦奋斗的决心和打算了。又加上对敌人的力量估计不足，而产生了一战成功的侥幸心理，结果除少数为争取政治代价而又必须坚决要打的仗以外，又要处处死打硬打。许多干部迷恋城市生活，并产生了严重的享乐、腐化、厌战情绪，是和形势认识不足、群众观点减弱等分不开的。这一忽视农民群众的思想以及关于和、战问题上的混乱思想，乃是当时东北党内军内最危险的思维倾向。"①

在统一认识的基础上，东北局委托陈云同志起草《关于东北形势及任务决议》。7月5日完成初稿后，林彪一面组织大家讨论，一面向中央报告。毛泽东仔细地研究了这个决议，亲自动手作了修改，于7月11日复电林彪。东北局在7月7日通过决议后，又根据毛泽东的电报进行了修订，在7月下旬向党内做了传达。这个决议，后来通称为《七七决议》。

《七七决议》第一项内容是对东北当前形势的估计。原文强调主要的特点是敌强我弱，因此必须准备进行长期的战争。"东北形势的要点是，由于我们的部队尚不是像关内一样与群众密切广泛结合在一起，许多新部队尚未巩固，另一方面，又由于国民党想争夺东北，而必须从关内继续运兵，在关外继续扩兵，国民党在东北还有其一定的社会基础。因此敌我力量的对比，现在和今后一个长时期内，仍然是敌强我弱，东北的战争，已经有还可能有打打停停此打彼停的局面。但由于东北斗争的尖锐性质，规定了东北斗争带有长期性，因此，我们思想必须有长期战争的准备。过去十个月东北情况经过很多变化，但东北的基本形势乃敌强我弱，不认识这一点，不从这一点作为我党在东北一切政策的出发点，工作上可以造成不良结果的。目前全党需要明确认识上述的形势，对于敌我力量不轻视不夸大不放松一切有利条件，但不作侥幸取胜，而应准备在最困难的情况下进行斗争。"②

毛泽东将这一段改为："去年八月，英勇的苏联红军来到中国，进攻日本侵略者，我东北民主联军与东北人民配合红军作战，消灭日寇与伪满，替东北人民开辟了自由生活的道路。我党在东北，自日寇侵入之日起，即领导了东北人民组织抗日义勇军，反对了蒋介石的不抵抗主义，进行了长期英勇斗争。对日反攻以后，我党更从关内派遣大批军队与大批干部至东北，帮助东北人民创造了广大的东北解放区。但是，丧失东北有罪、收复东北无功的蒋介石，在美国反动派援助之下，违背和平约言，大举进攻东北解放区。我东北民主联军与东北人民，从去年十一月山海关战役起，至今年六月七日两军停战这一时期内，举行了英勇坚决的自卫战争。目前双方虽尚在停战状

①《中国人民解放军第四野战军第三次国内革命战争战史》，中南军区1955年初稿。军事科学院图书馆藏。

②《彭真传》第1卷，中央文献出版社2012年版。

态，但战争仍有再爆发之可能。东北广大地区的群众工作与土地问题的解决，尚处在开始阶段，我农村根据地尚不巩固，我干部中尚有许多人不认识深入农村从事长期艰苦斗争以建立根据地的必要与重要性。目前国际国内形势有利于我党建立东北根据地与粉碎蒋军可能的再进攻，但是必须承认自己的弱点与克服这些弱点，方能达到目的。"①

毛泽东对总的形势分析与原文在大方向上是一致的，但在表达的方式上有不同。毛泽东强调我党在东北的地位，强调我方进行的是自卫战争，完全否定蒋介石政府在东北的"正统"。并指出国际国内形势对我方是有利的，这就使东北同志们认清了战争的性质，鼓舞起胜利的信心。这段分析也反映出毛泽东决心同美蒋反动派破裂，在全国范围内进行解放战争的决心。与前几天对李富春、黄克诚同志报告的批示比较，毛泽东的思想更加明确和发展了。

《七七决议》的第二部分，提出了当前东北工作的六项任务。第一项是克服和战问题上的混乱思想，建立长期自卫战争的观点。原稿的内容是：

（甲）克服和战问题上的混乱思想，建立长期自卫战争的观点。我们奋斗的目的，是为实现和平。但和平不是轻易可得的，只能是斗争双方力量对比达到一定程度的结果（如国际情况变化则是例外，但我们不能寄托于这一点）。必须在党内明白指出，东北斗争异常尖锐的性质，指出被国际反动派所全力支持的国内反动派的力量还大过我们，他们仍在坚持全部消灭东北革命势力的方针，指出美国帝国主义的政策，决不是诚意调停东北内战，而是以军事援蒋为主要方面，调解内战为辅助方面，两者都是以不同的方法来达到在东北扶蒋灭共目的。这种反动政策，虽已引起国际国内民主势力的反对，但尚未遇到决定的打击。因此，我们一丝也不要放弃和平的可能，但党的任务是全力准备战争。同时又必须指出增加革命力量减少反动势力，斗争力量发生对我有利的变化，这种可能是存在的。其主要方法：充分的发动群众，使我们与人民密切结合起来，人民的力量增加到我们方面，将使敌我力量的对比，发生有利于我们的变化，将使我们建立起牢固不拔的阵地，将使敌人无法战胜。那个时候，国内人民反对内战运动与国际民主势力反对国际

①《毛泽东文集》第4卷，人民出版社1993年版。

反动势力的斗争，共同开展起来，使国内国际反动派既不能和，又不能打，东北和平才能出现。因此和平的胜利是存在的，但和平绝非任何依赖外力和侥幸可得，只能由坚持自卫战争和艰苦群众工作中得来。因此不作长期战争的准备，不能下决心去发动群众，幻想和平等待和平，是完全错误的，与客观面貌不相符的，这类错误观点，必须全部应彻底以扫除。

毛泽东将这段改写为："克服和战问题上的混乱思想，准备以长期艰苦斗争取得和平。目前美英矛盾增长，美国内部矛盾又极严重，蒋介石在全国范围来说仍感兵力不敷分配，且人心不顺，经济困难；尤其重要的是我党我军的力量强大与坚决斗争，因此，迫使蒋介石不得不于十五天及八天停战期满后，又宣布无期停战。在某些蒋军力量不足地区，停战对于蒋军亦属有利；但在蒋军力量充足地区，例如中原区、胶济路，蒋介石已经发动大打，苏皖亦有很快大打的可能。对于目前东北，蒋军兵力不足，利于停战；但如增兵到来，便有极大可能向我再进攻。蒋介石在此次南京谈判中，除允许给我兴安省、新黑龙江省及嫩江省一部和延吉地区外，其余均要接收，不但要占点，而且要占面，此为我方所绝不能接受者。与其不战而失如此广大地方，将来不能收复；不如战而失地，将来还可收复。况且战的结果，除若干城市要道还可能失去外，我亦有粉碎蒋军进攻，收回许多失地之极大可能。因此，全党必须下大决心，努力准备一切条件，粉碎蒋军进攻，以战争的胜利去取得和平。一切游移不定及侥幸取得和平的想法，都应扫除干净。在这个一心一意准备以长期艰苦斗争去取得和平的总方针下，我们的方法，就是从战争，从群众工作，从解决土地问题改善人民生活，从其他一切努力，去增加革命力量，减少反动力量，使双方力量对比发生有利于我的变化。其中最重要的是充分发动群众，使我党与人民密切结合起来，只要广大人民的力量增加到我们方面，就会使敌我力量发生有利于我的变化，建立巩固根据地，使敌人无法战胜我们。总之，和平是必须取得与能够取得的，但主要应依靠自力而不应依赖外力，只有自力更生，自立自强，自己有办法，自己立于不败之地，国际与国内各方助我之力量才能发生作用，才能取得可靠的和平；否则就是不可靠的，是危险的。"

毛泽东在原稿的基础上，对我党关于和平与战争的立场，又作了更加深入具体的发挥。原稿强调了目前敌强我弱的形势下，应坚持准备长期战争，要下决心去发动群众，以增强壮大革命力量。毛泽东在承认敌强我弱的同时，把东北与全国形势联为一个整体来看，既指出了我方的有利条件，也指出了蒋介石的困难，并表示了与美蒋反动派决裂，以战争决定胜负的决心。在这个问题上，毛泽东与几个月前希望通过四平保卫战，以"保卫马德里"的方式求得和平的态度，发生了很大的变化。他重申了去年12月"建立巩固的东北根据地"的观点，强调依靠群众，强调自力更生，才是争取胜利的正确途径。

大方向确定之后，对于具体问题毛泽东同意《七七决议》原稿的内容，只作了少许修改。其主要精神是：

当前战争的目的，是为保卫解放区而斗争。由于反动派向我解放区进攻，我东北民主联军就不能不举行自卫战争。"自卫战的目的，是为实现经济上政治上军事上的民主而斗争。在经济上，是为劳苦人民争得土地、房屋，以及分粮、减租、减息、增加工资、免除失业、发展生产的民主而斗争；在政治上，是为推翻敌伪残余和特务、警察的统治，反对大地主大资产阶级的独裁，由人民自己掌握政权的民心而斗争；在军事上，是为反抗大地主大资产阶级的军队，警察和政治土匪的压迫，为组织人民武装的民主而斗争。"为了进行这些斗争，应当结成广泛的和平民主独立的统一战线。但是"不要被地主阶级所蒙蔽，不要委任和发展地主武装，必须紧紧依靠广大劳动人民"。

关于我军作战原则，"不在于城市和要点一时的得失，而是力求消灭敌人"。"一般不作阵地战，广泛地使用运动战和游击战。"

关于根据地建设，"必须在军事、剿匪、民运、土地、财经、后勤、兵工、交通、城市工作、文化和建党、建政等等方面，根据具体情况，规定各种政策"。

《决议》特别强调：要造成干部下乡的热潮。"许多到达东北的干部，对于长期战争和艰苦工作没有认识，没有精神准备，不少人迷恋城市生活，缺乏下乡的决心，缺乏群众观点，干部中享乐腐化厌战的情绪在增长着，这是党内最危险的现象。""目前应在干部中反复说明东北斗争形势，使干部认识东北斗争的尖锐性和长期性，认识能否发动农民是东北斗争成败的关键，农民不起来，我们在东北有失败的可能。强调共产党员为人民服务的责任，号召他们走出城市，丢掉汽车，脱下皮鞋，换上农民衣服，不分文武，不分男女，不分资格，一切可能下乡的干部要统统到农村中去，……造成共产党员面向农村，深入农民的热潮。"

《七七决议》最后确信："从全国范围革命力量与反动势力的斗争的发展过程看来，革命力量在上升，反动势力在下降，中国共产党的力量空前强大，国民党从未像今天这样丧失人心。在这样有利条件之下，只要我们全东北的干部认清东北的形势，团结一致，紧紧地与群众在一起，兢兢业业，一步一步向着奋斗目标前进，一定可以改变敌强我弱的形势，一定可以建立起巩固不拔的阵地，粉碎反动派的进攻，使东北和全国一起走上和平民主的新阶段。"①

《七七决议》的通过和发表，是东北解放战争的一个转折点，是从曲折反复走向胜利的转折点。罗荣桓同志在辽沈战役前的一次会议上指出："这一决定是具体执行了毛主席的方针，是以毛主席的思想作指导的，是完全正确无可怀疑的。这一决定对东北有很大意义，也可以说是转变的关键。当时以这一决定解决了干部中'战'与'和'的思想和建设根据地的思想，如果没有这一决定，就谈不上执行毛主席的方针，就不可能打开今天这样的局面。"②韩先楚上将组织撰写的《东北战场与辽沈战役》一文中也强调："（东北局）七月七日会议通过了委托陈云起草的《东北形势和任务》的决议（简称《七七决议》）。这一决议经中央修改后批准，成为我党领导东北人民建立巩固的根据地和夺取东北解放战争胜利的纲领性文件。这是一篇马克思主义的重要文献，它标志着东北的工作方针和作战指导方针，已然沿着中央指示的道路走上正轨。"③

如何落实《七七决议》？摆在面前的工作千头万绪，东北局领导人清醒地意识到：目前最根本的任务，是发动群众，建立巩固的根据地。为此，东

---

① 中共中央党史资料征集委员会等合编：《辽沈决战》上册，人民出版社1988年版，第43—49页。

② 中共中央党史资料征集委员会等合编：《辽沈决战》上册，人民出版社1988年版，第32页。

③ 中共中央党史资料征集委员会等合编：《辽沈决战》上册，人民出版社1988年版，第91页。

北局创办了第一个党内刊物，林彪把它命名为《群众》。在7月13日出版的第一期上，林彪写了发刊词：

出版党内刊物的目的，就是要解决东北建党建军建设根据地的各种问题，而在这些问题中最中心的一个问题，就是发动群众，所以把我们的刊物就叫作《群众》。

放在我们东北全党全军前面的任务就是建立根据地，建立根据地的中心工作就是发动群众。我们能否解决这个问题，就是我们党在东北成功与失败的问题。今天我们在东北还没有根据地，还没有家。如果我们不赶快建立自己的根据地，建立自己的家，我们就会站不住脚，就会有失败的危险。建立根据地就好比是为自己造房子，如果我们没有家、没有房子，就好比是流浪者，飘来飘去的二流子，遇到狂风暴雨，就会无家可归，无房子可住，就要被狂风吹掉，被暴雨淋死，遇到严寒冬天，就会冻死饿死。如果我们不赶快建立自己的根据地，建立自己的家，那么不仅我们会无处可走，死无葬身之地，而且东北人民也就不能翻身，不能有他的地位。

全党全军应该警惕我们目前所处的情况，认识目前我们所处的环境，拿出一切毅力来，一心一意，埋头苦干，痛下决心，到群众中去，务必在最短的期间内，建立我们自己的家，造成我们自己的房子，建立自己的根据地，到那时，我们就不怕任何狂风暴雨，我们就有力量粉碎国民党反动派的进攻，我们就一定能够胜利。

这篇短文说的都是大白话，没有什么高深的理论，意思却是再明白不过：发动群众，建立根据地。这就是当前的首要任务。

怎样去发动群众，如何建立自己的根据地，东北局在《动员干部下乡发动群众》的指示中提出四点要求：

一是"号召一切可能下乡的同志，均应自觉响应党的号召，跑出城市，跑出洋房，脱下西装，脱下皮鞋，穿起农民服装，背上包袱，暂时不分职位高低，不论历史长短，不论资格大小，不计个人得失，提倡大官做'小事'，全心全意为人民服务。到乡村中去，到农民群众中去，不怕脏，不怕烂，住到农民的家里去，和农民在一起，学习东北农民的语言，了解他们的情况，领导他们的斗争，解决他们的切身要求，把他们组织起来武装起来，紧紧团结在党的周围。""彻底扫除干部中盲目的乐观，享乐腐化，厌战情绪，留恋城市不愿下乡，以及幻想和平、等待和平等错误观点。"

二是"集中使用干部，组织工作团，选择战略区域和战略基点，首先突破，由点扩大联系成面。""首先从一个屯、一个村做起，实行'蝗虫政策'。"

三是开展农村斗争。这"实质上是进行一次伟大的农村革命。"要让农民拿起武器，建立人民武装，"到处捉拿特务、伪警、收缴地主枪支、肃清小股散匪。对那些组织叛变、杀害我干部及罪大恶极的反革命，坚决镇压，没收分配其财产。只有解决土地问题，锻炼出具有高度觉悟的人民武装，才能奠定建军基础，使政权真正掌握在农民手中。通过建立各种群众组织，建立党在农村的支部，才能创建巩固的根据地。

四是主力兵团和地方兵团要在地方党委领导下，与工作团配合，发动群众，形成人民的剿匪运动。"在全军指战员中进行深入的政治动员，提高部队英勇果敢的战斗精神，在战术上采取出奇的远距离的奔袭、合击、穷追、反复扫荡等办法，以达到在军事上彻底消灭顽匪。"[①]

为了贯彻《七七决议》，东北局下了最大决心。在哈尔滨市庆祝"七一"大会上，林彪、陈云在讲话中向广大干部大声疾呼，号召他们到农村去，到群众中去。《东北日报》7月7日以此为题目发表社论，传达了《七七决议》的主要精神。各机关、部队在深入学习决议和东北局一系列有关指示后，掀起了工作队下乡热潮。据统计，东北各地共有一万二千多干部下乡，有些是延安来的老同志，有些是刚刚参加革命的东北学生。机关干部五分之三以上都走出城市，下到村里。这是继去年十万大军闯关东后掀起的第二个革命高潮。土地改革、剿匪运动和根据地建设各项工作的全面展开，犹如一场暴风骤雨，震荡着沉睡多年的黑土地。

---

① 中共中央东北局：《群众》第1期。

# 第十一章

# 林海雪原剿匪记

东北匪情——叛乱蜂起——张闻天、方强到合江——二打刁翎——匪患再起——东北局发出剿匪令——张闻天领导剿匪——贺晋年到合江——杨清海叛乱——穷追猛打李华堂——活捉谢文东——"四大旗杆"覆灭记——侦察英雄杨子荣——动员群众彻底剿匪——辉煌战绩

≫

建立巩固的东北根据地，必先拥有一个安定的社会环境。而东北境内到处猖狂活动的土匪武装，是妨碍我党我军建设根据地的心腹大患。

东北的土匪问题，由来已久。凡是历史上社会动荡和混乱时期，也就是土匪兴盛的时期。东北的土匪又称为"胡子"，民国初期的东北军阀张作霖，就是从当土匪起家的。土匪的情况相当复杂，有的是不堪官府和外国侵略者的压迫，逼上梁山的；有的是当地土豪恶霸，乘着乱世拉起人马占山为王的；还有的是社会渣滓、流氓恶棍，组合在一堆儿欺压平民百姓的。当时东北有句俗话："不当胡子不当官，不下窑子不当太太。"可见土匪之盛。日本人侵占东北后，把共产党领导的抗日武装、民众抗日武装及其他地方武装通通称为"土匪"，从1938年到1942年进行了多次大规模"讨伐"，也没有彻底解决问题。抗战胜利后，伪满政权的垮台、新政权尚未建立和巩固、国共两党在东北的战争，动荡的局势又给土匪发展造成了机会。但是此时的土匪，多数是"政治土匪"，与以前的情况又有不同。较大的土匪武装，大致有以下几种成分：

一类是日伪残余势力。日本"关东军"和伪满政权垮台后，遗留下大批伪军、警察、官吏、特务。日本投降后，曾发布命令让伪军伪警自行解散，造成几十万散兵游勇流落东北各地。苏军占领东北后，出于稳定社会、维持城市和交通治安的需要，组织或默许这些敌伪人员继续他们原来的职责。所以这些伪军伪警并没有被解除武装，一些罪恶累累的汉奸，生怕以后会清算他们的罪

行，受到惩处，便趁时局未稳，相互勾结，聚集为匪，继续与人民为敌。

一类是封建地主恶霸。东北地广人稀、胡子出没，多数村屯的富户为了保家，或多或少都有枪支。日本投降后，这些地主在所谓"自卫""保家"的口号下，自行组织"大排队"等地主武装。当我党在基层建立政权后，这些地主武装便与土匪勾结起来，又与封建道会门"家理教""一贯道"相结合，强迫群众参与其中，与革命政权为敌。

一类是惯匪和流氓地痞。就是老百姓通称的"胡子"。这些惯匪在日伪时期曾有过抗日行为，也受到日本人的讨伐和追剿。但是他们并没有走上正确的抗日道路，而是以抢劫杀人为生，成为社会公害。抗战胜利后他们乘机扩大武装，搜集日军遗留的武器弹药，占山为王。

一类是野心家和投机分子。他们乘日伪政权垮台，各地治安混乱之机，为了升官发财，纷纷拉起队伍，聚集武装，打出各种旗号，结帮为匪。

1945年下半年是东北土匪最猖狂的时期。造成这种情况固然与社会动荡的大局势有关，更重要的原因则是国民党特务的支持和操纵。当国民党军队还没有进入东北时，在东北各城市活动的国民党"地下军"就四处活动，以"接收"为名，大量收容网罗伪满官吏、军警和特务，对他们封官许愿，建立看守机构，等待国民党军队到来。游荡在县城农村的土匪恶霸，也纷纷前来投靠，国民党特务给他们封上一个空头官衔，便承认了他们的合法地位。例如伪满汉奸姜鹏飞，被国民党当局委任为新编第27军中将军长，将他的部队从秦皇岛空运到长春，又派他到哈尔滨收容伪满汉奸，配合国民党在东北的军事占领。所以，这个时期的土匪，多数是政治土匪，老百姓管他们叫"中央胡子"。北满合江地区著名的土匪首领李华堂被任命为国民党第1集团军上将总司令，谢文东被任命为第15集团军上将总司令，张雨新为东北先遣军中将副军长，等等。当时国民党对土匪的加封委任如同一场闹剧，各路土匪为了捞取一官半职，大量虚报人数。明明只有百来人或上千人，却夸大为几十万人。国民党也来个官衔廉价大拍卖，先后在东北各地加封委任了三十多个"总司令"和"总指挥"、23个"军长"、158个"师长"。这些草头将军既没有穿上国民党正式发给的军服，也没有蒋介石亲笔签署的委任状，而是每人一块白绸子，上面写着官衔名称。究竟算不算数，只有天晓得。[①]

---

① 王元年等：《东北解放战争锄奸剿匪史》，黑龙江教育出版社1990年版，第1章。

我军在进入东北初期，由于缺乏经验，在政策上出现一些失误。主要是盲目收编土匪武装，以招兵买马的方式扩大队伍。1945年11月，原抗联干部孙景宇到佳木斯后，认为李华堂、谢文东原来曾当过抗联的军长，可以联合。便委任李华堂为三江自治军司令，谢文东为富（锦）、绥（滨）、同（江）三县司令，孙荣久为勃（利）、宝（清）、林（口）三县司令。还收编了一些小股土匪。虽然表面上将队伍发展了8000多人，实际上没有任何基础。在东满、西满等地区，也有类似现象。结果国民党一来，这些"明投八路，暗投中央"的土匪纷纷叛变。他们在国民党的直接或间接控制下，袭击我后方武装，屠杀地方干部，破坏交通运输，造谣惑众，造成社会的混乱和动荡。仅在北满的合江、牡丹江、龙江、嫩江和松江地区，叛变土匪多达33000多人，杀害我干部154人。[①]

东北各地土匪的全面叛乱，给我方造成了极大困难。当时国民党军队正向东北开进，我军正在北宁路上节节阻击，后方形势的混乱使我们处于腹背受敌的不利局面，难以组织有效的反击，不得不组织撤退，并抽调主力回过头来先解决土匪武装。东北民主联军总部在给中央的报告中回顾当时的情况说："不分兵打匪，到处不能站脚。不仅城市被土匪占据，乡村也是土匪的世界。正是由于分兵太迟，部队到达各地太迟，结果还是没有能够防止1945年12月底及1月初东北各地大批新部队及地方武装的叛变。苏军原决定1946年1月5日撤退，国民党地下军及所利用的伪满军官、警察、特务潜伏在我们新部队及地方武装内的分子，他们的口号是'先当八路，后当中央'，于12月底举行大批的叛变，到处杀害我们的干部。整连、整营、整团、整旅地叛变。当时西满、北满、东满大部分县城被他们占据，他们以为苏军1月5日一定撤退，这样一来，天下就是他们的了。到时苏军没有撤退，而各地主力部队亦逐渐赶到，这就给了我们时间。苏军仍控制铁路线及大城市，我军就在各地进行剿匪，逐渐收复一些县城。但土匪并未肃清，不过打击了土匪猖獗的威风，克服了这一严重的土匪威胁。"[②]

1945年12月的北满，到处冰天雪地，两辆苏联军用卡车从牡丹江出

① 方强等：《合江前期的剿匪斗争》，载中共中央党史资料征集委员会等合编：《辽沈决战》下册，人民出版社1988年版，第5页。
② 东北民主联军总部1947年4月给中央的报告，载四野战史编辑室1960年7月编：《四野战史资料选编》，军事科学院图书馆藏。

发，向佳木斯缓缓开去。车上除了苏军官兵，还有几位中国人。一位戴着眼镜、文质彬彬的中年人，就是中共中央政治局委员张闻天。坐在他身边的一位浓眉大眼、体格健壮的军人，是新任合江军区司令员方强。他们是12月初到达哈尔滨，受东北局北满分局书记陈云的委托，前往佳木斯开辟后方根据地。

当时正是北满土匪猖狂活动时期，牡丹江到佳木斯的火车中断，无法通行。他们只得在苏军护送下乘汽车赶路。这一带丘陵蜿蜒、森林茂密，行至林口，突然遭到叛匪袭击。车上的苏军用冲锋枪扫射，打跑了土匪，天色渐晚，再走实在不安全。大家只好在林口火车站旁的苏军司令部留宿，方强打听到这里本来是我方控制的地区，由于收编的土匪突然叛变，勃利县城被土匪占领，形势变得混乱危险。方强建议张闻天先留下来，由他们几个军队干部去佳木斯。于是，张闻天只好折回牡丹江，转往宁安下乡蹲点。

方强这位红军时期的师政委，身经百战的老战士，冒着生命危险，化装成普通老百姓，秘密通过了土匪出没的勃利县，于12月18日到达佳木斯。他给合江省工作委员会的同志们带来了北满分局的文件和陈云的指示，省工委立即召开会议，进行认真的学习讨论。

会议分析了合江当前的严重形势，承认我军现在人员少、装备差，处于极其困难时期。也承认了前一阶段在阶级关系和局势变化上认识不清，在收编地主武装、任用伪满官吏等问题上犯了错误。大家一致同意：当前最紧迫的任务就是

◎ 方强

集中全党的力量，剿灭土匪。要坚决反对消极防御，立即组织反击，争取在两三个月内扭转局面。会议通过了贯彻宣传东北局的剿匪指示、整编部队、建立党的基层支部、发动群众、联合苏军等十二项工作计划，开始了剿匪斗争的第一步。

当时我军在合江的部队只有一个特务团（是在一个连的老部队基础上发展起来的），500余人；一个新兵团，700余人；以及依兰、勃利两个县大队，总数才2000多人。方强把部队重新整编，将特务团改为1团，新兵团改为5团，集中使用。经过短期突击整训，1946年1月12日在依兰县城召开剿

匪动员大会，重点是扫荡松花江、牡丹江地区的大股土匪，恢复对县城、村镇的控制，恢复从哈尔滨到牡丹江、佳木斯市的铁路、公路交通。

当时合江境内的土匪大小十几股，总数不下二万。其中谢文东部在勃利的湖南营、石头河子地区，李华堂部在依兰、刁翎地区，张雨新部在西刁翎、勃利地区，孙荣久部在勃利、林口。他们号称"四大旗杆"，各有人枪千余，有的还拥有重机枪和大炮。1946年1月，土匪主力集中在依兰东面的村镇里，准备夺取依兰县城。方强指挥部队从依兰开始反击，先打团山子、道台桥，歼灭谢文东部一个旅，缴获步枪200多支。1月下旬，我军进攻三道岗，"四大旗杆"匪帮联合起来顽抗。他们拉来山炮野炮轰击我军阵地，并向我军发起三次冲锋。我们的老部队发挥了骨干作用，与匪徒拼刺刀，坚守阵地一步不退。土匪究竟是乌合之众，在真刀真枪的白刃战前吓破了胆，溃退下去。三道岗之战是关键的一战，打掉了土匪的威风，我军转为主动进攻，一口一口地吃掉土匪。在夜袭张雨新老窝双河镇时，张雨新从梦中惊醒，来不及穿鞋，赤足逃窜。他的参谋长以下官兵300多人当了俘虏。我军夜袭三道岗的王顺屯时，匪首前半夜刚娶媳妇办酒席，此刻正酣睡未醒。300多土匪被击溃或被俘虏，被掳来的妇女也得到解救。2月，方强指挥部队声东击西，回头打松花江北岸的清河、大罗勒密等地，消灭李华堂部六七百人，在通河与松江军区剿匪部队会师。这月下旬，陈云、高岗来通河视察，方强等同志汇报了合江剿匪工作。陈云给了合江军区部分枪支、经费，还分给他们一部电台。从此，合江与北满分局有了经常的联系，进一步推动了剿匪和建设根据地的工作。[①]

"四大旗杆"匪帮遭到打击后，残匪隐蔽到刁翎地区。刁翎位于合江、牡丹江、松江三省交会处，也是勃利、依兰、林口等县的连接地。这里是一个盆地，四周是高山，森林茂密。在伪满时期曾是抗日联军的根据地。因为这里远离铁路，地形险要，适于打游击。土匪们企图在这里盘踞，与我军长期周旋。在当时条件下，仅靠我军的力量和有限的武器装备，想打下刁翎确实很困难。

这时，苏联红军为了惩罚土匪对他们的袭击，前来协助我军剿灭刁翎土

① 方强等：《合江前期的剿匪斗争》，载中共中央党史资料征集委员会等合编：《辽沈决战》下册，人民出版社1988年版，第8页。

匪。1946年2月下旬，苏军出动一个机械化营，开着几十辆汽车和装甲车和我军359旅、合江军区地方武装分两路出发剿匪。苏军走大路，我军走小路。一夜行军，苏军先到，因为地形不熟，在黑背遭土匪袭击，死伤数十人。我军四个团随后赶到，向土匪迂回。土匪发现有被包围的危险，便向三道通、莲花泡一带深山溃逃。这一战我军消灭土匪300多人，俘虏土匪团长二人。

战斗结束后，方强留下一个团驻守刁翎，主力部队继续向三道通、莲花泡等地追击，并沿铁路线南下清剿土匪。土匪也很狡猾，他们化整为零，行动飘忽不定。依兰骑兵大队在牛心屯发现土匪踪迹，由于轻敌，没有摸清情况，也没等主力部队上来，就冲进屯子里。结果被藏在屯子里的五百多土匪包围，一百多县大队战士全部牺牲。这是北满剿匪中我军蒙受的最重大损失。第二天军区主力部队开到牛心屯，苏军两辆装甲车开路，我军随后进攻，与土匪激战三小时，将五百多土匪全部消灭，为依兰县大队的同志们报了仇。这叫"一打刁翎"。

方强率领合江军区部队，连续进行了四个月的剿匪，一个村、一个县地扫荡，收复了17座县城，恢复了合江与牡丹江、哈尔滨之间的公路铁路交通，社会秩序逐渐稳定，打开了建设后方根据地的新局面。四个月来，合江军区部队发展到近6000人，配备了轻重机枪、山炮、战马，力量居于优势。而土匪则受到连续打击，不像以前那样气焰嚣张了。

张雨新、李华堂匪帮不甘心失败，在1946年4月又窜回刁翎。留守在那里的我独立4团寡不敌众，受到损失。一些干部战士被土匪开膛破肚，暴尸街头，惨不忍睹。为了消灭张雨新匪帮，为死难的战友报仇，我军集中兵力，二打刁翎。这时，我军新组建的东北航空学校迁到勃利，带来几架缴获的日本飞机。校长王弼帮助剿匪，设计诱敌。5月5日，他们派出一架涂着国民党"青天白日"标志的飞机在刁翎上空绕圈，投下一封信。内容大意是：东北行辕主任熊式辉嘉奖张雨新等作战有功，要在5月7日上午亲临刁翎视察。命令张雨新部立即平整简易机场，列队等候熊式辉前来检阅。张雨新接到信后，根本没想到共军能有飞机，信以为真，忙碌着修整机场。我军则在6日夜里运动到刁翎北部山林中隐蔽。

5月7日一早，张雨新集合队伍，还特地穿上日本军装，在新机场等着熊长官的到来。我航校的两架飞机从勃利机场起飞后，一架发生故障，掉到了山沟里。另一架飞临刁翎上空，见土匪果然列队等待，便俯冲下来，用机枪向土匪扫射。张雨新才知道中了计，仓皇夺路逃命。我地面部队乘势追击，打死土匪30人，俘获70人，缴获步枪120支。张雨新带领残匪逃进牡丹江西岸大森林中，掉队的散匪向我军投诚。①

1946年上半年的剿匪斗争，我们有成绩，也有教训。在战斗实践中对土匪的基本情况和行动规律有了一定的认识，取得了宝贵的经验。东北的土匪不是一般的打家劫舍的匪徒，而是十分狡猾、富有经验的匪帮。他们之中有不少人出身伪满军官，有作战经验。他们与当地的地主恶霸有广泛的联系，有自己的匪窝，有行动路线，在深山老林中设有密营。在活动区域，还有暗藏的情报人员和眼线。在受到攻击时，他们往往能事先得到警报，逃进深山隐蔽起来。

在战术上，土匪们也有一套。他们避实就虚、避强就弱，在我军进剿时化整为零，回旋、打转、突围，行动灵活。利用对本地情况熟悉的长处，以小股行动解决粮食、住宿和隐蔽的问题。他们进攻的对象是我们的地方政权和区乡武装，在有机可乘时，土匪们便袭击村屯，屠杀我地方干部，破坏交通线，打击我军进剿的小部队，并造谣惑众，瓦解人民意志，策动地方武装叛变。

我军在前一阶段剿匪斗争中，虽然消灭了不少土匪，但是却不能将他们斩草除根，其原因是存在轻敌思想，将土匪击溃赶跑就不再追击。各军区之间缺乏协调配合，各打各的。有的只顾出动部队剿匪，忽视群众工作，群众对我党不了解，也就不敢提供帮助，甚至有的在土匪胁迫下，帮土匪传递情报。所以，虽然一度将大股匪帮打垮，他们逃进匪窝和山林中休整补充后，往往又卷土重来，继续为害。

1946年5月四平保卫战结束后，我军节节后退，形势极为不利。土匪们以为国民党马上就要占领全东北，又猖狂起来。一些隐藏的伪满残余、国民党特务以为时机已到，纷纷出动，策划叛乱。6月以来，北满土匪先后袭击并侵占了东宁、东安、同江、萝北等县城，大杀大抢，切断了牡丹江至佳木斯的铁路线。8月间，李华堂、谢文东、张雨新、孙荣久这"四大旗杆"又

---

① 方强等：《合江前期的剿匪斗争》，载中共中央党史资料征集委员会等合编：《辽沈决战》下册，人民出版社1988年版，第11页。

聚集8000多人，占据刁翎，准备东山再起。我军退过松花江后，急需在北满站稳脚跟，得到休整。土匪的猖狂活动，成为我党我军的心腹大患。于是，剿灭北满土匪，成了我军在松花江以北建立根据地需要首先解决的头等大事。

◉ 张闻天

1946年6月12日，东北局发出了《剿匪工作指示》。对剿匪工作和兵力作了新的部署，合江军区部队仍由方强统一指挥，追剿佳木斯、依兰、同江、萝北等地土匪。牡丹江、合江、东安及松江地区的剿匪工作，均归总部统一指挥。牡丹江、合江地区工作团，由洛甫（张闻天）同志负责组织。

张闻天到东北后，深入北满的县城和农村调查研究，了解情况。经过半年的实际工作，他熟悉了情况，掌握了第一手材料。1946年5月底，张闻天从哈尔滨来到佳木斯，任中共东北局合江省委书记。他到任后，立即召集省工作委员会和省军区负责同志研究情况，分析形势。张闻天认为：半年多来，在抗联干部和关内来的干部共同努力下，虽然已经接管了合江的市、县两级政权，初步建立了自己的武装。但由于没有来得及发动群众，打击敌对势力，伪满旧人员依然占据着多数职位，甚至受到重用。对土匪虽然进行了追剿，但只是击溃而没有消灭。在国民党猖狂进攻的形势下，土匪又纷纷活动起来。张闻天认为：合江的局面之所以到现在打不开，是原合江省工作委员会对毛泽东"建立巩固的东北根据地"的指示贯彻不得力，没有放手发动群众。对当前的斗争缺乏认识，敌我界限不清，还想用抗战时期统一战线的做法来收编土匪、加委旧政权人员。缺乏长期艰苦斗争的思想，在城市里贪图安逸享受。他提出当前合江工作的"一个中心"（发动群众），"三项任务"（剿匪、生产、支前）。他号召全省干部"丢掉和平幻想，走出城市，到农村中去，继续发扬不怕吃苦、不怕流血牺牲的精神，和合江人民同生死、共患难"，去争取胜利。会上，张闻天宣布了东北局决定：张闻天任合江省委书记，李范五任副书记，李延禄任省政府主席。[1]

合江的工作千头万绪，剿匪仍然是头等大事。方强领导合江剿匪工作以

---

① 程中原：《张闻天传》，当代中国出版社1993年版，第15章。

来，虽然消灭了大股土匪武装，但是匪首没有抓住。他们逃进深山老林，继续为害。根据东北局关于剿匪工作的指示，北满分局决定加强合江的剿匪工作。1946年8月，任命贺晋年为合江军区司令，方强任政委，以359旅主力配合进行深入的剿匪斗争。

◎ 贺晋年

贺晋年是陕北出身的老红军，曾先后担任陕北游击队总指挥、红15军团81师师长、红27军军长、抗战时期的八路军联防司令部警备第3旅旅长兼三边警备区司令员。他身经百战，有很多打土匪的经验。他在哈尔滨受命之后，深感责任重大。在8月阴雨连绵的日子，他搭乘一列货车去佳木斯。路上发生好几次匪情，火车只好开开停停。500公里的路程整整走了三天三夜才到达佳木斯。贺晋年看到这里充满着临战气氛，各重要机关的大门口都堆着沙包，荷枪实弹的战士在警惕地站岗。张闻天立即会见了贺晋年，向他详细介绍了合江地区的匪情，并向他说明：合江根据地的建设，对我党我军在东北的成败关系重大，一定要完成清除匪患的任务，改变这里的混乱局面。

贺晋年主持合江军区工作后，先从部队内部进行清理整顿。混在我军内部的敌人和不纯分子，被一个个清查出来。原合江军区司令孙景宇，出身于勃利县地主家庭，土匪头子孙荣久是他亲叔。孙在抗战中入地下党，没参加过抗联就去了苏联。1939年回延安后转到山东军区司令部四科工作，抗战胜利后就随山东部队到了东北。因为他是勃利人，1945年11月派他回老家任合江军区司令。他到佳木斯后，对土匪、亲戚、伪满人员大搞加封委任，李华堂、谢文东、孙荣久都当上了"司令"。各地的武装也都是收编的土匪和原封不动保留的伪满人员。这哪里是共产党的天下？不久合江就出现了土匪特务的大叛乱，到处杀我干部，孙景宇有不可推卸的责任。加上他生活腐化，在撤职后，领导上决定对他进行审查。孙景宇自知罪恶严重，1946年8月借看病为名去哈尔滨，想叛变投敌。结果逃跑未遂，开枪自杀。作为反面典型，东北局于10月决定开除他的党籍，并通报各级组织。[1]

---

① 中共中央东北局：《群众》第13期。

　　如果说孙景宇是自绝于党，依兰第5支队副司令杨清海的叛变则是更深刻的教训。杨清海出身于长春郊区的农民家庭，当过伪满军班长。1940年哗变参加抗联第7军任大队长，在日军围剿的艰苦环境下，许多人脱离了抗联队伍，杨清海却表现得比较坚定。在最困难的时期，他带队伍到苏联境内坚持斗争。1945年8月，他随苏联红军来到依兰，被任命为城防副司令。我军到达北满后，杨清海又担任合江人民自治军依兰总队长、第5支队副司令等职务。

　　当时依兰情况复杂，匪首谢文东、李华堂、孙荣久等都被孙景宇委派为"司令"，伪满的官吏、军警和恶霸们仍旧把持着当地的权力。他们有一套捧人的本事，杨清海与这些人混在一起，很快腐化堕落起来。他认识了开赌局的辛老头的女儿辛爱玉，杨清海有自己的家庭，但在辛爱玉的诱惑下与辛同居。辛爱玉当了他的姨太太，那些开赌局的和地痞流氓自然就把杨清海当成保护伞。杨叛变之后，依兰人都说："若没有辛爱玉，杨司令恐怕还不敢叛变。"

　　苍蝇专叮有缝的蛋，国民党特务把杨清海当作策反对象。他们穿针引线，让杨清海和李华堂拉上了关系。杨清海接受国民党的委任，当上"合江挺进军司令"，等待时机搞叛乱。

　　贺晋年司令员到任后，对杨清海通敌活动有所察觉。因为没有确凿证据，他与张闻天书记商量，把杨清海调到佳木斯学习，解除他的权力，审查他的问题。杨清海感到情况不妙，便派人联络李华堂，决定1946年10月10日夜发动叛乱。

　　9日，李华堂派土匪到依兰城外骚扰，我方中了敌人的调虎离山计，把主力派出去剿匪，城里力量十分空虚。10日晚，依兰县政府的同志为杨清海设宴饯行，勉励他好好学习，处理好家庭问题。杨清海表面客客气气，心里却暗藏杀机。夜里，他带人开枪打死巡逻战士，听到枪响，他的亲信在营房里动手，打死了依兰独立团2营营长王子俊等三位关里来的干部。杨清海来到营房，煽动大家跟他叛乱。杨清海拉走依兰独立团两个连150多人，长短枪160多支，机枪两挺。叛徒们猖狂攻打依兰县县委、公安局、监狱等单位，交火半夜，在我方坚决抵抗下占不到便宜，杨清海乘船渡江，与李华堂会合。国民党的报纸大肆宣传杨清海叛变，在当时东北影响很大。①

---

　　① 贺晋年：《深山剿匪记》，载《辽沈决战》下册，中共中央党史资料征集委员会等合编，人民出版社1988年版，第18页。

贺晋年得知杨清海叛变，义愤填膺。乘车赶到勃利359旅驻地，请刘转连、晏福生二位首长协助剿匪。他们一口答应，派谭友林副旅长带领717团，归贺晋年指挥。以这支老部队为骨干，贺晋年率领军区骑兵大队和依兰独立团，准备了十天的干粮和咸菜，在10月中旬踏上剿匪征途。

贺晋年到达依兰后，大家分析了李华堂、杨清海的动向，认定他们在达连河一带。部队连夜出发，经一夜行军赶到那里，却扑了个空。侦察报告说：匪帮已经钻进黑瞎子窖沟，向西南方向去了。贺晋年召集大家研究敌情，认为李华堂的活动区域主要在刁翎、依兰一带，向西是老爷岭原始森林，李华堂不会轻易离开老巢进入深山老林。他肯定是在兜圈子，把我军引进山沟，他再转回去。作出判断后，贺晋年派小部队进沟追击，自己带主力去四道河子，堵塞李华堂的退路。

听说敌人钻进了一条名叫沫勒气的山沟，向寒春河逃去，贺晋年、谭友林率领部队立即出发。沫勒气是一条三十多里长荒无人烟的山沟，夜里没人敢走。贺晋年找到一个猎人当向导，下午进了沟。这条山沟积满了腐烂的树叶和杂草，软绵绵的变成烂泥塘，一脚踩下去就陷半腿深，战士们几乎是连滚带爬地前进。天黑以后，部队又开始爬山。古木参天，地上横着朽木，长满苔藓，一不小心就滑一跤。

经过一夜艰苦行军，天亮终于爬到山顶。大家精疲力尽，身上的泥水都结了冰。贺晋年往山下一望，只见草甸子被踩平宽宽的一溜，地上的马粪还是湿的，终于抓住土匪的踪迹了。贺晋年高兴地喊道："这一夜的罪没白受，追上了！"大家顿时兴奋起来，收拾武器，准备战斗。在不远的一个山间盆地，发现了几间农舍和放哨的土匪。战士们杀敌心切，没等骑兵迂回包抄过来就抢先开火。土匪听到枪声，四散溃逃。这一仗只消灭了二三十个土匪，清理战场时发现一个女人被打伤了腿，倒在地上起不来。一问，原来就是杨清海的姨太太辛爱玉。李华堂、杨清海抛下了她，乘船逃到牡丹江西岸。

这时，部队已经连续追击了四天四夜，战士们实在太疲劳了。如果睡上一天，就能恢复体力，但是土匪的线索可能也会失掉。贺晋年想：我们固然累，但土匪比我们还累。他们唯恐被我军追上，一不敢生火做饭，二不敢进屋睡觉，现在正是我们同土匪赛体力、赛意志的关键时刻，不能有丝毫动摇。一定要穷追猛打，不怕疲劳，连续作战，直到生擒匪首，把土匪彻底消灭为止。

部队来到牡丹江边，宽阔的江面上漂着冰块，所有船只都被土匪破坏了。贺晋年下令徒涉过江。战士拉着战马，跳进寒冷的江中。过江后冷风一吹，许多人身上冻了冰，有的战士冻僵了，双腿不能动。就是这样，大家的决心也没有动摇，又向西莲花泡追去。在那里发现了土匪的窝棚，一阵猛打，活捉了几个土匪。经过审问，才知道李华堂逃往刁翎去了。在俘虏中意外发现了谢文东的人，原来谢文东被我牡丹江军区部队追赶，逃往这里来了。

原来想打李华堂，现在又来了谢文东。贺晋年考虑：谢文东是"四大旗杆"中最大的一股，现在既然发现了他的踪迹，就先消灭谢文东。

谢文东原是依兰县大地主，九一八事变后曾在当地拉起武装打日本人，颇有影响。抗日联军与他搞统一战线，谢文东当了抗联第8军军长。1938年日本人大规模"讨伐"抗联时，谢文东被俘，当了汉奸。日本投降后，谢文东"明投八路，暗投中央"，国民党军队刚进东北，他就发动叛乱，大杀我党干部，被国民党委任为先遣军上将总司令。谢文东在合江地区为害极大，罪恶累累。他原有武装数千人，在我牡丹江军区部队打击下，大部分被消灭，谢文东带着几百残匪，逃到合江。想借助对老家地形的熟悉，与我军周旋，等待国民党军到来。

贺晋年与各部队首长商议，谢文东是一定要消灭的，但是用大部队追剿的方法恐怕不行。通过前一段追剿李华堂，大家积累了一些经验，决定改变策略，采用灵活机动的战术消灭土匪。贺晋年指着地图说：南起夹皮沟，北至黑瞎子窖沟，东到牡丹江，西到老爷岭，是一个东西窄、南北长的地带。我们要立即派部队到夹皮沟和黑瞎子窖沟，堵塞出口，同时封锁牡丹江两岸所有渡口，这样谢文东就成了瓮中之鳖。我们再将山区的山口要道封锁起来，钉楔子、安据点，组织小分队带粮背锅进山搜剿。切断土匪的粮食和情报来源，断绝土匪的活路。

然而，追剿谢文东这只老狐狸，真不是一件轻而易举的事。部队进山好几天，还没找到谢文东的踪影。十一月的天气越来越冷，松花江快要冻冰封江了。贺晋年和谭友林号召大家坚持追击，忍耐一切痛苦，咬紧牙关，再使一把劲，活捉谢文东。

他们向当地老乡和猎人请教，群众反映：土匪在森林里都有藏粮食的密营。哪里有成群的乌鸦盘旋，哪里就有土匪。因为乌鸦要吃土匪吃剩的马骨头、马肚肠，哪里有灰烬，就说明土匪曾在那里烧过马肉。从灰烬的热度、马肉的腐烂程度、马粪的湿度都可以判断土匪离去了多久。只要找到土匪的密营，毁掉土匪的粮食，土匪在山里就藏不下去了。有了这些经验，战士们爬上山头和树梢，看到哪里有乌鸦、哪里冒烟，就追上去猛打。这些招数都很灵验，土匪被我军打得死的死、伤的伤，逃脱的也是惊恐万状。我军在森林中发现了土匪的密营，有的是个窝棚，有的是空心老树。战士们毁掉了土匪的窝棚，烧掉土匪的存粮，使谢文东匪帮很快陷入绝境。

天气一天比一天冷，土匪们没有粮食，只好吃马肉。又没有盐，土匪们浑身无力，腹泻便血。谢文东给部下打气，说只要一封江，他们就可以逃脱了。而我军加强了政治攻势，到处张贴"投降留命""缴枪不杀"的标语。土匪们更不想跟谢文东送死了。一天，土匪遇见两个猎户，先找他们要吃的，再问山外边的情况。猎户说："外边八路多着呢，牡丹江两边都驻满了，你们跑不了了。"土匪又问："八路杀我们不？"猎人就把我军的俘虏政策说了一遍。当时两个匪营长就说："不干了，投降去，留条活命。"谢文东气得吼道："这是共军的宣传，别上当！"命令把两个猎人绑在树上枪毙。这时，我军的搜山部队赶到，一个手榴弹扔过去，掉在火堆里爆炸了。谢文东莫名其妙，气势汹汹地质问："谁把子弹掉在火堆里了？"没等回答，我军的机枪就打响了。土匪像麻雀一样四散逃窜，谢文东再也拢不住队伍，此时身边只剩下六个人，在深山老林里东躲西藏。谢文东的马弁汤二虎忍受不住，对谢文东说："军长！你投不投降？我要投降了！"谢文东哄骗他说："二虎，你先去投降，替我办好手续，明天拉匹马带两个饼子来接我。"可是当汤二虎领着我们的部队去找谢文东时，他们又逃得无影无踪了。

谢文东能跑到哪里去呢？贺晋年司令和谭友林副旅长分析，他很可能在牡丹江沿岸打转，弄些吃的，找机会过江。他们听说四道河子有位老人对沿江的地形非常熟悉，就把老人请来。老人说：四道河子和五虎嘴子之间，有一段江面封冻比较早，农历十月下旬，江上就能过人。贺司令对这个情况十分重视，决定派遣小分队换上便衣在那里进行搜索。谭友林副旅长向718团5连副连长李玉清交代任务说："这是个找人参的任务，谢文东比人参胖得多。见了胖子，抓来就是。"李玉清带上十几个战士连续转了几个山头，在一个树木稀疏的小山上，发现了一个小庙。他们看见一个胖子正跪在地上求神。李玉清端着枪冲上去，大声喊道："你是谢文东不？我来捉你了！"大家一拥而上，拿绳子把谢文东和他的随从捆得结结实实。这个为害多年的大匪首，终于在1946年11月20日被生擒。

12月3日在勃利县城召开公审大会，远近的老百姓都赶来参加，宽阔的会场被两万多人挤得水泄

◎ 公审谢文东

不通，群众都激动地称赞："八路的本事真大！"剿匪部队首长在会上介绍了活捉谢文东的经过，讲话后，谢文东被押到前台示众。老乡们纷纷上来控诉，坚决要求枪毙这个血债累累的土匪头子。谢文东被押到烈士墓前，一声枪响，结束了他的性命。①

消灭谢文东匪帮，是我军在东北剿匪斗争中取得的一个重大胜利。北满地区的形势发生了根本性的转变，我军士气高昂，群众也被发动起来，土匪的嚣张气焰被彻底压制，走向穷途末路。在剿匪过程中，我军也取得了宝贵的经验。当记者采访贺晋年司令员时，他向记者介绍了六条经验：

一、当敌人集中时，我们要开始集中优势力量给敌人以致命打击，这样容易造成消灭敌人的机会，同时使敌人失去战斗意志。

二、当敌人逃入山林时，应立即跟踪追击，力求连续战斗与追剿，使敌人没有喘息的机会。

三、敌人逃入山林时，应迅速将其包围，在周围钉起钉子来。于匪必经之路上，应设优势的堵击部队，再派上精干的部队带上粮食和锅，到山里露营，连续反复清剿。这虽然不能完全歼灭敌人，但容易使敌人溃散、瓦解与投降。

① 《东北日报》1946年12月14日。

四、为了断绝敌人粮食，必须很好坚壁清野，使胡匪无粮可觅，自行溃散。

五、如敌人失去战斗意志溃散时，我们部队即可以大胆分散搜山，甚至一排、一连都可以，有时可化装便衣搜索。谢文东就是这样被我们捕捉的。

六、搜山部队不要多，因为深山密林中无法展开，并容易失去联络，所以应大胆组织少数精干部队搜山检查匪迹，尔后实行追剿。[1]

合江军区部队乘胜追击。捉到谢文东不久，我军又捉到了张雨新的副官。据他供认：张雨新派他来联络谢文东，而张本人就躲在三道通西面的山里。得到这个情况，贺晋年立刻派刘淑颜排长带三十多个战士，由张雨新副官领路，顶风踏雪行军百余里，找到张雨新躲藏的窝棚。但张雨新不见了，地上的炭灰还冒热气。刘排长估计张匪跑不远，循着匪徒留下的踪迹又追了60里，在折里汀西南沟发现了一个窝棚。刘排长下令包围窝棚，向里面大声喝道："张黑子出来！"躲在里面的张雨新见大势已去，只好垂头丧气地走出来，嘴里嘟囔着："我运气不好，你们运气好。"束手就擒。

李华堂在寒春河漏网后，流窜到三道岗一带，遭到依兰独立团的打击。李华堂不敢再与我军交战，逃回刁翎山里。谢文东、张雨新相继被擒后，我军更加紧了对李华堂的追剿。他们终日疲于奔命，没有喘息之机。李华堂没有办法，只好化整为零，将匪徒分散成小股，各自求生。他自己只留下几十人的马队，在缺粮时窜出山来抢粮食。贺晋年和谭友林决定派骑兵团追剿李华堂，他跑到哪里，我军就追到哪里。在骑兵团的连续追击下，李华堂的马队也垮了。到1946年12月中旬，李华堂残匪二十来人逃窜到刁翎与林口之间一个叫大盘道的地方，和我送电台的通信连相遇。一阵交火，李华堂的部下大多就擒，只有李华堂本人逃脱。当天下午，一个老乡跑到我军团部报告：李华堂一个人正向刁翎方向逃跑。团部立即派出战士，骑马向大盘道方向追去。大盘道是秃山，没有树林，没有深草，无藏身之地。李华堂没有马骑，徒步走不快。我军骑兵发现李华堂，喝令："站住！"李华堂掏枪打伤了两个战士。后面的同志迅速开火，一枪打伤李华堂的下巴。负伤的战士扔出手榴弹，炸伤了李华堂的双臂。大家赶上去，把李华堂捆了个结结实实。

---

[1]《东北日报》1946年12月6日。

受伤被俘的李华堂知道自己末日来临，还在垂死挣扎。他骂着叫我们的战士再给他添几枪，还要咬人。战士们在屯子里找了一辆大车，拉上他往城里送。李华堂在车上还不停地挣扎，结果把马给惊了。马拉着大车疯狂地往前跑，车把式吓得赶紧跳下来，车上只剩被捆住的李华堂一人。我军骑兵在后面紧紧追赶，一气追出几里地远，马车翻了，李华堂被扣在车底下咽了气。①

叛徒杨清海到哪里去了呢？贺晋年司令员带领骑兵在牡丹江边追剿李华堂匪帮，俘虏了受伤的辛爱玉。土匪被打散了，杨清海只身逃往哈尔滨。在那里又怕被查出来，就逃到了国民党盘踞的长春，在那里靠赶大车度日。1947年杨清海到沈阳去，想谋个一官半职。这时东北境内的土匪已经被肃清，杨清海在国民党眼里已经毫无用处。就随便给他一个很低贱的差事。杨清海感到受了侮辱，与他们顶撞起来，结果被投入监狱，直到东北解放才出来。沈阳解放后，他又逃到辽中县，冒充雇农成分落户，还分了地。1950年镇压反革命运动中，他终于被揭发出来。1951年3月被我公安机关逮捕，不久在沈阳被枪决。②

合江军区的剿匪工作，在短短三个月内取得重大胜利。土匪的"四大旗杆"被拔掉三个，大股的土匪基本上被扫荡。林彪对合江剿匪评价很高，1947年4月19日他在东北民主联军师以上干部会议谈到战斗作风时说："大兵团作战不比游击队，要准备吃苦。……有时在战斗中，敌人已被打垮了，由于前进与攻击，我们的队伍已很疲劳，但是如果不能

◎ 牡丹江剿匪

① 贺晋年：《深山剿匪记》，载中共中央党史资料征集委员会等合编：《辽沈决战》下册，人民出版社1988年版，第31页。
② 王元年等：《东北解放战争锄奸剿匪史》，黑龙江教育出版社1990年版，第312页。

忍耐一下，不能跟踪追击，那么敌人就跑掉了。这种关头，忍一下苦是非常必要的。过去红军过泸定桥，一天一晚下着大雨在泥泞中走二百余里路，一面走路，一面瞌睡，一面做梦，要桥不要命。要知道敌人虽然先走了几个钟头，但是可以追上的。因为有很多偶然的机会，如敌人要吃饭、住下、休息等，这样使我们可以追上。敌人越多越好追，追击的时候不要失望。贺晋年同志追土匪追得很好，累是累不死很多人的，要舍得追。"

消灭李华堂后，部队陆续回到驻地，过了一个好年。春节过后，贺晋年组织合江军区部队，对"四大旗杆"中的最后一个匪首——孙荣久进行清剿。

孙荣久，外号孙快腿。十七岁开始当土匪，枪法准，武功好。原在张雨新匪帮中效力，抗战结束后孙景宇来合江，孙荣久被委任为自治军司令，队伍扩充到千余人马。他暗中又接受了张雨新加封的国民党中将军长，脚踩两只船，随时准备叛变。1945年底，上级命令他的队伍开往鸡西，他认为这是共产党调虎离山。12月11日，他的队伍到达林口时，孙荣久突然叛变，杀害我随军干部，进攻勃利县城。1947年1月，我359旅骑兵团在勃利、桦南县大队配合下，对孙荣久匪帮进行连续六个昼夜的穷追猛打，将其大部歼灭。孙荣久只带少数人逃进桦南县深山密林中。

这时，土匪们知道"四大旗杆"倒了三个，心里都动摇起来。孙荣久只带了贴身副官彭治斌，逃到一个叫神仙洞的秘密地点隐藏起来。孙荣久得意地说："这个地方没几个人知道，又有吃喝，咱爷们好好睡几天，过神仙日子。他民主联军有天大本事，这么大的林子，冰天雪地，他们总不能在深山里蹲一个冬天。我们在神仙洞里吃饱喝足，把他们冻得两腿打战，到时候又是咱们的天下。"

孙荣久像狗熊冬眠一样在洞里蹲了两个月，粮食吃完了，他们只好出洞往别的地方转移。当他们走到一个村口时，当地妇女看这两个家伙满脸胡子，衣服破烂，不像好人，就上前盘问。孙荣久扭头就跑，躲进了马家街北三十里的猴石山中。桦南县大队得到情报，立即组织人马上山搜查。3月26日，赖庆桐指导员带领二十多名战士，分两路上了猴石山。这山不算高，但树木茂密，雪深过膝。大家发现了脚印，跟踪追击。在山腰炭窑旁发现一个小木房，有锅灰和泼水的痕迹，说明里面有人。赖指导员警觉起来，派两个战士绕到房顶上，用刺刀戳开顶棚。孙荣久在里面沉不住气了，往外不停打枪。赖指导员叫战士扔出一排手榴弹，孙荣久自知难逃，和副官走出木房，束手就擒。4月1日在勃利县举行万人公审大会，枪毙了孙荣久。为害多年的"四大旗杆"，全部拔掉了。

在北满剿匪斗争中，合江军区的指战员战绩显赫，做出了卓越贡献。其他四个军区——牡丹江、松江、龙江、嫩江军区在剿匪过程中也都取得了不少胜利，涌现了许多战斗英雄和动人事迹。许多人都读过曲波的小说《林海雪原》，侦察英雄杨子荣的传奇故事曾使我们激动不已。"智取威虎山"的故事还被改编成样板戏，家喻户晓。杨子荣确有其人，而"智取威虎山"则是经过文学渲染，被神化的故事。

杨子荣是山东牟平县人，1945年参加八路军。在山东部队进军东北时，他是田松支队的战士，后在牡丹江军区2团3营任侦察排长。1946年春，李荆璞司令员率牡丹江军区主力在海林杏树村包围了许大虎匪帮。在即将发起攻击时，杨子荣突然听见村里有小孩妇女的哭叫声。为了避免无辜百姓的伤亡，杨子荣主动要求进村劝降。他挑着一块白毛巾被土匪带到村里，向土匪们申明我军"缴枪不杀，优待俘虏"的政策，劝土匪们为村里的家人着想，不要顽抗到底。许大虎气势汹汹，想杀杨子荣。另一匪首郭富春是本村人，不愿意全村老少陪着许大虎完蛋，表示

◎ 杨子荣

愿意投降。这样，杨子荣说降了四百多土匪，缴获了一大批步枪、机枪，立了大功。

1947年1月的一天，海林县模范村农会主席贾润福接到土匪"座山雕"派人送来的恐吓信，信中要10袋白面、20件棉衣，限期送到指定地点，否则就要来村子烧杀。"座山雕"的真名叫张乐山，当时有七十岁，是个作恶多端、阴险狡诈的匪首。他顶着国民党"东北先遣军第二纵队二支队司令"的旗号，在海林一带偷袭我军、残害百姓。合江"四大旗杆"垮台后，他带少数残匪躲进海林县北夹皮沟的深山老林中，潜伏起来。这次摸到"座山雕"的踪迹，团首长决定派杨子荣带领孙大德等五名战士前去侦察。

杨子荣一行化装成被打散的土匪，来到夹皮沟的蛤蟆塘。在那里发现了一群"伐木工人"，实际上是"座山雕"的部下。杨子荣、孙大德上前用土匪黑话与他们打招呼，骗取了土匪小头目的信任。"座山雕"听了报告，又派一个土匪连长来找杨子荣接头，用黑话考验一番。杨子荣镇定自如，土匪不再怀疑，第二天来请杨子荣等进山。在雪深没膝的原始森林中，他们跟着土匪沿着山中小路艰难地走了几十里，终于来到"座山雕"匪帮隐藏的窝棚。杨子荣命令几个同志把住门口，自己与孙大德闯进窝棚，用枪逼住"座山雕"，喝令他投降。土匪们以为是黑吃黑，也没反抗就缴了枪。当"座山雕"等25人被捆绑着押到海林镇，才明白是落在共产党手里。后来"座山雕"病死在牡丹江监狱里。1947年2月19日的《东北日报》刊登了杨子荣活捉惯匪"座山雕"的消息，给予高度评价。此后，杨子荣在夹皮沟一带继续搜寻土匪。2月23日，他在夹皮沟的闹子沟里发现土匪郑云炮等隐藏的窝棚。当时天色将明，杨子荣乘土匪酣睡未醒，上前一脚踢开窝棚木门，喝令土匪投降。谁知有一个土匪没睡着，他抄起身边的步枪就往门外开了一枪，正打中杨子荣。杨子荣缓缓地倒下去，停止了呼吸。战友们义愤填膺，将顽抗的郑云炮等几名土匪消灭。杨子荣的遗体被抬回海林县城，牡丹江军区举行隆重的追悼大会，将杨子荣和其他在剿匪战斗中光荣牺牲的战士们一同葬在海林县东山坡上，高大的纪念碑上刻着英雄的名字，几千海林百姓和二团干部战士含着眼泪，向杨子荣致哀。东北民主联军总部授予杨子荣特等侦察英雄的光荣称号，直到今天，人民还都记得这位传奇般的英雄。[1]

土匪是乱世的产物。共产党在东北建立了巩固的根据地，得到人民大众真心的拥护，土匪就没有立足之地了。在东北局《七七决议》的正确方针指引下，1946年下半年我军对北满土匪的穷追猛打，消灭了大股的土匪武装。随着上万干部下乡发动群众，在乡村中开展清算地主恶霸斗争和土地改革，人民群众翻身解放，得到了切实的利益，形势越来越好。到1947年4月，北满的土匪已基本肃清。历朝历代解决不了的匪患，在共产党手里彻底解决了。据东北民主联军总部统计，我军进入东北之后剿匪战绩如下：

主要作战1303次，毙匪12539名，伤匪18568名，俘匪36601名，降匪11782名。

① 王元年等：《东北解放战争锄奸剿匪史》，黑龙江教育出版社1990年版，第302页。

缴获步、马枪51835支，轻机枪1129挺，重机枪301挺，短枪2807支，掷弹筒414个，迫击炮261门，山炮32门，野炮15门，平射炮34门，小炮18门，马6009匹，汽车134辆。[①]

剿匪斗争的伟大胜利，是执行毛泽东"建立巩固的东北根据地"指示的第一步，我军在东北站住了脚，有了可靠的家，为下一步与国民党反动派角逐东北的战争打下了坚实的基础。

---

① 东北局：《关于剿匪工作的报告》，1947年4月10日。

第二章

# 坚持南满

承德失守——国民党军大举进攻南满——昌图干部转移记——辽南部队退入"关东州"——新开岭全歼25师——陈云、萧劲光去南满——七道江会议力挽狂澜——坚持南满，大闹天宫

　　1946年5月四平保卫战结束后，林彪率东北民主联军主力退过松花江，进入北满。萧华、程世才等指挥的部队仍留在南满坚持斗争。但是我们的根据地已被分隔开，一时无法相互照应。国民党东北保安长官司令部制定了"北守南攻"的作战计划，从8月21日起，国民党第13军、71军和93军从几个方向分头向赤峰、平泉、隆化、承德发起进攻。当时承德地区我军力量相当薄弱，只有杨得志、苏振华的晋察冀野战军第一纵队、黄永胜的独立旅和李运昌的冀东地方武装，兵力少，装备差，很难阻挡住国民党军队的进攻。在力量对比悬殊的局面下，硬拼是没有意义的。我军在承德郊外与国民党13军对抗一夜后，主动撤离。国民党13军8月29日占领承德，93军于10月4日占领赤峰。东北与关内联系的主要通道均被国民党控制。

　　杜聿明考虑到松花江尚未封冻，进攻北满有困难。南满有丰富的粮食和矿产资源，共军的力量相对弱些，于是制订了"南攻北守，先南后北"的作战方案。调集八个主力师十余万人，从10月19日起分三路向南满发起进攻。新1军的30师、52军的195师及71军的91师沿沈吉路向通化、桓仁进军，企图切断我三纵与四纵的联系。新6军的14师、22师及60军的184师进攻辽东半岛南部的岫岩、庄河、普兰店，把我军压缩在大连以北的狭窄地区，切断我军与山东和南满的联系。52军的2师及25师的75团沿安沈路向安东进攻。25师其余两个团从本溪进攻赛马集、宽甸，企图迂回我安沈路侧翼，毁坏我后方工厂、医院。国民党军的总目标是要占领安东，击溃我南满主力，进而占领南满地区。

　　南满我军如何应付这严峻的形势，一时成为关注的焦点。为此，东北局

在7月25日发出指示，要各地在敌人尚未大举进攻前，大力创造根据地，加强党政工作。指示中说：

"今后各满遇敌大的进攻而又不能歼灭敌人时，则一般只应退到本军区分内去打圈子，打游击，不应再向后退。特别是对于已有相当群众基础的区域，在任何时候必须有一部分兵力继续在该地区内活动，借以巩固该地区的群众斗争和牵制敌人。如果对于群众业已发动地区而仍然抛弃，则我们将可能永无根据地，而成为流浪漂泊的困难境地。

"各满的地区与各师的地区，和各县的地区，是今后各该地区的党、政、军力量的休养生息的根据地。谁把自己的根据地搞好了，谁就可以避免流浪、漂泊、无家可归的困难境地。谁就有吃、有衣、有鞋穿，有作战配备，有情况明白不遭敌袭的便利条件。谁如不做好本地区内的群众工作，谁就有成为流浪、漂泊的逃难者。且哪一地区的群众工作薄弱，也是哪一地区成为敌人进攻的首要对象。哪一地区的群众工作做好了，便比较地能取得局部休战的机会。已划定的各地区内的军队，在敌人进攻该地区时，也只应在该地区内采取集中或分散的斗争行动，而一般的不应退却逃跑到其他地区。"①

根据东北局的指示精神，南满领导在岫岩召开独立师团以上干部和部分县委书记、县长参加的紧急战备会议。会议分析了形势，认为可能有三种前途：一是被敌人吃掉或被赶出南满；二是敌人占领交通线和大村镇，我们被赶到山区打游击；三是敌人占领铁路沿线，我们占据中间地带，建立根据地。当时大家是想力争第三条道路，而且多数干部认为有这个可能。所以会议做出决定，要求各地区就地坚持游击战争，做到"区不离区，县不离县"，力争在各县山区建立小区域的根据地。②

但是，10月份国民党军的来势之凶，超出了大家的估计。在进攻的同时，国民党军队依靠当地的地主和伪满人员，组织保安团队，对我根据地进行清剿。这是极为毒辣的一招，因为当地人熟悉情况，很快就破坏了我党各区县的机构。在无法立足的条件下，我南满地方机构陷入混乱，各区县的同

---

① 林一山等：《难忘的岁月，严酷的斗争》，载中共中央党史资料征集委员会等合编：《辽沈决战》下册，人民出版社1988年版，第49页。

② 林一山等：《难忘的岁月，严酷的斗争》，载中共中央党史资料征集委员会等合编：《辽沈决战》下册，人民出版社1988年版，第306页。

志只好向安全地区转移，以求生存。原昌图县委副书记萧岗的亲身经历，真实地反映了南满那段最艰难的日子。

萧岗所在的昌图县，原属辽西省委领导。四平保卫战结束后，昌图和康平相继被国民党军队占领，县委机关被迫转入地下。在恶劣的形势下，一连串不幸事件相继发生。8月15日县长许芝率领队伍转移时与地主武装发生战斗，不幸牺牲。二区区长纪恩荣在夜间活动中被叛变的区中队杀害。县财粮科长许杰卷款投敌，区县武工队不少人携枪投敌或离队逃跑。萧岗等人意识到，在昌图坚持下去已经不可能，只有向东边的开原、清原靠拢，那里还有我们的政府和部队可以依靠。

于是，他们将百余人的干部战士组织成一支小小的队伍，带上三十多匹骡马，在1946年10月9日夜里悄悄穿越中长铁路，向开原县前进。一路上昼伏夜行，到了开原马家寨村，从老乡那里得知区政府驻地就在附近的下肥地。大家赶到那里，走进区政府大门，看到一片空空荡荡，只有一个人正在拆卸电话。萧岗大吃一惊，恰好遇到当地的区长留下来处理善后，他告诉萧岗：国民党新1军正向东满进攻，已经到了开原。县政府和各区都已撤退，只留下武工队准备打游击。他劝萧岗他们不宜在此耽搁，应赶紧撤往通化。萧岗等见事态严重，改向清原方向行军。为了避开敌人，他们不走公路，专走崎岖小路，翻山越岭进入东南的鸡冠山区。

走了两天，队伍到了清原南的一个村子。萧岗意外地发现西满的铁法大队也转移到这里，他们马上找到铁法大队负责人，希望以后一起行动。对方满口答应，不料第二天一早竟不辞而别，显然人家有意甩掉了他们。艰难时刻，什么样的事情都会发生。看来只有自己想办法。大家决定按原计划抄小路进发，天黑时到达一个小山村，萧岗去向群众探路并了解敌情。老乡告诉他们：这里靠近公路干线，白天国民党军车往来频繁，走公路去通化太危险。大家又设法找到一位山东老乡。这位忠厚的老乡告诉他们：有一条山间小路可以爬过山顶，下到公路；在公路上走二三里地，对面有条小路进入山区，可以到通化。大家认为虽然有危险，也只能这样走了。

黄昏前他们整队出发，山东老乡在前边带路。满山的树木和茅草，似路非路。狼穴和野猪窝随处可见，在星光照耀下队伍艰难行进，半夜才爬到山顶。到达山脚下的路边，萧岗他们派出小分队卡住岔路口，监视敌人。并再三感谢带路的老乡，在生死关头帮助了他们。部队趁着茫茫夜色，在公路上快步疾行。刚走不远，碰上两个开小差的逃兵，黑暗中把他们当成国民党的部队，向他们投诚，并报告了部队番号和行动情况。萧岗立即把这两个叛徒抓起来，黑夜里不能带他们走，又不能开枪，大家商量后，用刺刀刺死两个逃兵。部队继续前进，很快进入山区的安全地带，脱离了险境，萧岗他们才松了一口气。

天明时队伍到了一个村子，他们冒充国民党"别动队"，敲开伪保长家的门，向他要粮要饭。保长也不怀疑，拿出鱼肉来招待这些"国军"，还安排他们在村里住了一夜。第二天队伍出发，由保长带路向通化前进。走了十多里路，前面的侦察员跑来报告，说与主力部队取得了联系。萧岗等几个负责人奔上前去，与主力部队的侦察小分队会面。这时，他们才向保长公开了身份。保长吓得低头哈腰认罪不迭，念他带了路，大家没伤害他，放他回去了。与主力部队联络之后，第二天队伍到达通化。屈指算来，在路上已经走了整整十天。①

昌图县这些同志的经历，反映出当时东满、南满在国民党军事进攻下的严峻局势。要指出的是：萧岗他们是地方武装，还不是主力部队。在国民党军队的重点进攻下，我南满部队承受了空前的压力，处境更加困难。

自1946年10月20日起，国民党东北保安长官司令部集结新6军22师、14师，52军2师及新建的184师、独立第9师共五个师的兵力，向我辽南根据地发起进攻。而我军在这一地区只有辽南军区独立师和分区所属地方武装，实力远不如国民党军。当时为了阻击敌军，独立师将师部设在海城与岫岩之间的小孤山，所属各团分布在板子屯、八岔沟和析木城一线。新6军22师的一个团在10月22日向我八岔沟阵地进攻，首先集中火炮对我阵地进行轰击，摧毁我军的防御工事。在炮火刚刚转为延伸射击的瞬间，步兵就冲了上来。国民党军善于集中优势兵力，以一个或两个营的兵力冲击我军一个连的阵地。我军起初被炮火压制得抬不起头来，炮刚打过，来不及整理阵地组织防御，敌人就冲了上来。仓促之下阵地就失守了。在进攻中，新6军显示出熟练的战术配合，他们的山炮、野炮和榴弹炮多向我纵深射击，以迫击炮、火箭筒和轻、重机枪支援步兵冲击。他们善于集中和有效地组织各种火

① 萧岗：《走向胜利的历程》，载中共中央党史资料征集委员会等合编：《辽沈决战》下册，人民出版社1988年版，第273页。

力，向我军阵地密集射击。而我军本身武器就差，加上战术素养不够，很难阻挡住新6军的进攻。八岔沟、析木城阵地很快被突破。

为了摆脱敌人的追击，辽南独立师于11月10日转移到盖平岫岩公路以南。新6军两个师尾随而至，14日我军在盖平的小青沟打退敌军一个营的追击，便大踏步地撤到一面山、步云山地区，暂时摆脱了新6军。到12月初，国民党军队推进到辽东半岛的普兰店，辽南大小城市及主要交通线全被国民党军队控制。辽南独立师率领一、三团为了保存实力，于12月中旬退入关东州。①

所谓"关东州"是个什么样的地方，能使我们辽南仅存的干部和军队保存下来？根据《中苏条约》的规定：旅顺、大连属于苏军控制区，国民党的控制区到新金县的普兰店一线为止。中间有一段空白地带，紧靠苏军驻守旅大岗哨的前沿。东起刘家，西到石河驿，东西长约四十里，南北宽约六里，按条约规定为非军事区，国民党军队不得进入。我军把这个地方又称为"岗边"，当时苏军对我党采取暗中支持的态度，除允许我方人员到大连从事采购军用物资和医治伤病员外，对我辽南部队和县区干部到"岗边"避难和休整表示宽容。这样就为遭受国民党军强大军事压力的我辽南部队提供了一个根据地。在南满最困难的时期，辽南独立师在这里保存了骨干，被打散的各区县干部经过一段周折，也陆续进入这里休整。原中共辽南省分委书记林一山回忆："半年多实践证明，坚持敌后游击战必须有可靠的后方。游击战中，'岗边'不仅是一、五（分区）地委，也是省委、地方主力的后方。但游击战初期，我们对'岗边'可以依托认识不足，更不理解中央关于'辽南背靠关东州'的意义，后来在斗争中才逐渐明确起来。在这块'一枪可以打透的根据地'里，设立医院，办训练班，休整队伍，培训干部，筹集物资。尤其是旅大地区给提供了兵源、物资和休整地点；一、五专署还在此进行贸易，筹集资金，解决了军政需要的经费。这一地区成了我们坚持敌后游击战的可靠基地。"②国民党军在普兰店一线修筑了严密的封锁线，设置了二十多个据点，布下多处雷场，配上鹿砦、铁丝网、陷阱、木栅栏等障碍物，企图

---

① 《中国人民解放军42军第三次国内革命战争战史》，1956年初稿。

② 林一山等：《难忘的岁月，严酷的斗争》，载中共中央党史资料征集委员会等合编：《辽沈决战》下册，人民出版社1988年版，第312页。

把我军死死困在这个狭小区域之内。

地处安东、通化和临江地区的我南满根据地，是国民党军攻击的主要方向。这里有我军的后方基地和三、四纵队主力。我军进入东北初期，东北局就将通化作为后方基地。这里有煤矿、铁矿，有日本人遗留的兵工厂、货币印刷厂、银行、医院和仓库，基础相当不错。所以东北局将一部分后勤机关、炮兵学校、战车部队都迁到这里，打算好好建设一番。国民党军队要夺取通化，迫使我军陷入饥寒交迫的困境，无法在南满坚持下去。

10月19日，国民党军由本溪大举南进，目标是占领安东。在前面打头阵的52军2师，师长刘玉章。当时南满我军集结于连山关以西的摩天岭，由四纵的12师负责主阵地的防御。摩天岭位于本溪以南通向安东的大路上，海拔近千米，山势陡峭。20日拂晓，敌52军2师以一个团兵力展开进攻，我军34团顽强抵抗，打退多次冲锋。刘玉章正面攻不动，便调一个团配上山炮连先占领主峰旁边的小摩天岭，然后向我军阵地进行侧后迂回。守卫小摩天岭的36团为了避免被包围，主动后撤到摩天岭主阵地，与34团并肩防守。我军虽然只有步枪机枪，但依靠居高临下的有利地形，打退敌军的一次又一次进攻。刘玉章在山下干着急，他的山炮射程有限，打不到山顶。部下出了个主意：将山炮拆散，扛到小摩天岭上向大摩天岭轰击。敌军在炮火支援下，向34团阵地发起密集冲锋，34团5连战士跳出战壕，与敌军肉搏拼石头。敌军又采用侧面迂回的战术，于夜晚22时占领摩天岭主峰。我军接到上级命令，撤出阵地向赛马集方向转移。两天的阻击，使52军2师遭受八百余人的伤亡。

由本溪出兵的国民党52军25师没有遇到什么麻烦，进展迅速。10月19日占领小市，20日占领田师付，21日进犯赛马集。我四纵11师一部在赛马阻击敌军，掩护纵队主力转移，激战一天后撤离。25师占领赛马集后，留下两个营驻守，又向凤城前进。四纵为了拖住25师，集中11、12师主力，于24日夜向赛马发起进攻。激战一夜，歼敌二百余人，夺回赛马集。①

52军长官急令25师回援赛马集，萧华与南满部队首长研究了敌情，看到25师孤军深入，与其他各路敌人拉开了距离。该敌过低估计我军力量，在前进时甚至不做两翼搜索，全然不知我四纵主力已隐蔽集结在新开岭一

---

① 《中国人民解放军第四野战军战史》，解放军出版社1998年版，第154页。

带。大家决定集中纵队主力八个团的兵力，将25师消灭在新开岭地区。

新开岭位于宽甸以西约七十里，包括叆阳边门、黄家堡子、王家堡子等地。四面皆为高山，宽甸至赛马的公路和叆河穿越其间。山间沿叆河两岸地形比较开阔，北面有老爷山为制高点，东有叆阳边门东山可以控制公路出口，黄家堡子和潘家堡子均有高地可以设伏。当年日本人在老爷山顶修建了碉堡，这里是一个隐蔽兵力打歼灭战的理想战场。

10月30日下午，国民党25师先头部队接近新开岭的黄家堡子。我军为了诱敌进入伏击区，一路坚壁清野。25师走到一个村子，只见房屋被毁，水井被填，人影全无，只好再前进寻找宿营地。到了黄家堡子，才算到了一个能宿营的村子。敌人又累又饿，放下背包就做饭，饭还没进口，四周就响起了枪声。这是四纵11师在阻击敌军，为的是迟滞敌人行动，争取时间让几十里外的10师主力赶来参加战斗。傲慢的敌军没把我军放在眼里，直接进攻老爷山。守在山头的11师警卫营及33团两个连因伤亡过大，被迫撤离阵地，老爷山遂被25师占领。10月31日下午，10师主力急行军赶到，匆匆投入战斗。11师隐蔽在叆阳边门的黄家堡子，25师为了冲开南进道路，以一个团兵力向黄家堡子山头进攻。但11师并未后退，仍然卡住了叆阳边门的通道。这一夜我军对25师已形成三面包围，但制高点多被敌人控制，出现了对峙局势。

11月1日，10师29团经一夜激战后，攻占黄家堡子西北、正北两个高地。11师乘势占领了叆河南岸高地，12师攻占了潘家堡子高地，完全切断了敌人的退路。但25师仍认定我军无力歼灭他们。当沈阳方面用无线电与25师联络时，25师师长李正谊高喊："只要（空投）炮弹，不要援兵。"坚持自己突围。这就断送了25师逃脱的机会。

11月2日新开岭战役到了关键时刻。我军与敌军苦战两昼夜，都已相当疲劳。前来增援的国民党新22师已向新开岭靠拢。在这种情况下，是打还是撤？纵队首长决定咬紧牙关，不惜一切代价做最后努力。这天早晨，11师两个团渡过叆河，进至北岸，使老爷山侧后暴露，对敌形成严重威胁。12师由潘家堡子向老爷山旁边的丛家堡子小高地进攻，随后又占领了敌人的重要据点——大庙，老爷山阵地更加孤立。10师的炮兵和预备队此时都已到达老爷山下，炮兵迅速瞄准向山头猛轰，预备队30团的两个营向老爷山西北、正北侧翼发起攻击。10师炮兵集中火力，将山顶的碉堡摧毁。经过顽强冲杀，反复争夺九次的老爷山阵地终于被我军占领。此刻25师全线混乱，兵败如山倒。残部被压缩在黄家堡子河套内，被全部歼灭。师长李正谊、副师长段培德以下5877人被我军俘虏，毙伤敌团长以下1600多人。我军亦付出了伤1582人，阵亡338人的代价。新开岭战役经过三天激战，终以我军的全面胜利而告终。

新开岭战役虽然歼灭国民党军一个整师，打击了敌人的气焰，但对战争全局并没有起到转折性的作用。据萧华11月5日致中央军委的报告，国民党52军2师占领安东后，又进占凤城；71军91师于11月1日占领桓仁；195师同日占领通化；60军主力仍在清原、梅河口一带守备。萧华承认："敌这次进攻，主要是利用我东北根据地不巩固这一弱点，敢于实行钻隙突破，大胆迂回与利用东北纵横公路网，使用机械化快速部队抢占城市。"

南满根据地为什么会被国民党军如此迅速突破？除了敌人军事上的优势之外，南满我军在防御中犯了分散兵力、分兵把口的错误。捏不紧拳头，被敌军各个击破。林彪十分焦虑，几次去电报督促他们改变作战方法。10月26日林、彭、高、陈致电南满三纵："你们自敌发动攻势以来，最近尽是打的击溃战，或被敌击退。这种仗就会使士气越打越低，使敌人越加猖狂。你们所使用的兵力远没有达到绝对的优势，而又未注意到断敌退路，故形成这种结果。望你们坚决实行六至九个团打敌一个团的方针，以四五个团担任攻击，其他的摆在周围捉俘虏，只有这样才能改变南满形势。如你们不执行总部指示，则南满局面将必日趋严重。"

但是这种被动局面没有扭转，在国民党军队的步步进逼下，南满根据地急剧缩小，到11月中旬，国民党军又占领了辑安，并向长白山区压缩。我南满根据地仅剩下临江、长白、蒙江、抚松四县和两道大沟。这一狭长地带，本来就人口稀少，相当贫穷。一下聚集了三四万部队和机关干部，天气已经相当寒冷，我们的部队没有后方物资接济，缺少棉衣棉鞋，吃住也很困难。南满还能不能坚持，成了摆在面前急需决断的大问题。

林彪召集东北局领导研究，正在主持北满土改工作的陈云主动请求去南满工作，萧劲光在大连搞军工生产来东北局汇报，也要求去南满工作。10月31日，林彪电告中央军委："敌将进攻南满及进攻开始后，我们前后有七八个电报，总是调他们集中兵力，各个歼灭敌人，反对分兵把口，反对打击溃战。但他们恰恰没有逃去这三个圈套，故打了很多击溃战，每次伤亡大缴获小，部队疲惫不堪，形势日益恶化。现决定陈云、萧劲光两同志担任南满的领导，免得南满垮台。该地区有我兵力九个师、四个炮团，占整个东北我军兵力五分之二以上，武装弹药比北满部队更好，地区全为山地，下层干部多，气候人口条件均好。故只要领导加强，才能好，有可为，否则影响东北整个局势甚大。"[1]

10月27日，陈云、萧劲光肩负重任离开哈尔滨，经牡丹江、图们取道朝鲜去临江。火车开到宁安县境内的斗沟子车站停了下来，夜里，一辆货车在前方爬坡时，由于燃料缺乏，动力不足，从坡上滑了下来。眼看就要与陈云的列车相撞，一位扳道工奋力扳开道岔，那辆货车就翻倒在一边，铁轨被损坏。陈云和萧劲光只能等待铁路修好再前进。当他们从平壤绕了一大圈到达辽东军区所在地临江时，已经是11月27日了。

陈云、萧劲光不顾旅途劳累，立即召开了由南满军队和地方主要负责人参加的会议。陈云宣布了东北局的决定：成立东北局南满分局，统一领导南满的党、政、军工作。陈云同志任南满分局书记兼辽东军区政治委员，萧劲光任辽东军区司令员，萧华为副司令员。领导机关调整之后，陈云向大家传达了党中央和东北局对南满工作的指示，要求大家不论先来后到，不论有部队没有部队，都要团结一致，坚持南满斗争。[2]

但是，一个多月来的撤退和困难的局面，大多数干部情绪低沉。天气已是寒冬，部队没有棉衣御寒，吃的是冻硬的窝头和酸菜，有的部队甚至没有房子住，烤火度日。这样恶劣的环境，大家感到南满已经没有什么希望了，以后不是到鸭绿江里喝水，就是到朝鲜去流亡。有的对上级不战而放弃安东、通化很有意见，说"领导让打哪里，就要丢掉哪里"。南满部队领导准备带领三纵、四纵撤过松花江，与北满部队会合。听陈云、萧劲光说要在这里坚持，大家都转不过弯来。萧劲光在会上说："南满可以坚持，不过要经过几个来回，像武松打虎一样，经过几个来回的反复搏斗。"话音刚落，引起一片哄笑，令萧劲光相当难堪，会议没有统一思想就结束了。[3]

会后，陈云和萧劲光开始了紧张的调查研究工作。在半个多月时间里，

---

[1] 1946年10月31日林彪发往中央军委的电报，军事科学院图书馆馆藏文献。
[2] 中共中央文献研究室编：《陈云传》上册，中央文献出版社2005年版，第473页。
[3] 《萧劲光回忆录》，解放军出版社1987年版，第343页。

他们分头召开座谈会，找同志们个别谈话，了解情况，沟通思想。通过大家的反映，他们感到问题比原来想象要严重得多。一方面来自国民党军队的压力，更主要的原因是南满领导内部的意见不统一，难以形成合力。陈云、萧劲光认为：南满虽然困难不少，但必须坚持下去。因为敌人的战略是"先南后北"，我们若放弃南满向北撤退，正中敌人下怀。坚持下去就能打乱敌人部署，争取西、北、南满互相配合，扭转局面。南满是东北最富的地区，人口多，工业基础好，又

◎ 陈云、萧劲光在临江

可以沟通大连、朝鲜，与山东解放区保持联系。坚持南满对我们东北全局，有极为重要的意义。

　　但是，坚持南满不是一件容易事。12月11日，萧劲光在七道江前线指挥所召集辽东军区师以上干部开会，出席会议的有萧华、程世才、江华、罗舜初、吴克华、彭嘉庆等。萧劲光在会上提出了"以军事反清剿为主，以有力的游击兵团深入敌后，广泛开展游击战争，破坏敌人的清剿。恢复广大乡村，恢复政权，迟滞与打击敌人的新进攻。主力集中于适当位置，准备于敌人进攻中，消灭其一部，配和游击战争"的坚持南满方针。他的报告引起了多数人的反对，只有少数人同意坚持南满。多数人认为临江地区地形狭窄，大部队作战没有回旋余地。同时兵员、武器不足，寡不敌众。有的同志提出"留得青山在，不怕没柴烧"，主张撤过松花江，保存力量，日后反攻。会议争论来争论去，两三天也没开出个结果。而这时国民党两个师已向梅河口、辑安以南进军，军情紧急，再这样争论下去是不行了。萧劲光只好请陈云来作最后决断。12月13日晚，陈云顶着大风雪赶到七道江，同大家谈了一夜。第二天的会议上，陈云同志作了重要讲话。

　　陈云同志坦诚地说：现在南满的形势确实很严重。辽东的领导过去对敌人的进攻估计不足，在战略布置上有错误，结果在敌人大举进攻时思想不一致、不团结，下面群众有群龙无首、无所适从的感觉。所以地方部队大部

散，小部叛，群众情绪非常波动，陈云把南满比喻成"风雨飘摇下的豆油灯"，是十分形象的。

在这种形势下怎么办？有人主张躲避起来，不再出战；有人不顾现实，空喊"坚持"。陈云批评了这两种错误倾向，他给大家讲朱毛井冈山会师的故事，鼓励大家在困难面前不要灰心，要坚持"爬过山顶"，不利局面就会改变。①

为什么要坚持南满斗争？陈云形象地比喻说：东北的敌人好比是一条牛，牛头和牛身子是向着北满去的，在南满留了一条牛尾巴。如果我们松开了这条牛尾巴，那就不得了，这条牛就要横冲直撞，南满保不住，北满也危险。如果我们捉住了牛尾巴，敌人就进退两难。因此，捉牛尾巴是关键。陈云接着说：如果我们不坚持南满，向北满撤，部队过长白山时要损失几千人。撤到北满敌人还要追过来，还要打仗，从南满撤下来的部队又会损失几千人。如果我们从南满撤了，敌人可以全力对付北满，那时北满可能也保不住，部队只得继续向北撤，一直撤到苏联境内去。但我们是中国共产党人，不能总住在苏联，早晚有一天还要打回南满来。在这些战斗中，我们的部队又要损失几千人。而且主力撤到北满，留下来的地方武装也会受到很大损失。这样前后加在一起，向北满撤会损失一万多人。相反，如果我们留下来坚持南满，部队可能会损失四分之三，甚至五分之四，但只要守住南满，就不会失去掎角之势，就可以牵制大批敌人，使他们不能集中力量去打北满。两相比较，还是坚持南满比撤离南满损失小。而且敌人在南满的兵力也不够，我们坚持南满是完全可能的。最后，陈云加重语气说："我是来拍板的，拍板坚持南满。三、四纵队全都留下，一个人都不走。我们在背靠沙发（指苏联、朝鲜的支援）的形势下前进，虽然是艰苦奋斗的前进，还是比退到北满后被敌人打出国境线再打回来要合算。"②

陈云的话不多，但掷地有声，分量很重。在紧急关头力挽狂澜，表现了一位无产阶级革命家的高瞻远瞩。他入情入理的分析、实事求是的作风，使在座的同志们心悦诚服。萧华同志立即表示：赞成坚持南满的决定。多数同

---

① 1949年4月20日东北局高干会《关于辽东历史问题的结论》，载东北局《党的工作》第17期。

② 中共中央文献研究室编：《陈云传》上册，中央文献出版社2005年版，第482页。

志也纷纷表示了赞成的意见。少数人虽然思想上还不是很通，但也不好再反对。会议的气氛完全扭转了。基本方针确定后，会议转入具体作战方针和作战部署的研究。最后，会议通过了"巩固长白山区，坚持敌后三大块（即辽南一分区、辽宁二分区、安东三分区）"的战略指导思想，决定由四纵挺进敌后，牵制敌人，破坏交通线，打乱其部署。三纵担任内线作战，集中兵力顶住敌人进攻，挫其锋芒，巩固现有根据地。

七道江会议是决定南满命运的一次重要会议。陈云克服了前一段时期的混乱思想和军事上的错误，给我军在南满的斗争指出了正确的方向。会议结束后，陈云、萧劲光于12月16日电告林彪和党中央，在通报南满敌情后说："在此情况下已决定四纵队全部伸出通化、桓仁、浑江以西，安奉路两侧，大闹天宫，消灭弱敌，调动敌人，支援地方。如敌围歼计划不变，则决以三纵一部坚持长白山区外，主力亦到敌后，那时除长白县城外，其余城市都将被占。同时我们估计两个大兵团到敌后作战，在伤兵、减员、补充等问题上极端困难，但不经反复长期艰苦斗争，是不能坚持南满的。"为此他们希望林彪从两方面给予支持，一是"北、西、东满能牵制住当前敌人"；二是"北满给我们一万吨粮食，送到图们以济万余伤兵及几千后方部队机关"。①

林彪和东北局完全同意陈云的作战方针，南满、北满互相配合，开始了三下江南和四保临江的战斗。

---

① 中共中央文献研究室编：《陈云传》上册，中央文献出版社2005年版，第484页。

# 第十三章

# 三下江南，四保临江

南满出击——林彪提出"硬拼战"——一保临江——一下江南——猛攻其塔木——张麻子沟伏击战——苦战焦家岭——林彪作总结：不打莽撞仗——二保和三保临江的胜利——收复南满四县城——重炮猛轰城子街——德惠战斗——三下江南——杜聿明险遭俘虏——红石砬子歼灭战——东北局势的转折

七道江会议确定了"坚持南满"和到敌人后方"大闹天宫"的战略方针，我南满部队改变以往的退守做法，四纵主力10师12月18日从临江出发，越过梅河口至辑安的铁路，向本溪、抚顺、营盘地区进军。连续攻克辽宁新宾县境内的平顶山、苇子峪。29日打回了新开岭作战战斗过的地方——碱厂。向守敌两个营发起进攻。敌军逃到田师付，我军两个团在后边追。31日占领本溪县的小市。

四纵11师12月18日由六道江出发，绕过通化向桓仁、宽甸地区进军。一路上连克钓鱼台、双山子，31日攻克宽甸县境内的牛毛坞。1947年1月1日又攻占太平哨，国民党52军2师的守敌溃逃。四纵在敌后半个月作战，开辟了碱厂以东、牛毛坞以北、桓仁以西纵横一百五十多里的山区根据地。尽管战斗不多，战果也不是很大，但四纵敢于大胆插向敌后的行动迫使敌人将22师和91师回调，减轻了临江地区的压力。①

林彪获悉南满部队开始出击，非常高兴。12月24日他电告陈云和萧劲光：北满部队决定出动，主力向松花江南岸作战，以配合南满行动。在电报中林彪提出打"硬拼战"的新战术，即集中优势兵力，实行"一点两面"战术，以死打硬拼的精神拼掉敌人一部分。为什么要硬拼呢？林彪解释说：

①《中国人民解放军41军第三次国内革命战争战史》，1956年初稿，军事科学院图书馆藏。

"东北我军由于群众条件的不成熟，我甚难秘密地接近敌人，所遇敌又较强，非一打即垮。又由于敌铁道公路太繁，增援甚快，故甚难求得通常优越条件各个击破的歼灭战。但为了打掉蒋军的王牌，为了降低敌人的猖狂，为了使我半生不熟的条件，成为完全成熟的条件，在一定时期内（条件在半生不熟的状况中），在 一定限制内（以数个师的兵力不以全军），有时即遇条件不充分，亦须断然猛打，争取成为歼灭战。如不能歼灭，只要惨重地打击了敌人，虽无多的缴获，亦算胜仗。因他的间接胜利甚大，故最近我们除过去所谓歼灭战、游击战之外，现在提出一种新型的作战，即名'硬拼战'。""这种作战与过去的不同点，则为不是有十足把握才打，而是只有六七成胜利的把握即决心打，打时打得极顽强。打的结果可能成为歼灭战，亦可能双方都伤亡惨重。"林彪最后说：北满将这样打，希望南满也运用这种战术。

陈、萧研究了林彪的指示，28日回电表示："长白山区山高地险森林丛密，道路有限，人烟极少，粮食困难，有利于打运动战，利于防御战，尤以严寒酷冷攻难守易，我们准备在这样条件下进行硬拼战。今天在敌人主力进攻南满情况下，我们依靠前后两条战线的密切配合，以分散敌人回扯敌人，各个击破敌人，争取南满的坚持。我们对于硬拼战的方法很同意，在南满及东北作战，根据地不成熟，机动地区受限制，敌强我弱、紧迫压缩以及我军主力存在的条件下，事实上不得不拼掉几个棋子，改变力量。"[1]

三纵承担了保卫临江的任务。正面以9师和独立2师守蒙江，7师于四道江、五道江下四平作为第一道防线，节节抗击。8师主力集结于红土崖，阻击91师。并协同7师在三岔子、林子头一带消灭敌人。国民党军因我四纵深入敌后，不得不放弃全力进攻临江的计划，调四个师兵力回头防守。三纵7师抓住这个有利时机，于1947年1月3日和4日主动向进至六道沟的敌军发起攻击，敌人后撤。我军占领了热水河子，迫使敌军退到二道江和三道江地区。1月10日，三纵主力向热闹街之敌发起进攻，敌人又逃向三道崴子。此后，敌195师为了保持与通化的联系，向我大举反攻。为了改变这种拉锯战，三纵集中7师和8师的力量，进攻头道崴子之敌。13日晨，三纵开始进攻。敌人终于顶不住了，向通化方向逃窜。

此时，我军已切断了通化与辑安之间的铁路线。敌人为了恢复联系，命

---

① 中共中央文献研究室编：《陈云传》上册，中央文献出版社2005年版，第489页。

令辑安的52军2师从辑安向北进攻，于16日占领头道崴子。后来听说我军向辑安迂回，又急忙收缩回辑安。军区命令三纵紧追，配合四纵歼灭这股敌人。7师即向大荒沟、小荒沟一带急行军。2师大部已经退回辑安，其中一个团进犯青沟子，19日与7师主力遭遇。一夜激战数次，我军冲击方式不当，未能奏效。第二天清晨敌军大部逃走，只有小荒沟一个营敌军被我包围。我军调来炮火猛轰，敌军企图向北突围，终于被我军全歼。至此，历时一个多月的一保临江战役结束。[①]

一保临江是南满分局领导决定坚持南满的方针后，我军在极其艰苦的条件下打胜的第一仗。当时部队都非常疲劳，武器、粮食、服装都十分缺乏，三纵和四纵都没有进行休整，就投入了内线和外线作战。为了支援前方，陈云、萧劲光把机关能作战的同志都补充到部队中去，解散了自己的警卫班。就是这样人力物力还是不足。在东北零下三四十摄氏度的严寒中，许多同志没有棉衣棉裤，只能把草绑在身上御寒。在战斗打响之前，保3旅的彭飞龙旅长到萧劲光的指挥所来受领任务。当他冒雪赶来时，连个大衣都没穿，胡子眉毛上都冻了冰，浑身哆嗦得半天说不出话来。萧劲光心里一阵难过，赶紧让他坐到炉子边烤火。彭旅长缓过劲来，流着眼泪报告部队的艰苦情况。一个旅长冻成这样，部队战士就可想而知了。四纵在战斗中冻伤减员679人，占全纵队总伤亡（1525人）的44%。三纵的数目大体相当。我军就是在这种艰难困苦的环境下，与国民党军队日夜战斗，取得了歼敌3000多人的战果[②]。

获悉南满部队开始战斗的消息，林彪于1946年12月25日向北满各部队下达准备战斗的命令。他将前线指挥部移到双城，亲自指挥。北满我军主力一纵于1947年1月5日越过冰冻的松花江，进攻驻守在对岸的其塔木之敌。兵力部署是：1师在其塔木西南的张麻子沟一带阻击九台方向的敌军援兵，2师在其塔木以南的张家屯一带阻击乌拉街方向的敌军援兵，3师主攻其塔木。一纵经过急行军，于1月6日中午到达各自的指定地点，包围了其塔木。

其塔木守敌是孙立人的新1军38师的一个营及后勤部队约七百人。这是国民党的王牌军，老兵有丰富作战经验，为了守住江防，修了三道铁网鹿

---

① 《中国人民解放军40军第三次国内革命战争战史》，1956年初稿，军事科学院图书馆藏。
② 《萧劲光回忆录》，解放军出版社1987年版，第353页。

砦，在街道口和外围修了一百多个地堡和火力点。他们认为：凭着有利的地势和坚固的工事，共军是不可能攻克的。

6日黄昏，我军在五门炮火的支援下向其塔木发起攻击。3师8团1营1连战士勇敢地冲向前沿，用炸药包爆破敌军的铁丝网。由于在开阔地行动，敌军火力密集，当1连冲破前沿封锁，占领一个地堡时，全连只剩下三十多人。他们连续打退敌人五次反击，又占领了第二个地堡。这时全连仅剩下十多人，无力再进攻。1营的2连和3连相继发起进攻，支援1连，但遭到守敌的顽强抵抗，双方为一个地堡或一间房屋反复争夺，我军战士不如敌军老兵善于利用地形，伤亡过大，被迫停止了进攻。

第二天早上，打了一夜的8团指战员们极为疲劳，天冷不能露宿，全团的人都挤在五个院子里睡觉。狡猾的敌人发现后，马上进行炮火反击。8团陷入混乱，造成严重伤亡，被迫撤出了村子，丢失山炮一门，阵地也被敌人夺了回去。3师首长非常愤怒，命令7团投入战斗，并准备夜里以三个团的兵力全歼敌人。残存的敌人被压缩在大街中段的几个院子内固守，并以火力向我反击，我军在巷战中无法展开兵力，战斗又僵持了一夜。

林彪一直密切注视战局发展，得知增援的敌人已经出动，他在夜里电告一纵司令员万毅："为了调动敌人来增援，故在这几天内不需打下其塔木，留着它调动敌人。这比硬攻德惠、九台好，最后其塔木是一定可以拿下来，只要总部炮兵用上，一个火力袭击，再加上猛攻，就可以拿下来了。"

1月8日战斗进入第三天，其塔木守敌得知来自九台和德惠的援军都陷入共军包围，军心动摇，于这天黄昏我军发起总攻之前分散突围。担当外围阻击的部队准备不足，未能穷追猛打，致使敌人逃脱一部分。其塔木战斗打了三天，终于结束。我军毙伤敌军456人、俘虏102人，缴获山炮、六〇炮各2门、机枪18挺。而我军伤856人，牺牲201人，代价是沉重的。

负责打援的一纵1师在张麻子沟打了一个漂亮的伏击战。1月6日他们到达八家子、段家屯地区，阻击来自九台方向的增援敌军。师首长考虑：敌人会从哪里来呢？于是他派出了侦察小队，在公路电线杆下窃听敌军电话。这一手很见效，九台敌军与其塔木敌军通话时，详细告诉了他们的出发时间和行军路线，我方知道来自九台之敌是新1军38师的113团（缺一个营）及九台保安团两个中队，决定在张麻子沟布下口袋，全歼这股敌人。

战前，1师首长带领各级干部到现场勘察地形，发现地图与实地有很大误差。他们马上对地图作了修改，并根据实地情况部署兵力。由于我军工作细致，严守秘密，九台之敌完全没有察觉。出发之前他们还打电话给其塔木说："途中无甚情况，有几十名土匪已被击溃。"

1月7日中午，当敌军坐着卡车若无其事地进入我军包围圈时，2团和师炮兵营突然开火，2团战士以疏散队形迅速冲向敌军。前面开路的两个连敌人还没下车就当了俘虏，侧面伏击的1团冲上公路，用手榴弹一气捣毁了敌人五辆装甲车，把敌人的重武器打成哑巴。后面的敌人见势不好，纷纷夺路溃逃，想找附近的房子院子躲藏。我军冲在前面，连续攻占十余所房屋。敌军团长在勤务兵掩护下企图逃走，被我1团的刘班长开枪击毙。敌军没了头，队形完全打乱，我军高喊口号，穷追猛打，一个班追出十里地，俘敌15人，缴获山炮一门。有个战士边追边喊话，一人抓了30个俘虏。仅用三个小时，战斗圆满结束。我军毙伤敌240人，俘868人，缴获山炮2门、迫击炮13门、机枪64挺、汽车12辆及大批弹药。我军伤309人，牺牲66人。①

陈光、杨国夫率领的六纵在焦家岭的战斗打得极为艰苦。1月6日六纵踩着坚冰越过松花江后，奉命在岔路口上准备打援，策应进攻其塔木的一纵。当16师当日中午接近焦家岭时，听到枪声。一纵侦察员前来报告：他们的部队与敌人接上火了，那里有新1军的两个连和保安队七八百人。六纵首长决定派16师和一个炮兵连去包围歼灭这股敌军，17师和18师仍按原计划到烧锅街、上河湾一带打援。16师马上行动，到焦家岭包围敌军，扫清外围，于8日凌晨发起了进攻。

但是新1军动作很快，刚与我军接触，就紧缩阵地，依靠当地的几个独立院落加修了地堡和火力点，准备固守待援。16师没来得及进行侦察准备，就命令47团主攻，48团策应，在炮火准备后就以爆破开路，发起冲锋。8日4时许，我炮兵开始向焦家岭东南角的两个大院轰击，夜间不辨方向，炮弹大多没打中。当炮兵转移阵地时，47团就发起了进攻。在敌军火力反击下，连续几次都没有成功。天亮时抓住一个保安队长，听说敌军有一个营。纵队首长决定不改变行动计划，让46团也投入战斗，配合47团进攻。

当天黄昏，47团再次向敌人发起攻击。当我军接近敌军院墙时，敌军将

① 《中国人民解放军38军第三次国内革命战争战争史》，1956年初稿，军事科学院图书馆藏。

外边的柴堆打燃，并以轻重机枪向我军猛扫。战士抱着炸药包冲上去爆破，先后伤亡七人未能炸开缺口。侧面进攻的部队一度占领西北角的山坡和独立院落，但是大家缺乏经验，班长到哪里，战士跟到哪里，队形总是密集地聚在一起。敌军抓住机会用六〇炮和机枪火力反击，给我造成严重伤亡。46团攻击老焦家大院，部队在开阔的地面上发起冲锋。不料因为天气太冷，机枪的油脂都冻住了，射击时断时续，不能连发。这就大大减弱了我方的火力，在敌军密集火力的扫射下，向前冲锋的我军战士一个个倒下去。经过七次冲击，虽然最后将守敌全部消灭，46团却付出了伤亡500人的高昂代价。

16师打了一天一夜，才摸清了敌人的情况。这是新1军50师的150团团部及1、3两个营及保安队一部，比原来想象的要多一倍。在敌团长率领下，他们仍然顽固地守卫焦家岭主阵地史家大院，等待援兵。为了尽快解决战斗，纵队首长决定让18师52团投入战斗，配合16师。

带领52团的18师副师长黄荣海是个红军出身的老战士，打仗肯动脑子。他知道新1军是个有战斗力的对手，麻痹大意是要吃亏的。52团向焦家岭开进时，有的连队走岔了路，延期到达。这时已经到了纵队首长规定的进攻时间，有的同志忍不住，急于要打。黄荣海冷静地说：不能急，要等情况摸清，部队和炮兵都到齐了再打。待一切准备工作完成，黄荣海下令把全团的42个掷弹筒集中起来，向敌军的一个院子齐射。集中兵力显示出我军的强大优势，敌人的火力被压制住了，战士们冲上前去，杀进院落，守敌大部被

◎黄荣海

歼，少数逃窜。虽然战斗比原定时间推迟了七个小时，但战斗仅用了两小时就取得胜利，52团伤亡只有30人。

16师47团于9日清晨在炮火掩护下再次向史家大院的敌人发起进攻，占领前沿后以爆破开路，一间房屋一个院子地与敌争夺。敌人的力量被消耗得越来越少，焦家岭主阵地被我拿下，敌军团长带领残部仍在史家大院顽抗。为了避免不必要的伤亡，我军决定暂缓攻击，重新组织力量，在黄昏一定解决战斗。就在我军进行准备时，敌人突然向西北突围。46团当即截获一部分，残敌逃出不远，被17师和松江部队全部歼灭，敌团长被活捉，焦家岭

战斗苦战三天，于9日20时结束。[1]

至此，北满我军一下江南战役基本完成任务。经过半年的休整补充，我军与四平之战后相比发生了巨大变化。战斗打得十分英勇，部队士气高昂。号称王牌的新1军被我军吃掉近三个团，挫下了他们的嚣张气焰。战斗中显示出国民党兵力分散，捉襟见肘，已经没有能力调集大批军队向我北满发起进攻。在焦家岭、其塔木守敌危急时，也不能组织起强大的援军。敌我之间的力量对比正在发生变化。一下江南有力支援了南满，杜聿明被迫重新部署，将主力调回一部分防守松花江，南满的压力减轻了许多。当林彪调动部队准备寻找战机再次打击敌人时，北满突然出现多年不遇的寒潮，哈尔滨夜间气温降至零下四十摄氏度，火车停开。我军战士缺乏防寒知识，有的棉鞋打仗时破开了口子，有的棉衣太短遮不住身体。在18、19两天行军和隐蔽时，有的冻坏了手脚，有的冻坏了五官，还有的在卧倒时冻坏了生殖器。林彪得到报告：一纵轻冻伤2034人，重冻伤644人。六纵冻伤3000多人。严寒造成了比战争更大的危害。林彪急得在20日连发几封电报，一封报告东北局和中央："在最近行动中天气甚冷，各部冻坏的颇多。六纵十七日夜行军中冻坏七百余，轻者手足冻肿，重者即发黑，都有冻掉指甲的，有的可能残废。"一封电告各部队："近日来天气突变，三师四师六师均发生很多冻伤。盼各部暂勿做夜间行动，如需行动时，宁可白天行动。"为了避免严寒造成更大损失，林彪下令各部队返回松花江以北驻地休整。

战斗刚结束不久，林彪又与各纵队和师领导之间频繁电报往来，总结探讨经验教训。战争实践是最好的老师，在激烈战斗中最能反映出一个部队的真实力量和作风，也暴露出自身的不足，有些教训是以血的代价换来的。焦家岭战斗之后，六纵16师认真进行了检讨和反思。仗虽然打胜了，但伤亡却比敌人还多。最主要的失误就是情况不明而仓促投入战斗，各级指挥员未进行地形和敌情的实地侦察，在战斗形成僵局的时候没有及时调整战术，仍然固执地继续攻下去。火力组织也不适当，47团把五十多挺机枪都集中在一个狭小阵地上，无法发挥多层火力网的威力。冲锋部队没有按照"三三制"队形，而是成连成排地密集进攻，招致重大伤亡。这些反映出我们的一些指挥员不讲战术、蛮干和连队战斗动作不熟练的缺陷。师领导向林彪作了汇

---

[1] 《中国人民解放军43军第三次国内革命战争战史》，1956年初稿，军事科学院图书馆藏。

报，林彪在13日回电说："你们进行了作战检讨，甚好。以后打仗需特别注意敌情与地形的严格侦察，对于已占领阵地与村庄之敌，切勿急于攻击。应进行很好的准备与侦察以后再攻击，严格实行一点两面战术，集中主要的兵力火力在敌人主要的弱点上，进行突破。"对16师在焦家岭战斗中连续七次冲锋所表现出的勇敢和不怕牺牲的精神，林彪给予了高度评价。在15日给16师的电报中说："你们检讨焦家岭战斗经验，教育部队时，除指出今后应注意侦察、注意集中兵力在敌弱点上、注意运用三三制战术等项外，望对于此次作战中战斗员的英勇牺牲精神与冰天雪地的苦战精神，指挥员的决心旺盛的精神，须加以赞扬和发扬。这是十六师的优良传统，也是战斗胜利的根本条件。"林彪将16师的总结和他的电报转发给北满各部队，要他们参照进行总结。战斗的硝烟刚刚散去，各级干部和战士们又投入了热烈的战斗讲评。一纵检讨其塔木战斗延长三天才打下来，主要是由于轻敌。认为我军兵力比敌人多九倍，但部署时仅以8团主攻。8团又把两个营分成两个方向，每个方向只有一个连进攻，这就不能对敌军形成优势。在战斗中不讲战术，一个副连长下令"都给我冲"，对一个地堡连冲五次。在敌人的交叉火力射击下，逼迫战士用刺刀撬开地堡射击孔往里钻，结果战士伤亡，攻击也没成功。有的不会组织火力，把重机枪架在突击队的身后，自己打自己。有的不准备通信器材，战斗中接不通电话，指挥受到严重影响。事先规定的联络信号，打起仗来就忘了用，致使指挥脱节，部队联系不上而陷于混乱。

一下江南的三次战斗，只有张麻子沟伏击战打得干脆利索，焦家岭、其塔木战斗都暴露出不少问题。但是反过来说，如果我们在装备和战术上不如敌军就不敢打，那么东北敌强我弱的局面何时能够扭转？林彪决定在双城总部召开北满部队师以上干部会议，研究这些问题。从2月11日开始，大家热烈地讨论了三天，13日林彪作了总结发言。

这次南下作战的意义是什么？林彪说："我们需要打破敌人首先解决南满的企图。我们南满绝大部分城市失守，刚起来的根据地遭受很大损失。主力部队很疲劳，地方部队大部分垮了。因此，他们是很困难的。而敌人为了进攻北满，必须先搞掉南满。如南满被搞掉，东北的形势将产生很大变化，敌人即可将南满的兵力抽到北满来，进攻北满的兵力即可增加，而且敌人的兵源区粮源区亦增加了。如果我们在南满站住，敌人很大的兵力被牵制在南满，无法北进，使我们在北满有机会巩固与加深根据地的建设。因此，南满是否站住，是东北局势好转或劣转的一个重要关键。应该把南满与北满看成一个有机的联系，为保存北满根据地，就必须保存南满根据地。所以，必须打这一仗来配合与支持南满。"

进攻作战应当怎样打？林彪指出："总的在战术上说，注意攻击准备，不要进行没有准备的进攻。而攻击准备中最重要的是了解情况，即是了解敌情与地形。军事上最重要的是主动被动问题，而决定这点的除力量外是知己知彼。指挥员必须养成看地形的作风，否则一切都是空的。一切一点两面战术，猛打猛冲猛追战术都不能用。因为一点放在哪儿呢？从哪两面进攻呢？如何猛打猛冲猛追呢？不弄清地形是无法使用这些战术的。如果没准备好，就不打。不要害怕由于准备所产生的新的困难，即敌兵力增加与敌退走，弄不清情况就打，倒不如不打好。不管怎样，必须弄清情况再打。这是铁则，这是胜利的秘诀。"讲到这里，林彪就开始联系实际情况了。他说："过去我们打惯了弱的敌人，造成了我们不去了解情况的作风。今天敌人变了，你脑子不变，就会犯错误。总之，对弱的敌人，不讲技术，是不会暴露自己的弱点的；但对强的敌人不讲技术，就会着着实实地暴露出毛病来。16师及18师焦家岭战斗亦可证明这点。16师是头等部队，一个师打了两天，伤亡很大，只占领了一间房子。就是情况未弄清楚，未很好准备。而18师是由于事先有了充分准备，集中了四十几个掷弹筒，仅以三十余人的伤亡，将制高点的另一间房子占领了。所以有准备与无准备的进攻，是根本不相同的。所以碰到敌人，不要懵懵懂懂的就打，先用火力将敌牵制住，使他变成被动姿态，查明敌情地形后再去进攻。如敌已固守阵地与村庄，即进行有系统的进攻。战术条文很多，但在今天现实生活中，必须强调弄清情况这一条。我为它起了个名叫作不打莽撞仗。"

说到这里，林彪话题一转，又谈到了硬拼仗："当我们布置好了，准备好了，火力配备好了，包抄到了，攻击开始了，这时就照原定计划硬干下去。一切战术中最重要的战术是死打！坚决的牺牲才能换得更少的牺牲。16师这一点是最好的，连打七次冲锋，这是光荣的。就是打不下来，也是锻炼了队伍。这样可以使敌人在精神上支持不了，不要以为第一次冲不开，第二次第三次也冲不开。其实我们每一次冲锋下，敌人的内部在起变化，一次比一次地削弱。在战术动作上，必须有这种蛮干的精神。何况今天比前不同了，打了以后就有补充。必须拼命打，打破七次冲锋的纪录，除非上边有命令不打。上面不理智的情况较少的，要你们打，你们只管拼命打，一定能打好，至多亦不会产生很困难的问题的。去年提出的拼命仗，就是指这种经过准备以后的死打。"

林彪最后总结说："总的作战方针就是：不打莽撞仗，要打硬拼仗。第一阶段上不要莽撞，第二阶段上就要硬拼。这是这次开会总的精神。"①

林彪让大家明白了今后应当怎样打仗。什么叫莽撞仗，什么叫硬拼仗。我军虽然在装备和技术上落后于敌军，但是凭着顽强作战的精神，加上认真的准备和集中兵力，我们就有可能消灭敌人，至少也要打掉他们的威风。大家回到各自部队，积极准备下一次行动。

国民党方面得知我军已撤回松花江北岸，调整了军事部署。在通化成立了第三绥靖区，以52军军长赵公武主持。赵公武与杜聿明通话，认为南满共军主力在通化以北，临江必定空虚，准备组织兵力再次进攻临江。电报被我方情报机构截获，萧劲光和萧华得到通报，提前组织了防御。

1947年2月3日，国民党军第二次向临江进犯。52军195师由通化出动，一路进至高力城子，一路进至小荒沟，企图迂回六道江，配合2师及新6军22师进攻临江。新6军207师由新宾前进到三源浦，支援195师。萧劲光、萧华看到195师孤军深入，侧后完全暴露，后面的敌军一两天内增援不上，决定集中三纵主力和四纵的10师，先打掉195师。这些日子正是几十年不遇的寒流肆虐东北，大雪没膝，人在野外站一会儿就能冻僵。汽车冻得发动不起来，连马也骑不了。萧劲光等徒步来到高力城子一带察看地形，只见干部战士都忍饥受寒，默默地准备战斗，心里十分感动。他们将三纵7师摆在大荒沟、大兴屯，8师摆在六道江，9师摆在三源浦和五道江。经过战前准备，我军于2月5日凌晨主动向敌军发起进攻。激战一天，9师先消灭了195师一个营，推进到柞木台子。敌军见先头部队吃了亏，就向高力城子逃去。我7师、8师从三面包围了高力城子。195师两个团陷入重围。当时估计敌人可能突围，准备6日一早发起总攻。没想到敌军提前行动，在夜里夺路而逃，我军在西南方向没有切断道路，195师千余人冲出包围，逃向通化。我军混战一夜，天明时将残敌消灭。据清理战场的统计，毙伤敌584团团长以下百余人，俘虏585团团长以下400多人，缴获野炮3门、山炮2门，汽车

---

① 中共中央东北局：《群众》第12期。

9辆和大批弹药。萧劲光等决定趁热打铁，命令三纵7、9两个师消灭位于三源浦的敌207师一个团。我军接到命令后，立即赶赴指定地区。7日黄昏战斗打响，敌军企图向西北突围，被我军堵了回去。一夜激战，到第二天早晨结束战斗。全歼敌军两个营近2000人。二保临江战斗胜利结束。①

两战两胜，大大提高了南满我军的士气，增强了坚持南满的信心。但是陈云并没有因此而放松警惕。他冷静地分析了形势，估计敌人还会进犯，南满的困难局面还没有结束。果然不出所料，没过几天，杜聿明亲自出马，调集兵力部署第三次进攻临江。自1947年2月16日起，出动五个师分四路向临江推进。71军的91师为中路占领三源浦，一个团进至大北岔，一个团进至小荒沟。52军2师为右翼，进至通化以北的高力城子、大龙枣沟。新6军22师占领热闹沟，60军的暂21师为左翼，由金川南下到通沟，配合91师夹攻我军。萧劲光认为正面敌军兵力强大，又能互相支援。侧面的暂21师相对孤立一些，可以集中力量先打它。三纵的7师和9师接到命令，连夜出发。18日赶到通沟，包围了暂21师的2团。天亮敌军发觉被围，企图向西北方向突围，被我军堵了回来，被压缩在狭小区域内。我军四面进攻，经六小时激战，全歼了2团。与此同时，三纵8师在老岭和小荒沟阻击91师的进攻，一天打退了敌军几次冲锋，使91师不能前进一步，有力地支援了7师、9师的战斗。

为了扩大战果，三纵集中三个师的全部兵力，不停顿地向大北岔地区的91师272团发起进攻。8师首先向敌军阵地猛攻，割裂了272团与91师主力的联系。其他各部队于21日拂晓向272团发起进攻。敌军占据着几个制高点，拼命抵抗，我军进攻受阻，一天无大进展。战斗继续到第二天中午，我军经过顽强战斗，终于占领了几个重要高地。敌军被分割成几块，被完全包围。91师主力向272团靠拢，企图解围，被我阻击部队坚持顶住。到黄昏时，272团及附属工兵营被全部歼灭在大北岔。

刘玉章带着52军2师从通化到了高力城子附近的清沟子，配合91师进攻。他住在镇上就觉得不对劲。这里是一个山间盆地，只有五六百户人家，盆地的出口是大龙枣沟。如果共军在这里伏下一支奇兵，他们岂不是被扎进口袋了吗？还没开始作战，刘玉章去拜访91师师长，要他一起撤退。91师

---

① 《萧劲光回忆录》，解放军出版社1987年版，第355页。

师长是个二杆子，听了半天就冒出一句话："我要揍他！"至于怎么揍法，就没有下文了。

这时，在敌后活动的四纵10师突然插过来，在21日抢占了大龙枣沟，封锁了沟口。师长杜光华同志指挥29团分头守住沟口和附近的高地，招呼28团迅速向这里靠拢，把敌军堵在盆地里消灭掉。敌军听说后路被截断，惊恐万分。刘玉章亲自指挥2师主力向外突围，91师在旁边助攻。在沟口的那一头，从通化来的195师增援部队也开始了进攻，敌人想南北夹击，冲开山口。

激烈的战斗从22日中午打响，敌军先以两个营兵力进攻。被打退后，又增加到四个营兵力，在炮火支援下向我军阵地猛冲。29团只有一个营守卫高地，他们以排为单位，顽强抵抗着多于他们的数倍之敌。下午，大龙枣沟口那一边的195师也发起了进攻，29团受到两面夹击，仍然坚守着阵地。28团被敌军阻挡在青沟子一带过不来，29团苦苦支撑到黄昏，杜光华师长在战斗中不幸牺牲。

此时，三纵开始对高力城子2师的一个团发起围歼。为了集中兵力，10师只留29团一部分把守大龙枣沟门，其余前往高力城子参战。各部队在夜间开始行动，规定拂晓前到达指定位置。这时2师和91师主力抢在我军合围之前向大龙枣沟口突围，刘玉章给先头部队下了死令：不惜一切代价，必须夺下来。敌军为了逃命，向29团留守部队疯狂进攻，29团伤亡过大，与增援部队失去联系，被迫撤出。刘玉章得了一条出路，正在指挥2师撤退，忽然身边跑过一小队骑兵。黑暗中走近一看，是91师师长扔下部队先逃命了。刘玉章也顾不上五十步笑百步，率领师部紧跟着逃出了大龙枣沟口，趁着夜色向通化奔去。这次把2师打得元气大伤，刘玉章自进入东北以来，头一次尝到了共军的厉害。以后提起此事还心有余悸，痛骂其他部队都不懂"有你才有我"的团结共存的道理，却闭口不提自己不救25师的事。他与25师同在一军尚且不救，还能指望别的军来救他吗？

三纵的指战员在向高力城子的91师主力的总攻中，9师迂回到敌军背后，切断他们回通化的退路。其他部队分路发起攻击。敌军见势不妙，于23日下午向通化撤退。我军因连续作战几昼夜，疲劳过度，没有堵住敌人，三保临江战斗又以我军的胜利而结束。三纵连战连胜，士气越打越高。敌军情绪低落，因北满我军二下江南，北线吃紧，杜聿明为了救急，决定调兵北上。91师于26日放弃了辑安和金川，辉南、柳河也只有一个营留守。我军抓住时机，扩大战果。三纵派7师去打柳河，8师与辽宁军区地方部队去打辉南。守敌闻讯想逃跑，在我军追歼下很快被消灭。到2月28日，南满我军势如破竹地连克四座县城，大大扩展了南满根据地。

三保临江战斗比起前两次，大有进步。我军每次战斗都是集中了五六倍于敌军的力量，歼敌一路，达到了各个击破的目的。当敌军惊恐混乱时，我军抓住战机，以迅速的动作捕捉附近的目标，再打一个歼灭战。这样我军在运动中总是处于主动，而敌军则被动挨打。由于我军连续作战的疲劳，91师主力才得以逃脱。三保临江的胜利转变了南满形势，原来情绪消极的同志振奋了精神，内部也团结了。

一下江南战役结束后，北满我军返回松花江以北的根据地。经过一个月的休整补充，各部队的实力得到恢复。2月13日，林彪下达命令："我北满举全力于十八号左右开始大举进攻敌人，此为本年度最重大意义的一次作战。""倘此次作战能歼敌两个师，则能争取开冰后主力留在松花江南岸继续展开进攻。"他要求大家"为了完成此次作战，须决心不惜相当数量的伤亡牺牲与忍受寒冷与疲劳"。正值国民党军队向南满临江根据地发起第三次进攻时，北满我军二次越过松花江，开始了二下江南的作战。

◎ 城子街战斗攻克敌人碉堡

当时松花江南岸的国民党军由于兵力不足，仍采取分散防御各个据点的做法。为巩固长春以北的前哨，杜聿明将新1军38师的89团调到城子街，在那里构筑工事和碉堡群，加强守备。2月20日一纵、六纵越过冰冻的松花江，进驻其塔木。城子街守敌闻讯，准备向德惠靠拢。东总根据敌情作出部署：一纵主力负责打援，阻击德惠、九台之敌；六纵主力主攻城子街；一纵的2

师和六纵的16师立即轻装出发，奔赴城子街西南，切断敌军退路。

2师在贺东生师长率领下，21日夜以急行军速度向城子街以南的长岭子进发，九小时走了一百里，于22日拂晓前到达指定位置。23日晨，城子街敌军一个营向我4团3营阵地进攻，企图夺路逃跑。3营的轻重机枪一齐开火，杀伤一片敌军。敌人见我军火力很猛，缩了回去，重新组织火力向3营发起二次攻击。当他们攻到我军阵地前沿时，3营以四个排的兵力向敌军发起反冲击。战士们枪上刺刀，杀声震天地向敌军冲去。敌军最怕近战，向后溃退，被3营毙伤和俘虏了67人。[①]

两小时后敌军转移突围方向，又向4团2营阵地进攻。2营连续打退敌军三次进攻，毙伤国民党军89团副团长以下103人，俘虏165人，为六纵全歼敌人创造了条件。

六纵在新任司令员洪学智指挥下，决定以17师主攻、18师配合，消灭城子街守敌，16师配合一纵阻援。21日完成对敌军包围后，林彪突然发来电报："据2师偷听电话，昨日敌已发现我大军到达其塔木。因此，敌有于今晚或明晚乘夜逃跑之可能。你们最好能于明日下午四时以后开始进攻。"

为什么要延期一天进攻呢？这次不比往常，林彪手里有了炮兵，他要打一个步炮协同的漂亮仗。敌军也没闲着，德惠的新1军50师打电话催促89团突围。当六纵17师先头部队49团到达城子街以西的秀水沟南岭，发现公路上敌军人马车辆挤成一片，向西运动。团首长来不及请示就指挥部队向南猛压，截击敌军。城子街南面枪声大作，49团知道友邻部队正在阻击敌军，便勇猛冲上公路打击敌人。在正面和侧面都遭受打击下，敌军只好掉头逃回城子街。

23日早晨，朱瑞带领两个炮团到达城子街，立即进入阵地。9时50分，我军的大炮开始向城子街守敌猛轰，把小小的城子街炸得浓烟四起，瓦砾飞溅。敌军没想到我军有如此强大的火力，军心溃散。炮火准备后，六纵17师以两个团兵力发起进攻，与敌军展开巷战。到下午18师一部也从东南角攻入，两下夹击，把敌军包了饺子。到傍晚19时，战斗胜利结束。林彪向六纵和一纵2师的指挥员发出嘉奖电。[②]

---

① 《中国人民解放军38军第三次国内革命战争战史》，1956年初稿。
② 《中国人民解放军41军第三次国内革命战争战史》，1956年初稿。

◎ 城子街战斗中的炮兵

城子街之战给国民党军以极大震动，为了避免各个被歼，25日哈拉哈之88师、农安之50师148团、九台之新38师迅速收缩回长春，德惠成了一个孤立的据点。德惠是长春北面的屏障，守军是新1军50师的两个团及地方保安队，约7000人。这是新1军的主力师，他们在城里层层设防。师部设在车站，旁边是炮兵阵地。环城都修筑了碉堡群，郊外各个据点也构筑了土木工事，由保安队把守。东总决定，以六纵及独立2师配属三个炮兵团，围歼德惠之敌。一纵及两个独立师负责阻击长春增援之敌。

遵照东总命令，六纵和独立2师于27日早晨对德惠完成包围。当晚纵队指挥部召开作战会议，由于过高地估计了自己，过低估计了敌人，对敌情作出了错误判断。认为德惠周围除江桥碉堡有少数敌人外，其余都已退缩长春。德惠守敌孤立，可能一打就会逃跑。在选择突击方向时，有的主张先打敌人师部，有的主张先突破敌军的薄弱地带，也有人建议明天看了地形再说。纵队首长既没看地形也没很好研究大家的意见，就仓促作出决定，让17师从东边进攻车站，其余三个师在铁路以西各开一个口子。当时认为四面开口，总有一面能打开，只要打开一面，横竖都能消灭敌人。会上决定总攻时间为28日17时，并将80门火炮作了平均分配。

德惠战斗打响时，林彪还不知道六纵的具体部署。28日11时他打电报问六纵："你们主攻方向拟选择何处？该处拟用多少炮兵？盼告。"此刻，17师已经开始向德惠外围发起进攻了。他们在23门火炮和4辆坦克配合下向望河堡守敌进攻，因火力分散，初次未能奏效。到下午再攻，占领了望河堡。当他们准备向前推进到火车站时，发现西面是敌人新修的飞机场。大片开阔地被敌军火力严密封锁，很难通过。只好由另一个团向东北方向进攻，他们在夺取种马场的部分房屋后，因后续部队遭到敌人火力拦截，伤亡较大，跟不上来，只好停止进攻。

独立2师于28日下午在18门火炮对敌人阵地进行压制射击后，从德惠西南发起进攻。他们在炮火支援下冲开敌军防线，有两个营兵力先后突入城内街道。正准备扩大突破口，突然遭到敌军炮火袭击。在这关键时刻，我方炮兵的炮弹打光了，其他部队尚未突破，这两个营成了孤军深入，处于被动。在敌军集中火力反击下，部队遭受重大伤亡，被迫于3月1日晚退出城外。

16师以47团为第一梯队，向山东屯进攻。占领后因地形开阔，敌人火力封锁，无法向前推进。于是该团以四个连由独立2师的突破口进入城内，配合正面部队进攻敌人的环城堡。但进城后只占领了部分草房，没有可以依托的工事。他们与敌人激战一天，终因伤亡过大，与独立2师部队一起退出城外。

18师的52、53团向德惠外围的商家屯、薛家屯进攻，53团攻下薛家屯，逼近德惠城垣。遭敌阻击，未能突破。52团占领商家屯，与敌人进行几次争夺，打退敌人之后，接近城外壕沟。这时支援他们的炮兵也把炮弹打完了，失去炮火支援，又没有攻城用的梯子和炸药，52团只得退回。

3月1日这天的战斗打得你死我活。六纵向林彪报告说他们经28日激战，已经从西北角突入城里，夺取了四个大碉堡。但是承认："地堡多，敌顽强，我每进一步必须经猛烈争夺战，进展很慢。""我们没有强烈的炮火，要歼灭该敌困难。"在附近监视增援敌军的一纵向林彪报告：独立2师、18师部队已攻入城中，"今晨战斗甚激烈。敌集中炮火向我占房屋轰击并反冲锋，房屋大部起火"。傍晚时一纵又报告了坏消息："我昨晚攻入城内之部队，因所占区内草多，碉堡多，开展困难（我占领区域不大）。今晨敌集中一切炮火向我占领区猛烈炮击，将房屋烧着。我实行反击战，激战到下午二时，部队退出城内。敌六〇炮多，炮位转移容易。我重炮炮弹不足，压制敌方困难。"①

德惠守敌一面拼命抵抗，一面求援。杜聿明为解德惠之围，被迫将进攻临江的71军91师调回四平，命令71军军长陈明仁向德惠增援。71军两个师全力北上，3月1日进至长春以北的米沙子、太平桥一带。虽然距德惠尚有百里之遥，但铁路交通毕竟比两条腿走路来得快。为了避免处于被动，林彪果断下令停止进攻。3月2日下午，六纵奉命撤出战斗，向松花江北转移。一纵也同时北撤，二下江南战役结束。

德惠战斗，我军集中了四个师、八十多门火炮，可以说是绝对优势。部队刚打了胜仗，士气旺盛。但是德惠却没打下来，其原因何在？六纵干部战后深刻检讨了经验教训。主要是：

一、轻敌的指导思想，造成了莽撞的指挥。战前认为德惠是孤立之敌，可能一打就跑，没有想到他会坚守。新1军是国民党的王牌主力，抗战时多次参战，老兵成分多，军官有一定战斗经验，尤其擅长组织防御作战。而六纵是第一次有炮兵配合作战，过去也没有打过城市攻坚战。本应认真分析敌情，周密侦察，再商定细致的战术，抓住敌军的弱点开刀。但六纵在轻敌思想的支配下，采取了莽撞的打法。既没有详细侦察地形，也没有充分做好准备。总部让他们3月1日总攻，而六纵急于在2月28日就开火，连队攻城需要的梯子和炸药都没来得及准备。战斗中也没有选择好突击方向，就按原来对敌包围的态势，仓促发起攻击，想象敌人一冲就垮，结束战斗。结果在敌军顽强抵抗下，又没有形成统一指挥，部队你打我停，攻击受阻。

二、主攻方向选择不当，平分兵力火力，是进攻失利的主要原因。德惠战斗以车站敌军师部为突击重点，恰巧是碰到硬钉子上面。这里地形开阔，敌人工事坚固，在周围的街道建筑和郊外的村落，构成许多据点，形成了以车站为中心的环形防御体系。我军突击部队在开阔地进攻没有良好的地形掩护，造成很多伤亡，消耗力量过大，因而未能突破敌军的主阵地。在进攻时将四个师分成四面围攻，各师又各打几个点，互不靠拢。虽然进攻声势很大，却不能形成一把强有力的尖刀。而且部队全上了第一线，没有强大的预备队，打开口子不能连续突破，扩张战果。林彪在1947年4月19日师以上

① 《东北人民解放军司令部阵中日记》，中共党史资料出版社1987年版，第127页。

干部会议总结时特别指出："德惠战斗是典型，原定四把尖刀，结果变成八把尖刀，十六把尖刀，三十二把尖刀。德惠如果用一把尖刀的打法一定能打开。"

三、炮兵使用不当。由于炮兵是第一次参战，我军指挥员对指挥步、炮协同作战显然缺乏经验。他们认为有了炮兵就能解决问题，于是把两个炮团的八十门大炮平均分配，每个师都配上二十门左右。六纵首长给炮兵的命令是：2月28日15时开始试射，16时压制射击，奏效后即开始总攻。但压制哪些地区，摧毁敌人哪些火力点，打多少炮弹，打到什么程度才算奏效，都没有具体说明。炮兵们就这样打了一个情况不清、任务不明的糊涂仗。开始射击时，八十门大炮四面开火，"看起来非常凶，实际上非常松"。在外围作战中，炮兵不停地轰，打了十二个村落，消耗了六七千发炮弹。但是步兵没有及时跟上，停止打炮才开始冲锋，敌人爬起来开火，给我军造成很大伤亡。到攻击城里主阵地的关键时刻，炮兵没有炮弹了，敌军的炮弹却不断打到我军这边，迫使攻进城里的部队又退出来。①

德惠战斗又给我军的指挥员上了一课：要打现代战争，要打败训练有素的强敌，仅靠人多和勇猛是不够的，必须坚持集中兵力的原则，必须认真细致地做好战前准备，对战斗中的任何细节、可能发生的不利情况，要有充分的估计和对策。正如林彪在战斗结束后致电六纵指出的："德惠战斗表现你们没有在攻击重点上集中绝对优势的火力、兵力，对一点两面战术强调集中主力攻敌一弱点了解不够。平分兵力分路突击的打法，对于打弱敌、要逃之敌、败敌还可使用，而对于决心守而有阵地之敌，则一定自己吃亏。"②

德惠战斗的结果，主要原因是我军没有集中兵力，但从另一方面，也反映出国民党军队仍然具有较强的战斗力。其主力部队不仅有正规化的军事素质，而且重视对我军的研究。南满四纵在1946年11月的战斗中，曾缴获一份敌军机密文件。这是国民党东北行辕参谋处编写的《对匪作战经验与教训》③，从四平之战和以前的一系列作战分析，研究我军的作战特点。谈到

---

① 《六纵德惠战斗总结》，军事科学院图书馆藏。

② 《东北野战军第六纵队经验总结——德惠战斗》，军事科学院图书馆藏。

③ 军事科学院图书馆藏。

我军的优点时总结了七条：

1. 攻击时不惜任何牺牲。

2. 善于夜战。

3. 善于利用民间人力与物力。

4. 情报灵活，多能利用民众潜入我方刺探军情。

5. 补给于民，行军辎重较少，行动轻便。

6. 军中政治工作效能良好，战斗时指挥机关在部队直后督战。

7. 企图与行动秘密。

他们总结我军的弱点有六条：

1. 装备不良。

2. 训练太差，不善于利用地形地物，运动时常暴露。

3. 每攻占一地，往往聚集一处，招致伤亡。

4. 斗志不坚，弹药不足，难以持久。

5. 生活艰苦，逃风日炽，匪军大多系良民，被迫入伍。

6. 取给于民，招致民怨。

剔除其中侮辱诽谤的成分，应该说国民党方面是掌握了一些实际情况的。为了对付我军，他们总结了十一条对策。主要有：

各级部队于战时，均须控制较大预备队。以扩张战果及应付不意事变。

行军驻军战斗，均须广派警戒，广行搜索。驻地数十里内之小部队巡察，尤为重要。

剿匪部队须配属汽车及骡马，增大机动力并携带充足弹药，尤其是迫击炮弹与手榴弹。

部队到达宿营地，即须构筑工事。凡驻屯较久之地，尤应构筑坚强堡垒及障碍物，以补兵力不足。

射击军纪极须注意，特别要养成节省弹药之习惯。

熟练夜间战斗动作。

杜聿明苦于三次进攻临江的失败，没法向蒋介石交代，抓住德惠战斗虚报战果，邀功请赏。吹嘘所谓"德惠大捷，歼灭共军十万"，比四平之战吹得还凶。蒋介石以为林彪的部队已不堪一击，直接命令新1军和71军渡过松花江追击。杜聿明听到蒋介石下达的追击令后紧张万分，急忙打电话给新1军军长孙立人和71军军长陈明仁，要他们迅速撤回到原防区。不料孙立人、陈明仁求胜心切，非要过江不可。杜聿明又气又急，电话里不敢说明真相，只好匆匆赶到德惠，当面告诉他们："此次共军在德惠并未受到多大损失，这次撤退是受我军虚张声势所迷惑。现据情报，共军从我方被俘人员口中已了解到我们力量不大，很有可能卷土重来。你们必须迅速撤回原防，准备对付共军下一步的进攻。"孙立人、陈明仁的头脑才清醒过来，同意撤退。但还没来得及行动，我军从1947年3月8日又开始了三下江南的战斗。

当我军撤回松花江北岸后，陈明仁的71军跟到南岸的靠山屯。孙立人的新1军到了德惠以北。他们分别派出一个团的兵力越过松花江，但杜聿明下达命令后，当夜又撤回江南。

当敌人兵力深入分散后，我军决心抓住战机，三下江南反击敌军。3月6日林彪命令二纵首先出击，追歼88师的264团。鉴于德惠战斗的教训，林彪特别强调不要打急了，等侦察好、部队到齐了再打，打的时候一定要集中五分之四以上的兵力实施突击。7日夜晚，一纵也奉命过江，打击岔路口之敌。当1师和3师走了一夜，天明到达指定位置时，敌人早已逃跑了。他们又分头向大房身进军，想切断88师的退路。没想到敌军跑得比我军快，1师先头部队在追击中只抓住一股敌人，20分钟就解决了战斗，消灭60余名敌人。

◎ 三下江南作战

◎ 靠山屯战斗中的我军指挥员

到3月12日，一纵已经走了五天。连续三次扑空。说明敌军越来越狡猾了。当发现我军主力出击时，只要估计守不住，拔腿就跑。虽然走了几天冤枉路，但一纵上下毫不泄气，非要抓住敌人狠狠打一顿不可。机会终于来了，二纵5师在达家沟歼灭了敌军后卫部队262团的一个营，又将该团的五个连包围在靠山屯。此时农安的87师、德惠的88师赶来解围，一纵奉命向西急进，于3月12日将88师3000多人围堵在郭家屯和姜家屯两个小村子里。

一纵1师2团主攻姜家屯之敌，按照"一点两面"战术，一个连在机枪和六〇炮掩护下，迅速通过二百米开阔地，从村东打开缺口。一个连从西面突破冲进村里，与敌军展开激战。敌人依托院墙顽强抵抗，因为没有梯子和炸药，进攻受阻。敌军乘机冲出，我军一齐开火，将敌人压了回去，我军跟随攻入院内。敌军在我两面夹攻之下，被压缩在村西北两个大院内。此时2团集中全团二十多门迫击炮、六〇炮和火箭筒向敌人射击，打得两个院子浓烟滚滚。敌人终于顶不住了，我军战士一拥而入，全歼了敌人。

郭家屯的战斗也打得十分激烈。1师3团也突入村内，与敌人展开院落争夺战。敌人被我军步步压缩，情急之下，敌军团长带领残部向村西北突围。3团调上预备队投入战斗，与攻击部队会合将敌人歼灭在野外。这两次战斗共毙伤敌军810人，俘虏敌263团团长以下1193人，缴获了十几门炮和大批枪支弹药，打了一个漂亮的歼灭战。

此时靠山屯的战斗也已结束。残敌逃出不久，在孟家城子被一纵3师包围。我军抓到一个俘虏，问明白是敌262团的2营，师首长写了劝降书，让当地老乡送进村。敌人要求给两小时考虑时间。我军首长识破他们想拖延到黄昏突围，便下令炮火向敌猛轰。敌营长见大势已去，只好打起白旗投降。这一仗俘虏敌军360人，受到东总表扬。[①]

六纵一直追到农安，把87师包围起来。一纵结束了郭家屯战斗后，也向农安靠拢，准备歼灭87师。杜聿明为解农安之围，急调新6军和13军从铁路增援71军和新1军。又命令准备打开小丰满水闸，阻断我军退路。我侦察兵偷听到敌军电话，迅速报告东总。林彪考虑松花江就要解冻，为了避免不必要的损失，于3月16日令各部撤回江北，三下江南战役结束。

三下江南我军打得比较顺手，敌军由于兵力空虚，已处于被动挨打的地位。而我军则士气高昂，敢打敢拼，敢于在运动中大胆歼敌。一纵1师打得十分漂亮。东总在3月14日嘉奖1师的通报中说："此次我第一师在岔路口追击时，一夜连扑三空后，仍继续前进。次日又在奉命西进途中，一晚连打四仗，仍继续猛进。结果十二日晚在郭家屯追上了退却之八十八师，又立即机动进入战斗。激战十小时，伤亡六百余，将敌击溃和大部歼灭。当日又赶至农安以南，截获敌人三汽车弹药，并捕获俘虏。这种机动勇猛，吃苦与坚决执行命令的精神，值得特别称赞与发扬。"

三下江南中一个有趣的插曲是：3月8日夜里，杜聿明在德惠与孙立人等交代完撤退事宜后，带着车队返回长春。离城不远，突然与共军主力遭遇。当即两下打了起来。我军不知道撞上的是东北国民党军最高长官的车队，仅以一部分兵力包围攻击，大部队继续前进。杜聿明亲自指挥卫兵抵抗，乘小汽车突围，车队大多被我军俘虏。逃回长春后，看到城中只有少量部队守卫。如果共军前来攻城，凭这点力量是根本守不住的。杜连忙召唤新6军和13军火速乘火车增援，后见共军无意打长春，围困农安、德惠的部队也相继撤走，他的心才算放了下来。这次遭遇，给杜聿明的教训极大。此后他调兵布阵，无复往日的骄横与狂妄，谨慎多了。

为配合北满我军三下江南作战，南满四纵奉辽东军区命令，于3月20日向通化发起进攻。守通化的是国民党军195师，四纵以10师、12师一个团和炮兵团从四个方向开始进攻外围阵地，由于事先没侦察好地形，10师把突破点选在发电所。没想到这里是敌军重点防守区域，火力很猛，攻了几次拿不

---

① 《中国人民解放军38军第三次国内革命战争战史》，1956年初稿。

下来。当时正赶上大雪天，战士们在没膝的深雪里艰难行进，动作很慢，加大了伤亡。在进攻外围高地时，敌人往山坡的积雪上泼水，冻成光滑的冰面，增加我军的困难。四纵缺乏打城市攻坚战的经验，这些都使四纵蒙受了更多的伤亡，连续攻了三天，但发电所、大顶子山、玉皇山几个关键的制高点和要害地区拿不下来。这时，增援的国民党军89师、54师向通化赶来，四纵不利再战，于3月22日撤出战斗。

进攻通化虽然没有成功，却也拖了敌人的后腿。在我军"北打南扯"战术的打击下，杜聿明顾此失彼，忙得旧病复发，卧床不起。他把指挥权交给副司令郑洞国，让他组织对南满发起第四次进攻。

郑洞国回到抚顺营盘车站的指挥所，布置207师、14师和25师一部由双山子、宽甸向桓仁进攻，新22师及2师一部由新宾向通化进攻，刚从热河调来的89师和54师162团由新宾向三源浦进攻，184师、182师、暂21师由梅河口、海龙一线南下。国民党军于3月28日开始向临江地区发动第四次进攻。

南满形势又变得十分严峻。临江地区只有四个师，每个师平均6000人，敌众我寡是很明显的。我军三保临江连续作战，还没得到休整补充，这个仗怎么打？陈云在临江主持召开了干部会议，重申坚持南满的决心。要坚决地打，准备付出四分之三或五分之四的代价，打胜这一仗，把敌人牵制在南满。陈云指出：要准备打大仗、恶仗、硬仗，只要有利于全局，南满的牺牲是有价值的。他逐一征求每个领导的意见，反复问大家，对这样的决定后悔不后悔？大家都表示"不后悔"，陈云一拍桌子说："我们学上海交易所的规矩，成交了。"3月31日会议结束后，各级领导人迅速返回部队，准备战斗。[1]

同日，陈云等电告东北局领导人："我们已集中两纵队五个主力师打运动战。我们下定决心，不惜将三纵、四纵队打掉三分之二或四分之三，以争取较完整的长白山。从全局来看，这种决心十分必要。又因为此次及今后敌兵多，且靠拢，因此决心打几个恶仗、硬仗，较冒险仗（仍是运动战）。若无此决心，则必然这样也不便打，那样也不便打，其结果必然部队拖垮，山

---

① 《萧劲光回忆录》，解放军出版社1987年版，第360页。

头失守，贻害全局。"①

国民党13军89师从清原出动后，骄横冒进。4月1日推进到三源浦西南四十里的红石砬子，形成突出部。我军进攻通化作战结束后，主力正集结在这附近。辽东军区首长研究敌情后，决定以三纵主力和四纵10师联合消灭89师。

四纵10师此时正好与89师一个营遭遇。四纵副司令员韩先楚摸清敌情后，决定诱敌深入，与三纵共同消灭这股敌人。我军且战且走，敌人冒进到柳条沟、油家街一带。这里是一片山间谷地，两侧山头的制高点都被我军占领，地形对歼敌十分有利。军区领导下令三纵主力火速前往，与四纵10师合围敌军。并将南满军区的两个炮团一个归三纵7师指挥，一个归四纵10师指挥。

4月3日早晨，各师都已到达指定位置，随即发起总攻。三纵7师迂回到野猪沟和兰山（红石砬子西山），切断敌军退路。8师从正面向油家街进攻，

压迫敌军向红石砬子和兰山逃窜。9师负责打援。89师在三纵的强大攻击下，被逐渐压缩到红石砬子我军预先布置好的口袋阵里。这时三纵和四纵的全部炮火向敌军射击，炮弹在混乱的敌军人群中爆炸，开阔地带积雪没膝，敌人连滚带爬，溃不成军。经过两小时激战，到下午五时结束战斗。全歼敌89师和54师的162团，毙伤和俘虏敌军一万余人，89师师长和两个团长带领四百多人逃

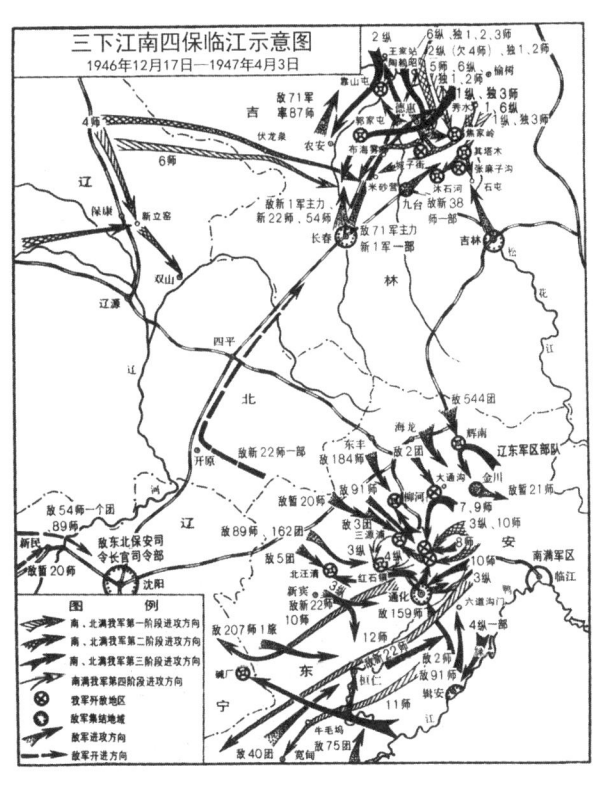

◎ 三下江南四保临江示意图

---

① 中共中央文献研究室编：《陈云传》，中央文献出版社2005年版，第500页。

脱。郑洞国见此情景，立即下令各路人马撤退。四保临江战役又以我军的胜利而告终。①

　　三下江南、四保临江作战，历时三个多月，我军共消灭国民党军5个师，毙、伤1.9万余多人，俘虏4万多人，缴获各种炮近800门，枪支4万余支和大量弹药、军用物资。南满根据地在极为困难的条件下，以陈云同志为首的中共南满分局领导，坚定信念，团结一致，粉碎了强大敌军的四次进攻，保卫了南满根据地。北满我军经过发动群众，巩固了根据地，壮大了部队，以积极行动三下江南，给国民党军队以沉重打击。南满北满相互配合，以"南拉北扯"的战略粉碎了国民党军"北守南攻"的战略，使东北局势发生了重大变化。国民党军队的机动力量在我军不断打击下遭到严重削弱，丧失了主动进攻的能力，不得不停止了扩张的势头，转为被动保守。而我军在战斗过程中，逐步扭转了自1946年5月四平保卫战以后的不利局面，从防御转为主动进攻。经过多次战斗锻炼，我军在正规作战方面有了很大提高，敢于同国民党军打硬拼战、攻坚战，学会了集中优势兵力和步炮协同作战。在冰天雪地的严寒和困难的物质条件下，干部战士团结奋战，士气越来越高。而国民党军队的骄横气焰在我军打击下日益低落，在战斗中往往一打就跑。三下江南、四保临江作战是一个重要的转折。对东北我军来说，寒冷的冬季已经过去，阳光明媚的春天已经来临。

---

① 广州军区司令部：《四次保卫临江战役总结》，军事科学院图书馆藏。

# 第十四章

# 夏季攻势

杜聿明求援——蒋介石无兵可派——林彪准备出击——东北局"五五决议"——怀德战斗——毛泽东称赞东北——罗荣桓归来——南满攻克梅河口——解放区连成一片

"三下江南四保临江"战役结束后，东北战场沉寂了两个多月。但是林彪和杜聿明都没有休息，在准备下一轮的较量。

此时，国民党军队的实力在人数上虽然还有微弱的优势，但部队的质量却明显下降。东北野战军总部掌握的情况："进入东北之敌军均为蒋系精锐，大部美械装备，经过美国训练，参加印缅作战，炮火和自动武器多，战斗力强，老兵很多，都有三五年、七八年的军龄，其中甚至有个别排长仍当战斗兵者。较顽强，不容易缴枪，甚至一个连打到七八个还不缴枪，带着远征军、常胜军的骄傲态度。尤其是新1军、新6军特别骄傲，战斗确实也顽强。经过一年多的作战后，东北敌军战斗力已发生很大变化，过去的骄气已被打下去，每个师都受到严重打击，老兵减少新兵增多，战斗已远不如前之顽强。我们对这种敌人的作战是集中优势兵力，不仅三四倍、五六倍，而是八九倍的兵力准备足够的突击力量，准备一次打不下两次，三次、四次再打。""经过一年多作战，敌人有生力量受到很大损失，战斗力已下降，我们解决敌人的时间也就缩短了。过去打敌人一个团需费很大的力，现在进到可以歼灭敌人一个师。敌经过我打击后，他过去的疯狂已被打倒，一发现我主力则跑，退守据点，固守待援。"[1]

作为东北国民党军队的最高指挥官，杜聿明心里是很清楚的。目前他手里这些军队，要把守这么多城市，兵力实在不够用。尤其是难以集中兵力进行大规模进攻。眼看林彪的部队越来越强大，如果共军再度南下，局势是很

---

[1]《东北三年解放战争军事资料》，军事科学院图书馆藏，第196页。

不乐观的。心力交瘁使杜聿明旧病复发，卧床不起。他与熊式辉几度磋商后，决定派副司令郑洞国去南京求援。

当郑洞国奉命前来，杜聿明心情沉重地对他说："现在局势非常严重，据情报判断，北满共军很可能不久又要举行大规模攻势，依我们现有这点兵力，很难对付。那时不仅北满守不住，连整个东北都有沦落共军之手的危险。"杜聿明停了一下又说："桂庭，你这次去见委员长，一定要陈明利害，无论如何要请委员长再给我们增加两个军的兵力。如果这一点做不到，那至少也要把53军调回东北战场（53

◎ 郑洞国

军原属东北国民党军战斗序列，临时调归华北第11战区指挥）。"郑洞国也感到事态严重，受命匆匆飞往南京。

郑洞国一下飞机，便赶往蒋介石的官邸。蒋介石直接问："东北的情形怎样，你们有什么打算?"郑洞国如实汇报了前一段东北作战的情形，陈述了国民党军目前的危险处境，最后按杜的意思，提出了向东北增兵的请求。蒋介石沉思片刻，态度坚决地说："东北的情况确实很严重，你们一定要设法稳定住局面。但我目前派不出军队到东北去，你们要自己想办法。"郑洞国向蒋陈述利害。蒋不等他说完，就打断他的话说："东北固然重要，南京更为重要。现在各个战场上的兵力都不够用，我不但不能给你们增加两个军，就是53军也不能调回东北。"然后，蒋介石起身踱到地图前看了半晌，指示郑洞国："你回去告诉熊主任和杜长官，根据目前情况，我军在东北应当采取'收缩兵力，重点防御，维持现状'的方针，将来再待机出动。现在要增加兵力是绝对没有办法的。"郑洞国只好行礼告退。

第二天，郑洞国又去拜访国防部长白崇禧，希望能够说动他向蒋进言。白的态度与蒋一样，也认为华北比东北更重要。争论了半天，没有任何结果。郑洞国气愤地说："东北守不住，华北更守不住。"白双手一摊，表示无可奈何。

回到沈阳，郑洞国马上去见杜聿明，汇报了他南京之行的经过。杜脸色阴沉，沉默良久，才长叹一声说："唉，眼下也只能按委员长的指示精神办了，我们在一起苦撑吧！"①

东北我军的形势却是越来越好。自中共中央东北局《七七决议》以来，北满根据地开展剿匪斗争和土地改革，已经初见成效。北满和南满有了比较巩固的根据地，地方政权建设起来，后方基地巩固扩大，建立了炮兵和骑兵。部队的人员和装备都得到补充，并且发展壮大了。当时北满我军有三个主力纵队、六个独立师、三个保安旅，共约21万人；南满有两个主力纵队、三个独立师、一个支队，共8万多人。地方武装有四十三个独立团，每团人数为800—1500人不等。炮兵有十个团，共约八十个炮兵连；还有一个骑兵纵队。我军总数达到38万人。

敌我双方力量对比虽然比较接近，但国民党军队还是占有优势。他们控制着大中城市和铁路公路交通网，把解放区隔断。南满根据地区域狭窄，被敌军封锁；北满我军受松花江等江河地形的限制，南北满两个拳头，力量不能充分发挥。林彪考虑的是如何打过松花江去，将南北满连成一片，合成一个拳头去主动打击敌人。

一个战役计划在林彪头脑里酝酿，1947年4月8日他给南满的陈云等发报："东北局对行动问题曾详细考虑，决将我军战略主攻方向与主要力量使用于南满。北满拟以八个师及两个炮兵团于开江后大举南下到达南满，利用南满根据地收容伤兵，利用广大有山依托、无河阻隔，又有许多攻击目标可选择的条件，以进行大规模作战，使东北战局发生根本变化。把东北由客观条件形成的两个拳头打人的南北分兵状况，改为形成一个大拳头为主的集中作战。估计有时一次能消灭敌数个师，许多次要城市的敌人将不打自退，或被我各个击灭。"

4月14日，林彪电告中央军委："过去东北方面我军分兵于东南西北满，从战斗中掩护与参加根据地的创造。现在各地根据地已初具规模，土匪已肃清，群众已发动，干部能在乡下站脚，地方兵团能抽出到前面打仗。今后拟将北满主力与南满会合，集中兵力打更大的仗。冬季战斗中已歼敌正规军约五个师，今后只要两个半月内，我晋察冀方面能钳制敌人，不使敌向关外增援，则我必能给东北敌以重大歼灭。届时关内敌再增援来，我必能先后

---

① 《我的戎马生涯——郑洞国回忆录》，团结出版社1992年版，第447页。

击灭之。盼中央军委注意对这一配合的组织。"①

林彪下定决心大打，他在双城召集师以上干部开了十多天会，认真讨论"一点两面"等战术和集中优势兵力的军事思想。同时命令各师认真搞好战术演习，主要搞好两个课目。一个是进攻敌人的动作，当敌人占领村庄、山头或工事，并组成了火力配系时，进攻要注意两点："第一须注意莫打太急

◉ 林彪指挥作战

了，而应迅速侦察地形、敌情，选择冲锋目标与冲锋道路。第二为实行'一点两面'战术，将九分之七的兵力与火力使用在主要突击方向，将此绝对优势兵力区分为三个梯队或两个梯队，在狭窄地段上突击，切戒主攻方向正面拉得太宽的大毛病。……攻击开始时间不可太仓促，必须等待攻击点业已选好，兵力与火力皆已到达进攻准备位置，然后再突然开火，猛打猛冲猛追。"另一个课目是追击和打遭遇战，"部队发现敌人时，须如猛虎扑羊群，猛打猛冲猛追，越迅速越猛烈就越好，不必详细侦察敌情和部署兵力。对这一课目的学习，须由紧急集合演习起，然后演习迅速出发和发现敌人的猛冲动作。在这种战斗中须反对动作迟缓和发现敌人时只打枪不猛冲的缺点"。各部队接到命令后，立即以连为基本单位操练起来，然后又以营和团为单位，举行更大规模的冲锋和攻坚演习。

在出征前，东北局于1947年5月初举行会议，统一思想认识。5月5日通过了《关于东北目前形势与任务的决议》，又称为《五五决议》。对东北目前形势总的估计，《五五决议》指出："东北敌我力量发生了有利于我的很大变化，引起这种变化的基本原因，则是东北全党的努力，把自己的方针放在

---

① 《中国人民解放军第四野战军战史》，解放军出版社1998年版，第188页。

发动群众建立根据地上，因此就找到了力量的源泉，生长与壮大了革命的力量。东北全党全军从去年东北局《七七决议》后，做了非常艰巨的工作，这就是一万二千干部下乡，领导东北人民翻身，进行了土地改革运动，基本上摧毁了敌伪残余封建势力，基本群众的情绪发生了很大的变动。盲目'正统观念'消除了，谁好谁坏的问题已解决了；大批积极分子涌现出来了，群众的胜利信心很大地高涨，参军参战非常热烈，群众已初步地发动起来了。这就是主力和地方武装配合群众运动积极艰苦地剿匪，基本肃清了解放区内部的土匪，地方武装经过改造，并有了普遍的发展。这就使主力部队得到了源源不断的补充，经过了整训，改善了装备，保证了供给，使主力部队空前的壮大和加强，在冬季作战中歼灭了敌人五个多师。这就是南满部队经过去冬苦战，稳住了阵地，全东北许多地方武装及干部坚持蒋后斗争，起了牵制敌军、发动群众的作用。这就是加强了党的领导，克服了党内对和战问题上的混乱思想，克服了对城乡关系的错误认识，克服了当时党内的悲观情绪，使党内思想更健全，使党内团结更巩固。在这一时期内东北党各方面的工作都有很大进步，由于东北全党全军干部的努力，完成了去年东北局《七七决议》所规定的任务，克服了当时所存在的严重困难，生长了新的力量，初步的根据地已经建立起来了。

"东北敌人力量则很大地削弱，蒋军主力七个军二十一个师被我歼灭九个半师，每个师部受到我军的严重打击。尤其是冬季作战被歼灭五个多师，而蒋军最精锐的新一军每个师都被歼一个团。这个打击使蒋军失去了有力的机动兵力，使蒋军的士气迅速下降，使蒋军兵力愈感不足。这使蒋军不得不由进攻转为所谓'机动防御'。在东北蒋占区内由于征兵征粮，特别是恢复伪满的一套统治人民的办法，使蒋占区人民原来盼中央的情绪发生了极大的失望，老百姓称蒋政府为'二满洲'，蒋占区人民反'二满洲'的运动将日益发展。

"因此目前东北党正处在一个新形势的面前，即是在军事上敌人不得不从进攻转入防御，而我军则从防御逐渐转入反攻。这就在东北全党面前提出了新的任务，即是积极组织力量，全力准备大反攻。大量歼灭敌人，大量收复失地，巩固和扩大解放区。"①

---

① 中共中央东北局：《群众》第14期。

《五五决议》既是对《七七决议》以来工作的全面总结，也是向国民党军发起进攻的战斗动员令。5月8日，北满主力第一、二纵队和独立1、2师共八个师相继出发南下，从扶余一带的五个渡口征集了二百多只船，渡过松花江。由于总部的情报来源突然出了问题，林彪指示一、二纵渡江后暂时不要深入长春以南地区，应在怀德、公主岭、农安一带正式展开大战，大量消灭敌人。

二纵过江后，立即到处搜集情报。从长春来的商人和当地老百姓口中得知：怀德有国民党军两个团。二纵司令员刘震、政委吴法宪于5月11日晨电告林彪这个情报，9时接到林彪命令：二纵应陆续袭占怀德、公主岭，一纵向长春西南范家屯前进。兵贵神速，二纵的4师当天14时出发，以急行军向一百二十里外的怀德奔去。战斗将首先在这里打响。为了配合怀德作战，西满辽吉军区司令员邓华率三个独立师先于5月10日向郑家屯以北的双山发起进攻，牵制四平的国民党71军主力不能向北增援。①

怀德是长春以西的一个小镇，驻扎着国民党新1军30师的90团、保安17团共5000人。当二纵4师于14日清晨赶到怀德并将其完全包围时，国民党兵做梦也没想到共军来得这样快。在后续部队和炮兵到达后，刘、吴请示：以4师、6师围歼怀德之敌，5师在十里铺阻击援敌。林彪于16日上午电令二纵：坚决围歼怀德之敌，勿需顾虑。一纵准备打援。

16日黄昏，二纵发起攻城战斗。经过二十分钟的炮火准备，4师和6师分别由怀德的西北和西南两个方向发起冲击。战士们勇猛冲锋，仅用几分钟就冲破了敌军的城垣防御，突入镇中，与敌军展开巷战。尽管新1军90团拼命顽抗，组织预备队几次反击，但在我绝对优势兵力的连续冲击下，经过一夜激战，到次日下午被全部歼灭。我军占领怀德，打了一个漂亮仗。

怀德战斗正在进行时，长春的国民党新1军和四平的71军从南北两个方向前来救援。新1军的四个团被独立1师阻挡在长春以西，进展迟缓；一纵和二纵5师集中兵力，在怀德以南的十里铺对付71军的88师。16日怀德战斗结束，88师企图后撤。当他们在怀德以南25里的大黑林子地区徘徊时，一纵1师先头部队赶到阎家店，发现国民党军队五十多辆卡车和步兵向黑林子方向撤退。1师的三个团立即跑步追击，把敌人切成几段。2师、3师和二

---

① 《东北人民解放军司令部阵中日记》，中共党史资料出版社1987年版，第228页。

◎ 攻克公主岭

纵5师闻讯赶来，各部队以大胆穿插、穷追猛打和平行追击的战术，从17日中午到黄昏用了六个小时解决战斗。88师师长韩增栋当场阵亡，除少数乘车逃往公主岭外，全师被歼。

这时，71军军长陈明仁尚不明情况，带领87师前往增援88师。当他们到达公主岭时，接到杜聿明的紧急电话，才知道88师已被消灭。陈明仁慌忙率部队乘火车逃回四平。我军顾不上打扫战场和清理俘虏，便向公主岭冲来。18日下午1师先头部队进至公主岭火车站，敌人正准备乘最后一列火车逃跑。我军经两小时战斗，占领公主岭。陈明仁若不是腿脚快，再晚走一步，也就无法逃脱了。

我军连续猛冲猛打，令国民党军大为震惊。新1军赶紧向长春撤退，我独立1师跟在后边追，一度占领长春机场。长春市区已经听到隆隆炮声，全市紧急戒严，人心惶惶。我军并没有攻打长春，一纵沿中长路绕过四平南下，1师占领了新开原，2师占领了老开原；3师在范家屯一带破坏了中长铁路和哈福、火石岭子两个小车站，切断了沈阳与长春之间的交通线。邓华部队与二纵会师后，直逼四平城下。

这些天好消息接连不断，使林彪感到精神振奋。5月18日他向毛泽东报告："我北满八个师八号开始渡松花江南下，昨（十七号）在长春以西之怀德将新一军一个团及一个保安团全部歼灭。本日将敌援兵两个师（各缺一个

◎ 夏季攻势我军渡过松花江

团）击溃。现正向公主岭方向追击中，战果尚不明。约需十天左右即可到达南满，依托南满根据地与山地作战。今后南北满主力能更密切配合与会合作战，同时南满广大地区大部都被敌占领，我可寻求攻击之目标甚多，故今后东北战争局势可望有较大开展。"

毛泽东接到林彪的捷报，同样十分高兴。5月20日他复电林彪、高岗："出师顺利，甚慰。东北在你们领导之下，改革了土地，发动了群众，建设了一支强有力的军队。在全国各区中，就经济论你们占第一位，就军力论你们已占第二位（山东为第一位）。目前你们以八个师南进，希望能于夏秋两季解决南满问题，争取于冬春两季向热河、冀东行动一时期，歼灭十三军、九十二军等部，发动群众，扩大军队。"在通报了关内各解放区的作战情况后，毛泽东说："总观全局，目前大部分地区已转入反攻作战。只待山东再打一二个胜仗，即可转入全面反攻。"①

还有一个让林彪兴奋的消息，罗荣桓去苏联治病十个月后，回到了哈尔滨。在哈尔滨休息了两天，罗荣桓就来到双城林彪的指挥部。林彪不会忘记这位老战友在抚顺会议和《七七决议》期间对他的支持，当时彭真调回中央，陈云在南满，高岗主持后方工作，林彪急需一位能与他密切配合的政

---

① 《毛泽东军事文集》第4卷，军事科学出版社、中央文献出版社1993年版，第78—79页。

委。5月22日林彪与罗荣桓见面，林要罗留在双城总部，罗荣桓一口答应。林彪马上给毛发报："昨日已见到罗荣桓同志，我主张他在前方同我一起工作，他也同意。后方仍由高岗同志主持，特告。"

罗荣桓不顾病体未愈，便投入了紧张的工作。林彪专务作战，每天骑坐木椅，双肘伏在椅背上，面对军用地图，一坐就是半天。他在作战上算度很精，而对别的事却很少过问。罗荣桓深知林的特点，称之为"林总的重点主义"，给予充分谅解和支持。他频繁往来于哈尔滨和双城之间，为部队的政治工作、训练、动员、装备、后勤保障和军工建设等方面的事情忙忙碌碌。有罗这样一位好"管家"，林彪可以放心了。①

东北我军的夏季攻势全面展开，南满主力三纵和四纵10师在萧劲光司令员指挥下，向沈吉铁路的清原、柳河段发起进攻。经过"四保临江"战役，南满部队战斗力有了很大提高。5月13日南满三纵向清原与梅河口之间的山城镇和草市发起进攻，歼灭守敌184师一个团及暂编20师一部共3000多人，切断了沈阳到吉林的铁路线。杜聿明命令廖耀湘指挥新6军22师和其他部队共六个团兵力向我南满部队侧后反击，三纵和四纵10师在南山城子地区与敌军展开猛烈战斗，经过两天激战，歼灭新6军22师1500多人，给了骄横的廖耀湘一次沉重打击。南满我军乘胜前进，连克西丰和东丰（今辽源市境内），又切断了四平与梅河口的联系。至此，南满重镇梅河口已陷入我军的包围之中。

梅河口是沈（阳）吉（林）、四（平）梅（河口）和海（龙）辑（安）铁路的交接点，有1万多人口，是南、北满之间一个战略要地。我军初进东北时，东北局曾一度驻在这里；国民党军队占领后，被列为东北五大战略据点之一。杜聿明下了严厉的命令：坚决死守，不准突围；要与阵地共存亡。

驻守梅河口的国民党60军184师，与南满我军是老对头了。1946年5月南满我军进攻营口大石桥时，该师两个团被包围，师长潘朔端求援无望，率部放下武器，宣布起义。当时曾造成很大影响。起义的184师受到我军优待，被改编为民主同盟军。不料几个月后，国民党军队大举进攻南满，184师随我军撤退到通化八道江时，其中1300人在副师长杨朝臣带领下叛变，11月8日朝辉南方向走去。萧华派出部队追击，打死杨朝臣，追回百余人，

---

① 《罗荣桓传》，当代中国出版社1991年版，第424页。

其余溃散被国民党军收容，恢复建制。这对我军是一个深刻教训，此次作战，林彪特别指示南满部队："对奉吉线敌军，凡经过战斗打响者，即坚决歼灭之。勿中途接受不解除武装之起义。"

1947年5月20日，三纵和四纵10师集结于梅河口外围。四纵10师担任主攻，三纵在外围作预备队。四纵副司令员韩先楚到前沿现地侦察，发现敌人的防御相当坚固。城外的小高地是他们的外围阵地，城市四周的建筑物结合地堡、交通壕、障碍物构成第二道防线；在铁路工厂和周围的一片居民区，是敌人的核心阵地。这里有许多隐蔽的工事，在中心大楼构成坚固的支撑点，在这里集结了四个营和一个炮营。

根据侦察的情况，韩先楚等纵队首长决定以10师的两个主力团在军区两个炮兵团的支援下，先夺取城西的两个小高地；然后进攻铁路工厂敌军核心阵地。24日下午，我军的大炮怒吼起来。成排的炮弹打到两个高地前沿，压制了敌军的火力。突击队员一跃而起，在轻重机枪的掩护下进行连续爆破，炸开了敌军的障碍物。经过一小时激战，就将两个高地占领。

四纵没有休息，就向铁路工厂的敌军核心阵地发起进攻。但是这里有很大的开阔地，敌人的交叉火力很猛。我军连续冲锋，伤亡很大，不得不暂时停止进攻。黄昏时，全师最后的两个营预备队都投入了战斗。这时才了解到：核心阵地的敌人有1000多人，比预计的要多。我军首长研究了白天作战的情况，认为开阔地形对我军进攻不利，遂决定改变原来部署，将主要力量集中在进攻火车站上，然后沿铁路两侧进攻铁路工厂。

25日黄昏，我军开始向火车站发起进攻。由于敌人的火力很猛，我军每次突入前沿，都因弹药不够或二梯队跟不上来，无法向前发展。前后五次冲锋都失败了，部队伤亡很大。27日继续发起攻击。敌军把守的重点是车站以南的中山桥，这里有两个大碉堡。一个连队接受了消灭这两个碉堡的任务，连长是个聪明人，他见正面进攻不行，就改为打穿墙壁接近敌人。战士们沿大街右侧民房打通一堵堵墙壁，直到与敌人相隔一墙，只留一层薄墙皮。待爆破组准备好，大家把墙皮一推，架起机枪就打。待敌人慌乱，爆破组上去连续三次爆破，两个碉堡上了天。车站终于被我军拿了下来。

27日下午，四纵从三面包围了敌军核心阵地。敌人近5000人被压缩在这狭小的区域内，秩序相当混乱。四纵为了集中力量拿下最后这块地方，将炮兵推进到距敌军阵地四百米的地方，进行抵近射击。28日下午，总攻开始。我军炮兵在近距离内猛轰敌人火力点，打得敌人一片惊慌，火力也被压制住。三个团乘敌人被炮火打得抬不起头，坚决地向阵地内冲击。敌人受不了三面打击，阵地被分割开来，残敌逃进中心大楼还想顽抗。我爆破组连续四次爆破，打开缺口，突入楼内。敌人终于丧失了战斗力，被全部歼灭，师长陈开文被我军俘虏。

梅河口攻坚战打了五天四夜，我南满部队全歼国民党184师，消灭并俘获师长以下6000多人。四纵也付出重大牺牲，伤亡1400多人。这是一次很艰苦的攻坚战，四纵10师之所以能够拿下来，首先是他们的作战决心和勇气。大家决心打歼灭战，不打击溃战。在战斗中前赴后继，英勇顽强。为了拿下一个据点，可以连续进攻八次。部队伤亡打乱了，马上编成新的分队再进攻。这次攻坚战表明，南满部队的战斗能力有了很大提高。战士们能够熟练地进行连续爆破，打仗不再盲目硬冲。炮兵在配合步兵作战，压制敌人火力方面也发挥了很好的作用。[①]

从北满南下的另一支主力部队第六纵队，在独立3师、4师和两个炮兵团的配合下，组成东线兵团，自5月13日起渡过松花江南下，向吉林以东的天岗、江密峰等地进攻。14日，六纵18师占领江密峰，继续向西发展。驻守老爷岭的国民党新38师一个团向小丰满逃跑，被六纵的17、18师和东满独立师堵住，消灭在老爷岭以南的丛山中。乌拉街守敌闻讯逃窜，六纵占领乌拉街后，又大踏步向海龙前进，打通东满、南满的联系。驻守海龙的国民党暂编21师放弃海龙准备逃跑，东总获悉后，命令六纵从桦甸向西追，南下的独立1师沿中长路向双阳镇以南堵截。5月23日，六纵主力与独立1师在烟筒山、双阳镇一带会师，完成了包围，将逃窜中的暂21师全部歼灭。至此，除长春、吉林等主要大城市外，松花江以西、吉林到梅河口之间和长春东南的广大地区全被我军占领，东满、南满解放区连成了一片。

我军的夏季攻势使东北局面在短期内发生了很大变化，当长春、梅河口一带正在激战时，南满和辽东半岛的四纵11、12师及南满独立师也积极行动起来，四处出击，扫荡敌人。国民党军队慌忙向沈阳方向收缩，弃城逃跑。在半个月时间内，我军连续收复了通化、安东、新宾、宽甸、普兰店、庄河、盖平等十几座城市，两次攻克大石桥，一度占领本溪。辽南和辽东两

---

① 《中国人民解放军41军第三次国内革命战争战史》，1955年初稿。

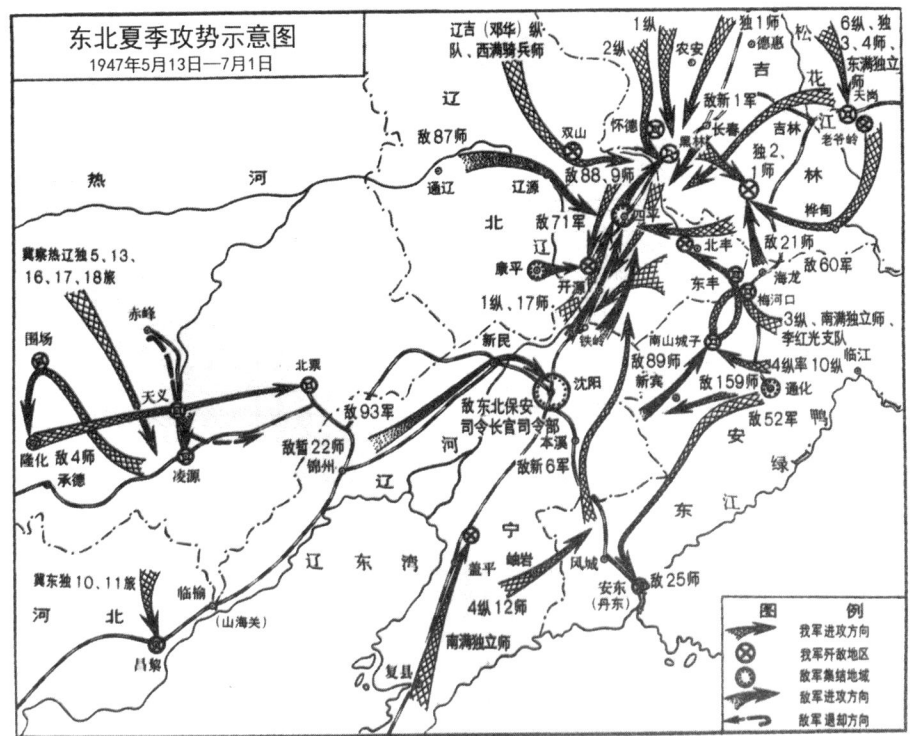

◉ 东北夏季攻势示意图

块根据地结束了被分隔的状态，恢复了一个完整的南满解放区。南满、北满主力部队的会师，北满、东满、南满根据地在松花江以南连成了一片。将我军由两个拳头合成一个拳头的战略目标已经达到了。这个拳头将要向沈阳、长春之间的重要城市——四平狠狠砸下去，国共两军又要在这个地方进行第二次决战。

第十五章

# 四平攻坚战

下一个目标是四平——守将陈明仁——从西区突破——核心工事争夺战——林彪准备付出 1.5 万人伤亡——陈明仁顽强死守——国民党援兵北上——打援失利，撤出四平——双方谈教训——林彪心里的阴影

从 1947 年 5 月 13 日开始的东北我军夏季攻势，第一阶段的战斗打了二十多天。我北满、南满、东满和冀热辽部队一齐出动，在战斗中歼灭国民党正规军六个师和一部分地方保安团，攻占县城 23 座。杜聿明为了稳住阵脚，被迫放弃一批中小城市，将兵力集中收缩在沈阳、长春、四平、吉林等大城市里，大修城防工事，以阻止我军攻势的进一步发展，争取时间，等待援兵的到来。

蒋介石听说东北吃紧，5 月 30 日亲自飞到沈阳视察，杜聿明抱重病出席了他召集的高级将领会议。蒋介石决定收缩兵力，控制大城市以维持局面。杜聿明请求蒋从华北调 53 军前来增援，仍遭到蒋的拒绝。蒋介石见到杜聿明病情严重，要他回南京治病。杜为了向蒋介石表示效忠，坚决不肯走。蒋颇受感动，安慰了杜一番才返回南京。

6 月 3 日，六纵占领了梅河口，二纵占领了开原和昌图，中长铁路被切。这时，林彪电告中央和东北局：夏季攻势到此告一段落，目前正在准备第二个作战，约需准备八至十天才能打响，"攻击目标为四平"。①

四平在林彪的心目中，占有极其重要的地位。四平是东北中部的交通枢纽，连接着沈阳、长春、吉林、梅河口。谁控制了四平，谁就取得了在东北的战略主动权。正因为如此，林彪在去年那样困难的环境下，还在四平坚守了一个月。退出四平后，我们的根据地被分隔成南满、北满，日子

---

① 1947 年 6 月 3 日林彪发中央军委的电报，军事科学院图书馆藏。

是真难过。整整一年熬过去，现在林彪决心拿下四平，让杜聿明也尝尝被拦腰截断的滋味。但是他也估计到，杜是不会轻易放弃四平的。一场恶战在所难免。

◎陈明仁

　　守卫四平的是陈明仁的 71 军。陈明仁，湖南醴陵人。1924 年投身国民革命，是黄埔军校一期毕业生，参加过讨伐陈炯明叛乱和两次东征。他以作战勇猛和敢打硬仗得到蒋介石的赏识，被逐步提升。他指挥的 71 军是从蒋介石的警卫部队改编组建的，下辖 87、88、91 三个师。71 军到东北后，一直驻在四平。国民党内派系林立，同样是嫡系部队，也是平时不团结，打仗不配合；都想保全自己，牺牲别人。杜聿明每逢有硬仗要打，他尽可能不动用自己的老部队新 1 军和新 6 军，而让陈明仁的 71 军去冲锋陷阵。现在杜又命令陈明仁死守四平，这对他和 71 军来说，实在是一件凶多吉少的事。

　　当时陈明仁手头的部队有 71 军的直属队，87、88 师和前来增援的 13 军 54 师。附属的有五个保安团和公主岭保安大队，都是在我军打击下逃到四平的地方杂牌武装。71 军中没有一个团是满编的，统计起来，正规的战斗人员不过 18000 多人。

　　靠这点兵力，如何能守住四平？陈明仁采取了与林彪守四平不同的方式。外围阵地不强，集中力量守市区。四平这座城市被一条横贯南北的铁路分为两半，东区是老百姓住宅区，房屋比较矮小破旧；西区是日本住宅区和政府机构所在，有很多坚固的楼房可以改造为永久性工事。陈明仁把全城分为四个守备区：天桥以北为第一区，部署 87 师防御；城东南为第二区，由 54 师防御；铁路以西的城西南部为第三区，由保安 17 团等防御；城西为第四区，由 88 师防御。在城西的中心地带，陈明仁布置了核心守备区。这里背靠中央银行、电力局、市政府、油库等要害部门，前面有运动场、中央公园等大片开阔地。陈明仁把军部设在有坚固楼房的日本学校内，将军部直属队和八个营的总预备队控制在自己手中。在各守备区根据地形和房屋分布，构筑大小火力点；各区之间相互联系，形成带形阵地网状配备。每个阵地都布置一线二线，严令一线死守，不准退到二线。设督察队和宪兵队监视各部队，总预备队备有二十辆卡车用以支援，炮兵分到各区使用。在不到一个月内，陈明仁就完成了这样的防御体系，说明他是决心守到底的。[①]

从1947年6月4日到11日，根据总部命令，东北民主联军第一纵队、邓华纵队和六纵17师共七个师及军区五个炮兵营，陆续集结于四平城外，一纵司令员李天佑负责统一指挥攻城部队行动。第二、三、四、六四个纵队的十个师和五个独立师、两个骑兵师共十七个师，机动于四平以南和东南地区，准备阻击沈阳北援之敌。东北我军的全部主力都来到这里，林彪决心与国民党军大战一场，拿下四平。

◎李天佑

承担四平攻坚指挥的李天佑是广西临桂人，1929年入党，同年参加百色起义，成为红军中的一员。部队转入江西苏区后，他先在红三军团工作，后调到林彪的红一军团。由于作战勇猛顽强，长征时已升为师长。抗战开始后，他任八路军115师686团团长，在平型关之战中发挥了重要作用，立下战功。作为我军干部重点培养对象，1939年他与刘亚楼、卢冬生等被派往苏联学习军事。1945年"八一五"后回国，在北满根据地任松江军区司令员和哈尔滨卫戍司令。这次林彪任命他为一纵司令员并指挥四平攻坚战，他感受到林彪对他的厚望和身负的重任。6月9日，李天佑与政委万毅、副司令员兼参谋长李作鹏来到四平前线指挥所，布置攻击前的准备工作。

为了查明四平之敌的守备情况，一纵和邓纵的每个师都派出了侦察部队。一纵由各师的参谋长、副团长带领三个侦察组，分别到四平附近去侦察。任务有三个：把四平敌人确实弄清楚；查明四平城内外的敌人工事；选择突破方向和突破口。侦察组的工作是认真的，搜集了大量情报。四平周围是中等起伏地，外围的小高地都构筑了支撑点，由地堡群组成。主阵地前200米内设置了一道铁丝网、一道鹿砦，并有宽、深各一丈的外壕。在前沿

---

①《第二绥靖区东北参观团报告书——四平战役》，军事科学院图书馆藏。

地带布了地雷和陷足坑。对城内的街道工事了解不详细，但是大家都很熟悉四平的街道和建筑物，可以估计出敌人将在哪里重点设防。今天我们看看一纵绘制的四平守敌兵力配备及工事位置图，与国民党军绘制的四平守备编成阵地要图相对照，基本上是一致的。可见我军的情报之准确。

敌军阵地和部署情况都搞清楚了，但是敌军总数有多少，各师提供的数字不一样。一纵说有一万五到二万人，邓纵说有一万八。大家估计陈明仁手里也就是这么多兵，因为71军这几个师都是从怀德和公主屯退下来的残兵败将，就是54师还没伤元气。这个估计也是符合实际情况的，我方指挥员认为71军败退四平，士气低落。我军人数多三倍，火炮也占绝对优势，从上到下都认为打下四平是没有问题的。

6月10日，林彪、罗荣桓打电报给一纵及邓纵首长：四平战斗是一大攻坚战，应注意事项如下：一、这种战斗须充分准备后才可开始，以期必胜，不可仓促从事。二、主攻点须便于发挥炸药与炮兵的作用。三、接受德惠战斗教训，切忌平分兵力，集中优势兵力、火力于重点，准备在纵深内进行激烈战斗。四、防止敌人的反冲锋，一面进展，一面建立巩固的立脚点。五、发扬死打硬拼的精神，动作越迟缓犹豫，伤亡就越大。六、力求迅速解决战斗，同时也要有几天才能解决战斗的精神准备，并决心付出较大的伤亡。①

根据林、罗指示，各师进行了战前准备，重点进行了突破、爆破和穿越障碍物的训练。通过战前动员和立功竞赛，战士们精神饱满、斗志昂扬，充满必胜信心和乐观情绪。指挥员们在一起研究作战计划，根据四平城被铁路分成东、西两半，敌军主力置于西区的具体情况，决定首先歼灭西区之敌。因为西区是敌军指挥机关所在，先打掉硬的才能解决问题。否则先打东区消耗了力量，再打西区就困难了。兵力部署是：一纵1、2师从四平西南突破，打击方向在88师和54师的接合部；邓纵主力从四平西北突破，打击方向在87师与88师的接合部；一纵3师从城东南进行辅助突击，相机攻入东区。一纵、邓纵的主攻目标都指向陈明仁的核心守备区。参战的96门火炮集中88门参加进攻西区的战斗，并以66门支援一纵1、2师的重点突击。应该说，从兵力部署到进攻方向的确定，都体现了集中优势兵力的指导思想。②

① 《东北人民解放军司令部阵中日记》，中共党史资料出版社1987年版，第277页。
② 38军：《四平攻坚战》，载军事科学院编《战术参考资料》第1辑。

扫清外围的战斗从6月11日开始,这天夜里,邓华纵队一部向四平飞机场发起进攻,很快占领了机场,全歼敌人一个营。13日晚,一纵2师的一个营以勇猛动作拿下四平西南外围的新立屯。守敌辽宁保安1团是临时组建的,战斗力差,在我军进攻下乘夜逃跑。这天夜里下起大雨,给联络和攻击造成很大困难。2师战士仍然坚持进攻,14日我军炮兵直接瞄准,摧毁了新立屯以东的敌军红窑堡垒。敌军保安17团几次反扑,贺东生师长命令部队:"今天拿不下新立屯,明天就不能突破。"2师战士打退了敌人的反冲锋,守住了新立屯和红窑堡垒,为14日夜晚的总攻开辟了道路。

我军总攻时间定在6月14日20时,敌人好像有预感,16时以后天上飞来了约二十架国民党飞机,对我前沿和炮兵阵地进行轮番轰炸。但我军并没有乱了阵势,飞机一走,我军的大炮按时开火了,向中央公园敌军炮兵阵地、火车站、天桥和71军军部各打100发炮弹。四平城内浓烟滚滚,多处起火。敌军空中和地下通信线路几乎全被炸断,陷入混乱状态。二十分钟炮火准备后,一纵1、2师和邓纵3师从三个方向发起进攻。2师推进迅速,不到一小时就突破了敌军防线,首先在四平西南角打开一个缺口。到深夜,1师也从海丰屯突破了。邓纵3师由于准备不足,被敌人火力封锁,一夜未能突破。

15、16日两天,在一纵的突破口上双方展开了激烈争夺。陈明仁命令88师集中火力猛烈轰击我军的突破口,并组织部队进行多次反冲锋,企图将我军突入城里的部队挤出去。敌88师彭师长亲自指挥两个营的兵力反复冲锋,与我军

◎ 四平攻坚战我军登上城墙

展开巷战。但是一纵的战士打得勇敢顽强，一步也不后退。二、三梯队前赴后继，保持着强大的攻击力。88师师长受伤，两个营长都被打死，士兵也大部分被我军消灭。为了避开敌军的炮火和飞机轰炸，我军主要采取夜战。到16日，敌军的攻势有所减弱，一纵1、2师巩固扩大了突破面，完成了第一阶段任务。

虽然打进了四平城里，一纵首长也感到陈明仁比想象的要顽强。17日李天佑等向林、罗报告头三天战斗情况说："我们于十三日开始肃清主攻方向之敌外围据点，十四日黄昏在强大优势步兵下实行突破。经三昼夜巷战与打垮敌人反冲锋，我一、二两师各付出一千五百人以上之伤亡，但进占地区仍是狭小，俘虏不足千人。基本教训如下：

一、西南主攻方向突破后支持三日激烈战斗，而西北之主攻及东北之助攻均未起到应有作用（突破）。因此敌人得以集中兵力、火器、飞机，打击我之一点突破口。总之敌人对我突破口及占领之地区，是采取猛烈炮击、大量燃烧及以飞机轰炸与反冲锋，企图驱出我突入部队，恢复阵地。

二、我攻入城内，如果兵力过少，则不但难于扩大战果，且更无兵力打击敌人的连续反冲锋；如果兵力过多，则形成兵多地少，每炮均可伤人。

三、日长夜短，二十四小时内只有八小时之夜晚。如果白天不进攻，黄昏后调集部队，则打一下天就亮了；但白天虽不能作战，其伤亡之大，超过晚上作战伤亡数目。越不能迅速发展扩大地区，越便于敌人飞机、炮兵集中轰击我狭小地区，伤亡就必越大。

四、敌人采取火攻战术，我占领之地区，大部燃烧起。凡我向前发展一步，又燃烧一步，迫我毫无立脚之地。

五、每晨五时到二十时为空军活动时间，其出动飞机少为数架，多至十八架，轮番轰炸扫射，整日不停。发现一人一马亦打，妨害我运动，杀伤人马；摧毁房屋工事，打击精神，影响作战极大。

从一纵的汇报中可以看到战斗的激烈和残酷程度。林彪、罗荣桓电告一纵："凡我攻击兵力较少或多之处，须特别注意近迫作业，逐步逼近敌人。"同时命令改变部署，让邓华调出一个师支援一纵向纵深突破，命令总预备队六纵 17 师全部向纵深突进。[1]

从 17 日开始，一纵向陈明仁的核心工事发起进攻。六纵 17 师投入战斗，接替已经苦战几昼夜的一纵 1 师继续进攻。18 日，邓华纵队在西北角冲破敌军防线，杀入城北，与 17 师对国民党军形成两面夹攻。在核心阵地外围的日本神社、游泳池、电信大楼、中央银行、市政府、油库等地都在进行激烈战斗。敌人利用坚固楼房，以轻重机枪和步枪构成火力网，火力网有纵深设置，前沿地堡配冲锋枪、步枪和一二挺轻机枪，重点工事配重机枪和六〇炮，再后面是迫击炮。在楼房上则设上中下三层火力。我军沿街道向楼房接近时，敌军用纵火和投燃烧炸弹的办法，阻挡我军前进。位于东部的敌军炮兵阵地不断向我二梯队和后方轰击。当我军在夜间出击时，敌军火力一齐开火，炮兵则是看步兵枪弹的火光打到哪里，他们就向哪里开炮。这些原来的残兵败将，怎么变得如此拼命？原来陈明仁下了严厉命令：

甲：不求援，不待援，自力更生，独立死守，打光为止。

乙：凡转移阵地之命令，仅司令官有权颁布。以次各级指挥官发布是项命令者，一概无效。其所属不得奉行。又凡部下要求转移阵地及增援，司令官常拒绝答复。示无新指示即系命令死守也。

丙：第一线部队不准后退，仅准第二线部队向前补充与增援。凡由前向后退者，即由后方部队射杀之。

丁：夜间除汽车因公通行外，其余不问匪我，所有行人概行射杀。

陈明仁在战前宣布死守四平的决心。他说："生死关头，欲走无路；唯有合力奋战，以战图存。"他立下遗嘱，并抬出为自己准备的棺材示众。在每条防线都设立了督战队，每个碉堡里都由老兵监视新兵。这就与野外作战不一样了。野战中新兵一逃，老兵也制止不住，于是兵败如山倒。而今陈明仁逼迫他们人自为战，并且断绝了他们的后路，于是怕死的人也得拼命作战了。这是我军在城市攻坚战中所没有想到的。[2]

面对国民党军的顽抗，我军打得更狠。六纵 18 师奉东总命令参加四平

---

[1]《东北人民解放军司令部阵中日记》，中共党史资料出版社 1987 年版，第 287 页。

[2]《第二绥靖区东北参观团报告书——四平战役》，军事科学院图书馆藏。

巷战，李天佑命令六纵17师夺取陈明仁的核心阵地，18师配合作战，追歼突围逃跑之敌。17师受领任务后，决心以49团从中央公园向东北打，由正面进攻敌军核心工事。50团攻打银行、市政府和电信局大楼，51团向核心工事东北迂回，与50团共同切断敌人的退路。

19日的战斗达到白热化程度。上午，50团向银行和市政府大楼发起进攻时，使用了在城子街战斗中缴获的七门美式火箭炮，将大楼打得浓烟滚滚。国民党军没想到我军会使用这样先进的武器，被打得失魂落魄，死伤枕藉。很快就丧失了抵抗能力。中午我军就占领了两座大楼，还有两个连进攻88师师部，敌军连续进行七次反冲锋，都被我军战士打退。粉碎了敌军的抵抗后，我军前进到核心工事西北角的大楼前。

晚上，50团向电信局守敌发起进攻。守在楼内的敌工兵营一百多人在军法处长和参谋的逼迫下，向我军疯狂扫射，拒不投降。我军冲到楼下，敌军退到楼上，还居高临下向我开枪。我军装好炸药，退出楼外。一声巨响，守敌与大楼都被毁灭。这时，陈明仁终于顶不住了，就在我军进攻电信局大楼时，他声称奉杜长官指示，主力转移到东区坚守，把军部交给弟弟陈明信的特务团，自己则突围退往东区。陈明仁逃出核心工事后几小时，17师的三个团从不同方向完成对陈明仁的军部与核心工事的包围。[①]

20日黄昏，17师对71军军部与核心工事发起总攻。49团2营首先在西北角突破，占领伪四平省政府。随后向中山堂进攻。突击部队的手榴弹、炸药用完了，就用掷弹筒平射往窗户里打。敌人遭受严重伤亡，被迫投降。49团3营伤亡很大，整理一下队伍，组成新的战斗小组投入进攻敌军部的战斗。71军军部设在日本小学校的水泥建筑群中，从房顶到地下室都有敌人的火力点。外面路口有地堡构成的交叉火力网。留守的敌军特务团做垂死挣扎，与我军进行逐屋争夺。爆破手常友抱起炸药包冲向敌军地堡，在通过路口时遭到敌人交叉火力封锁，一条腿被打断。他忍着剧痛，坚持向前爬行，把炸药包送到地堡的铁丝网前。一层层铁网被炸开，乘着浓烟几名爆破手一跃而起，冲到地堡和楼房角落，连续爆破。后面的战士冲进炸开的缺口，与地堡和楼房里的敌人进行肉搏。敌人死的死、伤的伤，终于丧失了抵抗能力。特务团团长陈明信当了俘虏，20日晚20时，随着军部被占领，四平西

---

[①]《中国人民解放军43军第三次国内革命战争战史》，1956年初稿。

◎ 我军炮轰四平国民党军据点

区敌军被全部肃清，六纵与邓纵会师了。[1]

经过八天的血战，我军占领了四平的一半。战斗之残酷激烈是前所未有的。敌人遭受了沉重打击，我军也付出了巨大伤亡。一纵1师和六纵17师都已打得筋疲力尽，邓纵也相当疲劳。林彪也着急了，他下了最大决心，不惜一切代价攻下四平。6月21日，林罗电令各纵队首长：

四平战斗自总攻开始后，已激战八昼夜。敌顽强抵抗，逐屋争夺，目前我已占领半个城市，我伤亡已逾八千余人。决付出一万五千的伤亡，再以一个礼拜的时间，将此仗打到底，达到完全歼灭敌人和打垮敌之守城信心。目前敌南北增援部队已出动，我军决待敌进至昌图、郭家店附近后开始大反击。我各部皆应振奋精神，准备苦战，以不惜付出一万五千人的伤亡，血战数昼夜。采取战场上的各个击破方法，求得大量歼灭敌人。[2]

同日，林彪向毛泽东报告了以上的决定。但是在电报中考虑到了可能发

---

① 华山：《光荣属于勇士》，载《东北日报》1947年7月15日。
② 《东北人民解放军司令部阵中日记》，中共党史资料出版社1987年版，第292页。

生的不利形势："估计以后形势，敌必更据城死守。而我方则因伤亡过大，须休整一时期，才能作新的行动。"

6月24日毛泽东复电："你们廿一日来电悉。八天作战占领四平一半，你们决心再以一星期时间歼灭四平之敌，占领此战略枢纽，极为正确。四平占领不仅对我军建立攻坚信心关系甚大，而且对全国正在斗争的广大群众是一大鼓励。"

6月21日起，我军开始进攻四平铁路以东市区。原来估计陈明仁的部队剩下不多，使一把劲就拿下来了。然而，21、22日两天战斗，双方打得你死我活，比西区争夺战还要激烈。17师的49团在打核心工事时伤亡太大，撤下去休整；主攻的50团和18师52团攻入东区后，与敌人展开逐屋的争夺战。敌人比在西区作战时显得更有经验。我军第一梯队冲到前沿时，敌军组织猛烈炮火打后面的第二梯队。然后集中力量与火力反击第一梯队，使我前后不能策应，伤亡很大。我军占领一片地区后，敌人用炮火轰击，将房屋统统打烂，让我军无立足之地。我军采用的对策是：用土工作业挖交通沟、隐蔽部，向敌接近。包抄敌人或分割敌人防区，组织好火力后，再发起攻击，避免伤亡。在敌人反冲锋时坚决地打，争取大量杀伤敌人。

但是这样打速度就慢多了。在城市巷战中不可能投入很多兵力，一个团主攻，顶多用一个营。白天国民党飞机狂轰滥炸，给我军增加更多困难。尽管如此，我军还是向东区步步推进。22日夜里，邓华纵队的1、3师突入东区后，夺取四个地堡。敌军组织五次反冲锋，都被我军打退。在23日早晨敌人最后一次冲锋前，邓纵遭到敌军炮火的攻击，伤亡过大，被迫退出。一纵首长23日报告林彪："昨日战斗甚慢，估计尚需三四天才能解决战斗。邓纵伤亡过大，目前依靠六纵。"[1]

在战斗中大家感到奇怪，陈明仁哪里来的那么多弹药和士兵，总也打不完？原来，沈阳方面一直用空军为陈明仁空投弹药。据国民党方面的统计：6月1日到9日，出动运输机44架，共投88吨弹药。自6月17日到29日，使用运输机136架，总计重量305吨。其中各式步枪子弹三百多万发，迫击炮弹三万发，山炮弹六千二百发，榴弹炮弹一千三百发，手榴弹十一万个。尽管敌人大炮总数比我军少，但他们炮弹充足，可以毫无顾忌地打。我军的弹

---

[1]《东北人民解放军司令部阵中日记》，中共党史资料出版社1987年版，第296页。

药靠人抬马拉，补给就跟不上。常常在战斗最紧要关头，就没有手榴弹和炸药包了。

陈明仁如果仅靠71军那些人马作战，早就支持不下去了。88师打光了，87师和54师也是伤亡大半。为了支撑局面，陈明仁征用了一切可以作战的人力。把省府官员、警察、铁路警、兵站、医院、车战等所有人员，加上城外跑进来的外地保安队，统统拿起武器参战。这样敌人的总兵力就不只是我们原来估计的2万人，而是3万多人了。天桥以南阵地是87师与54师的接合部，陈明仁担心这里会被突破。在无兵可调的情况下，陈明仁把直属队兽力营的200多名马夫组织起来，由五十多岁的老营长带领，扛着枪担任防御。这些一向被长官看不起的马夫们，居然防守了四个昼夜。往返冲击十几次，四平之战结束时，全营只剩三十多人了。

为了保住阵地，陈明仁不惜采用最残酷的手段。他命令拆掉工厂和民房建筑；囤积的粮食和大豆，被用来当作工事沙包，豆油被用来点火照明。老百姓被严格限制在一定区域内，不许走动。有夜间行动者格杀勿论。老百姓一边要为国民党军修工事、运伤员，战斗打起来则无处藏身，在炮火中伤亡惨重。据战后国民党方面的统计，四平老百姓在战火中死伤的人数，不低于国民党守军伤亡的人数。陈明仁实行焦土作战，四平之战结束后，一座城市已经变为废墟。尽管他后来湖南起义有功，但这个历史罪责是抹不掉的。国民党方面在调查时也承认，四平老百姓恨透了71军："战事之先，军政当局应协力将战地百姓为适当处理。如遣送妇女老幼离开战场，即其要者。此次我71军未完成此种处置，战时战后受累甚大。特于战事激烈时，民众要求离开，未获允许，致伤亡众多。亦战后军民感情恶化之主要原因。"[1]

四平激战正酣，陈明仁不断向沈阳和南京求援。蒋介石下令调53军开赴东北增援，并给杜聿明下了严厉的命令：限6月30日以前解四平之围。杜聿明接到命令后，躺在病床上与郑洞国等将领研究救援陈明仁的计划。大家认为：目前南满共军占领了本溪，对沈阳威胁甚大。国军没有能力在防守沈阳的同时去解四平之围。53军新到东北，战斗力强，应该让他们先占领本溪，解除对沈阳的威胁，再集中兵力去救援四平。杜聿明同意后，请郑洞国担任指挥。

①《第二绥靖区东北参观团报告书——四平战役》，军事科学院图书馆藏。

6月17日，郑洞国指挥53军进攻本溪，我南满部队没有多少主力在那里，打了一下就撤退了。郑洞国占领本溪后，于6月20日赶到铁岭，部署大军北上解四平之围。这次杜聿明调集了一切可以调出的兵力，共九个师。郑洞国分析情报，认为共军主力可能埋伏在开原以东地区，待国民党援军通过后，他们就会切断中长铁路，迫使国军在铁岭、开原以北地区与他们决战。这样不仅救不了四平，十几万援军也有被消灭的危险。郑洞国的部署：以新6军攻占开原以东地区，掩护主力沿中长路向四平开进。93军由昌图北进，52军的195师在后；待他们开始行动后，本溪的53军即迅速北上支援，做总预备队。随战斗发展，从左翼迂回向四平以西前进。同时请求杜聿明出动空军配合作战，并侦察共军动向。

林彪也布置了打援部队，三纵、四纵（欠11师）在清原、西丰等地阻击沈阳北援之敌沿沈吉线向东迂回四平；独立2师在莲花街、叶赫一带阻击由中长路东侧北上之敌；二纵在昌图以北的泉头、三十里堡一线负责正面防御，阻击沿中长路北上的敌军主力。6月24日，当他得知国民党援军已经到达开原一线时，即命令四平前线指挥部：调一纵的1、2师南下莲花街一带打援，六纵、邓华纵队、一纵3师继续攻占四平东区。这样，林彪将作战重点由攻打四平改变为南下打援。

从6月23日起，四平以南地区又展开了一场大战。新6军169师在八棵树遭到我军部队进攻，经一昼夜激战，169师伤亡惨重，八棵树附近高地全被我军占领。新6军军长廖耀湘气急败坏，严令169师师长郑庭笈夺回阵地。25日下午，169师在空军与地面炮火支援下，与我军展开激烈的阵地争夺战。黄昏后，我军因伤亡过大，不能与敌人硬拼，撤出战斗。

6月26日，93军由正面向昌图发起进攻。二纵在附近丘陵地带早已构筑好层层阻击阵地，顽强抵抗，使93军进展极为缓慢。鉴于南线敌军兵力强大，我军力量不足以在运动战中歼灭敌军。28日林彪电令六纵洪学智司令员等："目前我军方针为消灭敌人有生力量，你们目前须一面佯攻四平，诱敌前进；同时须准备必要时以全力或主力脱离四平，参加四平以北或以南之运动战。"此时邓纵的1、2师因伤亡过大，已撤离四平前线休整。六纵首长仍指挥17、18师，一纵3师、邓纵3师继续佯攻四平。四平攻坚战已经到了尾声。

陈明仁不知道这些变化，他已经把马夫都派上阵，到了山穷水尽之时。郑洞国焦虑万分。28日早晨，他亲临93军泉头前线督战。沈阳派出多架轰炸机，在二纵阵地上倾泻炸弹。93军重炮团集中火力轰击了一小时，打得大地颤抖，到处硝烟弥漫。战斗进行到白热化状态，有的阵地展开肉搏战。从早上打到中午，93军只占领了二纵一些前沿阵地。

郑洞国正在无计可施之时，93军左前方突然传来隆隆炮声。原来刚从本溪北上的53军正向八面城进攻，给二纵造成侧面威胁。郑洞国利用这个机会，命令93军集中炮火猛轰，在空军配合下，93军战车冲入二纵阵地，横冲直撞。我军激战一整天，伤亡较大。18时二纵接到林彪电报："为诱新六军与其他部队之联系，你们应立即放弃泉头车站，诱敌向四平前进。待昌图一带敌空虚时，你们即夺取昌图，由昌图向威远堡攻击。"[1]二纵奉命于黄昏后退出战斗，郑洞国遂指挥93军向四平迅速靠拢。

6月29日，国民党93军先头部队到达四平以南的牤牛哨，53军和新6军195师到达四平西北的八面城，由于我军已不可能解决四平战斗，为了避免两面受敌，总部下令进攻四平东区部队撤出战斗。6月30日凌晨，一纵3师最后离开四平，历时半个月的四平攻坚战结束了。同时，林彪也给南满部队下达了撤退命令。历时五十天的夏季攻势就此结束了。[2]

林彪第二次从四平撤军的原因，他与罗荣桓7月1日向毛泽东作了汇报："四平战斗，自十四日总攻开始，至廿六日经十三日激战，我军俘毙伤敌三万余人，我伤亡一万三千人。由于敌逐屋逐堡顽抗，后数日敌进行地洞战，在我军进攻时，敌从地洞中逃跑；故战斗后，我伤亡大，而甚难俘获敌人。敌现以九个师向四平增援，我攻城部队已于前晚离开四平。我外围部队昨日已开始打援，但对于敌人具体位置与番号不明，我作战部队员额不充实，而又有轻敌情绪，昨今两日战斗成绩均甚小，但战斗尚在进行中。拟经此战后，即休整补充部队。"

总的来说，我军的夏季攻势是有效果的。在五十天战斗中共歼敌8万人，收复县城四十二座（内六座被敌军重占）。彻底粉碎了国民党军队分割东南西北满及冀热辽根据地的态势，使解放区连成了一片。国民党军队只能重点防守中长铁路上的九座大城市，活动范围大大缩小。这样就根本改变了整个东北的局面。但是四平攻坚战没有成功，给胜利蒙上了一层阴影。

---

① 《东北人民解放军司令部阵中日记》，中共党史资料出版社1987年版，第305页。
② 《东北人民解放军司令部阵中日记》，中共党史资料出版社1987年版，第312页。

四平战斗没打好，各级指挥员心里都很沉重。前线指挥员李天佑更是如此。为了帮助他认真总结教训，林彪于7月13日特地写了一封信：

天佑同志：

总部二日关于夏季攻势经验教训总结电，盼切勿草率看过，而应深切具体的研究，使今后思想有个标准：要把实事求是的原则，一切决定于条件的原则（这个原则我同你谈过），革命的效果主义的原则，实践是正确否的标准的原则，加以很好的认识。你是有长处的，有前途的，但思想不够实际。夏季攻势中，特别是四平战斗直至现在，从你们的电报和你们的实际行动的结果上看，表现缺乏思想，缺乏见识。为了今后战胜敌人，盼多研究经验和学习毛主席的军事思想。凡一切主观主义的东西，无论他是美名勇敢或美名慎重，其结果都要造成损失，而得不到胜利的。正确的思想的标准，是包括实践在内的唯物主义，反对唯心主义，在军事上要发挥战斗的积极性，而同时必须从能否胜利的条件出发。凡能胜利的仗，则须很艺术地组织，坚决地打；凡不能胜的仗，则断然不打，不装好汉。如不能胜的仗也打，或能胜的仗如不很好讲究战术，则必然把部队越搞越垮，对革命是损失。以上原则，有益于进步，望深刻体会之。这些原则，同时也是我正在努力加深认识的东西。

林　彪<br>七月十三日

林彪的信不仅是对李天佑的批评和帮助，也有很多自责的成分。李天佑深受感动，第二天给林彪写了一份四平战斗的经验总结。他深刻检讨了自己的轻敌思想和急躁作风，他谈到打四平时只看到敌人新兵多，总共不到两万人，只有四个团的战斗力，但没想到省府、警察、兵站、医院的人员为了最后挣扎，也能手执武器与我作战。我军虽然集中了七个师、近百门炮，但不是绝对优势。炮弹有限，约八千发；半数部队不精，准备时间不够。虽然意识到敌人必然死守，但没想到陈明仁为首的多数军官如此坚守到最后的决心。李天佑承认自己有急躁求战的思想，他认为："这次经验证明，今后在东北作战中凡是带有战略性价值比较大，而工事又较坚固的城市，如长春、吉林、沈阳、锦州、四平等城，不仅东北，只要关内还有一点增援的可能力

225

量时，都必须暂时避免打这样的城。""从根本问题上看，四平是不应该打的。"

四平究竟该不该打？我军有没有攻克大城市的能力？在四平之战后争论了很久。国民党方面认为共军有些决策上的失误。郑洞国说："解放军5月19日在大黑林子地区歼灭第71军88师后，倘乘胜向四平街攻击，当时国民党军队在混乱的情况下，不仅四平街守不住，就是第71军也有全部被歼的可能。由于解放军忙于分兵略地，攻取东丰、西丰、昌图、开原等地，使陈明仁将军得到将近一个月的准备时间，整顿部队，安定人心，加强防御工事。解放军因而失去了一个重大胜利的机会。此后在四平街攻坚战中，解放军又犯了轻敌急躁、战术运用失当的错误，致使师久无功，兵员亦受到较大损失，最后不得不实行战略退却。"[1]另一些国民党将领认为：共军将四平四面包围，违背了兵法中"围师必阙"的原则，断了守军逃跑的路，反而使陈明仁决心死守到底。在攻坚中只顾在道西逐屋争夺苦战，却没有占领比较薄弱的东区，使空军能不受干扰地向四平守军空投弹药，让陈明仁支撑下去。[2]

1988年纪念辽沈战役胜利四十周年时，韩先楚上将组织写了《东北战场与辽沈战役》一文。在谈到四平攻坚战的教训时说："这次四平攻坚战是个不成功的战例。首先在敌情判断上，低估了敌人的战斗能力。我在夏季攻势胜利形势下，主要指挥员产生了轻敌急躁情绪，认为71军是败兵，人数不过二万，好打；没看到敌人虽然有两个师被大部分歼灭不久，但敌人恢复建制和补充之后，依托工事仍有相当战斗能力。而且，敌人人数经查明为三万四千人。由于轻敌，战术上、物质上都缺乏认真准备，也没有认真集中兵力。攻城部队七个师（后来六纵代替一纵进入攻城），加炮兵约两倍于敌，但优势不大，在兵力使用上又是逐次投入战斗，形成添油战术。加之，多数部队尚缺乏对设防大城市攻坚战斗的经验，纵深战斗伤亡较大，发展缓慢，又变更部署，在战场指挥上，突破点选择不当，主攻方向既不是敌人弱点，也不是敌人要害，临战时影响了攻坚准备。更由于兵力优势不大，不能多方钳制分散敌人兵力，城北城东没有任何配合，主要突破地段虽然突破很快，

---

① 郑洞国：《我的戎马生涯》，第6章第7节。
② 《第二绥靖区东北参观团报告书——四平战役》，军事科学院图书馆藏。

但另一突破地段延迟了四天才突破，形成一面平推，致使敌人兵力、火力更加集中，打成胶着状态。在敌人飞机集中轰炸下我攻城部队伤亡较大。"

"四平攻坚未下，对东北战局，虽然影响不大，也取得了可观战果和攻城经验，但教训是深刻的。在连续胜利的情况下，指挥员切忌骄傲轻敌，或受下级指挥员的好胜求战的影响，这是军事家公认应该防止的。但在四平攻坚战的敌情判断、攻城组织以及战术运用等方面，上下都犯有轻敌毛病，以致攻城半月没解决问题。以后很长时间，甚至到了辽沈战役前夕，在林彪头脑中，以及在一部分指挥员心理上，就产生了对大城市攻坚仍有顾虑的想法。"这是对四平攻坚战的最全面、客观的总结。①

---

① 中共中央党史资料征集委员会等合编：《辽沈决战》上册，人民出版社1988年版，第100页。

第十六章

# 建立强大的野战军

陈诚到东北——乱套的国民党"整军"——总结四平攻坚教训——要当革命的"兵贩子"——组建二线兵团——土改后的参军热潮——东北野战军的十二个纵队——建起百万大军

≫

东北民主联军的夏季攻势结束后，各主力纵队撤离四平，在长春西北和南满地区休整。国民党大军解了四平之围，沈阳报纸上天天吹嘘"四平大捷"。蒋介石十分高兴，下令授予陈明仁、周福成、廖耀湘等高级将领及部下官兵青天白日勋章和云麾勋章，又派慰问团到沈阳和四平犒劳三军。但是杜聿明心里明白：共军力量已是今非昔比，而国军则是日益削弱，能守住中长铁路沿线的大中城市，维持现在的局面，实属不易，没有更多的力量再去与林彪决战了。

两个月的战事，彻底拖垮了杜聿明的身体。他实在支撑不下去，只好请求蒋介石解除他的东北保安司令长官职务，于1947年7月初离开沈阳就医。几天后，参谋总长陈诚从南京到达沈阳，取代熊式辉任东北行辕主任。熊式辉在东北一年多无所作为，真是乘兴而来，败兴而去。陈诚把东北军政大权集于一身，踌躇满志。9月2日，他在就职典礼上发表《告东北军民书》，声称："今后行辕之首要任务，即在执行政府剿匪国策。""宜及时去奢崇俭，力挽颓风；各就岗位，各尽职守，于艰难困苦之中，寻求自力更生之道。"[1]

新官上任三把火，陈诚很想有所作为。他下车伊始，就大刀阔斧整顿军队。先后将东北原有的九个保安区司令部及十一个保安支队等地方守卫部队，扩编为新3军、新5军、新7军、新8军。把骑兵支队扩编为骑兵师，下辖三个旅。将青年军207师扩编为第6军，并设法将49军王铁汉部从苏北调到东北。这样，连同原有的新1军、新6军、13军、52军、53军、60军、71

---

① 孙宅巍：《蒋介石的宠将陈诚》，河南人民出版社1990年版，第12章。

军、93军在内，国民党在东北的总兵力达到14个军，55万人，比杜聿明时期最高数字48万人有较大的增强。陈诚又从关内要来了大炮、战车、汽车等装备，扬言"六个月恢复东北优势，收复东北一切失地"。

◎ 陈诚

陈诚将国民党军队前一阶段在东北战场上的失败，统统归咎于前任的无能。在公开的记者招待会和内部官员会议上，他不止一次地指责熊式辉和杜聿明政治领导腐败无能，军事指挥失当，斥责东北国统区是"纵兵殃民，逼民为匪，收匪为兵"。他以铁腕整治军纪和各级官员中普遍的贪污现象。为了表示他的大公无私，他先后撤换了71军军长陈明仁、52军军长梁恺、52军副军长兼2师师长刘玉章等高级将领。最令人哭笑不得的是，陈明仁刚刚因死守四平获得蒋介石的最高奖励，陈诚却以"贪污粮食"的罪名将其撤职。陈明仁一手拿着"青天白日"勋章，一手拿着撤职命令，真是寒透了心。刘玉章在进攻南满也是出了大力的，现在没升官反而遭撤职，也是一肚子怨气。

平心而论，陈诚大力肃贪，与蒋经国上海"打老虎"的做法差不多。但是抗战以后，国民党大小官员几乎无官不贪，腐败已是病入膏肓，绝不是个别现象。大家也承认陈诚处理的贪官是罪有应得，如中将田湘藩暗设赌场，汽车兵团团长冯恺倒卖军车汽油，日俘管理处少将处长李修业在办理日本人归国手续时大肆勒索钱财，少将参议刘介辉借收编伪军吃空额，都被陈诚逮捕法办。但是陈诚这样大动干戈，反而引起内部的混乱。大家人心惶惶，不知什么时候会搞到自己头上。

郑洞国为首的杜聿明旧部对陈诚的做法十分不满，国民党内的派系倾轧他们见得多了，杜聿明从不轻易斥责下属，总是用各种手段笼络部下为他卖命。只要肯打仗，贪污些东西是小事。陈诚则是妄自尊大、刚愎自用，把人都得罪光了。陈诚上任时，带来楚溪春做他的副手，撤销了东北保安长官司令部，将军政大权统一归属东北行辕。郑洞国被解除军权，挂了一个空头的行辕副主任。新1军的50师和新6军的14师是陈诚的原18军的骨干部队，陈诚借故将不服管教的新1军军长孙立人调走，任命50师师长潘裕昆为新1军军长；14师师长龙天武为新3军军长，反映出他也是拉帮结派，任人唯亲。

郑洞国后来评价陈诚说："他在国民党高级将领中，算是作风比较廉洁的人，做事也喜欢大刀阔斧、雷厉风行，很有些魄力；且善于辞令，这是他的长处。但他野心很大，一有机会便想吞掉别人的队伍，排斥异己。同时又千方百计地偏袒自己的亲信，培植个人势力，搞得国民党军队内部矛盾很深，不少人既怕他，又讨厌他。至于军事上，很难说他有什么过人的天才，尤其在指挥大兵团作战方面，他是远不如杜聿明将军的，这一点在后来的东北战场上得到了更加充分的验证。不过，后来国民党内许多人士都把几十万国民党军队在东北战场上的最终覆没，在很大程度上归罪于陈诚将军，这也是欠公正的。"①

直到现在，台湾国民党将领谈到东北的失败，还大骂陈诚。关麟征说：抗战后陈诚整军，大批复员，官兵无法安置。许多人跑到中山陵去哭陵。在东北，陈诚将编余军官组成两个军官总队，一块牌子上写"国军军官总队"，一块牌子上写"伪军军官总队"，伪满军官受不了陈诚的气，就说："此处不留爷，自有留爷处；处处不留爷，爷去投八路。"还说："蒋家不要毛家要，这边上尉，那边少校。"于是都去投了林彪，这些东北人地形熟，又能打仗，投了林彪，如虎添翼。②

这纯属是向陈诚发泄私愤。陈诚在东北整军，确实砍了许多地方保安队。这些伪满旧军人当初被熊式辉收编，横行乡里，欺压百姓，引起极大民愤。他们虚报编制，吃空额，要军饷，也给国民党当局造成沉重负担。陈诚把他们整编，不能说错。但是说这些伪军都投了林彪，则是完全造谣。林彪早在1946年到北满后，就开始清洗部队中的坏分子。陈诚整军的同时，东北民主联军也开始了大规模建军的行动。

1947年7月27日到8月2日，林彪、罗荣桓将各纵队领导人召集到总部，听取夏季攻势作战的汇报，总结四平攻坚战的教训。各纵队的司令、政委详细报告了作战经过，也如实报告了本纵队的伤亡人数。其中一纵伤亡9218人，逃亡掉队2229人，共减员11447人；二纵伤亡3326人，加上失踪掉队的共减员4290人；六纵伤亡5208人，逃亡掉队2461人，全纵现有总数为18214人；邓华纵队伤亡4549人，逃亡掉队867人，共减员5416人。加上

①《我的戎马生涯——郑洞国回忆录》，团结出版社1992年版，第6章。
② 何家骅：《国民党怎样失去大陆》，载香港《明报月刊》1989年第11期。

其他部队，我军夏季战役伤亡总数为3万多人。

打仗就免不了有牺牲，当初林彪决心拿下四平，准备付出1.5万人伤亡的代价。但是实际伤亡超过一倍，是他也没有想到的。特别是他的主力部队一纵和六纵打得如此艰苦，部队的骨干成员减少了一大半，令他深为痛心。会议空气显得很沉闷。此刻，他与罗荣桓都在考虑同一个问题：如何迅速恢复部队的元气，扩大野战军的编制和力量？

没有强大的军队就不可能在战争中取胜。我军兵源的补充主要来自两个方面：一是将国民党俘虏兵补充部队；一是从地方农民中招收新战士。在根据地尚未巩固时，补充俘虏兵是主要方式。这样做有利有弊：国民党士兵军事技术好，拉过来就能作战。但是他们受反动教育很深，看不起我军，很难管教，在战场上经常发生问题。夏季战役总结会上，二纵政委吴法宪汇报情况说：战役开始时各团都要求补充俘虏兵，在怀德5师补充了800人，很快就逃掉一半。有的跑到四平，暴露我军秘密。4师补充了1200人，每班都摊上几个，就管不了。有的表现很坏，公开宣扬三民主义好；有的打死老战士携枪逃跑；还有的故意违反政策，给我军抹黑。我们的干部战士经常和俘虏兵吵起来，纵队没有办法，只好把这些俘虏拉出来再整训。当然也有表现好的，有个战士连炸七个地堡，但这样的例子不多。

吴法宪反映的是一个带普遍性的问题：单依靠俘虏兵补充部队，是不能保证战斗力的。随着战争的深入，从内地来东北的老战士越打越少，俘虏成分越来越多，就会出问题。要想使我军在短期内得到大发展，还是要依靠广大人民群众，从贫苦农民中征收新战士，建设起强大的野战军。这才是我军发展的根本方向。

从地方农民中征兵补充主力部队，从1946年东北局《七七决议》发布之后就已开始进行了。1946年8月29日东北局《关于补充主力加紧作战准备的指示》明确指出："没有强大的主力，并使它得到源源不绝的兵源补充，就不能有效地、连续地打击和歼灭敌人，因此也就不能巩固地方部队，确保根据地及群众斗争的果实。因此地方党、地方兵团的同志应该自觉的当所谓'兵贩子'，认清源源不断地补充主力，正是地方党与地方兵团的责任。"《指示》宣布东北局的决定："各省委应负责在每个工作区，从自己的地方兵团、县大队和独立营中抽调出二千到二千五百人的建制部队补充各该工作区的主力部队，以保证每一主力师、旅除充实现有三个团外，另增编一个补充团，充实该师、旅到一万人左右。"这项任务要在二十天内完成。[①]

从《指示》下达到1947年8月夏季攻势结束，东北我军部队的兵员补充，主要靠地方政府动员和抽调大批地方武装参军。这样的新兵补入主力部队，要经过审查清洗。凡是当过土匪、伪满国兵、警察的都不能要，有抽大烟恶习、身体不合格的也都要清退回去。这样来回往返消耗很大。新兵到部队后也很不稳定，想家、怕死、过不惯部队生活，逃亡现象严重。

从地方直接向主力部队补充新兵，弊端也不少。农民参军后必须经过一段正规化训练，具备基本作战能力后才能向部队输送。罗荣桓经过反复考虑，建议组建二线兵团来解决兵源问题。1947年7月27日，东北局作出了关于成立二线兵团的决定。组建方法是动员大批翻身农民和工人入伍，抽调一批主力部队和地方部队的干部和老战士为骨干，不经过地方武装逐步升级的阶段，直接编成独立团。经过短期训练后，即补充主力或编成新的师。这项工作由罗荣桓负责主持，各地方军区实施。

8月初于哈尔滨召开了各军区首长会议，决定各军区成立大批独立团，有组织有计划动员参军和组织训练二线兵团。每团定额2500人，第一期计划是成立四十个独立团，征收新兵10万人。到9月底各军区共编成了48个独立团，超额完成任务，10月开始了正式训练。

◎ 东北农民踊跃报名参军

---

① 中共中央东北局：《群众》第4期。

各军区雷厉风行，坚决贯彻了总部的指示。一批训练营地很快建立起来，部队抽调的干部和老战士也陆续到位，枪支、弹药、军服、粮食也都配齐，一批批农村青年来到训练营地，开始了他们的军队生活。到1948年2月第一期组建工作结束时，编成和训练的独立团多达88个，共22万人。这是东北我军建军工作一个空前规模的大发展。林彪对此极为满意，11月16日他与政治部主任谭政、参谋长刘亚楼向各部队发出冬季作战指示，其中有这样一段话："关于冬季作战的补充问题，由于我们东北全党（包括冀、察、热、辽）做群众工作的同志们在乡村工作中的艰苦努力，真正发动了群众。和东北局的领导、组织、供给，使我军现实具备有正在训练中的数十个补充团，人数约在十万以上。这不仅可以补充伤亡，而且还大有多余。这样雄厚的后备力量，也是我们有史以来所不曾有过的。所以冬季作战的补充，比过去任何时候有充分圆满的保证，故我各部绝对无需顾虑补充问题。"

二线兵团组建训练后立即编入主力部队，使主力部队得到及时的补充和扩展。事实证明这是一个行之有效的办法。在建军的这场竞赛中，我军发展的速度远远超过了国民党军队的发展，双方兵力对比由敌强我弱转变为1947年底的基本相等。为了形成优势兵力，与国民党军进行决战，东北民主联军总部决定进行第二期组建二线兵团的工作。1948年1月5日到8日，罗荣桓分别主持召开了北满七个军区会议，讨论第一批独立团的训练和编制、第二批二线兵团的组建问题。在松江军区的会议上，罗荣桓说："目前正在训练的第一批40个独立团，必须在1月底以前每团补足2500人，一个不能少。而且要切实保证兵员质量。第二批独立团，经过同各省委商量，东北局决定再成立126个。其中北满46个，热河50个，南满30个。每团2500人，总计30万人。第一期4月至7月，先完成70个；第二期8月至12月，再完成56个。"

听了罗的指示，大家当时都面有难色。北满已经动员了十多万人参军，再动员二十万人，怎么得了？松江省是征兵的重点地区之一，上级下达的任务是五万人。罗荣桓问在场的松江省委副书记李德仲有没有困难，李德仲坦白地说："有困难。我们已经动员了三万，再动员五万怕是完不成。"

罗荣桓对他说："你们松江土改搞得比较健康，农民有了土地，就会起来保卫胜利果实。这个数字不算主观，我们对农民的觉悟要有足够的估计。

◎ 组建二线兵团参军的东北青年

会后，你们省委研究一下，再答复我。"①

形势果然如同罗政委所说，随着土地改革运动的深入发展和平分土地的完成，调动了广大贫苦农民的积极性。县、乡、村镇层层动员，开大会、戴红花、游行唱戏踩高跷，什么办法都用上了。老百姓有了地，就从心里拥护共产党；前方连连打胜仗，我军的威望就越来越高。越来越多的青年农民积极要求参军，一个镇就能动员两三千人，一个县甚至能动员万人。第二期组建二线兵团，松江省参军达到5.7万人，超额完成任务。原计划组建50个独立团，结果东北解放区加上冀热察军区，共组建起80个团。

1948年12月辽沈战役结束，东北全境解放后，为了入关参加内地解放战争，东北人民解放军总部决定组建第三期二线兵团。因东北解放，需要加强生产建设，大批动员参军已无必要，因此缩小规模，组建编成了21个独立团，这一期训练结束后没有随大军南下入关，而是编入东北军区所属的六个师中。

总之，经过三期组建，共编成和训练了189个独立团，总数为422072人。北满地区编成的各团人员最为充实，每团人数都在2500—3000人。南满地区次之，冀察热辽军区各独立团人员不够充实。东北军区对三期建军工作的评价是："二线兵团训练中之第一期兵员，当时东北处于土改运动之高潮时代，农村中彻底的扫除了封建势力，翻身之贫雇农踊跃参军，阶级成分纯洁，战争观念强，积极性高。第二期兵员，当时东北农村处于土改之末期阶段，因土改运动发生左的偏向，参军中之中农成分，产生不满情绪，因之训练内容除进行诉苦、坦白运动、政治形势等问题提高其阶级觉悟及战争观念外，并进行了一条心运动，逐步提高其政治认识水平。第三期兵员，当时

---

① 《罗荣桓传》，当代中国出版社1991年版，第433页。

东北形势处于全部解放时期，土改运动结束，贫雇农分得了果实，经过纠偏后，中农思想情绪稳定。大批野战军进关，过去被部队清洗出之不合格成分，部分的又渗进来。有些地区曾有滥竽充数现象，入伍后仅进行短期训练，即补编主力。一般地说，第一期二线兵团之兵员成分较好，第二期训练时间较长，教育中收获最大。第三期之兵员次于一、二两期。""二线兵团之各期独立团训练后补入主力及编成的独立师，不仅保证了主力经常的满员及充实的战斗力，且在实战的经验中证明：这些新补入的兵员，很快就学会打仗，政治上的积极性很高，减员现象甚少。主力部队对二线兵员甚为欢迎。"

1947年夏季攻势结束后，为了适应以后更大规模的作战，东北民主联军总部决定对现有部队进行大的调整，扩充原有的老部队，组建新的主力纵队。到1947年9月，东北民主联军共有九个纵队、二十七个主力师；十个独立师；二个骑兵师；一个炮兵司令部（辖四个炮团），一个护路军司令部；三个大军区，十二个小军区。关于各纵队的建制沿革，东北军区编写的《东北三年解放战争军事资料》中有详细记载，并对每个部队的特点作了评价。现择要作简单介绍：

第一纵队：1946年8月以原山东解放区1、2师和滨海支队等部编成，司令员万毅、副政委周赤萍。1947年2月李天佑调任一纵司令员，万毅任政委，梁必业为副政委。万毅调五纵后，由梁必业接任政委。一纵部队从参加秀水河子歼灭战起，在东北解放战争重大战役中都担任主力，是东北各纵中人数最多、装备最好、战斗力最强的部队。下辖1、2、3师。

1师：土地革命战争时期红一方面军三军团4师的老基础，抗战时编入八路军115师，参加平型关之战。后转战山东，发展为山东军区解放1师。进入东北时全师为7000人，长枪4000支，直属总部指挥。后发展为一万二千余人，两次四平作战，1师均为主力。师长原为梁兴初，政委梁必业。他们调任后师长为江拥辉，政委吴岱。1师"历史长，战斗锻炼多，有内战时期红军作风与传统，英勇顽强，执行命令坚决，战斗经验丰富，猛打猛冲的精神很好，不怕牺牲，经得起伤亡，有连续战斗反复冲锋的精神，有顽强性，战斗士气旺盛，防御、进攻、野战、攻坚均备，为东北部队中之头等主力师"。

2师：抗战后期山东军区2师的基础。1945年11月进入东北时全师7500

人，长枪4000支。师长罗华生，政委刘兴元。当时山海关形势紧张，2师未经休整即投入锦州、北镇战斗，部队很疲劳，生活甚苦。1946年改称东北民主联军2师，归总部直接指挥，陆续得到补充，发展到12000人。罗华生调松江军区后，由贺东生任师长。2师"富有朝气，执行命令坚决，战斗性顽强，但次于1师。有突击力，对于攻坚突破较有经验，善于野战进攻，为东北之头等主力师"。

3师：1942年原东北军新编111师的两个团，在中共地下党员、师长万毅带领下于山东起义，被编为八路军滨海支队。1945年9月最先进入东北，全支队3500人，长枪千余支，后扩建为东北民主联军七纵19旅。四平保卫战中伤亡很大，经过补充后，1946年与20旅一起划归一纵，编为3师。师长彭景文，政委刘贤权。该师作战基础好，能担任防御战斗任务。

第二纵队：是原华中新四军3师的8、10旅及独立旅等部队为基础编成。1945年9月，师长兼政委黄克诚、副师长刘震、政治部主任吴法宪率全师四个旅、三个直属特务团共32000人从苏北进军东北。后黄克诚带领师直属部队开辟西满工作，其所辖四个旅归总部直接指挥。1946年初以8、10和独立旅组成西满纵队，1946年8月改编为第二纵队。司令员刘震，政委吴法宪。下辖4、5、6三个师。二纵历史较老，战斗力有基础，攻击力强，各部队均善于野战，是东北部队中之主力军。

4师：红军时期鄂豫皖苏区红二十五军部队的老基础，抗战时编为344旅，属115师建制。皖南事变后南下华中，扩编为新四军3师8旅，进入东北时全旅7200人，装备比山东部队稍好些。二纵成立后改编为4师，师长陈金玉，政委李雪三。该师历史基础较老，战斗积极性好，执行任务坚决，战斗作风很勇猛，但有些莽撞。

5师：红军时期陕北红二十六军的老基础，抗战后编入344旅。南下后扩建为新四军3师10旅。进入东北时全旅8900人，二纵成立后改编为5师。师长钟伟，政委王凤梧。二人后均调出，由吴国章任师长，贺大增任政委。5师"系东北部队中最有朝气的一个师，突击力最强，进步快，战斗经验丰富。攻、防兼备，能猛打、猛冲、猛追，三猛著称。善于运动野战，攻击力亦很顽强，为东北部队中之头等主力师"。

6师：原为新四军3师独立旅，进入东北时全旅6278人，后改编为二纵6师。扩展到12000多人，与4、5师相等。原师长兼政委吴信泉。吴调出后由张天云任师长，石瑛任政委。该师历史较短，老骨干少，战斗作风很稳，吃苦耐劳的精神很好，善于防守。

第三纵队：1945年底，原山东军区鲁中军区地方部队编为山东军区3师和警备3旅，在鲁中军区政委罗舜初率领下进入辽东半岛，1946年初在本溪与冀东十六分区曾克林部队会合，编为东北民主联军第三纵队。受辽东军区指挥。本溪保卫战后，奉命增援四平。四平撤退后退守通化，与辽宁军区合并，坚持南满斗争。三纵组建之初，司令员程世才，政委罗舜初。后以曾克林为司令员。1948年初曾克林调出，由四纵副司令韩先楚接任司令员。三纵部队历史不算老，但战斗力却很顽强，在南满困难艰苦环境下坚持斗争，进步甚快。作风勇猛，能攻能守。为东北部队中之主力军。下辖7、8、9三个师。

7师：原为山东军区3师，进入东北后与曾克林部两个团合编，改为东北民主联军7旅。当时全旅6000人，长枪2000支。旅长曾国华。曾调出后，1946年8月改编为7师，归三纵建制。师长邓岳，政委李伯秋。在四保临江作战中部队伤亡甚大，先后补入新兵9286人。夏季攻势中北满部队南下收复广大地区，才与北满主力会合。"该师战斗力顽强，作风勇猛，战斗积极性高，有朝气；善于夜战及爆破，兼备野战运动与城市攻坚，为东北部队中头等主力师。"

8师：原山东军区3师9团的基础，进入东北时不到2000人，后与曾克林部两个团及新编地方部队一个团组建为东北民主联军8师，师长左叶，政委刘光涛。后与三纵其他两个师一样，扩展到12000多人。关内老战士仅占11%，东北参军者占57%，俘虏占32%。干部多数是抗战时被日本人从关内抓来的劳工，抗战后参军者。8师"战斗作风稳，工作中贯彻性强，老基础少，但战斗力进步很快。攻防兼备，最善于阻击战斗。战斗的顽强性稍次于7师，为东北部队中之主力师"。

9师：原山东军区鲁中军区由地方部队编成的独立旅，进入东北时共3000人，编制装备均不健全。后与曾克林部合编为东北民主联军9师，归三纵建制。师长徐国夫，政委谭开云。部队中山东参军老成分占10%，东北参军及俘虏成分各占45%。"该部队原系山东地方武装的基础，作战力较弱；来东北后在长期战斗中锻炼进步甚快，战斗力有很大提高，顽强性较强，有攻坚之经验。"

第四纵队：1945年10月，原山东军区胶东军区副司令吴克华、政治部主任彭嘉庆率领胶东军区直属机关及五分区地方部队六个独立团组成山东6师，进入东北。当时共有8942人，长枪2250支。该部队在南满一带扩大发展，1946年初编为东北民主联军第四纵队。司令员吴克华，政委彭嘉庆。下辖10、11、12师。四纵与三纵一起坚持南满斗争，战斗作风勇敢，"过去战役中参加进攻及攻坚战斗较少，担任阻击、打援、防御之艰苦的战斗任务较多。参战次数最多，干部战士伤亡很大；部队作战决心很顽强，不怕伤亡不叫苦，执行命令坚决，善于打阵地战，也能打运动战，在防御战斗中有顽强的战斗力。特别是塔山阻击战斗，很有成果，为东北部队中之主力军"。

10师：原山东6师中两个团的基础，进入东北时共3829人，在营口地区扩军后，编为东北民主联军10师。原师长杜光华在四保临江战役中牺牲，由蔡正国任师长，政委葛燕璋。该部队"质量成分好，战斗作风猛，动作快，能打运动战，有突击精神。防御战斗中有顽强的战斗力，曾参加解放锦州担任锦州以南塔山地区之有名的阻击战斗，为东北部队中之头等主力师"。

11师：原山东胶东军区两个独立团的基础，进入东北时约2000人，在辽南地区发展。1946年初编为独立第二支队，受吴克华指挥。四纵成立后改编为东北民主联军11师，师长周光，政委李丙令。该师在南满坚持敌后斗争，伤亡过大，长时期员额不充实。部队质量成分好，战斗作风稳，过去打攻坚战斗少，有防御战斗经验，参加过塔山阻击战。

12师：原山东6师一个团的基础，进入东北时共1900人，以后在辽南地区发展，扩编为独立第三支队，受吴克华指挥。四纵成立时改编为东北民主联军12师，师长江燮元，政委潘寿才。后潘寿才调出，由张秀川任政委。12师战斗作风有朝气，战斗力之顽强性次于10师，有防御战斗经验，在塔山阻击战中表现稳而又猛。

第六纵队：抗战结束后，山东军区将原渤海军区部队三个团编成山东7师，由渤海军区司令员杨国夫任师长；另外三个团的地方部队编为山东8师，刘其人任师长兼政委；1945年9月从陆路开往东北。两个师共12000人，长枪5000支。7师参加山海关保卫战，8师参加热河战斗。1946年2月，两个师先后到达北满，由冀东来的19旅也随7师到达北满。4月三支部队合并编为东北民主联军7师，下辖三个旅。10月7师又与新四军3师7旅合并，编为第六纵队。最初以陈光为司令员，杨国夫为副司令，刘其人为副政委。1947年3月陈光调任松江军区司令，由洪学智任司令员。1948年3月洪学智、刘其人调出，黄永胜任司令员，赖传珠任政委。六纵是个比较老的部队，战斗基础巩固，战斗经验较多，为东北部队中之野战主力军。下辖16、17、18师。

16师：是参加过南昌起义的老部队，红军时期一方面军红一军团2师的基础。抗战时改编为八路军115师的685团。皖南事变后南下华中，改编为新四军3师7旅。进入东北时共9000人，长枪2000支。旅长彭明治，政委郭成柱。1946年10月改编为东北民主联军16师，梁兴初任师长，张池明任政委。后梁兴初调十纵，王东保任师长。部队干部历史很老，文化较低。该部队在我军历史上参加战斗最多，经验丰富，战斗作风勇猛，能攻能守，不怕牺牲。装备好，行军能力强，能打硬拼仗。有朝气，雷厉风行，但也存在简单化、对新战术研究与掌握不够。是东北各野战部队中之头等主力师。

17师：原为山东渤海军区地方部队，由军区直属团、鲁北民兵和收编的土匪武装编成三个团，组建山东7师。到东北参加山海关战斗损失很大，退到北满休整扩大到5199人，编为20旅。旅长刘子奇。六纵成立时改编为17师，师长龙书金，政委徐斌洲。全师7237人。"该部队历史不算很老，战斗作风顽强，进步快。善于夜战及村落战斗，战士很勇猛，长于使用爆破，攻坚力最顽强。1947年夏季攻势之四平攻坚战斗中，参加主攻，纵深战斗十三昼夜，在战术上颇有成果。为东北各野战部队中攻坚力最顽强之部队，为头等主力师。"

18师：原山东8师的老基础。一部分为渤海军区警卫部队，一部分为冀鲁豫边区回民支队。回民支队是1940年冀鲁边津南支队抽出18个回民战士出去扩军，及收编一部分回民武装约400人，编成回民大队；1942年发展为四个大队，编成回民支队；抗战胜利后回民支队1540人编入8师，到达热河，参加保卫热河战斗。1946年1月进入东北，与7师合并，9月改编为18师。全师入东北时共12302人，长枪4331支。师长王兆相，政委陈德。后由阎捷三任师长，袁克服任政委。18师战斗作风有突击性，善于村落战斗及爆破技术，具有攻坚战斗经验。

第七纵队：1947年8月夏季攻势结束后，以西满辽吉军区保安1、2旅及西满独立师组建的新纵队。司令员邓华，政委由辽吉省委书记陶铸兼任，后由吴富善任政委。下辖19、20、21师。七纵是由地方部队编成，游击习气较多。编成纵队后经过各次战斗锻炼，战斗力和顽强性大大提高。在四平攻坚战中部队元气受到损失，不久即恢复。该部队善于攻坚，不善于野战。

19师：原为晋绥军区教导团一个营和冀东军区五个连的基础。两支部队到达沈阳后扩建成东北保安1旅。主要兵源来自东北翻身农民，先后三批补充部队。特别是四平攻坚战后伤亡很大，一次即补入2000人。原旅长马仁兴，在四平攻坚战中牺牲。1947年8月保安1旅改编为东北民主联军19师，徐绍华任师长，邓东哲为政委。19师战斗积极性高，攻坚力顽强，最善于爆破。执行命令坚决，不怕伤亡，进步甚快，为东北部队中之主力师。

20师：我军进入东北后，新四军3师侦察队、陕甘宁边区教导旅2团、延安来的一批干部带领冀东部队一个连分头扩充部队，经过合编调整，1947年1月成立保安2旅，归辽吉军区建制。8月编入七纵，改编为东北民主联军20师。师长刘述刚，政委刘永源。全师关内老骨干仅占10%，其余均为关内新参军的农民及俘虏成分。20师参加攻坚战较多，善于攻坚不善于野战。战斗作风积极，执行命令坚决。

21师：1947年3月以新四军3师两个特务团为基础，加上嫩江军区警卫团组建西满军区独立师，直属西满军区建制。8月编入七纵，改编为东北民主联军21师。师长李化民，政委朱民亲。21师攻击精神旺盛，能猛冲猛打，战斗力次于19师。

第八纵队：1947年4月冀察热辽军区划归东北民主联军总部指挥，8月以军区直属队干部为基础，抽调军区所属各部队组建东北民主联军第八纵队。司令员黄永胜，政委刘道生。1948年1月后二人调出，由段苏权任司令员，邱会作任政委。下辖22、23、24三个师。八纵除23师有原红九军团一个团和八路军总部警卫营的老基础外，都是新部队。过去处于独立分散的游击作战环境，斗争艰苦，部队装备很差。参加大规模战斗少，但很能吃苦，行军能力强，保持了红军时代艰苦朴素的优良传统。成立纵队后经过几次较大的作战锻炼，战斗力提高了一步。

22师：原为冀察热辽军区独立13旅，是由冀东、冀中和晋察冀军区调到热河的部队合编组建的。1947年8月编入八纵，改为东北民主联军22师。12月补充新兵2676人，解放战士3719人。部队中党员占35%。师长吴烈，政委陈仁麒。22师执行战斗命令坚决，有顽强性，能担任攻坚及野战任务，不善防御。

23师：是以八路军总部特务团（原红九军团老部队）为基础，加上热河军区警卫团等部队组建成冀察热辽军区独立16旅，编入八纵后改为23师。师长张德发，政委谢家祥。该师老骨干多，但缺乏朝气，攻坚经验少。

24师：原冀察热辽军区27旅的基础，是由晋察冀和冀中军区到热河的部队组建的。一部分被日本人抓到东北做苦工的华北抗日战士，被解放后在沈阳扩军，组成一个团带到锦州，被编入27旅。八纵成立后改编为23师，师长丁盛，政委韦祖珍。24师过去参加游击战多，部队能吃苦，有朝气，进步很快，夜战动作快，能担任攻坚。但游击习气较大。

第九纵队：1947年夏季攻势结束后，冀东军区主力与地方部队分开。8月以冀东三个独立旅组建东北民主联军第九纵队，司令员詹才芳，政委李中权。下辖25、26、27三个师。

25师：由冀东独立10旅改编组成。是冀东四个军分区的基干部队在抗战结束后合编组建的。九纵成立后改编为25师，师长曾雍雅，政委徐光华。该师战士77%是抗战后参军的，党员占24%。该师战斗力有突击性，行军力强，能吃苦，出关参战后进步很快。

26师：由冀东独立11旅改编组成。抗战后期冀东县区游击队的基础，后进行合编，组建为独立11旅。九纵成立后改编为26师，师长萧全夫，政委李振声。该师没有老骨干部队，干部绝大多数是青年。部队富有朝气，战斗情绪高，作风勇猛，执行命令坚决。善于野战不善于攻坚。

27师：由冀东军区独立9旅改编组成。抗战结束后，冀东军区将县区游击队扩编为所属三个分区的警卫团，组建独立9旅，配合主力部队参加保卫热河战斗。九纵成立后改编为27师，师长任昌辉，政委王文。出关后参加正规作战，该师有游击战经验，正规战斗经验不足。

第十纵队：1947年9月在敦化组建。以北满、东满军区部队为主，从一、六纵队抽调部分人员充实编成。司令员梁兴初，政委周赤萍。下辖28、29、30师。

28师：红军时期红二方面军六军团的老基础，抗战时改编为359旅，在延安保卫党中央。1944年夏王震旅长带三个团南下华中，1945年6月刘转连、晏福生带领留延安的359旅余部南下途中奉命开往东北。在鞍山、辽阳扩建两个团后，1946年初到达北满合江，改编为东北民主联军独立1师，担任剿匪任务。后参加三下江南作战，十纵成立后改编为28师，师长贺庆积，政委晏福生。

29 师：原东满独立 3 师改编。1947 年 2 月以吉北军分区的三个县保安团加上长春县公安大队为基础，扩编成三个团，组建独立 3 师。师长曹里槐，政委伍晋南。经过配合主力作战和剿匪战斗，十纵成立后改编为 29 师。师长刘转连，政委卓雄。该师大部分为东北参军战士，朝鲜人占 15%，俘虏占 30%。该师有朝气，战斗力进步快，能打运动战。

30 师：原东满军区独立师改编。东满独立师是 1946 年初由延边朝鲜群众和吉林东边几个县武装扩建而成的，师长由东满军区副司令赖传珠兼任，政委由东满军区政治部主任唐天际兼任。十纵成立后改编为 30 师，师长方强，政委孔石泉。该师朝鲜族、翻身农民、解放战士各占三分之一，部队年轻有朝气，吃苦精神很好，接受新事物快，战斗情绪高，作战经验较少。

东北民主联军总部在完成第一步整编建军任务后，补充了老骨干的五个纵队，新组建了七、八、九、十四个纵队。阵容大为加强。1947 年 8 月 18 日，林彪、罗荣桓向毛泽东作了汇报：

一、现已编成九个纵队（内热河、冀东各一个纵队缺一个师），外有六个独立师（内东北三个步师、一个骑兵师，热河两个步师），共三十二个师。最大的师一万一千人，小的五千人，半数的师人数为六七千人，约计二十二万人。军区地方武装及后勤约计二十二万人。

二、东北各军区于秋季完成三十八个独立团（二千人以上），除秋冬两季作战伤亡准备补充四万六千人在外，明年春季开始可能完成十一个纵队编成（充实三万五千人），可能达到四十万野战军。并继续发展地方武装十五万人，明年春季又可能成立第二批独立团。这一建军任务使我们最感困难的是东北目前财政还未完全统一，明年春季要解决一百万人（包括党政军）的供给恐怕有些来不及。

三、经过五十天夏季攻势作战，特别是四平战役伤亡三万多人。四平战役伤亡很大，占其一半。连营两级干部伤亡很大，一、六纵队几占半数。八月十日前新兵可以全部补齐，经过一个半月整训后，一、六纵队（主力）战斗力还不可能完全恢复。估计下一次出动作战最早在九月底。

1947 年 9 月，东北我军如期发起秋季攻势，战局的发展越来越有利于我军，战争规模的扩大和我军解放城镇日益增多，要求我军进一步扩编发展。12月中旬东北局举行会议，定下1948年组建60万正规军的建军方针。

根据中央军委命令，1948年1月，东北民主联军改称东北人民解放军，区分为东北军区和东北野战军，原东北民主联军总部机关改为军区兼野战军领导机关。林彪任司令员兼政委，罗荣桓任第一副政委，高岗任第一副司令员兼副政委，吕正操、周保中、萧劲光任副司令，陈云、李富春任副政委，刘亚楼任参谋长，谭政任政治部主任。从1947年开始的冬季攻势结束后，东北野战军又开始了新的建军和补充主力部队的工作。大批训练好的二线兵团被编入主力纵队，1948年2月，又以九个独立师编成第五、第十一和第十二三个纵队。

第五纵队：1948年2月以南满的三个独立师改编组建。司令员万毅，政委刘兴元。下辖13、14、15师。

13师：原南满独立1师的基础。1945年11月山东军区胶东部队进入东北，在安东地区扩军，编成安东保安总队。后与辽南军分区合编为辽南独立师，1947年8月改为南满独立一师，五纵成立后改编为13师。师长徐国夫，政委丁国钰。全师老骨干很少，70%为东北参军成分，25%为解放战士，共一万人。该师作战有突击性，有朝气，作战动作猛，有游击战经验。

14师：原南满独立2师的基础。1945年底冀东部队一批干部到通化发展，建起一个独立团。尔后胶东军区一个团进驻通化，与独立团合并成立通化支队，坚持敌后斗争。后改名为杨靖宇支队，发展到一万人，1946年7月改称独立2师，归辽宁军区指挥。五纵成立后改为14师。师长彭龙飞，政委谭文邦。14师游击战经验多，有朝气，有猛冲精神，战术质量较低。

15师：原南满独立3师的基础。原安东军区的保安部队，1947年10月编为辽东独立3师，归安东军区建制。五纵成立后编为15师，共九千多人。师长胡继成，政委何善远。该部队原系地方武装，战斗历史不长，善于行军和游击战。

第十一纵队：1948年3月以冀察热辽军区三个独立师改编组建。司令员贺晋年，政委陈仁麒。下辖31、32、33师。

31师：原冀察热辽独立1师的基础。抗战胜利后晋察冀分区一个团、冀东一个团进入东北，在锦州、北票地区发展一批工人参军，回到热河后组建独立17旅，1947年8月改编为独立1师，十一纵成立后改为31师。师长欧致富，政委谢镗忠。该师战士大部分为热河人，作战顽强，有朝气。

32师：原冀察热辽独立2师的基础。原属晋察冀部队，经过调整和补充新兵后归入冀察热辽军区建制，1947年10月组建为独立2师。十一纵成立后改为32师。师长李光辉，政委刘禄长。32师长期在当地坚持斗争，游击战、山地战均富有经验。

33师：原冀察热辽独立3师的基础。1947年10月以军区下属分区地方兵团组成独立3师，十一纵成立后改编为33师。师长周仁杰，政委钟文法。该师连以下干部战士绝大多数为抗战后入伍，在热河地区坚持斗争。部队战斗情绪高，能吃苦，缺乏正规作战经验。

第十二纵队：1948年3月以北满三个独立师及松江军区机关抽调一部分人员组成。司令员钟伟，政委袁升平。下辖34、35、36师。

34师：原东北民主联军独立2师的基础。1945年底，温玉成率华中两个团（班以上）的干部来东北，编入松江军区，扩编为三个团，1946年底组成独立2师，配和主力参加三下江南战斗。成立十二纵后，改编为34师。师长温玉成，政委谭友林。该师有朝气，战斗力进步很快，战斗作风顽强。

35师：原东北民主联军独立4师的基础。1945年底山东北海军分区的一个团来东北，在安东组建辽东军区第二支队。后转入北满归松江军区建制。1946年10月编为独立4师，参加三下江南战斗。成立十二纵后，改编为35师。师长王奎先，政委粟在山。该师战斗顽强，进步快。

36师：原东北民主联军独立5师的基础。1945年底，进驻哈尔滨的部队撤到西满，扩编为嫩江军区武装。1947年9月军区以两个警卫团、一个保安团加上1700名龙江新兵，组建独立5师。十二纵成立后改为36师。师长沈启贤，政委王建中。该师对进攻战情绪高，不善于防御战。

在上述独立师改编纳入三个纵队后，东北野战军又以二线兵团和地方部队组建了十一个独立师和一个骑兵师，分属北满、南满和东满各军区。冀察热辽军区又组建了五个独立师，加上各军分区直属机关和部队、炮兵、第二期组建的二线兵团86个独立团，东北人民解放军在1948年4月总计为98.8万人。这支迅速建成的强大军队，对国民党军形成了绝对的优势，使东北局势的发展不可逆转地朝着全面解放的道路前进。

第十七章

# 秋季攻势——全线出击

毛泽东指示出击——辽西三战三捷——远程奔袭抓住敌人——华北敌军来增援——杜家窝棚遭遇战——攻克朝阳、德惠——大意轻敌要吃亏——"陈诚真能干,火车南站通北站"

≫

　　1947年8月陈诚到东北上任,他积极调兵遣将,目标是在六个月内恢复国民党军队在东北的优势,收复一切失地。陈诚认为:过去杜聿明的失误是没有把北宁路锦州到沈阳段以西的共军彻底肃清,以致关内关外的联系经常有被切断的危险。为此,他将刚从苏北调来的王铁汉的49军和华北抽出的第43师投入到热河东部地区,命令他们在短期内将北宁路沿线活动的共军扫荡干净。在中长线上,陈诚将过去的"全面防御"改为"机动防御",有计划地收缩兵力,保卫重点城市。总之,他的战略方针是"确保北宁,打通锦承,维护中长,保护海口"。郑洞国等将领也认为,陈诚的部署从理论上说是合理的。①

　　与此同时,东北我军完成了休整补充,并组建起新的主力纵队,林彪、罗荣桓向毛泽东报告他们下一步的作战计划。8月29日毛泽东复电:"(一)计划甚好,甚慰。(二)希望你们能于九月下旬开始作战,配合南线。(三)新的作战,似宜以有力兵团进攻山海关、沈阳线上之敌,以另一有力兵团进攻中长线上之敌,以求分散敌人,各个击破,重点放在中长路或山沈路,由你们酌定。"②三天后,毛泽东又以中央名义向各分局下达了《解放战争第二年的战略方针》的指示,要求各野战军"举行全国性的反攻,即以主力打到外线去,将战争引向国民党区域"③。作战方针是"先打分散孤

---

①《我的戎马生涯——郑洞国回忆录》,团结出版社1992年版,第462页。
②《毛泽东军事文集》第4卷,军事科学出版社、中央文献出版社1993年版,第220页。
③《毛泽东军事文集》第4卷,军事科学出版社、中央文献出版社1993年版,第226页。

◉ 我军向北宁线进军

立之敌，后打集中强大之敌。先取中、小城市和广大乡村，后取大城市。以歼灭敌人有生力量为主要目标，不以保守和夺取地方为主要目标"。①

接到中央指示，林彪、罗荣桓决心于9月下旬发动秋季攻势。首先以冀热辽军区主力向国民党兵力薄弱的北宁线进攻，切断关内和关外的联系，乘国民党军主力向西增援，出动南满和北满的六个主力纵队沿中长铁路出击，在长春与四平之间寻机歼敌。为了贯彻毛泽东的作战意图，加强作战指挥，决定成立两个前线指挥所：由辽东军区组成第一前线指挥所，萧劲光任司令员，萧华任政委，统一指挥南满的三纵、四纵和三个独立师。由冀热辽军区组成第二前线指挥所，程子华任司令员，黄克诚任政委，统一指挥八纵、九纵和北宁线作战部队。

9月6日，国民党军三个师由绥中、兴城、锦西分三路向我冀热辽部队集结地建昌进攻，以维护锦州至山海关铁路的畅通。程子华、黄克诚原计划指挥部队大破北宁路，得到国民党军出动的消息，临时改变计划，命令八纵、九纵迅速出发，集中兵力寻找战机，争取歼灭来犯之敌。

黄永胜指挥的第八纵队，是冀热辽军区地方部队组建起来的新纵队。黄

---

① 《毛泽东军事文集》第4卷，军事科学出版社、中央文献出版社1993年版，第229页。

永胜是湖北咸宁人，1927年参加秋收起义，毛泽东在三湾改编，拉起队伍上井冈山，黄永胜是其中一员。后来他长期在林彪部下，长征时任红一军团2师师长。抗战时他任教导2旅旅长，到晋察冀军区工作。1945年10月他奉命带领教导旅出发去东北，到承德被留下来开辟根据地。当时大家都想去东北，承德只是被当作一个中转站，干部战士都不安心，组织机构也没有很好建立起来。结果到1946年9月国民党13军进攻承德，我军无法实行顽强的抵抗，被迫放弃了承德、赤峰。仗没打好，冀热辽的干部心里都很窝火。当他们划归东北民主联军总部指挥后，大家的情绪又高涨起来。这是编成纵队后的第一仗，大家都决心打好。

但是八纵、九纵的武器装备与关外的纵队相比，是差得远了。武器不要说，连队里有三分之一的战士没有鞋穿，是光着脚行军作战的。但是这并没有降低大家的战斗热情。八纵接到前线指挥所的命令，迅速从建昌出发，向锦西西北山区的新台边门梨树沟门地区前进，准备在那里迎击国民党军。

1947年9月13日夜里，当八纵24师到达梨树沟门时，与国民党军遭遇了。侦察部队跑回来说是敌人的"花子队"（地方武装），不过两千来人。我军24师有三个团，还有22师的一个团配合战斗，师长丁盛以为四个团打这点敌人没有问题。打起来才知道是国民党暂编50师，有3000多人。开始战斗很不顺利，先头部队几乎被敌人冲散，24师72团在运动中扑了空，22师的66团又走错了路。黑夜中国民党军也不知我军有多少人，72团和66团听到枪声，不等命令便往梨树沟门跑，终于抓住了敌人，形成了两倍于敌的优势。丁盛命令发起攻击，集中三个团首先消灭了50师的2团，又转过头来集中四个团消灭50师的1团。在我军打击下，敌军大部分被歼灭，跑掉一部分。八纵指挥员还直后悔，要是用两个师来打，一定全歼50师。

国民党军在梨树沟门挨了打，进至新台边门的暂编22师急忙后退，撤到距锦西不远的杨家杖子，杨家杖子是一片山间谷地，日本人在这里开过铝矿，有些坚固的房子可以驻扎部队。为了抓住暂22师，八纵部队以急行军速度猛追，9月15日夜里，八纵23师赶到杨家杖子，截住了敌人。黄永胜得到报告，立即从二十里外的后方赶到前线，亲自看地形，下达作战命令，要22师和独立1师火速赶到，围歼敌人。刚刚结束梨树沟门战斗的24师也不顾疲劳赶到，担任打援。

16日下午4时，总攻开始。我军从三个方向向杨家杖子之敌发起冲锋，战士们抱着炸药包连续爆破，仅半小时就突破敌军的铁丝网，打乱敌人的防御体系。22师的三个团向铝矿公司以南的毛家屯迂回，切断敌军退路。在我军优势兵力的强大打击下，敌军很快陷入混乱，从杨家杖子向南溃退。由于22师的迂回动作不大，致使敌军一部逃脱。黄昏时战斗结束，八纵又打了一个胜仗。

陈诚在沈阳获悉共军在北宁线大举反击，暂50师和暂22师相继惨败的消息，十分震惊。在军事会议上他提出要驻锦州的49军向杨家杖子进攻，挽回被动局面。郑洞国等将领极力反对，认为锦西地区共军甚多，49军孤军深入是凶多吉少。陈诚认为北宁路安全事关重大，强行命令49军军长王铁汉率105师向杨家杖子出击。9月19日，王铁汉率49军的79、105师（各欠一个团）四个团一万多人到达杨家杖子和毛家屯周围约四平方公里的地区集结，准备报复我军。

前线指挥所责成黄永胜负责战斗指挥，并令詹才芳率九纵火速赶来，参与包围和歼灭敌军。王铁汉鉴于暂22师失败的教训，到达杨家杖子后就马上命令构筑工事，防御比上一次大大增强。黄永胜观察敌情之后，决定以八纵22、23、24师和独立1师共四个师十个团的兵力，从北面形成两把尖刀重点突破。九纵则布置在杨家杖子以南和东南的要道上，进行阻击和打援。

9月21日13时，第二次杨家杖子战斗打响。我军仍像上次一样，在火力掩护下向敌人的前沿和碉堡进行爆破。敌人以猛烈的火力进行封锁，并组织反冲锋。我军第一次进攻进展不大，仅夺取杨家杖子以北和东北的几块阵地。夜晚，天下起大雨，战士们浑身上下被淋得透湿。纵队首长没有迟疑，下令各师发起第二次进攻。23师70团负责主攻松树山敌79师阵地，团长以3营为第一梯队，3营也采用"三三制"战术，以9连主攻。9连连长李孟飞带领一个尖刀排向敌军小山头阵地运动，团里集中全部火力，八挺重机枪、十二挺轻机枪、二门迫击炮、五门六〇炮进行支援。9连以班为战斗队形，迅速接近敌军阵地。敌人的哨兵发现后，马上向后跑，轻重武器一齐开火，封锁前进道路。李连长看了一下地形，马上下令2排迂回，3排掩护，他带领1排从正面往上冲。敌人的火力稍一停顿，连长就喊："敌人动摇了，快点冲呀！"有个战士还趴在地上打枪，连长喊道："你再打枪我揍你了，快上，你上得越快敌人越打不着你！"连长将队伍疏散成"三三制"队形，前边一个班，后边两个班，从两边往上冲。敌人发现了李连长，集中火力向他

◎ 杨家杖子战斗中俘虏的国民党军士兵

射击，李连长左右运动，一边打滚一边前进，就是不停下来。敌人终于顶不住了，丢弃阵地向山后跑。9连攻占山头，只用了二十多分钟。[1]

敌军被压缩在杨家杖子和毛家屯两个村子内，王铁汉倚仗部队的强大火力，组织顽强抵抗和反冲锋。他命令下属："共军攻击时前面的人总是很少的，我们的对策是将他们放进来，消灭在阵地前面。"49军有不少是两广的老兵油子，战斗力不次于13军。我军每占领一个据点，敌人马上就来个反冲锋。战斗形成了拉锯状态。王铁汉不断向陈诚呼救，要求"无论如何，援军要于22日在杨家杖子会师"。

当我八纵向杨家杖子之敌发起攻击后，陈诚命令锦州守备的全部主力部队——49军的26师、暂编第60师及暂编18师、22师各一个团由锦州、锦西紧急增援。八纵24师和九纵26师将增援敌军阻挡在虹螺蚬、连山、五岭山一线，双方展开激烈战斗。敌军暂22师向我26师阵地连续进行十多次冲锋，在五岭山的76团一个班顶住了敌军十四次进攻，全班只剩下三个人。

战斗到了关键时刻，杨家杖子的敌军还在负隅顽抗，外围与敌人的援军也在激战之中。我军的战士在雨中战斗了一整天，粮食已经吃光了。这里地贫人稀，没处去找粮食，战士们饿得到山间地里挖红薯、掰生玉米吃。是打到底还是撤，黄永胜等经过研究商量，指挥员们认为：战斗还没有到山穷水尽的时候，敌人也快要坚持不住了，我们决心打到底。[2]

9月22日是决定命运的一天。中午，黄永胜下了死命令："现在战斗已进至胜败关键，决心于黄昏前解决战斗。各部队按前号令执行，完不成任务

---

[1]《东北民主联军第八纵队两次杨家杖子战斗资料汇集》，军事科学院图书馆藏。
[2]《1947年10月10日八纵给东北民主联军总部的报告》，军事科学院图书馆藏。

者，按级执行军纪!"他下令各师将预备队投入战斗，进行第三次总攻击。全纵队集中所有火力，实施勇猛冲击。王铁汉终于丧失了斗志，黄昏时下令各部分散突围。他自己带领卫队先逃跑了。

敌军溃退之时，天又下起了暴雨。八纵的干部战士也都又累又饿，有的连队到房子里躲雨。22师首长见敌军溃散，命令各团不要怕疲劳，抓住时机猛追。64、65团坚决执行命令，地上到处是敌人丢弃的枪支物品，有的战士弯腰去拾，被连长严厉制止。谁也不许捡东西，不能给逃跑的敌人喘息机会。22师不怕打乱建制，有的失去联络也不等待，战士、炊事员、马夫都投入了追击，没有鞋穿的战士光着脚追了十几里地。数千敌军在我军前堵后追下，完全丧失战斗力，纷纷缴枪投降。64团的一个担架员马田，在抬伤员的途中遇到敌人溃兵。他机智地藏起伤员，冲上去喊交枪。敌人慌乱之中也不知有多少人，乖乖地把枪交了。马田用这支枪连捉五个敌人，其中还有一个骑马的营长。这说明：敌军溃退的时候，是扩大战果的最好时机。22师在追击中大大尝到了甜头，缴获空前。而独立1师正在敌军退路上，由于师团干部落在后面，连排干部也不知应当追多远，追了一阵就停下来，本应缴获最多而实际最少。师里总结经验时后悔不迭，表示以后再有这样的事，再疲劳也要追到底。[1]

第二次杨家杖子战斗结束后，八纵、九纵又打扫了一天战场，从梨树沟门战斗开始，我军三战三捷，共歼灭国民党49军军部和79、105师的四个团，暂50师两个团，暂22师、暂60师、暂18师各一部，总共1.2万多人。缴获的武器足够装备两个整编团，各种物资就更多，使装备落后的八纵、九纵大大改善了条件。这是冀热辽部队打得最漂亮的一仗，受到东总的嘉奖。战斗结束后，八纵、九纵在地方武装和民兵配合下，于9月28日到30日彻底破坏了锦州到山海关的铁路线，遵照林彪的电令，"采取铁路大翻身破坏法，将枕木电杆烧掉，水塔车站破坏"。切断了国民党军队关内与关外的联系。[2]

八纵、九纵在锦西地区的三次作战，提前拉开了东北我军秋季攻势的序幕。陈诚听说锦州告急，命令驻铁岭的新6军两个主力师乘火车增援锦州，

---

①《东北民主联军第八纵队两次杨家杖子战斗资料汇集》，军事科学院图书馆藏。
②《东北人民解放军司令部阵中日记》，中共党史资料出版社1987年版，第383页。

同时请求华北的傅作义派兵北上增援。陈诚的这一通调遣，造成了中长铁路国民党军的兵力空虚，为我军创造了机会。9月26日，林彪、刘亚楼命令东北各纵队发起秋季攻势。

双城东北民主联军总司令部顿时忙碌起来，林彪一天发出十几道命令，各部队迅速出发。南满的三纵一马当先，从辽源出发到西丰附近集结。8师在钓鱼台地区集结时被敌人发现，过早暴露目标，西丰、莲花街和叶赫的国民党军相继撤退。林彪命令三纵追击敌人，并命令其他纵队提前一天进入战斗。

30日三纵的7、9师以急行军速度冒雨前进，一路避开村庄，严密封锁消息，昼夜兼程二百多里，于10月1日上午在威远堡门围住了国民党53军的116师主力。2日早晨，7师19团在炮火掩护下攻占威远堡门的制高点天王山，随后7师、9师向敌军发起全面攻击。116师慌乱起来，开始向开原方向突围，半路上被9师25团截住，几千人当了俘虏。与此同时，三纵8师尾随西丰溃退之敌，将其歼灭于拐磨子；四纵10师和12师也先后消灭了八棵树、貂皮屯的两个团敌人。三天之内，三纵和四纵共歼敌8000多人，直逼开原、铁岭。

国民党军队遭受打击后，迅速收缩在铁岭、开原、四平等几个城市内。开原有敌人四个团，战斗力较弱，林彪指示第二前线指挥所的萧劲光、萧华

◎ 攻克彰武

指挥三纵、四纵拿下开原，令一纵、二纵阻击四平增援之敌。不料情况发生变化，新6军主力突然返回铁岭，辽吉一分区地方武装未能完成破路计划（实际上指望他们挡住新6军也是不现实的），我军又没有完成进攻准备，林彪遂决定放弃进攻开原，转而破坏中长铁路。邓华的七纵仍按计划发起进攻彰武战斗，于10月7日攻占该城，歼灭守敌暂57师的一个团。

打了几天的仗，林彪觉得没有达到大量歼灭敌军的预定目的。主要是敌人逃得太快，原来的"四快一慢"战术不适应这些新情况。10月5日他发电报给各纵队说："经数日战斗，除五十三军四个团被我全歼外，其他散居各地保安队及营以下之正规军，大部逃走或全部逃走。根据以上事实，今后战斗作风与战术应注意以下几点：一、敌之地方部队皆丧失顽抗的信心，因此奔袭发起点应在八十里至一百里以外，且不可过早进入与长时间停止于该地点。二、对上述敌人须使用优势兵力（四倍左右），采取有重点的四面包围，并须先切断其退路，在我迂回部队尚未打响时，正面部队注意隐蔽。如已被敌发觉，则应猛冲猛打。三、遇敌少数游击队应迅速猛打猛追，以免其逃掉。四、遇敌正规军主力撤退时，应迅速猛打，以抓住和歼灭该敌，以免其逃掉。"①

林彪电报的主要精神就是要尽可能抓住敌人，不要让敌人逃掉。但是我军全靠两条腿行军，在东北大平原上要想隐蔽行动，不是一件容易事。国民党军也比以前狡猾多了，他们早已失去了去年的骄横，看到形势不好，坐上汽车就跑。所以我军跑来跑去，想打大歼灭战的计划很难实现。

陈诚在辽西吃了亏，向南京告急。蒋介石于10月8日匆匆飞到沈阳，开了半天会。陈诚汇报了情况后，蒋介石提出了"巩固沈阳及其与关内的交通联系，加强沈阳以北各据点的守备力量，以求确保"的方针，命令新6军回到铁岭。同时应陈诚的请求，将华北的92军24师、94军43师、13军54师、暂3军的10、11师和骑兵4师共六个师兵力支援东北。开完会后，蒋介石马上飞往北平，催傅作义派兵北上增援。

华北国民党军在第17兵团司令侯镜如指挥下，开始沿北宁路向东北增援。他吸取了王铁汉的教训，不分散兵力，稳扎稳打，步步为营。虽然前进得慢些，但始终不让我军抓住他的弱点。这样八纵、九纵就没有好仗可打，

---

① 《东北人民解放军司令部阵中日记》，中共党史资料出版社1987年版，第403页。

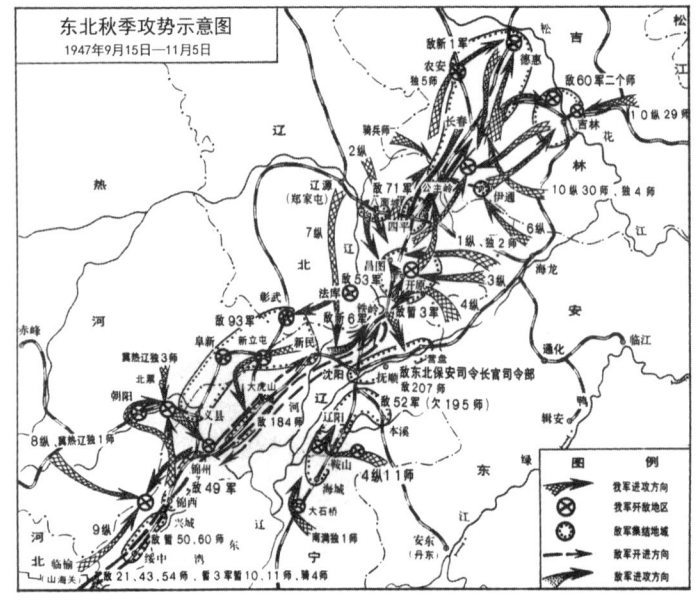

◉ 东北秋季攻势示意图

10月中旬，华北敌军前进到阜新，与东北国民党军会合，重新打通了北宁线。

辽西没有机会，林彪将作战重心转到四平以北地区。他命令一、二、三、四、六共五个纵队在中长铁路四平至长春区间活动，引敌出洞或围城打援，希望能将新1军引出来，在运动战中予以打击。同时命令七、八、九纵在辽西继续寻找机会，打击华北增援之敌。

此时，北满天气已渐寒冷，一、二纵为了补充棉衣，暂缓几天出动。辽西先行动起来。10月9日，七纵一天强行军一百五十里，奔袭新立屯。守敌暂57师还没来得及准备，七纵就于10日发起攻击。仅用一个多小时就占领了新立屯，歼灭57师两个团及部分保安队。17日，七纵又攻克阜新，歼灭暂51师师部和一个团。正向沈阳前进的华北敌军侧面受到威胁，便调转头来进攻七纵。七纵19师在彰武西北的杜家窝棚，突然与国民党军195师的两个团遭遇。由于敌军以坦克和装甲车在前面冲锋，正面迎敌的1团1营自行放弃阵地向后撤退。后面的3团以为是全师撤退，也跟着撤。敌军乘虚冲到师部门前，打乱了我军师部与各团的联系。1团的2营和3营就地顽强抵抗，2团也迅速发起反击，伤亡就很小。3团在撤退时掌握不住部队，伤亡200多人。在这种不利情况下，19师只好撤出战斗。这对七纵是很深刻的教训，任何时候都不能轻敌，在遭遇突然情况时，一定要有应急的措施。事后，师部向纵队首长和总部写了报告，总结了经验教训。①

在七纵连续作战的同时，八纵与九纵相互配合，进攻朝阳。根据前线指

---

① 《19师杜家窝棚遭遇战经验总结》，军事科学院图书馆藏。

挥所的部署，八纵打援，九纵攻城，独立3师在北票方向策应。朝阳有敌暂50师等4000多人据守。九纵于20日出发奔袭，途中27师遇见小股敌人，耽误了时间，未能按时到达指定位置，朝阳城外2000多国民党骑兵乘机逃跑。21日夜里九纵开始攻城，因时间仓促，前进道路没有侦察清楚，结果打起来各部不能协同，当夜的进攻没有成功。九纵司令员詹才芳召集师、团首长研究情况，现地侦察，迅速定下了突破口。22日晚间再次发起进攻。第一梯队的78团2营攻击受到敌军火力封锁，没有成功，指挥员很机智，仍集中火力进行佯攻，而派三名战士到另一地点将铁丝网破坏，工兵抱着炸药连续爆破，把城墙轰开一个口子。一点突破后，二、三梯队迅速跟进，二十分钟就冲进去五个营。敌军防线顿时混乱起来，我军猛冲猛打，将守敌2000多人全部歼灭，到战斗结束，只用了六个小时。这是九纵组建以来打得最漂亮的一仗。

当我军猛攻朝阳时，华北国民党92军军长侯镜如指挥21、43师由新立屯急速回援朝阳，企图解围。10月28日到达义县。程子华、黄克诚在前线指挥部下达命令，集中八、九纵队和其他部队共八个师，在义县以西的九关台门、代官堡地区布下口袋，准备围歼敌人。但是国民党军非常谨慎，侦察兵与部队拉开二里的距离，确保部队安全，到宿营地后不顾疲劳，立即构筑工事、控制制高点、部署好火力，随时准备应付我军的进攻。31日我军与敌人开始交火，八个师从四面八方向敌军阵地发起攻击。战斗进行得十分激烈。金凤山高地是敌人的主要制高点，有两个营把守。我军的三个师从几面突击，经过反复争夺，终于占领金凤山。11月1日上午，敌人的阵线崩溃，分头向东突围。我军不等待命令，便转入多路追击。骑兵师的快速冲锋使敌军遭受很大伤亡，战斗到2日结束，我军共歼敌6000多人。至此，辽西的作战基本结束。[①]

10月16日，北满我军主力开始行动。六纵向吉林市周围的口前、桦皮厂、江密峰等地发起进攻，守敌望风而逃。独立4师包围九台，因封锁不严，敌军突围。独立5师则一举攻占农安，消灭敌人地方武装七百多人。随后，他们转向德惠，配合十纵30师进攻。我军去年三下江南时曾在德惠打

---

① 中南军区司令部编：《中国人民解放军第四野战军第三次国内革命战争战史》，1955年初稿。

◉ 德惠战斗中被俘的国民党军士兵

过一场恶战。现在德惠守敌是暂53师的一个团和部分保安队，兵力弱士气低。但是前沿壕沟地堡密布，还能顽抗一阵。19日夜里我军各部队冒雨强行军一百多里，守先占领饮马河大桥，切断敌军退路。但是30师师长方强并没有急于进攻，他们仔细侦察了地形，研究好战术配合，配备好火力，经过充分准备，20日下午，炮兵在200米的近距离内向德惠守敌进行抵近射击，很快轰开一个突破口，攻击部队迅速出击，从两个方向冲进城里。仅用两个小时，就全歼德惠守敌，占领了这座重要城市。

但是四纵在向抚顺外围的营盘村进攻时，却很不顺利。当时那里只有不到一个团的敌军，属207师1团。我们以为那里不是敌军重点防御区，可能一打就跑。没想到敌军进行了顽强抵抗。10月18日，四纵扫清外围之后，由10师的28团和12师的36团担任主攻营盘的任务。当时以为村里只有少数残敌，部队未经准备，也没等炮兵来到，便于夜间发起进攻。28团的两个连冲到外壕沟的边上，才发现有壕沟，跳下沟又发现有铁丝网，因为没带炸药，只好后撤。敌军集中六〇炮向壕沟里打，造成我军伤亡近半，只好撤离。

19日晚36团再次发起攻击。这次团里集中两门山炮、两门迫击炮和三门六〇炮、六挺重机枪、十二挺轻机枪，强大的火力一齐开火，完全压倒了敌人。突击队3营8连只用几分钟就突了进去，炸毁敌军核心地堡。敌人纷纷向街里逃跑，1营马上跟进，连续占领了几个大院，俘虏了近四百敌人。这时，干部战士以为战斗结束，便从工事里跑出来，押俘虏，看热闹，又喊又叫，村里的敌人集中炮火突然射击，我军伤亡百余人，跑掉了一百多俘虏。这次攻击又失利，36团伤亡较大，只好整理队伍，明天再攻。

20日上午，四纵正准备再次进攻，抚顺方向的敌军14师、195师在飞机掩护下前来解围。面临不利的局面，四纵首长决定撤出战斗。

营盘战斗我军无论是人数还是武器都占绝对优势，但是却没拿下来，主要是轻敌，没有集中火力猛攻一点。在消灭一部分敌人后就被胜利冲昏头脑，放弃连续进攻，以致先胜后败，这些教训是很深刻的。[1]

在秋季攻势中，一纵、二纵这两大主力一直没捞着大仗打。原来林彪打了埋伏，想把新1军引出来在运动中消灭。所以他命令六纵猛攻吉林外围，让一纵和二纵守在中长路长春和四平之间。如果新1军从四平出援，就发动一个大战役，让一纵和二纵吃掉它。10月28日，陈诚命令新1军从四平回援长春，11月2日，二纵在范家屯附近的季家堡子抓住了新1军的150团，当时是遭遇战，二纵前卫部队抓到俘虏后问明情况，纵队首长立即下令向敌猛攻，各部队干部迅速查明地形，组织火力，接通电话，很快完成战斗准备。我军炮火刚一射击，敌人就动摇起来。预定进攻时间还没到，各部队就分头冲了上去，仅用三个小时，就解决了战斗。但是新1军其他部队调动很快，还没等我军抓住，他们就已跑进长春了。

到11月9日，秋季攻势已经打了近五十天，新1军回到长春，新6军收缩在铁岭，我军已没什么机会可以歼敌，林彪下令结束了秋季攻势。

1947年的秋季攻势，东北我军共歼灭国民党军6.9万人，收复或一度攻克城市十五座，切断了北宁和中长铁路长春到四平段的交通，迫使国民党军队收缩在北宁和中长铁路沿线的二十多个大中城市里，粮食、燃料和兵源

◎ 秋季攻势缴获的武器

①《中国人民解放军第41军第三次国内革命战争战史》，1955年初稿。

都成了问题，陷入更被动的局面。尽管华北抽出六个师增援，除被我军消灭一部分外，也没有帮陈诚什么忙。如果说夏季攻势中国民党军与我军还互有攻守，秋季攻势国民党军则完全处于被动应付的局面。这表现出陈诚的指挥无方和优柔寡断，使东北国民党军将领更为失望，士气越来越低。陈诚上任时发出的"六个月内收复失地"和打通中长线的豪言壮语，像肥皂泡一样吹破了。沈阳老百姓讽刺地说："陈诚真能干，火车南站通北站。"

第十八章

# 冬季攻势（一）：辽西三捷

东北野战军准备冬季攻势——沙后所、调兵山战斗——彰武攻坚——公主屯全歼新5军——王道屯战斗的教训——顺利攻克新立屯——"教师爷"陈诚黯然离去

1947年我军秋季攻势结束后，东北国民党军的局面更为艰难。陈诚被迫采取"重点防守，保持军力，保住沈阳"的方针，完全失去了战略上的主动性。雪上加霜的是，华北我军大举进攻，解放华北重镇石家庄。傅作义感到兵力不足，将增援东北的骑兵4师和暂编第3军的暂10、11师紧急调回华北。陈诚为了补充兵力，将部队重新编组，扩充为新部队。

以新6军的14师及暂59师为基础，编入13军的54师，组成新3军，以原14师师长龙天武任军长。

以原52军的195师为基础，编入49军的43师及原配属53军的暂54师，组成新5军，以原195师师长陈林达任军长。

以原新1军的新38师为基础，编入暂56师及保安队改编的暂61师，组成新7军，以原38师师长李鸿任军长。

另外将暂62师编入新6军，暂63师编入新3军，承德保安队改编的暂1师划归13军指挥。

这样，东北国民党军总兵力为十二个军、三十个正规师、十四个暂编师，加上保安队和地方武装，共有58万人。

陈诚的防御重点，是保证锦州到沈阳的铁路畅通，力求打通与长春的联系。他以60军的两个师加暂52师守吉林，新7军全部加新1军的两个师守长春，71军守四平，其余的主力部队都集中在沈阳外围和铁路线两侧。陈诚在锦州到沈阳的铁路沿途的重要城市部署兵力防守，在沈阳控制着机动兵力。如果我军向某个城市发起攻击，他可以迅速增援，避免再出现秋季攻势时被动挨打的情况。

　　秋季攻势刚结束，林彪就在考虑冬季作战的计划。11月16日他给各部队首长的指示电中说："去年冬季，我军曾利用河流失去障碍作用的期间，鼓起全军的艰苦精神，我南、北满部队实行了配合作战，结果不仅巩固了南满的根据地，而且大量歼灭了敌人，造成了今年夏季和秋季作战的胜利基础。因此今年冬季我们更必须利用河流失去障碍作用之时，实行更大的集中兵力作战。除北满留个把纵队牵制敌人外，我军可集中七八个纵队作战。对较大的目标，我们能集中四五个纵队攻城，还有力量打援；或集中六七个纵队打运动战，而还有力量监视敌人。像这样大的集中兵力作战，只有关内我军才有过。而在东北，由于过去的客观情况，从没有超过两个纵队以上的兵力用于攻城和三个纵队以上的兵力用于打援。所以今年冬季是我们最能集中最大兵力作战的良好时机，因而我们能举行大的运动战和大的攻城，能把东北作战提到空前未有的大规模，预计可能获得伟大的战果。"[1]

　　林彪的想法是打大仗，鉴于国民党军队调整部署，收缩于重点防守的情况，打大仗也有很多困难，特别是要有强大的后方支援。12月4日，林彪给主持后方工作的高岗写了一封信，分析了敌我形势，对东北局的后方工作提出新的要求。信中说："目前东北敌人由于过去的失败，现完全采取集中兵力守城。吉林、长春、四平之间，敌至今不敢分兵出来恢复交通；而由四平到锦州及锦、义之线，则采取一到三个师守城，新1军主力（两个师）及新6军则控制沈阳、铁岭机动。这种情形与夏季和秋季时的情形完全不同了。那时，特别是夏季时，敌人是分散的；因此我军采取分散兵力同时进攻许多地方的方针，也得到了将分散敌人消灭的效果。……（现在）敌人以师为基本单位守据点，而在其一天行程内外，又有其他的师守城和机动兵力，这就是我们现时所处的基本情况。在这种情况下，如我们分散兵力，则不能打一个师左右的较大据点，而较小据点又不存在。因此我们只有集中最大力量，才能打较大据点，同时能对付敌之增援。为了诱敌出来分散，也只有将我主力集中，使无我主力之处的敌人，才有若干可能出来分散。我们根据这一实际情况，拟集中南、北满和热河的兵力，利用今年结冰期间，在北宁路作战。现在只待锦州附近之大凌河结冰后，八、九纵队出动时，即可开始作

　　① 《中国人民解放军第四野战军第三次国内革命战争战争史》，中南军区1955年初稿。

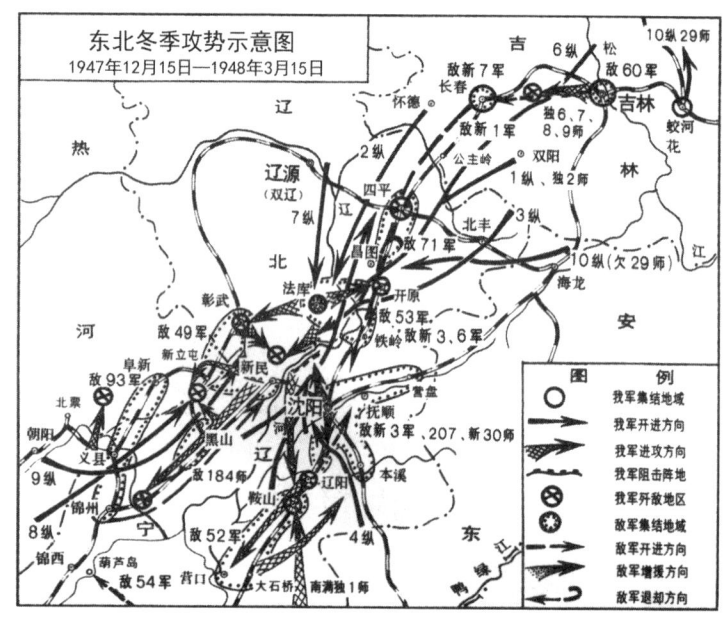

◎ 东北冬季攻势示意图

战。"①

为了进行大规模作战，特别需要扩大军队和加强炮火。林彪告诉高岗："今后东北全党应努力建设新的军队，最主要的是靠群众工作。不进行彻底的土地改革则无从建军与养兵，东北局最近讨论全党明年为成立一百个新兵团而斗争，在干部、财经、兵工等问题上均应与此配合。因此全党应再鼓一把劲，努一把力，倘能再增加一百个团，就可能引起局势的根本变化。""明年作战将主要依托冀热辽根据地，因此该处的一切，尤其是群众工作，将有重大意义。盼你对该区各方面的工作，皆依指示，特别是群众工作。"②

做好了这些安排，林、罗、刘于12月11日向毛泽东报告了冬季作战的计划。23日毛泽东回电，完全同意他们的作战和建军计划，预期这次作战"可能将沈阳、铁岭、抚顺、本溪、锦州、葫芦岛、秦皇岛等几个大据点之间的中小据点、广大乡村及锦州以西、以北地区的全部或大部归于我手。只要办到这一点，尔后就只剩下打大据点的问题了"。毛特别强调冬季作战后要派八、九纵到冀东作战，争取在张家口、天津之间打开缺口，"使东北、华北开始打通联系，从东北输送炮弹、炸药至华中、中原与西北，此种任务极为重要"。③

发起冬季攻势的时间是老天爷决定的。林彪天天盯着辽西来的电报，看辽河什么时候结冰。11月27日，辽河还没冻结实，二纵的一辆卡车陷到了河里。第二天三纵报告说，辽河冻结实了，两千斤的载重卡车也能通行。几

---

①② 军事科学院图书馆藏。

③《毛泽东军事文集》第4卷，军事科学出版社、中央文献出版社1993年版，第348页。

天后辽西的气温已经降到零下二十四摄氏度，各部队开始陆续出动了。大雪有一尺多厚，战士们穿着大棉袄，脚上穿着新发的乌拉靴，踏着深雪艰难地行进，一小时只能走五里地。12月15日前后，二纵及十纵29师包围了法库，七纵包围了彰武，八纵包围了新立屯。一、三、六纵进至法库、新民、沈阳之间地区待机行动。四纵逼近沈阳，九纵也从北镇向新民挺进。我军像是一把把张开口的大钳子，向辽西国民党军的脖子伸去。

陈诚得到我军行动的情报，顿时紧张起来。他命令驻铁岭的新6军22师增援法库。12月16日22师前进到铁岭以北的镇西堡、调兵山、沙后所一带，东总命令二纵和七纵先不要打法库，掉转头来围歼22师。三纵去截断敌人的退路。命令一下，二纵的4师、5师以急行军速度赶到法库东南的沙后所和调兵山，在这里和22师遭遇。

二纵4师在15日夜里到达沙后所，连夜赶修工事。战士们一天一夜没休息，又冷又疲劳。拂晓时发现了敌情，约一个团的敌人在装甲车配合下占领了娘娘庙，抓住俘虏一问，说是有一个团。4师报告纵队首长，领受攻击海防屯、断敌后路的任务。中午发觉情况不对，敌军是两个团加一个师部，纵队又改变了部署。当发现敌人进入沙后所时，4师又受命消灭这股敌人。这样四个小时内任务变更了三次，连队干部连打的对象都不清楚。

16日下午，4师对沙后所发起进攻。当时判断敌人有一个营，吃掉他们没问题。结果地形没看，火力也没准备好就仓促进攻。主攻部队把方向搞错了，3营进展最快，占领了敌军团部。但是营长没有问明情况，也不报告，其余的部队彼此照应不上，无法扩张战果。敌军清醒过来，迅速组织反冲锋，集中六○炮向我军突击部队打。我军队形密集，拥挤在街上，遭到敌军火力杀伤，损失较大。3营伤亡过半，被迫退了出来。沙后所战斗打成了相持不下的局面。在这紧要关头，4师的电话也断了。电话机被冻住摇不起来，电线又被炸断几次，更影响了战斗指挥。[1]

钟伟指挥的二纵5师是被东总称赞的"最有朝气""猛冲、猛打、猛追"的部队。12月17日中午，5师在调兵山包围了国民党新6军22师一部。钟伟命令部队迅速占领三家子，15团打得英勇顽强，在敌人企图夺路逃跑的进攻下坚守阵地，当敌人溃退时又勇猛出击，造成敌军混乱。这时只要友邻

---

① 二纵4师：《沙后所战斗总结》，军事科学院图书馆藏。

◎ 钟伟

部队来帮一下忙，就能打个漂亮的歼灭战。但别人好像都在忙自己的事，谁也不来配合5师，结果打成了击溃战，到手的敌人给跑了。21日林彪特地打电报嘉奖5师及15团说："在击溃新22师战斗中，我15团指战员英勇果敢，使敌人溃不成军，缴获弹药器材甚多，并歼敌一部。该团第二营在优势敌人前打垮敌人五次冲锋，该团警卫连虽伤亡过半，仍能完成歼敌任务。此种英勇动作殊堪嘉奖。"但是钟伟觉得这个仗打得不理想，战斗结束他给林、罗、刘首长发电报说："我深感各友邻部队在战斗中相机策应太差（但一纵很好），此次调兵山战斗，我们十七日十二时包围敌人，除报告纵队外即时出击敌人。当时四师在沙后所东北，六师在锁龙沟东南；我们攻占三家子，造成敌人混乱退却时，他们不仅可以听到，而且可以看到。除四师一部包围沙后所以外，其他部队均未自动截击敌人，放过了应得的战果。"钟伟建议："大规模运动战中，各师、团指挥员切实负责照顾战斗的胜利，做到机动配合策应是非常重要的，否则要放弃许多可能争取的胜利。建议总部再次申令，如再发生不能机动策应的部队，应受到纪律的处分。"

二纵5师受表扬，4师挨批评。林彪对沙后所战斗进行了严肃批评，并把它当作一个反面教训。1948年10月23日在辽沈战役的决战时刻，林彪命令各部队全力消灭廖耀湘的西进兵团的电报中说："须严戒王道屯、沙后所的打法，那种打法是在未侦察地形状况，未等大部队到齐，未将兵力火力很好配备，未将敌人退路截断即仓促地乱打乱冲。此次大战只要我各级干部严守准备好了再猛攻的原则，必然横直打胜仗。"①

冬季攻势的初期打得不理想，主要还是干部中有轻敌思想，受点挫折买个教训，后面的仗就打得有板有眼了。

陈诚看到新6军挨了打，料定林彪要打沈阳。赶紧调长春的新1军、四平的71军和锦州的两个师到沈阳、铁岭、新民地区，部署防御。我军为了消灭分散之敌，断然放弃围攻法库的计划，12月19日命令二纵向西进军。

① 《中国人民解放军历史资料丛书·辽沈战役》，解放军出版社1993年版，第234页。

将七纵和炮兵统一归二纵刘震司令员指挥，夺取彰武。一、三、六纵则在法库周围准备打援，配合彰武攻坚。

彰武位于新立屯以北的铁路线上，地点相对突出和孤立一些。东边是秀水河子，当年林彪在这里作战，环境相当熟悉。彰武城不大，只有一平方公里。守敌是49军的79师，兵力有三个团约9000人。敌军在彰武城外利用有利地形构筑了坚固据点，挖壕沟，拉铁丝网，地堡群互相有暗道往来支援，打起来不那么容易。

12月22日，二纵和七纵先后到达指定位置，炮兵部队也在23日赶到，完成对彰武的包围。这是冬季攻势的第一个攻坚战，成败与否对以后的作战影响很大。23日林彪向有关部队发出指示："今年天气较去年更冷，到天气严寒时须暂停作战，待严寒度过后再继续作战，因此目前作战时间甚为有限。此次打彰武和打增援更要下大决心，坚决歼灭敌人。在战术上须特别注意四快一慢的原则，对于可能退却的敌人，须很快抓住，断敌后路。但抓住后如敌已占领村庄，则须经过详细的侦察和布置后，在火力掩护下发起冲锋。对于业已溃乱的敌人，则应猛追猛打。各部在战斗中须特别注意积极自动互相配合，切不可袖手旁观、消极避战而放过胜利的机会。"

林彪的指示是针对二纵前段战斗的教训而发，二纵刘震司令员、吴法宪政委十分重视，战前准备是慎之又慎，只能胜不能败。七纵在彰武西北，负责扫清外围的任务。指挥员贺晋年是北满合江剿匪的功臣，夏季攻势时东总调他组建骑兵纵队。贺晋年感到骑兵在现代战争中作用有限，便向总部提出建议：不搞大规模的骑兵部队。总部接受他的意见，调他到七纵任副司令员。当时邓华司令员到哈尔滨养病，七纵就由贺晋年指挥。他对这一仗十分重视，命令各师用一天多时间反复侦察地形，选择突破口。19师突击队的班长、战士轮流看地形，把敌人的火力点和进攻路线都摸熟了。

12月23日下午，外围战斗打响。七纵20师的突击队勇猛冲锋，仅用两小时就占领了彰武城外的制高点高台山。24日二纵6师攻克沙陀子敌军碉堡群，为我炮兵取得了最好的发射阵地。25日5师、6师分头攻占了城东和城西的苗圃，19师攻占了车站。27日黄昏6师扫清了南关敌军阵地，七纵肃清了城西地堡群，三天的外围战斗，我军拔掉了彰武城外的所有据点，把小小的彰武城团团包围。

二纵指挥员表现得极有耐心，林彪也没有催促他们。总攻时间原定是24

日，一再延期，最后定在28日。二纵、七纵营以下干部反复到城外观察地形，选择突破点，准备攻城的爆破器材。纵队首长特别重视与炮兵的协同，规定打两个信号弹，炮兵即施行摧毁射击；第一梯队团指挥所打三发信号弹，炮兵即开始延伸射击。步兵冲锋时要求炮火支援或停止炮击时，也都规定了信号。

12月28日晨，总攻彰武的战斗开始了。二纵在城东南角为主攻，七纵在城西北角为助攻。炮兵表现得非常出色，他们把66门榴弹炮摆到离城墙仅800米的地方射击，山炮、步兵炮则推进到前方200米内射击，最近的距离敌人才50米。在这样近的距离内抵近射击，瞄得准，威力大。当榴弹炮开始猛轰城墙时，密集的炮火打得敌军缩在地堡里不敢抬头。六分钟内就把城墙轰开30米宽的大缺口，5师14团的战士一拥而上，突入城中，接连打垮敌军的两次反冲锋。在那一边七纵也突破入城，像两把尖刀插向敌人的心脏。我军在巷战中与敌军短兵相接，步步深入，尽管敌人在城中心的集团地堡内顽抗，在二纵几面围攻下被全部消灭。从总攻开始到战斗结束，只用了四个小时。敌79师师部和3个团8000多人除1800余人被毙伤外，全部当了俘虏。①

彰武战斗刚刚结束，七纵还没来得及打扫战场，就接到东总的命令，要他们向大虎山前进，扩大战果。同时命令一、八、九纵向黑山、大虎山前进。大虎山的守敌闻风逃窜，七纵遂留在彰武休整。这时陈诚发现我军一、八、九纵向南调动，四纵在辽阳至沈阳间破路，二纵和七纵在彰武休整，认为我军兵力分散，准备集结兵力在新民、法库、沈阳的三角地区与我军三、六、十纵决战。

1948年1月1日，陈诚调集了他所有的机动部队，分三路从沈阳、铁岭、新民向北作扇形推进。新3军、新6军主力为右路，新5军的195、43师为左路，新1军、71军主力为中路，气势汹汹杀将过来。

缩在城市里的敌人终于出来了，给我军创造了运动中歼敌的好机会。林彪选中了敌军中最薄弱的一路——新5军，决定集中优势兵力予以消灭。1月2日下午他电告六纵16师："你师须死守公主屯，并相机歼敌一部。"1月3日他向一、二、三、七纵下达命令："我军决集中四个纵队的兵力歼灭公主

---

① 《彰武攻坚战斗经验》，军事科学院图书馆藏。

屯附近的敌人。"

国民党新5军的两个师在军长陈林达指挥下，1月1日乘火车从沈阳出发，到巨流河车站下车，沿着公路向公主屯推进。陈诚发给他们十天的粮食弹药，他们以为很快就能解决战斗，临时雇佣当地老百姓的大车，带上三天的粮食和必需品，剩下的存在巨流河车站用卡车输送。2日，

◎ 公主屯战斗

新5军先头部队进至公主屯、黄家山等地，与我六纵发生小规模战斗。陈林达带领军部驻在后面的安福屯，催促43师和侧面的195师继续前进。到1月3日，大战打响了。195师以两个团的兵力向我军十里堡、五家子阵地进攻，43师向黄家山进攻。激战从早晨到黄昏，我六纵16师坚守阵地，虽然在敌军炮火下遭受伤亡，也不后退。43师虽然占领了黄家山的一个高地，但新5军这天基本上没有进展。

这时，我军四个主力纵队正向公主屯方向急行军，对新5军实行包围。4日上午43师继续对公主屯以北的我军阵地发动进攻，六纵战士与敌军反复争夺，阵地三易其手。敌人炮火虽然猛烈，但是最怕近战，往往冲到阵地前就被我军打回来。这是关键的一天，黄昏时敌军发现六纵增援的大部分赶到，即下令用重炮猛轰。我军冒着呼啸的弹雨，仍然前赴后继，毫不退缩。十里堡和叶家窝棚方向的敌军遭到我军主力部队的强大打击，慌乱地丢弃阵地向后方逃窜。195师主力后退到安福屯，与陈林达的军部挤在一起。

陈林达发现他的处境十分危险，发急电向陈诚求援，要求廖耀湘的新6军赶紧向他靠拢，并要求陈诚准许新5军后退到巨流河，以摆脱被包围的局面。陈诚闻报大惊失色，将参谋幕僚召来紧急磋商。副参谋长赵家骧主张让新5军迅速放弃公主屯，与其他部队在辽河以南会合，抵御共军的攻势。陈诚虽然同意，但不相信新5军会有灭顶之灾。他临战的优柔寡断、犹豫不决，这时暴露得最为充分。东北行辕的官员多是杜聿明旧部，本来就对陈诚不满，现在都袖手旁观。拖延了一天多时间，陈诚终于下令新5军向沈阳撤退，但为时已晚，我军的口袋已经扎牢，新5军无路可走。后来新5军的幸

存者给南京国防部的报告中说，他们失败的原因主要是"部队长官未能将部队当时所处之境详细报告高级指挥机关，致上下情形隔阂，铸成绝大之误会"。"部队高级指挥员过于谨慎，缺乏果断，有违随机应变之旨。""增援友军因受交通关系，未能及时赶到，致孤军不支。"①

新5军被包围后，国民党其他部队曾向公主屯方向增援。但遭到我军打援部队的顽强阻击。新3军、新6军被十纵阻拦在公主屯以东二十多里的石佛寺、黄家山地区。新1军、71军则被一纵、三纵拦在辽河南岸。林彪特别叮嘱十纵："抗击敌人必须沉着，顽强防御，并机动进行小规模的反击，坚决反对不敢硬拼的游击习气。敌攻击精神正差，只要我能抵住几次冲锋，敌不敢再进。"②十纵虽然是新组建的部队，但在梁兴初司令员指挥下，29师和30师勇敢地顶住了敌军的进攻。6日和7日正当二纵、七纵猛攻新5军时，新3军59师和新6军14师各以两个团的兵力，轮番向黄花山的十纵阵地进攻。几十门火炮把高地上的积雪都打得融化了，我军战士坚守不退，待冲锋之敌靠近，便甩出一排排手榴弹，跃出工事与敌人拼刺刀。敌军用优势炮火和连续进攻一度占领高地，夜里我军两个团迂回上去，又夺了回来。敌军不敢夜战，只好不断往天上打照明弹壮胆。国民党军队是惯于打滑头仗的，要他们拼命去救援别人，损耗自己的实力，谁也不肯做。新6军攻了一阵，也就不敢硬拼了。

绝境中的新5军仍作困兽之斗。1月5日，二纵6师奉命向公主屯以北进军，协同友邻部队消灭新5军195师。次日拂晓，走在前边的17团到达王道屯。几乎同时，七纵57团也从另一边赶到，包围了屯子。这是一个只有三十多户人家的小村庄，根据原来掌握的情报，这里是敌军的野战医院，没有大部队。占领这里是为了切断前、后闻家台的联系，分割敌军。没想到战场情况瞬息万变，195师在我军强大攻势下不断后退，此时王道屯里有195师一个团守卫。他们锯倒大树横在村外，并在院落墙上挖了许多枪眼，组织防御。

57团急于拿下王道屯，走在前边的2营发现敌人打枪，没作任何准备就投入了战斗。5连长感到情况不对头，叫队伍停下，自己去向2营长建议组织火力掩护他们攻击，否则部队会吃亏。营长不但不听，反而批评连长"怕

---

① 南京政府国防部编：《绥靖战史——公主屯战斗详报》。
② 《东北人民解放军司令部阵中日记》，中共党史资料出版社1987年版，第605页。

死"，说"有敌人就该冲进去"。连长一生气，带着部队就往前冲。排长建议从侧面隐蔽前进，连长在火头上也不听，指挥战士冲上去炸敌人的障碍物。结果三次爆破没炸开，反而遭到敌军密集火力射击，伤亡很大。营长又把6连调上去攻，6连长准备组织火力，教导员说："村里是敌人医院，5连已经冲上去了，你们要快冲！"6连也来不及准备就往上冲，因为没有火力支援，几次冲锋都没有成功。结果2营营长中弹牺牲，教导员负伤，全营损失很大，只好撤下来。

二纵6师17团的进攻也很不顺利。他们没有很好侦察，就向师首长报告："王道屯之敌最多不超过一个营。"师里指示17团主攻，并配备两个炮兵连。下午经过炮火准备，第一梯队3连冲了上去。由于队形太拥挤，在突破口受到敌军火力封锁，造成较大伤亡。二梯队1连没有重新选择突破口，仍旧沿着3连的道路往上冲，结果暴露在平坦的开阔地面上，也遭到火力杀伤。这时师首长才明白屯里至少有一个团兵力，命令18团2营前来助战，16团作预备队。这时已近黄昏，敌军的弹药快要耗尽。六纵17师的57团重新组织力量，从西南突破。守敌开始动摇，17团将预备队2营投入战斗，终于摧垮了敌人的防御。敌军夺路南逃，在二纵、六纵的联合追击下，全歼了敌195师的585团。击毙三百多，俘虏八百多。王道屯战斗后来也被林彪作为打莽撞战的教训，但也反映出战斗的残酷和我军战士的勇猛顽强。①

新5军此次行动仅带了三天粮草和一个基数的弹药，后备物资全存在巨流河车站。因天冷雪厚，军用卡车无法开动，准备雇佣当地大车运输，后路又被我军切断。陈达林在安福屯的军部焦急地盼望陈诚来为他们解围。6日下午，天空中响起飞机的轰鸣。一架架国民党空军的运输机向黄家山、安福屯、闻家台的新5军据点空投弹药。由于敌人已被我军分割包围，空投的大部分物资落到我军阵地上。新5军的欢呼很快变成了沮丧的咒骂。我军的炮火接着倾泻到敌军阵地上，195师伤亡惨重，节节败退，随军部从安福屯退到前闻家台，陷入四面被围的困境。与43师的联络中断，陈林达只好重新整理部队，将军直属队和195师还能作战的人再作部署，搜集弹药，骗大家说7日中午援兵就到。

1948年1月7日8点40分，我炮兵司令部直属的三个炮兵团集中六十多

---

① 《七纵王道屯战斗检讨》，军事科学院图书馆藏。

◉ 被俘后的陈林达

门火炮，向被压缩在闻家台、黄花山两个村落中的新5军猛烈轰击。敌人被打得乱成一团，失去控制。二纵5师乘势向闻家台发起冲锋，很快突入村内。敌人招架不住，向东北方向突围，被6师阻截。二纵战士们杀声震天，将敌军分割聚歼于村外的旷野中。43师在黄家山的残敌，也被六纵全部消灭。到下午，战场的枪声渐渐沉寂，新5军军长陈林达、195师师长谢代蒸、43师师长留光天和13000多官兵当了俘虏，加上毙伤的7000多人，全军2万余人被全部歼灭。我军缴获各种炮二百多门，轻重机枪七百多挺，步枪、冲锋枪六千支，运输车130多辆。在此次作战中，我军也付出了1万人伤亡的代价。①

公主屯全歼新5军，极大地震撼了敌人。附近各据点的国民党守军处于一片混乱之中。林彪不让各部队休息，立即命令一纵、八纵和独立2师前去夺取新立屯。新立屯守军是49军的26师，已被我八纵24师围困一个月，人无斗志。1月25日一纵主力到达新立屯外围，马上投入清扫外围据点的战斗。26师见势不妙，夜里分三路向阜新方向突围。这些狡猾的家伙没有采用惯常的方式，而是乘一纵和独立2师之间的空隙，避开大路，学着我军的样子翻穿大衣、头裹毛巾，闷头行进。碰见哨兵就假冒八纵的番号，企图悄悄溜走。我军一支行军的队伍与他们擦肩而过，居然也没发觉。等过去之后，干部们才感觉不对，战斗还没打，怎么会有部队向外撤呢？于是赶紧报告上级。纵队首长听说敌人跑了，命令各部连夜去追。追了几十里，天亮时终于把敌人抓住。这些敌人倒也聪明，我军冲上去，他们也不反抗，缴枪投降。一纵、八纵几乎没什么伤亡，就俘获了26师7000多人。②

经过彰武、公主屯和新立屯三次战斗，我军连续获胜，林彪决定让部队休整一个时期。停战的原因一是部队疲劳，二是严寒的天气。1947年的冬季比去年"三下江南"时还冷。公主屯战役期间，夜间气温降到零下三四十摄氏度。部队夜间作战，伸出手来几分钟就冻得失去知觉。即使穿上大衣、棉

---

① 《中国人民解放军第四野战军战史》，解放军出版社1998年版，第243页。
② 《一纵新立屯战斗总结》，军事科学院图书馆藏。

鞋，戴上棉手套，在工事里卧一会儿也会冻得爬不起来。所以有的战士宁肯被炮弹炸伤也不愿意趴在雪地上冻僵。加上野外作战经常吃不上热饭，战士体内热力消耗很快。东总1947年12月31日给军委的报告中说："特别因为东北村庄散小，大兵团集中作战，有时不能宿营。战士棉衣鞋袜被汗水及雪打湿，停止或宿营时往往得不到烤干和温暖的休息，部队遇到大的非战斗减员。自冬季攻势以来，不到半月，已冻伤八千余人。其中很重的约三分之一，有一部分将成残废。"在战斗过程中，总部一再告诫各纵队注意防冻，并将部队的防冻经验互相通报。林彪指示程子华、黄克诚调八纵打新立屯，特别强调："只要不至于冻死人和冻伤人时，望即开始行动。"在公主屯战斗结束后，林彪立即命令各纵队在休整中抓紧时间缝补衣鞋。

　　我军强大的冬季攻势和歼灭新5军的胜利，极大地震动了陈诚和蒋介石。陈诚急得胃病发作，卧床不起。他一面将驻辽阳的52军和驻四平的71军主力紧急调往沈阳，稳定局面；一面向蒋介石告急。1948年1月10日，蒋介石带着国防部次长刘斐、陆军副总司令范汉杰飞到沈阳，召集军事会议研究对策。

　　参加会议的国民党高级将领们个个提心吊胆，不知老蒋又要拿谁问罪，追究责任。郑洞国估计廖耀湘在新5军被消灭这件事上难免要担风险，私下找刘斐说情。当蒋介石铁青着脸在陈诚陪同下进入会议室时，众将领站得笔直，心里却在咚咚地跳。

　　果然，会议一开始，蒋介石便大发脾气，痛斥东北诸将领指挥无能，作战不力，将好端端的队伍都一批批送掉了。他愤怒地责问大家："你们当中绝大多数是黄埔学生，当年的黄埔精神都哪里去了？简直是腐败！像这样下去，要亡国了！"老蒋骂了十几分钟，又矛头一转指向第四兵团司令廖耀湘和属下的新6军军长李涛，斥责他们不服从命令，拥兵自保，见死不救，致使新5军全军覆没，声称廖、李二人要对这次惨败负责任。

　　蒋介石刚一说完，廖耀湘、李涛就站起来申辩说，他们从未接到援救新5军的指示，所以不能对此负责。而陈诚则说他曾要罗卓英给廖打电话，命其就近为新5军解围。这样一来，情况就说不清楚了。廖耀湘本来就对陈诚在东北的所作所为十分反感，看到陈诚要他当替罪羊，当然不肯代人受过。在场的蒋介石也很尴尬，陈诚和廖耀湘都是他的亲信，不知该处分谁才合适。争到最后，陈诚作为东北最高军事长官，总是有不可推卸的责任。他只好沮丧地站起来说："新5军的被消灭，完全是我自己指挥无方，不怪各将领。请总裁按党纪国法惩办我，以肃军纪。"蒋介石只好改口说："仗正在打着，等战争结束后再评功过吧。"说完就离席而去。陈诚又说了几句自责的话，最后表示："我决心保卫沈阳，如果共产党攻到沈阳，我决心同沈阳共存亡，最后以手枪自杀。"①

蒋介石这次沈阳之行没有解决任何问题，但东北我军的冬季攻势并没有停止。陈诚深切感到各军将领不肯与他合作，这个局面很难再维持下去，心烦意乱导致胃病的加重，无法履行长官的职责。心灰意冷之下，他请夫人走宋美龄的门路，要求辞去东北行辕主任之职，总算得到了蒋介石的批准。

历史是如此无情地嘲弄陈诚，五个月前他刚上任时，何等踌躇满志，大刀阔斧地想打开东北局面。谁知他连吃败仗，众叛亲离，变成了真正的孤家寡人。1948年2月5日，他乘飞机悄悄离开沈阳后，东北国民党内舆论大哗。大家都骂陈诚是草包、骗子，口上说要与沈阳共存亡，紧急关头却抛下一切，自己溜之大吉了。东北军元老马占山怒斥陈诚："你来得去不得！"在4月的南京伪"国大"会议上，东北代表高呼"杀陈诚以谢国人"，吓得陈诚躲进上海陆军医院，再不敢出头。

2月14日，《东北日报》发表新华社的评论《教师爷滚蛋了》。评论将陈诚比喻为京剧《打渔杀家》中那个专横跋扈又没本事的"教师爷"，对陈诚在东北的"政绩"进行了无情的嘲讽。评论分析陈诚失败的原因，一是他反共反人民的本质所决定，二是他的骄傲自大、刚愎自用、指挥无能、轻率盲动的必然下场。评论特别指出："陈诚的这次下台，也是和统治集团的内部矛盾相联系着的。当陈诚来到东北时，在他的'恢复优势'的'雄图大略'里，也还包含着一个不小的'树植私人势力'，'独霸东北江山'的目的。因此，在他上任伊始，就在所谓'励精图治'的幌子下，狠狠地将他的夙仇杜聿明整了一下。他不仅在一切场合下，痛加攻击杜聿明的指挥失当，而且还扣押杜系将级军官十一名，并将杜系人员大加撤裁和调动，换上他的亲信。此外，对于地方杂牌部队，他更是有意识地让他们送死叫他们打头阵，被围时也不增援，被歼后索性就取消番号。这样，就将旧东北系的49军、53军，和云南系的60军、93军等部，全部或局部地消灭在反人民的内战里。而他自己也就落得个众叛亲离，剩下一个孤家寡人一败涂地而去。"

---

① 《我的戎马生涯——郑洞国回忆录》，团结出版社1992年版，第468页。

# 第十九章

# 冬季攻势（二）：辉煌的战绩

卫立煌走马上任——"固点联线"的死守策略——我军攻克辽阳——毛泽东与林彪商讨战略——连克鞍山、营口——政策问题——国民党高层在东北战略上的争吵——60军仓皇撤往长春——夺取四平——辉煌的战绩，形势的转折

1947年东北我军秋季攻势结束时，蒋介石就估计到陈诚不可能扭转东北的局面。他需要物色一个比陈诚更合适的将领去主持东北的战事，这个人必须具备两个条件：一是能打硬仗；二是与东北的国民党军队将领们有良好的关系。他想来想去，最后选中了卫立煌。

◎ 卫立煌

卫立煌，字俊如，安徽合肥人。青年时代到广州投奔革命，在孙中山先生身边当卫士。在大革命时期的东征、北伐战斗中，他作战勇敢，晋升很快。1932年他任国民党第14军军长时，指挥对鄂豫皖苏区的围剿，攻占苏区军政中心安徽金家寨。蒋介石对他大加赞誉，将金家寨由镇升县，改名为"立煌"县。当时国内以人名命名的县只有两个，另一个是广东的中山县。抗战时期卫立煌指挥了山西的忻口战役，打击了日军的锐气，振奋了国人的抗日信心。后来他到延安访问，目睹了共产党人的高风亮节，从心里对中国共产党产生了好感。在任第一战区司令长官时，他与八路军保持友好往来，互相帮助。1943年11月他接替陈诚任中国远征军代司令长官，经过血战打通了中印公路，这是他军人生涯最辉煌的顶点。但在蒋介石对他总是不信任。因为卫的资历与蒋差不多，又非黄埔出身，与蒋的关系达不到亲密的程度。抗战结束后蒋介石任命卫立煌为陆军副总司令，位于何应钦之下。

卫立煌拒不到任。蒋也觉得不好意思，送卫立煌到美国和欧洲考察，等需要时再起用他。

东北的局势越来越危急，迫使蒋介石不得不召回卫立煌。国民党内能独当一面的军事指挥官就那么几个人，卫立煌算是能打仗的。现在东北的国民党军多数是当年的远征军，卫立煌与他们有共同作战的亲密关系。让卫立煌去主持东北的军事，无疑是最适合的了。在蒋介石急电催促下，卫立煌于1947年12月从国外回到上海。

当蒋介石接见他，要他去东北担任最高长官时，卫故意沉吟不答。他心里很明白，靠陈诚留给他的这些兵力，根本不够。蒋介石看出他的心思，主动提出给他增派部队，原来被消灭的部队可以恢复建制。这样，卫立煌能掌握的兵力肯定超过陈诚。卫的第一个目的达到了。1948年1月17日，蒋介石宣布组成"东北剿总"，卫任总司令，取代原来的"东北行辕"。1月22日，卫立煌飞抵沈阳就任。

经蒋介石批准，山东的国民党第54军于1948年1月从葫芦岛登陆，增援锦州。由范汉杰任锦州指挥所司令官，下辖54、93、新5、新8四个军，共十四个师。这些师中大部分是去年秋冬季被我军消灭后又重新组建的。锦州的兵力得到很大的加强。卫立煌在锦州地区组建了195、88、26、暂52、暂55、暂62六个师；在沈阳组建了25、79、87和91师。加上原有的兵力，卫立煌手中共掌握了四个兵团、十五个军、三十七个师，加上其他直属部队，总兵力达60万人。超过了陈诚整军扩建时的总人数。

卫立煌的方针就是保存这些实力，在他看来，用这些兵力进攻解放区是不够的，但防守一些战略要点还是有余的。所以他上任后便提出"固点、联线、扩面"，"重点不重面"的作战方针。一方面确保沈阳的安全，命令抚顺、铁岭、本溪、辽阳、新民等城市加强防务，保护沈阳外围。保持鞍山至营口的联系，维护辽南的出海口。同时命令长春、四平等孤立据点死守，牵制共军的兵力。卫立煌以为这样就可以保存力量，以待时局变化。

公主屯战斗结束后，严寒的天气迫使我军休整了近二十天。寒流过后，林彪决心在解冰期到来之前再打几个胜仗，盯住了辽南的辽阳、鞍山和营口。这些城市的敌军守备力量较弱，孤立无援。拿下这些城市，就切断了国民党军的海上补给线；对于落实毛泽东的指示，开辟一条海上通道，支援关内各解放区作战，有重要的战略价值。

1月30日林彪电令四纵、六纵攻击辽阳，第二天，四纵和六纵就完成了对辽阳城的包围，在四纵吴克华司令员的指挥下，进行各项准备。

辽阳守敌是新5军暂编54师，因为没参加公主屯战斗而幸存。加上城内其他部队、铁路警察等总共约11000人，战斗人员约7000人。这个师只有四门野炮、六门机关炮和十六门迫击炮，武器装备比其他部队要弱。辽阳是一座古城，有相当坚固的城墙，敌军以此来组织防御，在城墙上部署很多火力点，城下挖了壕沟。但是城内房屋密集，纵深防御比较差。

战前下了一场大雪，遍地银白看不清目标。四纵各级指挥员都几次到前方看地形，研究突破口，交代任务，并制成沙盘进行演习。为了了解城墙内敌军的情况，他们找城里逃出来的居民和为敌军修过工事的老乡询问，把城里的楼房街道和敌人布防的情况都摸清了。这些准备工作搞了五天，为迅速攻克辽阳提供了条件。

2月6日7时，我军炮兵部队集中六十多门火炮，开始向城东北角的高丽门猛轰。炮弹像雨点般倾泻在城头上，打得敌军纷纷逃窜，到城下找隐蔽处躲起来。炮火准备后，四纵11师31团突击队迅速发起冲锋。4连冲到城门下，5班战士、共产党员范垂礼高呼："谁是党员跟我走！"抱着机枪冲进浓烟滚滚的城门。4连最先突入辽阳城。范垂礼看到一群敌人向他们反扑过来，端起机枪猛扫。敌军转身逃跑，30多人被范垂礼俘虏，还缴获了两挺重机枪和一门六〇炮。战后他被纵队记了大功。

六纵也从城西南突破，两个纵队八个团的兵力如潮水般涌入辽阳城。32团与31团一起从高丽门突入，为了争先插红旗，两个团拥挤在一条窄街上。这时敌军一个火力点疯狂扫射，造成两个团200多人伤亡。其他部队进攻顺利，将敌人步步压缩到城中心。敌军利用两个公馆的高墙企图顽抗，我军战士架起"人梯"，向院子里扔手榴弹。敌人丧失斗志，只好投降。一群残敌向北面突围，被四纵、六纵的外围部队截获。辽阳战斗共进行了八个小时，全歼守敌，胜利结束。①

毛泽东看到我军攻克辽阳的捷报，非常高兴。2月7日致电林、罗、刘，在祝贺胜利的同时，毛泽东考虑到下一步的战略问题，要林彪注意"准备对付敌军由东北向华北撤退之形势"。他强调指出："对我军战略利益来

①《四纵辽鞍战斗典型经验》，军事科学院图书馆藏。

说，是以封闭蒋军在东北加以各个歼灭为有利。"要求东北野战军利用结冰期再打两个月仗，歼灭大批敌人，替夏秋两季创造良好战场。①

林彪10日复电，完全同意毛泽东的分析。他说："敌主力自锦州以北撤退的时机大约在我军歼灭吉林、长春、四平等地敌人以后，又加上关内他的局势甚紧张时，即会开始。但只要吉林、长春敌被我抓住和未歼灭前，沈阳的敌人是不会退的。""我们同意亦认为将敌抑留在东北各个歼灭并尽量吸引敌人出关增援，这对东北作战及对全局皆更有利。今后一切作战行动当以此为准。"②

辽阳战斗结束后，四纵和六纵仅休整了四天，就接到东总夺取鞍山的命令。四纵、六纵2月13日就到达指定位置，完成了对鞍山的包围。鞍山守敌是52军的25师，在新开岭战役中曾被四纵消灭，后来重新组建，但老兵很少，装备也很差。加上地方杂牌部队，战斗人员也不过7000多人。要守住这么大的鞍山市，几乎不可能。鞍山被我辽南独立师监视已近一年，与沈阳联系断绝，完全靠空投维持，官兵士气低落。但是鞍山与辽阳不同，辽阳是个小城，目标集中。鞍山是个工业城市，高大建筑多，市内有制高点，日本人留下许多坚固碉堡，敌军企图依靠大城市的复杂地形和防御体系进行顽抗，等待沈阳的援兵。

我军进攻鞍山的部队有四纵的10、11、12师，六纵的17、18师，辽南独立1师和炮兵师，总共七个师的兵力和七十多门火炮，超过敌军六倍，占有绝对优势。在仔细侦察了敌军的部署和火力分布情况后，四纵决定以12师、独立1师和炮兵对鞍山东南的神社山阵地进行攻击，10师在东北角作辅助攻击，11师为总预备队。六纵决定以17、18师从西南角共同进攻，扫荡铁路以西市区的敌人。

2月16日早晨开始扫荡外围的战斗。12师的36团2营向鞍山市东南的制高点铁架山发起进攻。15门火炮向山顶猛轰，因炮弹过于集中在主峰一点，忽略了对两侧敌军阵地的打击。山路陡峭加上积雪融化，部队攀登相当困难。两侧的敌军火力向我军猛烈射击，造成第一梯队的很大伤亡，第二梯队

①《毛泽东军事文集》第4卷，军事科学出版社、中央文献出版社1993年版，第390—391页。

②《中国人民解放军历史资料丛书·辽沈战役》，解放军出版社1993年版，第50页。

也受到阻截。但是我军战士不顾一切，用"搭人梯"的办法向山顶攀登。最后终于爬上山顶，占领敌人几个火力点。由于伤亡太大和疲劳，2营无力再继续扩展。下午，36团3营投入战斗。炮兵对准敌军的前沿阵地猛轰，实行全面火力压制，并将障碍物炸开缺口。3营9连一拥而上，突入敌军铁架山两侧阵地。炮兵拉着一门山炮跟在步兵后面，边走边打，掩护步兵前进。这一手很有效，9连仅用15分钟就将一连敌人消灭，占领了铁架山。经过一天多的战斗，基本肃清了外围的敌人。

总攻鞍山的战斗于19日晨开始，四纵和六纵从两面对市区之敌形成钳形攻势。敌军迅速收缩，一部撤往制钢所厂区凭借高大厂房死守，一部依靠神社山制高点死守，一部在转盘街阵地死守。我军摸清敌军的重点守备区后，重新部署兵力，分头消灭敌人。

四纵12师35团担任主攻神社山的任务。这是一个小山头，四周被楼房环绕。敌人依托坚固的大楼顽抗，1营要先肃清楼房内的敌人，才能接近神社山。经过激烈战斗，1营占领了四座楼房，部队在这里集结进攻神社山。由于楼房遮蔽了炮兵的视线，我军的大炮只能轰击山顶，却打不到敌军的前沿。1营在不利条件下发起进攻，爆破之后一个排的突击队就向山上冲，结果被第二层障碍物挡住。这时山两侧的敌军火力集中向我突击队射击，一个排全部伤亡，第一次攻击失利。

35团调整部署，以3营驱逐神社山以西的敌人，让1营改从西南角进攻。将一门山炮和全部机枪集中到大楼前，面对山上的敌人扫射。2连2班班长王福禄主动承担突击任务。这个聪明的班长看到前边突击队失利的教训，建议先从大楼向南绕，再向西运动，避开敌人火力。得到连长批准后，王福禄就带领一班人冲了上去。他一人冲在前面，先察看好地形、前进路线和敌人的火力点，再叫两挺轻机枪掩护，他乘敌人被压制和手榴弹的烟雾迅速冲到地堡前，炸毁地堡就让战士往上冲。他看一段，打一段，进展很快。仅用7分钟就打到山顶，炸毁9个地堡。在运动中友邻部队以为他们是逃跑的敌军，用重机枪向他们扫射，王福禄负了轻伤，他机灵地拿出白毛巾向山下摆动，制止了误会。冲上山顶，他一边用冲锋枪扫射，一边向敌军喊道："我就是52军解放过来的，解放军优待俘虏！"16个敌人被他连打带喊，终于放下武器。神社山战斗结束后，纵队首长对王福禄讲究战术的打法十分赞赏，专门总结经验在全纵队推广学习。

经过 17 个小时的战斗，鞍山守敌 25 师和其他部队共 1.3 万余人被全部歼灭。在清理战场时出现了一些复杂情况，一些国民党的军官、伪政府人员和逃兵混入工厂和居民区，使我军很难分辨。为了不让敌人漏网，看见可疑者一概拘留，这样不可避免地错捉了一些工人和技术人员。战斗结束后，外国通讯社发出消息说：鞍山战斗

◉ 占领鞍山

中许多技师和工人未能逃出，下落不明。中共中央领导十分关切，2 月 25 日致电林彪："据美联社称：鞍山技师及工人仅有少数逃出，留下有技师约五百人、工人及家属三万人。这批钢铁工业的技术人员是很重要的财富，必须注意收集、照料，并派得力人员在他们中间做工作，争取他们。"

林彪和政治部主任谭政非常重视，马上向四纵政委彭嘉庆、六纵副政委刘其人调查询问，并将他们的答复转告中央："彭谈了两件事：一件是快解决战斗时，敌一股千余从市内突围，追至沙河埠（鞍市外围）被我解决。内有工人、技术人员一百余人随敌突围，天明后开始清送市政府。另一件是战斗结束后，有两千俘虏押在市外铁丝工厂，经两日始处理完。据谈：该厂在清扫外围时已无敌，他们曾派有人在厂内进行工作，要厂长工人照常办公，负责保护机器，不要逃走。借房子押俘虏，不致引起他们的误会。刘其人来信说：攻鞍山是在夜间 10 点钟左右才结束战斗，当时敌之师部率两千余人及伪市党部、市政府、警察局等均退集钢铁公司。结束战斗时很难分清职工人员与敌伪人员，当时即全部带出城外，拘留两天，于清查登记后移交我市政府，并建议市府将技师、工人给以救济并争取其为我工作。因我部随即转移至另处作战，事后他们如何处理未详。我们认为部队在攻击城市作战时，负责保护工厂，争取技术人员为我服务的工作，是缺乏注意的，而且是做得很不好的。经中央指示后，今后当加注意。唯刘其人所说的一点确有困难，因为攻击城市作战中，敌常利用工厂等坚固建筑物抵抗，解决战

斗后敌军官尤其高级军官又多改装，混入工人及市民中。如不严密清查，即易漏网。此点只有在事先事后向工人解释这样做的理由，并非有意把他们当俘虏看待。"

鞍山解放后，四纵接到进军营口的命令，又匆匆挥师南下。营口守敌暂58师官兵军心涣散，全无斗志。副师长王家善派人与我军秘密联络起义，提出只要我军不攻城，他们拟于三月中旬起义投诚。林彪认为是敌军的缓兵之计，一面命令独立1师开始进攻，一面命令敌军立即起义。在我军的压力下，王家善等军官于2月26日逮捕52军副军长郑明新及营口伪市府、警察局头目，率部起义。营口解放。林彪鉴于过去国民党军降而复叛的教训，向中央请示："为了避免其今后反复起见，在数日内可否命令其全部缴械，然后开至我根据地内部整训。盼复以便遵行。"27日毛泽东复电，同意对其进行整编，并提出三点："（一）废除原称号，改用人民解放军称号，亦不用民主联军等项称号。（二）照我军例，有一师人就称为师，有一团人就称为团，不要名不符实，其师长团长等军官不要升格。（三）给养不要特别优待，宁可初期较差，逐步升至我军水平。总之，以老实态度对待他们，不用虚名笼络方法。"①

东北我军的猛烈攻势，使防守各个据点的国民党军队一片惊慌。各地的求援和告急电报如雪片般飞向沈阳和南京。但卫立煌一概不为所动，辽阳、鞍山、营口相继失守，法库的暂26师弃城突围，被十纵和三纵围追堵截，歼灭于通江口地区。然而卫立煌就是不派兵出援，只是将主力集中于沈阳一带，补充兵员装备，督促各部进行军事演习。他认为解放军的真正意图是围城打援，消灭沈阳的主力，所以不能轻举妄动。蒋介石眼看东北局势恶化，焦急万分。东北国民党军是他的精锐部队，无论如何不能失去。权衡之下，他决定将沈阳的主力撤到锦州一线，与范汉杰部会合，这样既可与共军决战，也可随时撤入关内。2月20日，他派人飞到沈阳传达命令：留下53军及207师守沈阳，其余主力尽快撤往锦州。

卫立煌闻讯大吃一惊，没想到蒋介石反复无常，对他许下坚守东北的诺言一下不算数了。卫是把沈阳当成战略基地来经营的，撤离沈阳等于是让他送死，当然不能答应。于是他马上把副总司令郑洞国找来商议对策。

①《毛泽东军事文集》第4卷，军事科学出版社、中央文献出版社1993年版，第406页。

卫立煌传达了蒋的意见，问郑有什么想法。郑洞国不摸底细，不敢贸然表态。卫立煌说："如果委员长坚持这样决定，我们当然也只好服从。不过，现在放弃沈阳去打通锦州，途中要通过几条河流，加上共军设有几条坚固的阻击阵地，依我军目前的士气，很有可能会全军覆没。"他与郑商量："我们最好能说服委员长，让我们暂时固守沈阳，整训部队，然后再乘机出击，是有希望扭转战局的。况且沈阳有兵工厂，抚顺有汽油，本溪有煤，完全能够坚持下去。你看如何？"

郑洞国心里矛盾重重，他比较倾向于蒋而不赞成卫的决策。晚年的郑洞国叙说他当时的想法说："似这样将在东北的几十万军队分散困守着十余个孤立的据点，等着被解放军分而治之，在战略上是极其被动的。如能正视战争失利的现实，将主力设法拉出去，将来或许还能卷土重来，否则后果是不堪设想的。但是我也清楚卫将军所强调的那些困难都是事实。当时在沈阳等地的国民党军队，已经打得精疲力竭，士气非常低落，倘一旦失去城市依托，向锦州方向运动，确有可能中途被解放军主力包围消灭。我反复思忖，觉得还是先在沈阳守上一个时期，看情况再打通锦州稳妥些。"

卫立煌又征求了赵家骧、廖耀湘等将领的意见，大家也都认为目前不宜向锦州撤退。于是卫立煌派郑洞国随南京来人一同飞往庐山，向蒋介石陈述他们的意见。当郑洞国向蒋介石转达了卫立煌的意见后，蒋介石不加思索地说："这样不行，大兵团靠空运维持补给，是自取灭亡，只有赶快打出来才是上策。况且锦州方面又可以策应你们，你回去再同卫总司令商议一下，还是想办法向锦州打出来吧。"郑洞国又陈述了东北解冻后行军困难、部队缺员多等理由。蒋介石不耐烦地说："你回去告诉卫总司令，叫他不要再迟疑了，赶紧准备由北宁路打往锦州，否则以后会后悔不及的！"

郑洞国回到沈阳报告了情况，卫十分焦虑，当天下午召集高级将领会议，研究蒋的指示。大家议论纷纷，都觉得此时没有把握打通锦州，也不能丢下长春、四平等地的十几万军队不管。最后大家还是赞成卫立煌的计划，赵家骧参谋长又奉命前往南京重申东北将领的意见。蒋介石见东北将领们都不想撤，总算让了一步，允许东北维持现状，并指示卫立煌加紧整训部队，待条件许可，就从沈阳向锦州打。①

① 《我的戎马生涯——郑洞国回忆录》，团结出版社1992年版，第475页。

在守与撤的决策上，国民党最高军事领导层发生了激烈的争吵。蒋介石与卫立煌的方案都有合理的成分，也都存在着巨大的风险。如果按蒋介石的决策做，东北国民党军很可能入关，这正是毛泽东最为担心的事。一旦成为事实，解放战争的时间必将延长，华北和中原的问题也不会那么顺利解决。然而卫立煌出于保存实力的目的，要把东北国民党军置于他的控制下，当然不能照蒋的指示办。出沈阳是有危险的，但要比半年之后林彪挥军南下，攻克锦州，卡住了东北的大门时，国民党军才匆忙西进要好得多。所以军事上的事没有万全的，或多或少都要冒险。但像蒋介石与卫立煌这样争吵扯皮，就什么事情也办不成，本来就很微小的希望也失去了。

我军在辽南连克三城，完全控制了沈阳以南的中长铁路，断绝了国民党军队的海上运输。沈阳西北地区也在我军控制之下，切断了锦州与沈阳之间的交通。沈阳以北只剩下长春、吉林和四平三个孤立据点，处于我军的包围监视中，互相不能支援。由于国民党高层在东北战略上的争吵，卫立煌拿不出大动作来改变被动局面。东北我军领导又作出新的决策：在解冰期到来之前集中主力夺取四平，切断沈阳与长春间的联系，争取将沈阳守敌吸引出来，再歼灭一批。

1948年2月27日，东北野战军总部下达夺取四平的作战命令：以一纵、三纵、七纵和炮兵主力统归一纵司令员李天佑指挥，歼灭四平之敌。以二纵、六纵、八纵、十纵四个纵队及独立4师担任打援，分布于四平以南的铁路公路沿线。以东满四个独立师监视吉林之敌，九纵牵制锦州之敌，防备他们出动增援。为了打好这一仗，总部给各部队的指示中明确指出："由于我军集中主力攻击四平敌，便可能减低对沈阳方面之作战戒备。而（敌）北上增援之可能却会同时增大，因此，我军必须积极准备打援。为求得大量歼灭敌人有生力量，如在我未发动总攻击前，沈阳之敌大举出援，我攻四平部队则准备留一个师进行佯攻，其余部队全部南下参加打援。如在我军已经发起对四平总攻击，沈阳方面敌人开始北援，我预设之打援部队应在开原至长岭子一线顽强抗击，争取时间，保证我攻城部队顺利的夺下四平城。"[1]

四平在林彪脑海里的印象太深了，1946年5月的四平保卫战和1947年6

---

① 中南军区编：《中国人民解放军第四野战军第三次国内革命战争战史》，1955年初稿。

◎ 冬季攻势中我军乘胜前进

月的四平攻坚战那惨烈的战斗场面时时浮现在他的眼前。那是两场真正的较量，双方都投入了最后的兵力。但是那两场战斗我军没有打赢，各级指战员们是憋了一肚子火的。这次打四平能不能成功，林彪也没有绝对把握。他从最坏处着想，从下达命令时就设计了两套方案：能打下来最好，打不下来也求得在野战中歼灭一部分增援敌人。

　　然而国民党军却不是两年前的样子了。郑洞国从蒋介石与卫立煌的争吵中感到前途无望，暗中准备从东北脱身。3月初他借口胃病发作，去向卫立煌请假，要求到北平就医。卫无奈之下只好答应他的请求。郑洞国如同得了大赦，马上打点行装、订机票，心想总算可以离开这个倒霉的东北了。谁知两三天内形势突变，国民党的侦察飞机发现我军大部队正向四平方向集结，看样子是要再次攻打四平。卫立煌担心四平失守，长春和吉林的部队也会被逐个吃掉，为保存力量，卫立煌决定放弃吉林，将驻在那里的60军向长春撤退。于是，他命令郑洞国副总司令与赵家骧参谋长飞往吉林去部署撤退。

　　驻守吉林的60军是云南部队，抗战结束后蒋介石为了削弱各省军阀的实力，用各种方式将非嫡系的地方部队调离老家。云南部队被改编为60军和93军派往东北，为蒋介石打内战充当炮灰。他们在东北经常受到黄埔系的欺压，杜聿明的副手梁华盛任吉林省省长时，仗着自己是黄埔出身，盛气凌人，经常干涉60军的事务。军长曾泽生强忍怒火，委曲求全。1947年秋季攻势中，我军六纵17师进攻吉林市郊的团山子，在山上防御的182师依靠坚固阵地和装甲列车的支援，与我军进行了两天的激烈战斗。六纵集中十几门大炮猛轰团山，17师51团连续发起三次进攻。但敌军拼命顽抗，用密集火力向我军扫射，造成51团重大伤亡。49团接着投入战斗，用改变进攻方向，以连续爆破摧毁敌军工事，攻到山顶时，敌军阵地上只剩下五个伤兵。这一仗打得十分残酷，182师被消灭四个加强连，17师也伤亡数百人。由于我军主动撤离，吉林得以保全。当梁华盛鼓吹"吉林大捷"的时候，曾泽生在60军的军官会议上挂出一幅古画，上面画着一只大狮子把几只小狮子推下悬崖。几位团长都不理解这幅画的意思，曾泽生沉重地说："这是大狮子训练小狮子能力的情景，据说小狮子被推下崖后如果不死，大狮子就承认是它的好儿子，把它领走；如果小狮子摔死了，大狮子就毫不怜惜地丢下尸体走了。我们部队的命运就好比小狮子，在这座孤城里接受上级最残酷的考验。如果我们不坚强，就被毫不怜惜地消灭在这里。所以我们必须振奋，以图自保，接受更加严峻的考验。"曾泽生说这番话是为了让大家明白，当他们危急的时候，其他嫡系部队是不会来救援他们的。在座的人听了军长语重心长的讲话，无不为之动容。

3月8日上午，吉林机场突然降落一架飞机。郑洞国、赵家骧走出机舱，立即乘车前往60军军部召开紧急会议。当郑洞国向曾泽生等将领传达撤往长春的命令时，曾感到非常突然，好像没听清楚似的问："什么时候撤？"郑说："今天晚上就开始行动。"曾说："这太紧张啦！官兵没有一点准备，暂21师还有两个团驻在乌拉街和江密峰，请副总司令和参谋长能不能稍微宽限一下时间？"赵家骧说："不行啊，曾军长，这里距长春二百里地，周围都有解放军出没，万一走漏风声，60军就出不去了。兵贵神速，还是马上行动吧。"曾泽生表示服从命令，郑洞国便开始研究部署撤退的具体问题。他特别强调：撤退之前务必把小丰满水电站彻底破坏掉。曾泽生听了没有表态。

尽管行动是严格保密的，到天黑60军出动时，市区内已经是一片混乱。国民党政府官员、地主商人拉家带口，开着汽车、赶着马车争先恐后地逃命，把道路挤得水泄不通。曾泽生亲自指挥特务营维持秩序，将军民分成两路走。走出十多里地，听见轰隆隆的爆炸声。大家以为小丰满电站被炸毁了，但看看吉林市的电灯并没有熄灭。原来曾泽生违抗了郑洞国的命令，让后面的部队把带不走的弹药销毁，保存了电站。

3月10日，60军在冰天雪地中艰难地行进，带的一点干粮吃光了，国民党兵就沿村挨户地抢劫老百姓的食品。前边的部队把井水喝光了，后面的人只好吃雪解渴。先头部队过了大水河，就破坏桥梁公路，后边的汽车无法通行，国民党政府官员只好弃车步行，狼狈不堪。财政厅长带了一小汽车钞票，到此无法带走，守着钱发愁。后边掉队的大兵乘机抢劫，一人扛一捆，发了一笔横财。

60军逃出吉林，是我军没预料到的。林彪闻讯后命令东满独立师去追，在九台南边的太平岭与60军交火。曾泽生亲自指挥182师抵抗，掩护队伍撤退。我军兵力不够，截下了后边的运输团。60军虽然摆脱了我军的追击，但重武器和辎重物资几乎损失殆尽。当他们于11日逃到长春郊区时，遇见前来接应的新7军38师，总算松了一口气。①

60军从吉林的撤退并没有影响我军进攻四平的决心，相反正说明国民党军队已经士气低落，人无斗志。按照东总的既定部署，一、三、七纵和炮兵部队于3月2日到达指定位置，完成了对四平的包围。

此时的四平与去年的情况有很大的不同，去年夏季的四平攻坚战我军未获成功，因此在我军发动冬季攻势后，敌人错误地估计我军不会轻易地进攻四平；他

◎ 我军进入吉林市区

---

① 杨肇骧：《第六十军在吉林的顽抗和撤退》，载《辽沈战役亲历记》，文史资料出版社1985年版，第612页。

们甚至认为就是我军来打四平，他们凭借这里的坚固工事也能守得住。因而我军在沈阳附近作战时，陈诚将71军军部及87、91师调到新民，四平只留下88师和保安队等18000多人防守。这样少的兵力来守这座大城市，兵力不够、战斗力不强和处于孤立的严重弱点就暴露无遗了。71军军长刘安祺临行前忧心忡忡地对留守的部下说："现在四平就是一个没有盖上盖的棺材，要特别提高警惕，加强防卫，否则就要被共军吃掉。"然而88师师长彭锷却不当回事。到3月7日我军已经开始清扫外围，彭还对部下夸口说："我们守四平是有把握的，因为我们的武器好，工事坚固。万一情况不利时，长春的第一兵团和沈阳的第九兵团会来帮助我们的。"①

经过四天的外围战斗，3月8日七纵拿下了敌人在四平外围设置的最坚固的阵地——三道林子地堡群，四平城再次显现在我们面前。一纵李天佑司令员手拿望远镜观察地形，思绪万千。从去年夏天起，他就憋了一口气：一定要拿下四平。现在林彪把总攻四平的指挥任务再次交给他，表现了总部对一纵的信赖。经过侦察，发现敌军的防御重点是在路东，88师的师部在城东北角的油化工厂。如果按原来的部署作战，重拳就打不到要害。李天佑与万毅政委、李作鹏参谋长研究后决定调整攻击部署，从城北进行突破。将炮兵阵地置于三道林子，将一纵由城西南调到城北，与七纵换防，由1师、2师担任北面的主攻。三纵从东南角进攻，七纵由西南方向进攻。在城北主攻方向上集中了五十多门大炮，其他方向上也分配相应的炮火。为了做好充分的准备，我军在调动完成后，各级指挥员又到前沿多次观察地形，研究战斗方案，并进行了演练。

3月12日雪后天晴。7时40分，五颗信号弹飞上天空，总攻开始了。几个阵地上的火炮一齐怒吼，四平城顿时黑烟弥漫，大地也在爆炸声中颤抖。经过7分钟的炮火急袭，敌军的前沿阵地大部被摧毁。一纵、三纵、七纵和独立2师从五个方向开始突破。主攻的2师沿着铁路西侧越过铁路桥头堡，突入市区。不到半个小时，2师就突进去两个团，其他四个方向的部队也都突破了敌军的防线。敌军在腹背受敌的情况下，路西的敌人迅速向路东收缩，企图集中力量顽抗。七纵穷追猛打，进行街道战斗。到14时，三纵与

---

① 苏汉初：《一九四八年四平战役片断》，载《辽沈战役亲历记》，文史资料出版社1985年版，第615页。

七纵部队就在中山大街会师，四平守敌被压迫到东北角的油化工厂、发电所一带。一纵1师大胆迂回，打乱敌人的防御体系，对油化工厂和发电所的敌军核心工事发起进攻。经过连续突击，敌人的阵地一个个被攻克，88师师部仓皇撤退到红十字会和晓东中学内。这时三纵也从南向北压过来，把敌军阵地越挤越扁。战斗到这天夜里，我军暂缓进攻。

13日晨，天刚蒙蒙亮，一纵、三纵和炮兵经过重新组织，对两个据点内残存的敌人发起最后的进攻。此刻，88师的绝望挣扎已经无法改变他们的命运。很短时间的战斗，敌军就被全歼。这次四平战斗仅用了23个小时就胜利结束，一纵和七纵的干部战士都感到扬眉吐气。为了这座城市，牺牲了多少老战士，有多少人的鲜血洒在这片土地上。今天它终于回到了我们的手中。18000多敌人被我军毙伤近4000人，其余都当了俘虏。缴获各种炮197门、轻重机枪461挺、步枪8935支、汽车85辆和大批物资。我军伤亡4931人。①

攻克四平为我军的冬季攻势画上了一个圆满的句号。在长达三个多月的作战中，我军共歼灭敌军156000多人，缴获各种火炮1200多门、枪支69000多支、汽车300多辆。收复四平、吉林两个省会，鞍山、辽阳、法库、营口、开原等18座城市。解放区占有了东北70%以上的土地，各解放区完全连成一片。而国民党50万大军被压缩在长春、沈阳和锦州至山海关的三个孤立区域内，被我军分割包围，铁路联系中断，陷入更深的困境。冬季攻势显示了我军的大兵团联合作战和城市攻坚战都达到了一个新的水平，指挥员们真正掌握了"集中优势兵力，各个歼灭敌人"的军事原则和"四快一慢"的战术，每次攻城作战，投入的兵力都在守敌的5倍以上。这次四平战斗敌人不到两万，而我军集中了10个主力师和160门火炮，还有3个纵

◎ 解放后的四平

---

① 《中国人民解放军第38军第三次国内革命战争战史》，1955年初稿。

队负责打援。这种牛刀杀鸡的打法保证每战必胜、每攻必克，比秋季攻势又进了一步。敌人越打越少，我军越扩越大。十一、十二纵的组建和四十个二线兵团的组成使我军形成了人数上的较大优势，在士气上也远远高于敌人。冬季攻势从根本上扭转了东北敌我双方力量的对比，为我军最后解放全东北奠定了坚实的基础。

第二十章

# 战略的抉择

郑洞国被迫到长春上任——蒋介石与卫立煌扯皮——林彪提出打长春的计划——长春外围战斗——林彪改变了主意——毛泽东与林彪在南下方针上展开争论——林彪同意南下北宁线作战——抢修铁路——秘密运送十万大军

1948年3月13日，东北我军攻克四平，结束了冬季攻势。此时，国民党在东北只剩下沈阳、长春、锦州、营口等城市，被分割成几片孤立的地区，处于解放军的战略包围之下。处境最危险的就是长春，与沈阳的铁路交通被切断后，全靠空运补给。而国民党的航空公司每天只能派出四架飞机运输物资接济，无异杯水车薪。

不利的局势令卫立煌总司令坐卧不安，长春是他的一块心病，死守无望，丢弃可惜。他对亲信私下说："长春是个包袱，好比一个盲肠炎症，恨当初陈辞修（诚）走了这着死棋。"但是老蒋的意思是：要撤就将东北国民党军全部撤入关内，如果不撤，长春也绝不能放弃。再说长春城里毕竟还有十万军队，守城应该是没有什么问题的。问题是要派一员得力大将去坚守这座孤城，卫立煌的首选对象是郑洞国。

郑洞国当然明白困守长春的下场是什么。指挥60军撤到长春后，他就飞回沈阳，打算离开东北去治病。卫向他提出去长春主持军务，他心里很不痛快。卫立煌对他说："桂庭，我们是多年的朋友，彼此都很了解。说实话，我也知道长春很危险，不太情愿让你担这种风险。可现在局面坏到这种地步，实在是没有别的法子好想呀。我辈身为军人，应以党国利益为重，请不要再推辞了。况且长春工事坚固，兵力雄厚，只要认真防守，是可以坚守下去的。你去之后，有什么困难都可以提出来，我一定全力支持你。"郑洞国经过反复考虑，终于接受了任命。怀着"临危受命，义不容辞，明知不可为而为之"的悲凉心情，于3月下旬飞抵长春。①

　　蒋介石还是想把东北的国民党军队全部撤入关内，4月初让卫立煌到南京商议。蒋介石提出：长春、沈阳交通断绝，单凭空运无法维持，还是将主力部队撤到锦州，沈阳、长春只留少量部队防守。卫立煌坚决不同意，说部队尚未整训完毕，不可能打到锦州，有中途被消灭的危险。其实卫立煌心里明白，他手里只要有实力，就有他的地位。大军撤入关内，谁知道结果会怎样？老蒋惯会嫁祸于人，丢了东北，追究起责任来，自己还不是要当替罪羊？所以卫立煌力陈坚守沈阳、长春的必要性，并对蒋保证：只要不将主力撤出沈阳，军队补给问题由他去同美军顾问团商量解决。蒋才勉强答应，让卫立煌去操办。

　　1948年5月，美军顾问团团长巴大维一行来沈阳视察，会见了卫立煌，观看了国民党军队的各兵种联合演习。巴大维向卫立煌许愿：给他10个师的武器装备。卫听了非常高兴，对49军军长郑庭笈说："10个师的装备来到就有办法了。"他派廖耀湘到锦州专门负责接收美国援助物资，此后，美军运输机源源不断将兵员装备、粮食、弹药运到沈阳、锦州。但是尽管如此，到辽沈战役之前，东北国民党军队只得到了四个师的装备，而且还都是轻武器。卫立煌用这些装备补足了四个师，编成两个军。②

　　此时东北国民党军的态势：东北"剿总"总司令卫立煌、副总司令廖耀湘率2个兵团、8个军、24个师又3个旅约30万人，防守沈阳、铁岭、抚顺、本溪、新民。副总司令兼第一兵团司令郑洞国率两个军、六个师又三个旅约十万人，防守长春。副总司令兼锦州指挥所主任范汉杰率一个兵团、四个军、十四个师约十五万人，防守锦州、山海关、葫芦岛一线，维持着与关内的铁路和海上交通。

　　我东北野战军此时已发展到十二个纵队，加上一个炮兵纵队、一个铁道兵纵队和十七个独立师，共五十三个师，七十五万人。加上地方部队，总数已近百万。经过冬季攻势后的大练兵运动，部队的军事素质和政治思想觉悟都提高到新的水平。我军从数量到质量都已形成绝对的优势，具有了彻底消灭东北国民党军事力量，解放全东北的实力。

　　①《我的戎马生涯——郑洞国回忆录》，团结出版社1992年版，第488页。
　　②彭杰如：《卫立煌到东北》，载《辽沈战役亲历记》，第50页。

冬季战役结束后，东北局和野战军领导就在考虑在何时、何地与国民党军展开战略决战。当时东北已经没有小仗可打，只能在长春、沈阳和锦州这三大地区中选择一个。偏偏卫立煌又采取保存实力，坚守不出的策略，在运动战中歼敌的机会很难找到。这就需要我军主动出击，打大城市攻坚战役。东北局领导人经过反复研究，1948年4月18日联名致电中央，提出先打长春的战略部署。

电报中说：东北我军的下一步计划是集结九个纵队进攻长春，七个纵队攻城，两个纵队在四平以南阻止北上增援的敌军。"作战计划第一步实行围城，以十天到半月的时间进行攻城作业和各种攻城准备，并清扫外围。在此期间极力吸引沈阳敌人北上增援。如敌增援，则主力南下，在四平附近野战中展开大规模的反击，歼灭敌人。如敌不增援，则我军即对长春发动全面总攻，企图在十天半月左右的时间内全部结束战斗。"

为保证进攻长春战斗的顺利进行，电报要求华北部队予以配合："如在锦州之范汉杰兵团不与沈阳敌会合，仅沈阳之敌北上增援，我们是较易应付的。如锦州附近之敌与沈阳敌人会合后再向北增援，则使我军攻城和打援皆发生严重困难。因此我们建议晋察冀以四个纵队或三个纵队兵力开到承德以东或山海关以北地区，歼灭和钳制敌人，或进行休整。即令疲劳，不能作战，亦能起威胁和钳制敌人的作用，使范汉杰兵团不能北上。并准备今年秋冬两季直接与东北部队会合打大仗。"

电报强调了这样决策的理由和多方面的考虑："以上是我们对作战的根本意见，其他意见亦曾加以考虑，均认为不甚适宜。我军如打铁岭、抚顺或本溪或新民，敌均能立即组织三个师以上的兵力守，而集中十个师以上的兵力增援。敌增援距离甚近，又因辽河、太子河的妨碍，我军攻城打援皆不便。本溪与铁岭两点，如我军主力向该方前进时，敌甚至可能暂时撤退，让我军扑空。如我军主力向义县前进，义县之敌必然自动撤至锦州。如我军攻锦州，则所遇敌人更较长春强大。如我军等候敌人打通锦、沈线，则不知要等到何时。且即令敌人出来打通，但我主力一向锦、沈线前进时，该敌必自动收缩，使我军扑空。如我军向锦州、唐山之线或冀东、平绥前进时，在敌目前采取放弃次要据点、集中兵力固守大城市的方针下，则必到处扑空或遇到四五个师兵力守备的城市。且大军进到那些小地区，衣服、弹药、军费皆无法解决。同时东北战士入关，经长途跋涉，士气必降，逃跑必发生。在我主力南下情况下，长春之敌必能乘机撤至沈阳，打通锦、沈线。如我军以小部兵力（如三个纵队）入关，沿途仍不易求小仗打；遇大的战斗（又攻城又打援）则又吃不消。而留在东北的部队既不能打大仗，又无小仗可打，陷于无用武之地。故目前只有打长春的办法较好，但这一仗，将是一极严重的仗。须对新部队、新战士加强攻坚训练，在围城后则以充分时间准备，然后发动总攻。这样，胜利的可能仍是很大的。"①

　　当东北我军正在进行冬季攻势的时候，毛泽东在1948年2月7日给林罗刘的电报中就提出了"对我军战略利益来说，是以封闭蒋军在东北加以各个歼灭为有利"的方针。4月22日，毛泽东复电东北局领导人，同意他们先打长春的意见，并准备派华北的杨得志、罗瑞卿、杨成武的三个纵队到承德以东地区配合东北的行动。但毛泽东明确告诉东北局领导人："你们主要不要依靠杨罗杨。"随后，毛泽东指出："我们同意你们先打长春的理由是先打长春比较先打他处要有利一些，不是因为先打他处特别不利，或有不可克服之困难。你们所说打沈阳附近之困难，打锦州附近之困难，打榆锦段之困难，以及入关作战之困难等，有些只是设想的困难，事实上不一定有的。有些是实际的困难，在你们打开长春南下作战时会要遇着的，特别在万一长春不能攻克的情况之下要遇着的。因此，你们自己，特别在干部中，只应当说在目前情况下先打长春比较有利，不应当强调南下作战之困难，以免你们自己及干部在精神上处于被动地位。"②

　　毛泽东批准打长春，林彪就指挥部队行动起来。3月份冬季攻势结束后，林彪就把5、7、8、9、10五个独立师部署在长春周围，监视和准备包围长春守敌。4月18日，林彪命令独立5师向长春西北的小合隆镇前进，担任封锁长春大房身机场的任务。要求"封锁机场的办法须以能打十五里、二十里或三十里的炮，当敌机降落后向飞机场射击，使敌不敢再降落飞机"。并指示炮兵司令部调拨榴弹炮给独立5师。

　　各部队迅速向长春周围运动，立即引起敌人的恐慌。他们四出抢粮，运往城内。林彪4月24日命令各独立师："长春之敌到城外四出抢粮抢柴，并未见遭受我各独立师严重打击。此种现象，对今后作战颇为不利，我各独立

---

①《中国人民解放军历史资料丛书·辽沈战役》，解放军出版社1993年版，第53页。
②《毛泽东军事文集》第4卷，军事科学出版社、中央文献出版社1993年版，第455页。

师必须抽出三分之一的兵力在长春城郊二三十里内外随时打击敌之抢粮部队，严格禁止粮柴入城。"这道命令，揭开了围困长春的序幕。

郑洞国到长春上任后，一天也没闲着。他很清楚自己的不利处境。面临困守孤城的现实，他必须有所作为，认真搞好防御，总比坐以待毙强得多。他回忆当时长春的情况说："在日本法西斯军队占领时期，曾在城内街道及近郊区修筑了许多永久性、半永久性工事，如碉堡、壕沟、坑道、瞭望台等，样样俱全。城中心的关东军司令部、在乡军人会、空军司令部和大兴公司等四个高大建筑物，矗立在十字路口的四角上，前三座建筑物的地下室，均有钢筋水泥筑成的坑道通过宽阔的马路，彼此相连。更有笨重的铁闸门，可以彼此隔绝。四座建筑物的地上部分，都是厚墙铁窗加上钢筋水泥屋顶，连中型飞机的炸弹都不能损伤它们。在往南去的中央大街西侧，还有伪满洲国的'中央银行'。这是一座异常坚固的建筑物，全部外墙均用花岗石砌成，厚度在一米以上。室内可储存大批粮食、弹药、淡水，还可自行发电。我的兵团司令部以后就设置在这里。市内各主要街道都宽六十米左右，街与街之间和各大建筑物之间都留有许多草坪、花园空地，距离足够发扬火力。重要的街口还修筑有水泥地堡。国民党军队占据长春后，于1947年秋季起，又环市构筑了很多钢筋水泥地堡，并用战壕将其联系起来。城四周还设有宽三米、深二米的外壕，壕内有纵射火力点，壕外则架设铁丝网等障碍物，使整个长春在日本侵略军遗留工事的基础上，形成了一个具有现代化防御体系的城市。"对此，郑洞国感到满意，也增强了死守的信心。他将长春防区一分为二，新7军守西半部，60军守东半部。新7军暂56师加强大房身机场的守卫，保持与沈阳的空中联系和物资补给线。为了提高60军的战斗力，他将新7军的一些汽车、大炮拨给60军，并将新7军的一个重炮连配属60军。经过这些努力，郑洞国自信长春城防是固若金汤，可以同共军较量一番了。①

5月中旬，郑洞国从情报获悉，长春四周共军活动频繁，并有主力部队源源开来，兵力估计在三四个纵队以上。他判断共军即将进攻长春，眼下当务之急是保证飞机场的安全，并尽可能多抢些粮食运回城内。经与部下策划，郑洞国决定派兵出城。

---

① 《我的戎马生涯——郑洞国回忆录》，团结出版社1992年版，第493页。

5月21日，新7军新38师主力和暂61师突然由西门向外出击，沿飞机场以北向西北方向进攻。60军182师跟进，开始进展比较顺利，没遇到多大抵抗就占领了长春西北六十里外的小合隆镇。郑洞国亲自到小合隆视察，指示新38师师长史说抓紧在附近搜集粮食，在大房身机场外围构筑工事，以将共军挡在炮火射程以外，确保机场的安全。

林彪得知长春城内敌人出动，认为歼灭敌军的机会来了，立即下令驻梨树的一纵、驻伊通的六纵出发，夺取大房身机场，并切断新7军两个师的退路。在公主岭的一纵2师作为先头部队，经过三夜隐蔽行军，于5月24日赶到长春西南的驿马站。同日，六纵三个师也赶到长春西北郊区。总部命令16、17师配合一纵消灭驻守大房身机场的敌暂56师，18师进攻机场。18师在小房身遭到敌军顽强抵抗，形成对峙。当天下午，16师47团奉命进攻机场大楼。47团于19时发起进攻。经过半小时激战，干脆利索地全歼暂56师师部、一个团部及守卫的敌军300余人，占领了大房身机场。

郑洞国听说大房身机场失守，极为震惊，下令新38师、暂61师反击，想乘共军立足未稳，夺回机场。25日中午，新38师师长史说指挥两个团向机场发起进攻，并用大炮轰击机场外围的各据点，想把我军挤出去。正当双方酣战之时，一纵主力突然从侧翼杀来，在新38师右翼担任掩护的暂61师当即被冲垮，四下溃散。我军逼近新38师师部，敌军招架不住，师部官员都劝史说师长下令后撤。史说考虑，如果自己跑了，前方进攻机场的两个团必遭歼灭，只有硬着头皮顶住，或许还有希望。他喝令炮兵还击，让后卫团跑步前来增援。部下还是动摇犹豫，纷纷想跑。史说又气又急，命令卫士就地打开铺盖，躺在上面怒吼："我就睡在这里了，看你们哪个要退?!"这才把部下镇住，大家返身抵抗。待后卫部队赶到，史说才收拢部队，匆匆撤回城内。

这是一场恶战。国民党军遭受沉重打击，暂56师约两个团被歼，一个副师长和两个团长被俘。暂61师也损失了两个营，只有新38师基本保全。粮食没抢着，反而把机场丢了。从此，长春与沈阳之间的空中交通也彻底断绝，只能靠空投接济。

林彪听取了一纵、六纵关于长春外围战斗的汇报，浓眉紧锁。看来长春的国民党军队并非想象的不堪一击，还有相当的战斗力。如果硬攻长春，目前没有绝对把握。他与东北局领导人多次商量研究，于5月29日给中央军委写了一个报告。阐述他们对长春作战的意见。报告说："根据敌之战力、兵力、工事总和来看，则我军攻长春，即会付牺牲最重大的伤亡，最后仍可能无法解决战斗。此种战斗绝非一个猛攻所能拿下，而须逐屋逐堡夺取。非特须长在敌炮火飞机轰击下，每日人力消耗甚大，甚至有可能打到我最大部分部队每连只剩下一二十人或二三十人，无力继续维持进攻；而敌仍能保持半个月城市，使我无法啃下。那时在城内扼火力拼消耗，必致形成自然的停止攻击与退出，使部队实力与士气遭受重大的损伤。此种结果，对我甚为不利。""因此我们建议改变硬攻长春的决心，改为对长春以一部分兵力久困长围。准备乘其撤退时在途中追歼该敌，而使我主力转至热南承德、古北口一带作战的方针。"

毛泽东看了这份报告，感到林彪反映困难太多，对进攻长春的信心不足。6月1日他给林彪发出一封电报，一口气提了十个问题：对长春是否已展开全力攻击，外围工事是否均已夺取，是否实行了军事民主，你们指挥所在何处等等。最后列举徐向前指挥攻克临汾的战例，说明敌军顽强的防御也不是坚不可摧。这分明是在指责林彪，林彪当晚回了一封长电，向毛作了详细解释。并表示："目前对长春地形条件还不够具体了解，不知地形条件对我是否有利，须待实地侦察后才能看出。因此，我们对此战局无最后的确定见解。拟待侦察地形后，才可通过其他条件，得出较有把握的意见。"①

朱德总司令看了一纵李天佑、六纵黄永胜两位司令员的战斗汇报，也认为长春不是绝对打不得。如果有充足的弹药，以坑道作业的战术，可以进行攻坚。如果条件不充分，则可考虑长围久困。毛泽东于6月3日将朱总司令电报转给林彪，又提出三个问题要他回答，中心内容还是能不能攻坚。林彪与罗荣桓、刘亚楼等经过认真的研究，于6月5日电告军委，提出了东北野战军行动的三个方案：一是目前即正式进攻长春，但无把握，成功的可能性较小。二是目前以少数兵力围困长春，封锁粮食，主力到北宁线、热河、冀东一带作战，但南下作战除可能到处扑空，或因敌集中不好打外，粮食极为困难，同时长春之敌又可能乘机逃回沈阳，可能造成两头都无战果的结局。三是用二到四个月时间，对长春实行较长期的围城打援，然后攻城的办法。他们的意见认为"目前以采取第三个方案为好"，"估计敌人被困饿到极点

---

① 《中国人民解放军历史资料丛书·辽沈战役》，解放军出版社1993年版，第61页。

时，沈阳敌也有可能被迫增援，因而我们以长春为钓钩就可能求得打运动战的机会"。他们在电报中解释说："目前敌在东北、华北采取集中兵力守大城市的方针下，我准备现阶段上的要对沈阳和类似这一类的城市，除围困外，暂时别无他办法。暂时绝无可能形成进攻此大兵力大城市的足够兵力。所以无论主观上是否急躁，但结果仍只有采取较长期的、耐心的围城打援，并采取敌粮尽援绝而最后攻城的办法。"同日，林彪将拟定的围困长春的具体计划报告中央军委。①

毛泽东在6月7日的复电中，同意了林罗刘提出的围困长春方案。但他只是"基本上同意"，并指出林的围城打援计划"有平分兵力之嫌"，要他们"主要应从攻城方法方面与打援的兵力配备及作战方法方面着眼"②。也就是要他们立足于打，而不是围而不攻。同时要他们完成下一步入关作战或在冀东、锦州地区作战的准备。经过一番争论，围困长春的决策算是定了下来。

光阴如流水，一个多月很快过去了。关内的华东、中原战场，二野和三野打得热火朝天，东北战场静悄悄的没有战事。围困长春两个月了，城内一时还看不到大变化的征兆，卫立煌守在沈阳死不动窝。东北局领导人感到这样僵持下去不是办法，总要主动出击才是。7月中旬东北局在哈尔滨召开常委会，讨论下一步作战方案，决定放弃先打长春的计划，大军南下作战。7月20日林罗刘向军委报告：

"最近东北局常委重新讨论了行动问题，大家均认为我军仍以南下作战为好，不宜勉强和被动地攻长春。"

关于行动计划，电报中说：东北我军主力准备等到雨季结束后，到八月中旬首先以四、九、十一纵奔袭包围义县、锦西、兴城、山海关之敌，然后向承德前进。"我军主力南下后，则长春之敌因可能达到牵制我军于东北的目的，则定然乘机南退。我军能如同过去收复通化、吉林等地一样收复长春，并乘敌撤退时歼敌一部。沈阳之敌人在我关内各战场继续胜利的情形下，在我东北部队业已进关的条件下，沈阳之敌稍迟时日亦必然撤退。只有锦州之敌可能还在东北拖延一个较长的时候，而最后或被歼灭或逃走。"③

---

① 《中国人民解放军历史资料丛书·辽沈战役》，解放军出版社1993年版，第67页。
② 《毛泽东军事文集》第4卷，军事科学出版社、中央文献出版社1993年版，第480页。
③ 《中国人民解放军历史资料丛书·辽沈战役》，解放军出版社1993年版，第72页。

◎ 毛泽东《关于辽沈战役的作战方针》手稿

7月22日毛泽东复电林罗刘："向南作战具有各种有利条件，我军愈向敌人后方前进，愈能使敌方孤悬在我侧后之据点被迫减弱或撤退，这个真理已被整个南线作战所证明，亦为你们的作战所证明。攻击长春，既然没有把握，当然可以和应当停止这个计划，改为提早向南作战的计划。在你们准备攻击长春期间，我们即告知你们，不要将南进作战的困难条件说得太多太死，以致在精神上将自己限制起来，失去主动性。现在你们已经将注意力移到向南作战方面，研究南面的敌情、地形、粮食等项情况，看出其种种有利的条件，这是很好的和很必要的。并且应向全军指战员首先是干部充分说明这些条件，以鼓励和坚定他们向南进取的意志和坚定他们的决心。"①毛泽东要他们抓紧时间，争取八月间在北宁线和承德一带打响。

从这两封电报中可以看出，虽然林彪同意南下作战，但在总的战略意图上，与毛泽东仍有相当的差距。林彪的意图是打辽西走廊北宁线上的几个小城市，这几个小城市守敌都很弱，打他们是有把握的。但是长春、沈阳、锦州这三大据点怎么打，林彪回避这个要害问题。他虽然号召部队准备打大城市攻坚战，但四平攻坚战的阴影始终笼罩着他的头脑，使他不愿意去打这种硬碰硬的仗。林彪打仗一向算计很精，他打起来命令部队不惜一切代价去夺取胜利，但是战前的筹划时他总是算计怎样以最小的代价换取最大的战果。但毛泽东认为林彪现在有百万之众，武器装备又是最好的，你不打硬仗让谁打硬仗？毛泽东早就设想，要把东北敌军封闭在关外消灭，林彪考虑到三战四平的经验教训，对锦州作战方针表示谨慎。在这战略决策的关键时刻，毛

---

① 《毛泽东军事文集》第4卷，军事科学出版社、中央文献出版社1993年版，第541页。

泽东必须要给林彪压担子，要他敢于去同东北国民党军打大仗、打硬仗。毛泽东把东北我军南下作战的目标，定在了锦州。7月30日他指示林罗刘："关于你们新的作战计划，我们觉得你们应当首先考虑对锦州、唐山作战，只要有可能就应攻取锦州、唐山，全部或大部歼灭范汉杰集团，然后再向承德、张家口打傅作义。如果你们不打范汉杰先打傅作义，则卫立煌将以大力集中锦唐线，卫、范协力向西援傅，那时你们可能处于很困难地位。"①

毛泽东的指示使林彪感到为难，他不愿意直接打锦州。8月1日他向毛汇报第一步作战计划时，仍旧坚持以三个纵队、两个独立师的兵力打北宁线的五个小城市。同时要求华北的杨得志、杨成武两个兵团出动配合他们的行动。至于锦州，林彪在电报中说："锦州经常驻有六七个师的兵力，城市工事业已完成，故我们不拟攻锦州。但该敌万一出来增援，在增援中歼灭其大部时，那时当然可以乘胜攻锦州。但根据去年冬季在沈阳附近作战的经验，敌人是不敢出来增援的。"②

那些天的往来电报中，林彪一会儿要求华北兵团先出动，他们才能决定行动时间，一会儿又说华北敌情有变化。8月11日他给毛的电报中又说南下大军的粮食没准备好，铁路桥梁又被洪水冲坏，总之一句话："目前对出动时间，仍是无法肯定。"③

毛泽东火了。8月12日他起草一封电报，严厉批评林彪："关于敌人从东北撤运华中之可能，我们在你们尚未结束冬季作战时即告诉了你们，希望你们务必抓住这批敌人，如敌从东北大量向华中转移，则对华中作战极为不利。关于你们大军南下必须先期准备粮食一事，两个月前亦已指示你们努力准备。两个月以来你们是否执行了我们这一指示一字不提。现据来电则似乎此项准备工作过去两月全未进行，以致现在军队无粮不能前进。而你们所以不能决定出动日期的原因，最近数日你们一连几次来电均放在敌情上面，并且因此又均放在杨成武是否能提早出动上面。你们六日十九时电，虽曾提到粮食问题，但是你们说'如杨成武部出动时间能提早，则我们出动时间亦能提早'。你们八日十七时电，则全未提到粮食问题，但说敌情严重，并做出

①《毛泽东军事文集》第4卷，军事科学出版社、中央文献出版社1993年版，第548页。
②《中国人民解放军历史资料丛书·辽沈战役》，解放军出版社1993年版，第81页。
③《中国人民解放军历史资料丛书·辽沈战役》，解放军出版社1993年版，第88页。

结论说：'东北主力行动时间，须视杨成武部行动的迟早才能确定'。当着我们向你们指出不应当将南面敌情看得过分严重，尤其不应当以杨成武部之行动作为你们行动的标准，并且同时即确定了杨成武的行动时间以后，你们却说（相距不到三天）'决不以杨成武部行动之迟早为标准'，而归结到了粮食问题。对于你们自己，则敌情、粮食、雨具样样必须顾虑周到，对于杨成武部则似乎一切皆不成问题。试问你们出动遥遥无期，而令该部孤军早出，傅作义东面顾虑甚少，使用大力援绥，将杨成武赶走，又回到东边来对付杨、罗及你们，如像今年四月那样，对于战局有何利益。你们对于杨成武部采取这样轻率的态度，是很不对的。对于北宁线上敌情的判断，根据最近你们几次电报看来，亦显得甚为轻率。为使你们谨慎从事起见，特向你们指出如上，你们如果不同意这些指出，则望你们提出反驳。"①

在解放战争中，毛泽东很少用这样严厉的口气批评一个野战军的高级指挥员。他与林彪密切的关系，说话可以无所顾忌。但也反映出毛泽东对东北野战军寄予极大的期望，希望他们能在解放战争中起到重大作用。林彪、罗荣桓和刘亚楼研究了毛泽东的电报，感到事情严重。为了向毛解释清楚，他们于8月13日给毛泽东发了一份长电，委婉地说明了情况。最主要的原因是洪水冲垮了铁路和桥梁，使大军不能按时出动。但他们表示："由北满运粮到热河，路途遥远需依靠铁路。但铁路要八月二十五日才可能修到阜新，因此预定部队能在八月底开始南下。现则突因异乎往年的大雨情况，故部队原定的出动时间遂无十分把握做到。目前仍尽力争取早日出动，只要雨势不继续上涨能逐渐下降，则仍可能做到按时出动。"②

毛泽东看到林罗刘态度明确，心情才平静下来。考虑到这是一场大战，林罗刘认为必要亲临前线指挥。8月7日请求中央军委将东北军区和东北野战军机关正式分开，各司其职。14日周恩来代军委批准他们的报告，林彪任东北军区司令员兼政治委员、东北野战军司令员，罗荣桓任东北军区第一副政治委员、东北野战军政治委员，刘亚楼任参谋长，谭政任政治部主任。这是东北野战军称为"林罗大军"的由来，此后林罗专心指挥前方作战，后方军区机关工作交给高岗、陈云、李富春、伍修权等负责。③

①《毛泽东军事文集》第4卷，军事科学出版社、中央文献出版社1993年版，第563页。
②《中国人民解放军历史资料丛书·辽沈战役》，解放军出版社1993年版，第91页。
③《中国人民解放军第四野战军战史》，解放军出版社1998年版，第304页。

从 8 月中旬起，东北解放区各部队、军区、后勤和地方政府开始了紧张繁忙的工作。大军南下作战，后方根据地在北满和南满，军粮、军火运输是空前繁重的任务。这样大的行动要想严守秘密，不让敌军知晓，只能采用铁路运输。东北的铁路被战争打得千疮百孔，许多被破坏的桥梁急需恢复通车。原来一打仗就要破路，为的是不让国民党军队快速增援。现在打仗要修路，为的是让大军快速南下。这个任务落到东北铁路总局局长吕正操和东北野战军铁道纵队的头上。

1948 年 8 月下旬，东北铁路总局接到东北野战军司令部的紧急命令，要在最短的时间内、最秘密的情况下，把驻在东丰、辽源地区的二纵、三纵、六纵和炮纵部队，运到西线的新立屯、西阜新地区作战。为保证前线作战，要从哈尔滨、齐齐哈尔等地运两千万斤粮食和大量作战物资到前线。为代替主力纵队继续包围长春守敌，要从后方向吉林、四平运送十九个独立团。吕正操局长和铁路局党委领导研究后决定：不惜一切代价，迅速周密地进行运输准备工作。

运送大军，必须做到线路畅通无阻。负责修路、护路的铁道纵队（又称铁道修复工程局）下辖四个支队，由二万六千多干部、战士、铁路工程技术人员组成。纵队命令第一支队抢修新立屯到义县沿线；第二支队抢修吉林到长春沿线；第三支队抢修哈尔滨至长春沿线；第四支队抢修梅河口沿线。全纵队紧急行动，昼夜不停地大干起来。从西阜新到清河门一线最接近前线，这段三十多公里的铁路多处被毁。枕木被烧，钢轨翻到路基两侧，十三座桥梁也都被破坏。一支队干部战士顶着国民党飞机的轰炸骚扰，顽强奋战，终于在短短的一个月内将这段线路修复，保证大军向锦州前进。

第三支队担任修复长哈线的陶赖昭松花江大桥的任务。这座大桥全长987 米，桥墩被炸断七座，钢梁也受到严重损坏。陈云同志亲自过问大桥修复工作，当时我们一无工程机械、二无经验。东北局领导与苏联方面协商，此时苏方对我方的态度已有明显好转，苏方派来了工程列车和机械、技术人员，与铁道纵队的干部战士一起抢修。大桥竣工通车典礼的那天，陈云同志亲临讲话，称赞"陶赖昭松花江大桥的修复，为东北人民修通了一条胜利之路"。他号召铁道纵队的干部战士继续勇往直前，保证野战军打到哪里，就把铁路修到哪里。[1]

在抢修铁路的同时，吕正操指挥铁路总局迅速调集车辆。半个月内集中了1224节车皮车厢，将所有能使用的机车都调集到梅河口、四平等枢纽站进行编组。又从各地铁路分局抽调大批政治可靠、技术水平高的司机、调度、车站工作人员到军运沿途各站，从1948年9月10日起，开始了大规模的输送部队和军用物资的行动。[2]

◎ 支前列车

8月29日，林罗刘谭向各纵队、各师首长下达了战斗动员令。说明我军的战略意图是"以部分兵力围困长春，而以最大主力南下，向北宁线前进，以奔袭的动作，坚决歼灭分散于北宁线上守备的各处敌人，切断与摧毁东北敌人与华北的联系，使两处敌人彼此完全陷于绝望的孤立中，并求引出长春之敌突围，而在突围中歼灭该敌，由此求得加速全东北解放之早日到来"。

这是东北我军最大的一次行动，数十万部队和军用物资用火车长途运输到辽西，在我军的作战史中尚属首次。为了隐蔽我军的战略意图，保密工作就显得特别重要。9月11日，当各部队陆续登车开往前线时，林罗刘下达了严厉的训令：

"上车的位置最好不选择在主站，上车前应将部队带到上车车站附近隐蔽，待车辆、马匹、物资上车后，各单位按建制次序迅速上车，绝对不许争

① 郭维城：《辽沈战役中铁道兵部队战斗片断回忆》，载《辽沈决战》上册，人民出版社1988年版，第605页。

② 吕正操：《辽沈战役中的铁路运输》，载《辽沈决战》上册，第593页。

先恐后的混乱次序。下车也应选择在货物站，下车后立即按建制带开，分散隐蔽休息，以防敌人突然袭击。

"列车行进途中，绝对禁止每到一站，不经请假，随便下车，以免耽误列车行进。特别要防止个别人员白以为能，明知开车也不着急，车开后才慌忙追车。或自以为时间有把握，以致误车现象。尤其夜间更应注意。

"为了保密，除部队尽量隐蔽不要乱走及随便与百姓接谈外，应尽量做到伪装，使群众最好不知我们是军用列车，更不能使其他部队知道我们的真实番号。必须切实使用部队代字字号，这点特别重要，应在各单位反复进行教育。" ①

1948年9月12日，三纵、二纵5师、六纵17师和炮纵部队，在四平、梅河口等车站秘密登车，向辽西开去。运送部队的列车全用棚车，开车前车门加锁，贴上封条。列车运行时看不到部队人影，听不到说话声音，就连铁路员工也不知道运的是什么。在九天之内，共运送64个军列，将十万大军安全、迅速、秘密地运到西阜新，创造了解放战争中的一大奇迹。当义县战斗打响，拉开了辽沈战役的序幕时，国民党军队的情报机关居然一无所知，奇怪这么多的共军是从哪里来的。

---

① 《东北野战军司令部训令教字第1号：关于机关部队行军时防空与保密的指示》，军事科学院图书馆藏。

第二十一章

# "战锦方为大问题"

1948年9月初,东北野战军领导向各纵队、师发布了南下北宁线作战的
政治动员令。号召全军指战员发扬高度的勇敢精神,克服困难,不怕疲劳,
不怕伤亡,争取全歼东北国民党军,给全国战场以有力的配合。集结在东
满、南满各地的主力部队结束了长达五个月的大练兵,按照野战军司令部的
指示,向辽西地区运动。

这个仗怎么打,林彪在兵力部署上有自己的考虑。他判断进攻北宁线和
锦州之后,沈阳的敌军一定会出来增援。那时候就可以在广阔的辽西平原上
与国民党军展开决战。9月3日他向军委报告了预定的作战计划:以十一纵
和热河三个独立师进攻北宁线的昌黎、绥中等地,切断卫立煌集团与傅作义集团的联系,防止华北敌军北上增援。以三、四、九纵包围攻打义县,二纵也到北宁线作战。以一、七、八、十四个纵队在新民以西地区,监视和准备打击沈阳西进之

◎ 东北野战军向锦州进军

敌。以五、六纵在长春、沈阳之间，防止长春之敌突围和沈阳之敌北上增援长春。以十二纵和六个独立师继续围困长春。为了指挥前线作战，林彪准备将野战军指挥部移到阜新。①

从上述部署可以看出，林彪的重点是摆在锦州与沈阳之间的地区，准备消灭沈阳出动之敌，而锦州方面反而成了偏师。这与毛泽东的战略意图不同。毛泽东于9月7日给林罗发出指示，明确提出辽沈战役的作战方针。他指出：你们应当使用主力于锦州、山海关、唐山一线，而置长春、沈阳两敌于不顾。"并准备在打锦州时歼灭可能由长、沈援锦之敌，因为锦、榆、唐三点及其附近之敌互相孤立，攻歼取胜比较确实可靠，攻锦打援亦较有希望。如果你们以主力位于新民及其以北地区准备打长、沈出来之敌，则该敌因受你们威胁太大，可能不敢出来。……另一方面锦、榆、唐诸点及其附近之敌则因你们去的兵力过小，可能收缩于锦、唐两点，变为不甚好打而又不得不打，费时费力，这样就有可能使自己陷入被动地位。不如置长、沈两敌于不顾，专顾锦、榆、唐一头为适宜。"毛泽东要林、罗确立两个决心："（一）确立攻占锦、榆、唐三点并全部控制该线的决心。（二）确立打你们前所未有的大歼灭战的决心，即在卫立煌全军来援的时候敢于同他作战。"②

经过几个月的反复商讨，毛泽东终于一锤定音，确定先打锦州，与东北国民党军队展开前所未有的大决战。历史实践证明：毛泽东的战略决策大大加速了解放战争胜利的进程。但是在战前下这样大的决心，是需要非凡的胆略的。这是毛泽东革命生涯中最为精彩的大手笔，也是其领袖才能的集中体现。

兵马未动，粮草先行。9月初，东北铁路运输一片繁忙景象。前往义县参战的十万大军要用火车运到阜新，大量的弹药和棉衣等军需物资也要及时运送到前线。当时铁路运输线主要有两条：为主的一条线是从哈尔滨经齐齐哈尔、白城子、郑家屯、通辽、彰武、新立屯到阜新；另一条线是从哈尔滨经吉林、辽源、四平、郑家屯到阜新。在罗荣桓政委和东北局领导指挥下，东北军区后勤部部长李富春同志总抓运输工作，军工部部长何长工负责调运军火弹药，铁路总局局长吕正操负责组织车辆调度。野战军后勤部在阜新车

① 《中国人民解放军历史资料丛书·辽沈战役》，解放军出版社1993年版，第97页。
② 《毛泽东军事文集》第5卷，军事科学出版社、中央文献出版社1993年版，第2页。

站设立前线指挥所，后勤部参谋长李聚奎负责组织落实作战物资供应，将火车运到的物资用卡车、大车运往前线。为了隐蔽我军的战略企图，铁路运输兵员物资都在夜间，白天则是空车回返。罗荣桓听何长工报告说他们已经修好十五辆日式坦克，下令立即运往前线。坦克在火车上目标太大，何长工叫人把它们都蒙上白布伪装，敌机很难分辨出是什么东西。为了保证运输油料和军火的安全，运输车队拉开距离，一辆油车后边跟一辆军需车，再跟一辆弹药车，照此顺序一字排开行进，避免在空袭时引起连续的爆炸或燃烧。天气渐冷，前线还有三个纵队没换上冬衣。在后勤部门同志的努力和协作下，几十万套棉衣都在战前运到了前方部队。

自9月10日起，各部队开始行动，向各自的战斗地点开进。二纵5师、三纵、炮纵担负打义县的任务，乘火车到达阜新再步行。其他参战部队都是步行赶往前线的。他们昼伏夜行，连续行军十二天到十五天。炮兵在阜新下车后，为了及时赶到义县，一天行军一百三十里。地方政府动员的民工队赶着大车、扛着担架，与部队形成一条平行的队伍。从火车上卸下的物资，又经过他们人拉肩扛运到前线。据统计，辽沈战役前后勤部门和各地政府共筹划和运输粮食七千万斤，油料一万一千多吨，子弹一千万发，手榴弹十五万枚，炮弹二十万发，炸药五万斤，棉衣、棉帽、棉鞋等冬装近百万套，有力地保证了战役的顺利进行。[①]

从9月下旬起，国民党空军发现辽西地区铁路夜间运输繁忙，白天也有大量人员运动现象，但是这些并未引起国民党方面的高度警觉。蒋介石忙于应付西北和山东战场，东北半年没有战事，正合卫立煌坚守不战的策略。卫立煌对长春的前途极为忧愁，但对锦州却是十分放心的。从地形上看，锦州群山环抱，比沈阳、长春的一马平川要易守难攻。1946年初国民党军占领锦州后，就陆续修筑城防工事，构成了环城十余里的土城墙。卫立煌上任后，命令工兵增修外围工事。城外的各制高点和交通要道，都要求修造钢筋水泥的子母地堡群。当时国民党军内的腐败，上上下下都要捞一把，要够了钱和物资，工兵只在一些中心据点修起大碉堡，周围再挖些半永久工事，就算形成了防御网点体系。许多碉堡偷工减料，里面狭窄得转不开身。国民党军队

---

① 李聚奎：《忆辽沈战役的后勤保障工作》，载辽沈战役纪念馆、《辽沈决战》编审小组编：《辽沈决战》续集，人民出版社1992年版，第300页。

的下级很会糊弄长官，他们画出非常美观的防御配备图，内有坚固的工事设备和周密的火网编成，实际上到9月开战前尚未完成计划的一半，修成的也多是伪劣工程。但是卫立煌8月到锦州视察，转了几个大碉堡后却很满意，说："在江西和共军作战的时候，哪里有这样的水泥工事？那时都能打胜仗，现在有了这样的工事，更没有问题了。"长官说行，还有什么可说的？那时锦州是一片太平景象，南京政府派来视察的官员一拨又一拨，与当地军政官员的酬酢宴会是天天不断。范汉杰还把家眷接来，打算长住下去。张作霖的旧部张作相也把家从沈阳搬到锦州，认为这里更安全些。

8月下旬，范汉杰从南京开会回来，召集高级军官会议。有人认为锦州是关系东北全局的要地，可能会成为共军的主攻目标。锦州一旦陷落，东北全局就会瓦解。但范汉杰不这样想，虽然早在6月间，蒋介石就给他发电报，警告他共军即将进攻锦州，要他早做准备。范汉杰以为蒋是神经过敏，锦州有关内和海上的增援，沈阳还有三十万大军可以西进，共军缺乏坦克，炮火也不甚强大，攻坚力量还不足拿下锦州。如果共军越过沈阳，远来辽西，交通补给不易，屯兵于坚城之下，必定陷入困境。他料定林彪断不敢走这步险棋，肯定还是先打长春。所以锦州国民党军上上下下都沉溺于和平气氛之中，谁也没想到辽沈战役的重拳会首先砸在他们的头上。[1]

1948年9月10日，林彪、罗荣桓根据毛泽东制定的作战方针，拟定了第一步作战计划。以三、四、七、八、九、十一纵、二纵5师炮纵主力，冀热辽察军区独立第4、6、8师和骑兵师出击北宁铁路锦州至唐山段，切断东北国民党军与关内的联系。以一、五、六、十纵和独立2师集结于彰武、新立屯地区，准备截击沈阳西援之敌。十二纵和五个独立师继续围困长春。

9月12日，东北野战军第二兵团司令员程子华、政委黄克诚指挥十一纵及三个独立师、骑兵师在北宁线上首先打响。17日攻克昌黎、北戴河，28日攻克绥中并包围兴城。秦皇岛港与锦州之间的联系被切断，在秦皇岛守军的求救下，锦西的国民党54军只好分兵向南增援。四纵和九纵分别从台安、北镇出发，于16日包围了锦州以北的军事重镇义县。几天之后，乘火车赶来的三纵、二纵5师和炮纵主力到达义县外围，接替了四纵、九纵的任务。四纵、

---

[1] 盛家兴：《第九十三军锦州被歼概述》，载《辽沈战役亲历记》，文史资料出版社1985年版，第80页。

◎ 锦州外围帽儿山战斗

九纵挥师南下，在锦州外围打响。

锦州东北有座孤立的高山叫帽儿山，山脚下有个小村庄叫帽山屯。国民党军原来将其排除在锦州外围防线之外。后来考虑帽儿山地形险要，既可观察锦州至义县公路的活动，又可俯瞰锦州机场，93军军长盛家兴才匆匆派出两个工兵营去那里构筑工事。没想到工事尚未完成，我九纵突然在9月24日夜间以穿插渗透的战术，奇袭帽山屯。八纵也与九纵密切配合，向锦州义县公路之间的葛文碑发起进攻。在帽儿山指挥修工事的暂20师副师长赵景高在混乱中狼狈逃往锦州，两个工兵营大部被歼。在葛文碑地区征收粮食的国民党部队也被打得逃的逃、散的散，锦州外围北部的亮甲山、白老虎屯等地，均被我军占领。

卫立煌得到报告，大为震惊，命令范汉杰、盛家兴务必夺回帽山屯。范汉杰不敢调动一线防御部队，只能把预备队的184师派上去，配合暂20师反攻。184师师长杨朝伦，就是那个在海城起义后又叛变的家伙。9月26日，在十一辆坦克和几十门大炮配合下，184师兵分三路向帽山屯、白老虎屯、亮甲山一线发起进攻。九纵25师在白老虎屯的阵地，遭受敌军绝对优势兵力的猛烈进攻。守卫阵地的74团1营1连在连长陈学良、指导员田广文带领下，激战十六个小时，打退敌军十五次冲锋。在全连伤亡过半，敌军几度突入阵地，形势危急的情况下，他们焚毁文件，准备与敌人做最后的殊死搏斗。184师战至傍晚，才打到帽儿山脚下。此时，八纵和九纵的增援部队赶到，向国民党军发起猛烈反攻。敌军在我军炮火打击下，溃不成军。范汉杰看到锦州城内五分之二的兵力投入战斗，还不解决问题，怕城内有失，只得下令撤退。我军取得锦州外围初战的胜利，坚守白老虎屯的英雄连队，受到上级的赞扬和嘉奖，荣获"白老虎连"和"死打硬拼"两面锦旗。[1]

---

① 詹才芳：《并肩驰骋在辽沈战场》，载《辽沈决战》上册，人民出版社1988年版，第355页。

　　此时，国民党统帅部才如梦初醒，明白了我军的主攻方向是锦州。9月26日，蒋介石派参谋总长顾祝同飞到沈阳，向卫立煌、廖耀湘等传达他的指示：一、立即空运49军增援锦州。二、由沈阳派出得力兵团向锦州攻击前进，以解锦州之围。卫立煌答应第二天就开始空运49军援锦，但对第二条持有异议。他说："根据情况判断，目前共军主力部队在辽西走廊的彰武、新立屯一带集结。如果沈阳出兵，中途必遭覆灭，正中了共军的围城打援之计。现在由沈阳空运一个军援助锦州，已经是迫不得已，再把沈阳主力拿出去，置沈阳于不顾，这是失策的。希望华北增兵葫芦岛，由锦西增援锦州。"廖耀湘则建议乘共军集中力量攻锦州，辽南空虚，抢占营口，将长春和沈阳主力一起撤往关内。顾祝同断然拒绝了廖耀湘的建议，说："总统的命令，主要不是如何安全撤退沈阳主力的问题，而是要你们出辽西，东西对进，夹击锦州地区的共军，以解锦州之围的问题。"廖耀湘听说要他们与共军硬拼，顿时就着急起来，指着地图对顾祝同说："我沈阳主力单独出辽西，背三条大河，远出锦州，确实有被节节截断、分别包围、各个击破的危险。"卫立煌也插话说："按照总统的办法做，很可能锦州之围未解，先送掉沈阳的主力。总统早就答应我抽调军队增援东北，以打通锦沈交通，现在正是时候。"顾祝同越听越不对劲，我是来叫你们出兵援锦的，你们不但不肯，反而向我们讨起救兵来了。他也没有充分理由驳倒卫、廖等人，只好说："总统的命令不能违抗，我是来监督命令执行的。"答应把卫、廖的意见报告蒋介石，听候指示。一天时间就在扯皮中浪费掉了。

　　9月27日下午蒋介石回电，仍然要沈阳主力出辽西。卫立煌获悉此事，大为恼火，把廖耀湘找来说："总统一定要我们立即出辽西增援锦州，你看怎么办？"廖也不同意单独出辽西，要锦州、葫芦岛方面配合行动才行。卫立煌自言自语地说："不能单独出辽西，这是真理！"然后愤懑地说："我宁愿不干，也决不愿再使沈阳主力单独出辽西。"说完他就拉上廖耀湘一同去见顾祝同，一见面卫立煌就激动地说："我们两个是多年同事和共患难的好友，我的事情就像你自己的事一样。我这次遇到平生以来从没遇到过的困难，无论如何希望你帮忙解决。我们不是不愿执行总统的命令，也不是不愿意行动，只是在时间和空间上如何配合的问题。我们只是要求葫芦岛与锦州的部队会师后，东西两方同时并进，以避免被共军各个击破。"卫立煌此刻几乎是在乞求顾祝同，但顾一口拒绝说："我已经把你们的意见电告总统，但总统考虑后仍然要你们执行他原来的命令。我是奉命来监督命令执行的，不能再向总统说话。"卫立煌发急地说："因为你代表总统，所以我再一次请求你负责向总统进言，采纳我们的意见。这是关系几十万人命运的大事，你我都有责任，要很好地商量。"

顾祝同见卫立煌逼得紧，也火起来，说："这是总统命令，不能违背。"卫立煌见顾祝同对他打官腔，更不吃这一套，高声说："我们不是不愿意执行命令，只是要求葫芦岛与锦州会合后，再东西对进，共同行动！"顾祝同也提高调门说："但总统命令你们立即行动！"卫立煌再也按捺不住内心的愤怒，站起来厉声说道："单独出辽西，一定会全军覆灭！你不信，我两个打赌，画十字（意为写军令状画押）！"说完，彼此不欢而散。

28日早上，顾祝同单独召见廖耀湘。他对廖施加压力，说："总统比任何人更关切东北部队的命运，总统要你们经辽西出锦州，就是要把你们救出去！你们反而坐着不愿意行动，企图回避战斗，这是不行的。我已把你们的意见电告总统，总统仍要按照原命令执行，我不能再代你们打电报。你们已经耽误了好几天时间，这样贻误战机，我不能再代你们负责任。你们必须服从命令，先开始行动，才能再说话。"廖耀湘不敢违抗蒋介石的命令，又不敢冒险出辽西，情急之下想了一个折中的办法，向卫、顾建议先令部队向巨流河、新民地区集中，做出准备出动的样子，再请顾祝同回南京向老蒋进言。卫立煌感到这样僵下去也不是办法，同意这样做。顾祝同要卫马上下命令，并带着一份底稿回南京去向蒋介石交差。宝贵的三天时间，在扯皮中消耗掉了。[1]

就在国民党军将领们为支援锦州争来争去时，我军却在北宁线上不停顿地进攻。八纵、九纵占领帽儿山阵地后，进逼锦州机场。9月27日，自四平南下的七纵，在九纵一部配合下，攻占了锦州以南的高桥和西海口。四纵12师进占塔山，切断了锦州与锦西敌军的联系。二纵5师、三纵和炮纵主力，完成了对义县的包围。29日，四纵绕过锦州攻克兴城。北宁线唐山至锦州的各敌占点，都被我军占领或分割，彻底切断了东北与关内国民党军的陆地联系。国民党与东北和锦州的联系，只剩下了一个葫芦岛海军基地。

---

① 廖耀湘：《辽西战役纪实》，载《辽沈战役亲历记》，文史资料出版社1985年版，第161页。

在战斗过程中也出了一些失误。9月25日17时,东总命令八纵"以一个师以炮火监视锦敌机场"。但是到26日八纵首长报告总部:"一、锦州敌机场有二,一在锦东金屯附近,一在锦西小岭附近,金屯附近机场已几年未用,已经不能用,敌机均在小岭机场。二、二十五日十七时电令以一个师控制敌机场,不知哪个机场。三、建议我全纵配给我三个重炮营,扫清小岭子机场敌人以后,以一个师控制机场(因小岭机场不经过战斗不能控制)。"①

林罗刘看到八纵这封电报,非常生气。控制机场当然要打敌机来往的机场,废机场打它有什么用?这样的道理谁不明白,还要请示吗?这时,沈阳国民党军已经开始空运49军到锦州,9月26日一天锦州机场就起飞47架次,降落32架次。每降落一架飞机,就给锦州之敌增加了力量。接到八纵电报后,总部立即于当日8时回电,再次令八纵封锁锦州机场,保证不使一架敌机降落。到下午15时,林彪又改变主意,命令九纵以一个师控制锦州机场。

九纵司令员詹才芳、政委李中权接受命令,不敢怠慢,立即行动起来。为了配合九纵行动,炮纵副司令匡裕民率一个重炮营赶到帽儿山下。经过研究决定,先消灭帽儿山顶的敌军阵地,然后封锁锦州机场。炮纵的远程重炮怒吼起来,将帽儿山顶轰得浓烟滚滚,敌军的碉堡一个个坍塌粉碎,铁丝网也被炸得七零八落。炮火准备后,九纵81团战士喊杀着冲上山去,山顶上的敌军工兵营被炮火打得失去抵抗能力,仅用三十分钟就攻占了帽儿山制高点。战斗刚结束,詹才芳就组织81团用人力前拉后推,将重炮拉上帽山屯西南的高地。27日早晨,开始对机场猛轰起来。锦州机场被打得四处冒烟,正在起降的飞机被打落五

◎ 攻克义县

---

① 《东北人民解放军司令部阵中日记》,中共党史资料出版社1987年版,第992页。

架，有两架起了火。其余的飞机不敢降落，在天上盘旋一阵，掉头飞回沈阳。炮火封锁锦州机场取得成功，49军只空运了两个团，就不敢再来了。对锦州外围的包围封锁，基本完成。但是林彪还是很恼火，在29日给军委报告中汇报了八纵耽搁两天没有封锁机场的事。30日毛泽东回电："大军作战，军令应加严。八、九两纵耽误两天封锁机场，应予批评。"[①]

要打锦州，必须先打下义县。义县位于锦州以北一百余里，与锦州有公路铁路相通。范汉杰派93军的暂20师把守，作为锦州北面的屏障。我军要南下攻锦州，炮纵主力、坦克部队和后勤运输必然要经过义县。拔掉这颗钉子，我军才能免除攻锦的后顾之忧。林罗刘电令围困义县的三纵、二纵5师、炮纵、热河独立师等部队，统一归三纵韩先楚司令员指挥。

义县县城虽小，却是城高墙厚，非常坚固。从9月17日起，我军即开始了扫清外围的战斗。国民党军虽然节节败退，却很顽固。师长王世高将部队收缩在城里，企图固守待援。经过半年大练兵，三纵的攻坚技术大有提高。面对坚固的城墙，韩先楚命令各部队大挖交通壕，两三天工夫，义县城外交通沟纵横交叉，一直挖到敌人碉堡前二百米。我军把平射炮推进沟里，拉到敌军阵地前，一炮就将敌军的地堡打得粉碎。这样一来，敌军借以顽抗的碉堡成了挨打的靶子，完全失去作用。王世高带着军官们登城观望，眼看我军在沟里来回运动，就是打不着。干瞪着眼束手无策，弹药也消耗光了，只好幻想锦州出来救援他们。

炮兵司令员朱瑞把重榴弹炮摆在城北的大凌河对岸，集中上百门大炮打一个城，在我军作战史上还是第一次。朱瑞到各阵地视察布置，他亲手建起来的炮兵要在这次战斗中唱主角，也是为打锦州进行一次预演。

10月1日上午9时，对义县的总攻开始了。指挥部一声令下，我军的大炮怒吼起来，密集的炮弹把义县打成一片火海，地面也在不停地颤动。仅有八门炮的敌军根本没有还击能力，工事被掀开了顶，城墙西南角被炸塌，为我军开辟了突破口。炮火准备之后，三纵战士杀声震天地冲进城中，与敌军展开巷战。短短四小时，战斗结束，敌师长王世高等被俘。这是我军步炮协同攻坚的一次成功作战，也创下城市攻坚战斗最短促时间内全歼守敌的新纪录。朱瑞司令员在战斗将结束时，跑到城边观察炮火突破的情况，不幸踩上

---

[①]《中国人民解放军历史资料丛书·辽沈战役》，解放军出版社1993年版，第139页。

◎ 朱瑞将军墓

一颗地雷，壮烈牺牲。这是东北解放战争中我军阵亡的最高级别的指挥员，野战军全体将士都深感悲痛。毛泽东闻讯后致电慰问，悼念这位我军炮兵的开拓者。

战场情况瞬息万变，指挥机关远离战场，感到很不方便。9月30日，林彪决定将野战军指挥部迁往锦州前线。他与罗荣桓、刘亚楼、谭政及野战军司令部、政治部人员组成的前线指挥部机关乘火车从双城总部出发。为了严格保密，东总列车先开到哈尔滨，罗荣桓在一个货车站上车，与林彪会合。由于在道里江桥畔发现国民党特务的潜伏电台，火车又向东南开到拉林车站，然后突然掉头北返，过三棵树江桥，向齐齐哈尔开去。在昂昂溪掉头南下经白城，列车白天隐蔽，夜间运行，10月2日到达郑家屯。[1]

在郑家屯车站，林彪要刘亚楼通知参谋人员下车隐蔽，架起电台与中央军委、各部队联络，收集新情况。大家在野地里迅速架起天线，摇动马达，电台嘀嘀嗒嗒地响个不停。果然，一条重要情报很快送到林彪手中。

---

① 《罗荣桓传》，当代中国出版社1991年版，第454页。

原来，顾祝同回到南京后，向蒋介石汇报了卫立煌等不肯出兵辽西的情况，蒋介石极为愤怒，决定亲自出马调兵遣将，与共军在锦州决战。9月30日，他带领空军司令周至柔、海军司令桂永清一行飞到北平，与傅作义研究抽调华北兵力增援锦州。蒋介石命令17兵团司令侯镜如指挥华北的62军、92军一个师、独立95师由塘沽海运北上，守卫烟台的39军两个师也渡海北上，在葫芦岛会合原驻那里的54军共十一个师组成"东进兵团"，在海军、空军配合下由锦西登陆向东打，增援锦州。傅作义不敢怠慢，立即从唐山召回侯镜如，要他做好准备。塘沽、烟台港一艘艘军舰升火待发，全副武装的国民党士兵列队上船。

看到华北动起来，蒋介石又于10月2日飞到沈阳。他在师以上军官会议上说：我这次来沈阳是救你们出去，你们过去要找共军主力找不到，现在东北共军主力已经集中在辽西走廊，这正是你们为党国立功的机会。我相信你们能发挥过去作战的精神，与关内部队协同动作，是一定可以成功的。万一你们这次不能打出去，那么，来生再见。会后，蒋介石单独接见了廖耀湘，见面就大发脾气说："你是我的学生，为什么你也不听我的命令！"不容廖耀湘辩解，蒋就下了命令："这次沈阳军队出辽西，解锦州之围，完全交你负责。如有贻误，也唯你一人是问！"蒋介石架空了卫立煌，直接命令新1军、新3军、新6军、71军、49军主力和三个骑兵旅组成"西进兵团"，由廖指挥，向彰武、新立屯攻击，切断共军的后勤补给线后，再向锦州前进，与华北兵团夹击锦州的共军主力。蒋介石告诉廖耀湘："现在的问题不纯粹是撤退东北主力的问题，而是要在撤退之前与东北共产党进行一次决战，给他一个大的打击！否则华北就有问题。当大将，一定要顾虑全局，你应该考虑到整个局势，好好努力完成这一次任务。"廖耀湘本来与卫立煌就有矛盾，见蒋介石赋他以重任，表示一定尽力。蒋介石与他研究了具体细节后，象征性地见了卫立煌，便飞回北平去了。卫立煌对蒋和廖的做法极为不满，对部下发牢骚说："委员长的用人，人人可以通天，谁也无法统一指挥。东北局势恐难收拾！"索性来个袖手旁观，让他们折腾去吧。①

华北敌军开始增兵葫芦岛的情报，在10月2日送到林彪手中，情报不是

---

① 廖耀湘：《辽西战役纪实》，载《辽沈战役亲历记》，文史资料出版社1985年版，第164页。

非常准确，只说是增兵四个师。这个消息使林彪感到压力很大，准备的一桌菜，上来了两桌客，怎么办？他还一直担心后方补给的问题，部队南下的时候，只带了单程的汽油，后方运输线太长，万一傅作义兵团北上，锦州打不下，大量汽车、坦克、重炮会因为没有汽油撤不出来，那样的后果就不堪设想了。林彪越想这些不利的可能，就越不安，翻来覆去下不了决心。天色渐黑，刘亚楼请求开车前进，被林阻止。考虑到夜里22时，林彪以林、罗、刘名义给军委发出一封电报：

军委：

一、得到新五军及九十五师海运葫芦岛的消息后，我们再研究情况和考虑行动问题。

二、估计攻锦州时，守敌八个师虽战力不强，但亦须相当时间才能完全解决战斗。在战斗未解决前，敌必在锦西、葫芦岛地区留下一两个师守备，抽出五十四军、九十五师等五六个师的兵力，采取集团行动，向锦州推进。我阻援部队不一定能堵住该敌，则该敌有与守敌会合的可能。在两锦间，敌阵地间隙不过五六十里，无隙可图。

三、锦州如能迅速攻下，则仍以攻锦州为好，省得部队往返拖延时间。

四、长春之敌经我数月来围困，我已收容敌逃兵一万八千人左右，外围战斗歼敌五千余。估计长春守敌现约八万人，士气必甚低。我军经数月整补，数量质量均大大加强，故目前如攻长春，则较六月间准备攻长春时的把握大为增加，但须多延迟半月到二十天时间。

五、以上两个行动方案，我们正在考虑中。并请军委同时考虑与指示。

林、罗、刘[①]

林彪口授电报后，参谋将电报稿交给罗荣桓、刘业楼阅过，就作为特急电报发出了。但是林彪并未在原地等待中央指示，深夜，东总列车继续向锦州方向开去。

在列车上，罗荣桓再三考虑，觉得发这封电报是不合适的。作为政委，他在大政方针上一贯尊重林彪，作战的具体问题他基本不干预，而且千方百

---

① 《中国人民解放军历史资料丛书·辽沈战役》，解放军出版社1993年版，第146页。

计地配合工作。但这一次是关系到解放全东北的大决战,攻锦计划已经中央军委批准,南线攻势已经全面展开,部队士气正旺。临时改变计划,不仅违背军委意图,大部队往回返,也可能影响士气、造成混乱。事关全局,他不能再保持沉默,便拉上刘亚楼一起去找林彪。

林彪也没有睡觉,打锦州还是打长春在他的脑子里激烈斗争。作为大军统帅,他当然知道打长春绝非上策,但是万一锦州打不下来,后果将是极为严重的。战争历来没有绝对的胜算把握,关键在于有胜利希望时,你有没有胆量和魄力,把全部力量都投进去,不惜一切代价地消灭对手。

林、罗、刘研究了情况,在罗荣桓和刘亚楼的劝说下,林彪也觉得那份电报不合适,想要追回。但电报已经发出,罗荣桓建议不要等军委回电,我们重新起草一个电报,说明仍然要打锦州。林彪同意,于是三人坐在一起,共同拟定了电报稿。①

10月3日清晨,东总列车到达彰武以北三十里的冯家窝堡。停车后机要人员于9时发出了林、罗、刘的第二封电报。

军委:

一、我们拟仍攻锦州,只要我们经过充分准备,然后发起总攻,仍有歼灭锦敌的可能,至少能歼灭敌之一部或大部。目前如回头攻长春则太费时间,且不攻长春,该敌亦必自动突围,我能收复长春,并能歼敌一部。

二、我们拟采取如下的部署:以四纵和十一纵及热河的两个独立师对付锦西、葫芦岛方面敌八个师;以一、二、三、七、八、九共六个纵队攻锦州;以五、六、十、十二共四个纵队对付沈阳增援之敌;以大小新老九个独立师对付长春突围之敌。

三、估计九十五师及新五军海运甚快,我军不一定能在该敌到达锦西前即开始攻锦州。沈阳之敌在我军未正式攻锦前不会出援。长春之敌在我军未正式攻锦前不敢突围。因此,我军无过忙之必要。我们一方面尽可能调动部队,以便能尽早开始总攻,但同时,这一战斗的胜利,则大大的有赖于我攻城部队到达后进行充分的侦察、部署与政治动员,然后以强大的行动力求迅速解决战斗。此次战斗的目的,拟主要放在歼灭敌人上,锦州有可能在夺取

---

① 《罗荣桓传》,当代中国出版社1991年版,第457页。

之后，像开封一样，两面援敌有可能重占锦州。因此，我打援力量仅能迟滞敌人而无歼灭敌人的可能，敌宁可放弃沈阳而必须保持和恢复锦州。

四、以上意见盼军委考虑与指示。

林、罗、刘①

林彪10月2日的电报，第二天上午才译出送到毛泽东那里。毛泽东一看林彪想回头打长春，非常生气。商量了几个月才说好先打锦州，到了关键时刻又要改变了。毛泽东这天连续起草了两封电报，于17时和19时发给林、罗、刘。

3日17时的电报说："（一）你们应利用长春之敌尚未出动，沈阳之敌不敢单独援锦的目前紧要时机，集中主力迅速打下锦州，对此计划不应再改。在义县、兴城、绥中之敌已被歼灭的情况下，葫芦岛、锦西地区虽然已增加新五军及九十五师，并准备以四个师打通两锦交通，你们可以于攻锦州之同时，部署必要兵力于两锦交通线上，首先歼灭由锦西增援锦州之四个师，然后打下锦州。在五个月前（即四、五月间），长春之敌本来好打，你们不敢打，在两个月前（即七月间），长春之敌同样好打，你们又不敢打。现在攻锦部署业已完毕，锦西、滦县之第八第九两军亦已调走，你们却又因新五军从山海关、九十五师从天津调至葫芦岛一项并不很大的敌情变化，又不敢打锦州，又想回去打长春，我们认为这是很不妥当的。（二）你们指挥所现到何处，你们指挥所本应在部队运动之先（即八月初旬）即到锦州地区，早日部署攻锦，现在部队到达为时甚久，你们尚未到达，望你们迅速移至锦州前线，部署攻锦，以期迅速攻克锦州。迁延过久，你们有处于被动地位之危险。"②

3日19时的电报说："本日十七时电发出后，我们再考虑你们的攻击方向问题，我们坚持地认为你们完全不应该动摇既定方针，丢了锦州不打，去打长春。除了前电所述之理由外，假定你们改变了方针打下了长春，你们下一步还是要打两锦。那时，第一，两锦敌军不但决不会减少，还可能增加一部，这样，将增加你们打两锦的困难；第二，目前沈阳之敌因为有长春存

①《中国人民解放军历史资料丛书·辽沈战役》，解放军出版社1993年版，第147页。
②《毛泽东军事文集》第5卷，军事科学出版社、中央文献出版社1993年版，第35页。

在，不敢将长春置之不顾而专力援锦，你们可利用长春敌人的存在，在目前十天至二十天时间（这个时间很重要），牵制全部至少一部分沈阳之敌。如你们先打下长春，下一步打两锦时，不但两锦情况变得较现在更难打些，而且沈敌可以倾巢援锦，对于你们攻锦及打援的威胁将较现时为大。因此我们不赞成你们再改计划，而认为你们应集中精力，力争于十天内外攻取锦州，并集中必要力量于攻锦州同时歼灭由锦西来援之敌四至五个师。只要打下锦州，你们就有了战役上的主动权，而打下长春，并不能帮助你们取得主动，反而将增加你们下一步的困难。望你们深刻计算到这一点，并望见复。"①

不知哪个环节的原因，林罗刘3日9时签发的电报，中央军委的电台直到晚上20时15分才收到。译好交到毛泽东手里已是半夜。这个时间差害得毛泽东着急上火，连发两封电报，其心情是可以理解的。但是在这两封电报中，更清楚地体现了毛泽东为何从一开始就坚持打锦州的战略意图。辽沈战役的进程表明，毛泽东是正确的，是高明的，抓住了要害。虽然毛泽东的电报措辞严厉，但是中国共产党人内部是团结一致的，大家是朝着一个共同方向努力的，争论表现了党政治上、军事上的民主作风，与蒋介石根本听不进东北将领的建议和一意孤行，形成了鲜明的对照。

当毛泽东看到林罗刘3日9时的电报后，顿时转怒为喜。他们不但主动收回了打长春的意见，还向锦州方向增强了兵力部署。毛泽东的烦恼、焦虑，都烟消云散。他于4日6时致电林罗刘："你们决心攻锦，甚好甚慰。""你们决定以四纵和十一纵全部及热河两个独立师对付锦西、葫芦岛方面之敌，以一、二、三、七、八、九共六个纵队攻锦州，以五、六、十、十二共四个纵队对付沈阳援锦之敌，以九个独立师对付长春之敌，这是完全正确的。你们这样做，方才算是把作战重点放在锦州、锦西方面，纠正了过去长时间内南北平分兵力没有重点的错误（回头打长春那更是绝大的错误想法，因为你们很快就放弃了此项想法，故在事实上未发生影响）。""在此以前我们和你们之间的一切不同意见，现在都没有了。希望你们按照你们三日九时电的部署，大胆放手和坚持地实施，争取首先攻克锦州，然后再攻锦西。"②

毛泽东的三封电报，也使东北野战军领导成员迅速统一了思想，打消了

①《毛泽东军事文集》第5卷，军事科学出版社、中央文献出版社1993年版，第37页。
②《毛泽东军事文集》第5卷，军事科学出版社、中央文献出版社1993年版，第39页。

顾虑，对迅速打下锦州起了很大的推动作用。虽然这场风波只是辽沈战役前一个有惊无险的插曲，林罗刘不等中央回话就主动纠正了自己的想法。而且在重大战役决策过程中，中央与战区指挥员之间对不同意见进行讨论，完全正常。但罗荣桓想到毛泽东为此生那么大的气，心里总是感到不安。辽沈战役结束后，他在沈阳起草给毛主席、东北局的《九、十两月份作战情况综合报告》中，就这个问题作了自我批评："后由蒋介石飞平、飞沈亲自指挥，从华北抽调独九十五师、六十二军全部、九十二军之二十一师，陆续经海运葫芦岛登陆，加上葫、锦原有之四个师共九个师，企图由锦西向北驰援锦州。这曾使我们攻击锦州之决心一度发生顾虑。……但这一过程共两三小时，即确定仍坚持原来之决心不变。"[①]

后来毛泽东了解了这些情况，对罗荣桓在确定辽沈战略方针过程中所起的作用，给予高度评价。1963年12月罗荣桓元帅病逝后，毛泽东写了《吊罗荣桓同志》诗一首："记得当年草上飞，红军队里每相违。长征不是难堪日，战锦方为大问题。"

①《罗荣桓传》，当代中国出版社1991年版，第474页。

第二十二章

# 塔山阻击战

四纵奉命进驻塔山——林彪命令：死打硬拼守住塔山——蒋介石到葫芦岛部署援锦——阙汉骞损兵折将——"赵子龙师"在塔山前被碰得头破血流——与阵地共存亡的英雄战士——最后一天的激烈战斗——林罗首长赞扬四纵——塔山精神永垂史册

1948年10月4日早晨，东总列车到达阜新。前面的铁路尚未修通，林、罗、刘与大家下车，准备夜间乘汽车南下锦州。

攻锦的决心既已确定，林彪等详细研究了敌情和战前形势，对围城和打援作出具体部署，上报军委。报告中说："一、锦西敌阵地北至塔山东南之大小东山，锦州敌阵地南至松山街附近村庄为止，故两锦间空隙地区只三十余里。我军决以第四纵和十一纵在此地区，采取攻势防御（不是运动防御）顽抗和消耗敌人，并控制主力准备在阵地前反击和消耗敌人，乘胜尽量扩大战果。另以两个独立师在锦西、葫芦岛向敌侧后面进攻，以拖住敌人。估计敌在我未正式攻锦以前，不会向锦州前进。我十一纵目前已到兴城附近，我四纵明日即可转至两锦之间防御。二、沈阳之敌，目前有四个军到五个军的兵力在新民以南、辽河以东地区集结，大约亦必在我正式攻锦以后，才会出动。我军拟以第十纵及第一纵的一个师担任抗击该敌，以我六纵两个师，及五纵、十二纵全部担任策应十纵之作战。采取运动战方式，从敌侧后歼灭敌人和争取时间。"[1]在大战开始之前，东、西两头阻援，主力攻锦州的布局，就已经设计好了。毛泽东很快批准此方案，再没有任何异议。

四纵打下兴城后，此刻正在那里休整待命。10月5日下午，吴克华司令员和莫文骅政委接到总部命令："四、十一两纵队及热河两个独立师，阻击由锦西向锦州增援之敌。四纵在塔山、高桥地区布防。"命令很简单，来不

---

[1]《中国人民解放军历史资料丛书·辽沈战役》，解放军出版社1993年版，第157页。

及仔细研究，就向各师下达出发命令，四纵的三个师经过一夜行军，第二天早上到达塔山。

塔山位于锦西和高桥之间，是北宁铁路上一个只有百户人家的小村庄，村南有一条干枯的河滩，宽约三十米，叫饮马河，北宁铁路经过处有个铁路桥。塔山村地势低洼平坦，有公路通过。从东海岸到白台山脚下，整个防御正面有八千米宽，看上去无险可守。东面紧靠渤海，岸边有个小山包叫打鱼山，涨潮时就是个小岛，退潮后中间露出大片沙滩。海岸线边上有两个小居民点，一个是高家滩，前边一点是亮窝棚。塔山村以西地势渐高，有个海拔二百多米的制高点叫白台山。白台山连接虹螺岘山，就是连绵的丘陵地带了。从地形看，塔山是国民党军东进兵团增援锦州的必经之路。敌军的先头部队，已经到了距离塔山很近的营盘车站。

进驻塔山村的是四纵12师。江燮元师长把34团摆在塔山村，35团在白台山，36团与师部在稍后一些的潘家屯。师、团首长跑到前边看地形，大家都皱眉头。这样平坦的地方，一点天然障碍都没有，让他们怎么防御兵力和火力都占据优势的敌军呢？有的同志发牢骚说四纵历来是打攻坚战的，打防御战是"顶牛"，没有油水。师首长也不好下决心，根据他们的经验，敌军总是要先抢占制高点的，应该把防御重点设在白台山。占住白台山，就能用火力封锁塔山村一带。如果敌人攻进塔山，我军也可以居高临下，从两翼包抄消灭敌人。塔山村不准备重点防守，摆上两个连，采取警戒阵地的打法，而把师主力放在后面。[1]

林彪正在帽儿山阵地上举着望远镜看锦州，心里却总是想着塔山。国民党军队增兵锦西、葫芦岛，对他产生了很大的压力。东边的廖耀湘离锦州还远，暂时不会构成威胁。而西边的侯镜如兵团离锦州近在咫尺，万一顶不住将对整个战局极为不利。他对罗荣桓和刘亚楼说："攻击锦州最重要的保证，是要把锦西方面的敌军挡住。据报告，葫芦岛方面又增加了五个师，我们的饭菜只够请一桌客，现在突然来了两桌客人，两锦相距约五十多公里，万一堵不住敌人，攻锦部队就要受到很大威胁。"[2]

尽管刘亚楼参谋长向他保证，有四纵在第一线防御，又准备把一纵派上

---

[1] 江燮元：1962年12月2日的回忆。

[2] 《罗荣桓传》，当代中国出版社1991年版，第464页。

去当预备队，塔山方面不会有问题。林彪还是没有一点儿轻松的表情。回到指挥所，他立即口授电报给第二兵团司令程子华和四纵司令员吴克华："锦西以北大、小东山，锦州以南松山街皆为敌阵地，两锦敌仅距三十里，我军绝对不能采取运动防御方法，必须采取在塔山、高桥及其以西、以北部署，进行英勇顽强的防御战。必须死打硬拼，死守不退，抵抗敌之飞机、大炮、步兵的猛烈冲击，利用工事沉着地、准确地大量杀伤敌人，使敌在我阵地前尸横遍野。"林彪以严厉的口气告诉他们：塔山阻击战"完全是一个正规战，绝对反对游击习气，必须死打硬拼，不应以本身伤亡与缴获计算胜利，而应以完成整个战役任务来看胜利"。这等于是下了死命令，就是把部队打光了，也不许后退一步！①

林彪把话说到这个地步，谁也不敢掉以轻心。10月8日，程子华、吴克华、莫文骅来到塔山视察阵地，看了12师的布防情况后，程子华口气坚决地说：一定要守住塔山村，要以塔山村、铁路桥和刘家屯北侧高地为防御重点。他还强调说，"守山必守村"，这是毛主席的指示。江燮元听后马上照办，把34团最强的1营摆在塔山村，把炮兵向前推进，组织部队连夜在塔山村前的河滩地上抢挖工事。这样一来，防御正面全被我军挡得严严实实。从地形看敌军是居高临下，对我不利；但塔山前沿正面不宽，敌军很难展开大集团兵力的冲锋。

为了真正了解塔山防御准备，向四纵交代清楚总部的意图，8日林彪、罗荣桓把参谋处长苏静找来，派他到塔山去走一趟。林彪说："锦州地形有利于我发扬火力，攻取锦州看来没有问题。关键在于能不能守住塔山一线阵地，挡住援敌。你要到塔山告诉四纵的领导，希望他们死打硬拼坚决地守住阵地，创造模范的英勇顽强的防御战例。"罗荣桓叮嘱说："塔山这个方向很重要，有的部队打仗对部队伤亡大了会有些顾虑，但这次不能怕大的伤亡，要坚决挡住。有些同志过去打这种防御战经验不多，我们考虑你要去四纵和他们研究，并告诉他们这个仗要打好，有什么情况可以及时和我们联系。"

苏静来到四纵，向吴克华、莫文骅传达了林、罗的指示。四纵首长表示：四纵一向猛冲猛打惯了，这次奉命来守塔山，打防御战，确实很多同志感到不习惯。但是四纵已经提出了"与阵地共存亡"的口号，我们准备以牺

---

① 《中国人民解放军第41军第三次国内革命战争战史》，1956年初稿。

◉ 塔山阻击战前部队传达战斗命令

牲一万人的代价，决心打好这一仗。[1]

　　一场热烈的战前政治动员开始了。四纵党委发出了《告全纵指战员书》和《告全纵共产党员信》，要求全纵上下坚决贯彻林、罗首长的指示精神，在紧急关头不负党的嘱托，以身作则，以自我牺牲的精神执行任务。全纵普遍进行了阵地宣誓，10师政委李丙令在28团干部会议上宣布："我的阵地位置就在同志们身边，与部队同生死，死守阵地！"12师师长江燮元也在阵地上当着部队面前，指定了自己的位置，表示自己决不后退的决心。纵队提出了"死守阵地""寸土必争""与阵地共存亡"的三大口号，号召全纵各单位开展杀敌竞赛和夺红旗竞赛。战士们士气高昂，投入了紧张的战前准备。经过两昼夜的紧张劳动，塔山村、塔山桥和高家滩阵地初具规模。

　　10月6日，蒋介石带领东进兵团司令侯镜如、海军司令桂永清、空军司令周至柔等一大批高级将领，乘"重庆"号巡洋舰来到葫芦岛，在国民党54军军部布置援锦行动。蒋介石对团以上军官训话："这一次战争胜败，关系

---

　　① 苏静：《关于锦州战役的回顾》，载《辽沈决战》续集，人民出版社1992年版，第216页。

到整个东北的存亡，几十万人的生命，都由你们负责。你们要有杀身成仁的决心。这次集中美械装备的优势部队，兼有空军助战和海军协同，是一定可以消灭共军的。"他命令侯镜如马上去唐山调动部队，塔山前线先由54军军长阙汉骞指挥，桂永清和第三舰队司令马纪壮指挥军舰用重炮摧毁塔山阵地。部署完后，蒋介石又与锦州的范汉杰通话，告诉他援军马上就到，让他放心。①

54军军长阙汉骞是蒋介石的黄埔嫡系，从山东调到东北后还没吃过大亏，骄横自负。他手下有8师、198师两个主力师和范汉杰拨过来的暂57师、暂62师，华北侯镜如的62军151师也在这里。阙汉骞凭着手下这些兵力，口出狂言："总统亲来葫芦岛，比增加十万大军还强。"蒋介石的督战官罗奇也认为他们的兵力比共军多两倍，拿下塔山不成问题。

10日凌晨4时，暂62师三个营的敌军，乘落潮时偷偷越过海滩，袭击我军防线最东边的打鱼山阵地。天色漆黑，打鱼山小岛上只有一个班在修工事，来不及防备被敌军抢占。随后敌军又占领了高家滩前沿阵地。天将破晓，吴克华被江燮元师长的电话惊醒后，立即命令12师组织反击，夺回阵地。江师长命令34团反击，这时大海开始涨潮，在海滩上准备进攻的暂62师一个连被泡在一米深的海水里，成了我军的活靶子。大炮怒吼起来，连续十发炮弹打中高家滩的独立房子，炸得敌军四处乱窜。海水将打鱼山隔成小岛，岛上的国民党军断了后路。34团两个连勇猛出击，暂62师狼狈溃退下去，高家滩前沿阵地又收复到我军手中。

天色微明，塔山大地在猛烈的炮火声中剧烈地颤抖起来。阙汉骞指挥他的四十多门重炮向我塔山、白台山前沿阵地猛轰。敌军的炮火几乎摧毁了我方所有的工事。地堡掀掉了，掩体炸塌了，铁轨飞上天，枕木碎成片。工事不坚固造成了我军不少的伤亡。国民党军打了几千发炮弹后，见我军阵地上静悄悄的没了动静，便命令步兵分队开始冲锋。8师向塔山村正面，暂62师向铁路桥和高家滩，62军的151师向白台山的刘家屯、泉眼沟阵地，气势汹汹地冲过来。

守卫刘家屯前沿阵地的是12师36团警卫连的2排，共43人。当敌军炮

---

① 侯镜如：《第十七兵团援锦失败经过》，载《辽沈战役亲历记》，文史资料出版社1985年版，第244页。

火袭来时，排长机警地招呼大家疏散到阵地后方的坟地里隐蔽。当敌人的炮火打向纵深，大家一跃而起，进入阵地，排长迅速组织好火力，规定了各班的射击范围。不一会儿，约一个营的敌人分成几批，像一群蝗虫蜂拥而来。排长让大家保持镇静，直到敌人距离我阵地二十米时，轻重机枪一齐开火。敌人在开阔地上找不到隐蔽的地方，前排死的死、伤的伤，后面的只好趴在地上。排长命令两个班从侧面迂回，一串手榴弹扔出去，炸得敌人掉头就跑。第一次进攻被打退了。

刚过了半小时，敌人第二次冲锋又开始了。我军掌握了敌人行动的规律，敌军打炮时，我们就在后边隐蔽。等敌军的号声吹响，我军也进入阵地，等着敌人上来。敌军冲锋全仗着炮火支援，一旦与我军近距离作战，就露出了胆怯和怕死的本性。而我军则是专打近战，与敌人拼手榴弹和刺刀。敌军虽然人多，只要前面一倒下，后边掉头就跑。就这样，他们冲一次垮一次，到中午已经打退敌人六次进攻。

下午，国民党的飞机在我军阵地上俯冲扫射，给2排造成很大伤亡。经过几次战斗，排长负伤，副排长牺牲。2排打得只剩下八个人。两名党员战士潘福禄、冯玉江自动承担起守卫阵地的责任，鼓励其他战士说："敌人上来由我们两个人领着冲，只要还有一个人也要守住阵地！"复仇立功成为大家作战的决心，一颗炮弹打来，冯玉江被炮弹掀起的泥土压在底下，震晕过去，被战友扒出来清醒后仍高喊杀敌口号，端起枪就打。在这危急关头，1排的增援同志及时赶到，大家鼓舞起斗志，这天一共打退敌人的九次进攻。[①]

151师在白台山没有得手，暂62师败得更惨。他们以三个营的兵力轮番冲击铁路桥和高家滩阵地。吴克华司令预料到塔山村和铁路线的平坦地区将是敌军进攻的重点，将纵队炮兵团的110门大小火炮都对准了这片地区。下午当敌军开始冲锋时，我军一声令下，密集的炮火打向敌军的身后，将敌军的第一梯队和后备部队隔断，前沿我军的轻重机枪也一齐开火。敌军进不得退不得，只好趴在地上。34团组织队伍从侧面迂回包抄，在阵地前俘虏暂62师200多人。天色将晚，海潮退去，连接打鱼山的沙滩又露出来。34团战士与后面上来配合的10师29团一个营，在一片喊杀声中冲向打鱼山。被海

---

① 四纵司令部编：《锦州战役塔山阻援战斗典型战例》，军事科学院图书馆藏。

水困了一天的敌人有的投降，有的跳进大海逃命，打鱼山也被我军收复。国民党军对塔山的第一天进攻，以伤亡1100多人的结果而失败。我军第一天伤亡319人。

第一天战斗结束后，大家感到最深刻的教训就是工事没搞好。地堡不结实、战壕太浅，阵地前障碍物太少，敌人的炮火一来，把我军的工事几乎全破坏了。从那天起，白天作战，夜里积极修工事，成了大家自觉的行动。平时多流汗，战时少流血。有了坚不可摧的工事，才能守住阵地。四纵的老战士很少打防御战，开始不知道工事怎么搞。一些新解放的战士原来在国民党军里经常挖工事，显得很有经验。一个新战士在交通壕边上挖个洞，敌人炮击时就躲进去。只要炮弹落不到交通壕里，就伤不着他。大家深受启发，把单人掩体都挖成"烟斗式"，炮一响，每个人都进洞藏起来，大大减少了炮火下的伤亡。交通壕要挖到一米五深，地面上看不到部队运动。壕沟前面布上铁丝网、鹿砦和地雷。地堡上盖两层枕木，蒙上一米多厚的浮土，就可以防御敌军的重炮。地堡外围伸出几条壕沟，便于我军出击消灭冲到跟前的敌人。35团的战士特别聪明，他们在白台山前沿修了九十多个工事，将四十多个假工事暴露在外，真工事则修得很隐蔽，让敌人白费炮弹打假目标，他们从隐蔽工事里向敌军扫射，敌人搞不清子弹是从哪里打来的。就这样，打了六天防御战，修了六天工事，工事越修越坚固，最后根据战斗的具体情况，形成了白台山、塔山村和铁路桥头堡三处重点防御体系。

阙汉骞第一天攻击失败，又气又急，11日以四个师的兵力向塔山进攻。54军主力8师从中央突破，进攻塔山村。暂62师进攻铁路桥，从侧面迂回。62军的两个师仍攻白台山。从早晨7时起，国民党军的大炮把塔山打得浓烟滚滚，足足倾泻了几千发炮弹。海军司令桂永清坐镇"重庆号"巡洋舰，用152毫米的舰炮向塔山轰击。舰长邓兆祥是位爱国将领，对打内战十分厌恶。他借口军舰吃水深，不肯靠近塔山海岸，距离远得看不见目标，只能依据地图上的标志打炮。桂永清感到效果不佳，不但打不到共军，还可能误伤54军，下令停止射击。所谓"海军配合"不过是徒有虚名。[1]

炮火准备后，8师两个营的敌军向塔山村我34团1营阵地发起冲锋。我

---

① 施有仁：《第54军在塔山作战经过》，载《辽沈战役亲历记》，文史资料出版社1985年版，第250页。

军待敌人靠近到二三十米时，轻重机枪一齐开火，敌军无处隐蔽，迅速溃退下去。阙汉骞见攻击不成，又集中几十门重炮，对我塔山村轰击了半个小时。这时国民党空军五架飞机也来助战，向塔山投下一串串炸弹、燃烧弹，企图毁灭和烧焦塔山。我军前沿工事大部被毁，阵地上硝烟弥漫。8师换上一个营再次冲锋，我1营1连坚守不退，但因伤亡过大，敌军冲到塔山村边占领了几座房子，与1连战士进行争夺战。在这危急关头，1营副营长鲍仁川冒着炮火冲进塔山村，把1连零散人员组织起来与敌人拼杀。5连1排随后赶到，与敌人拼起刺刀。团政委带领预备队也冲了上来，形成对敌优势兵力，在34团的多路反击下，经过二十分钟的搏斗，敌军在村边站不住脚，狼狈败退下去，几十名敌人被俘。战后清理部队，34团1连由战前的170多人，仅剩下了七个战士。

151师两个营敌人，向白台山下泉眼沟我36团阵地进攻。第一天打退敌军九次冲锋的警卫连因伤亡过大被换下去休整，由4连接替。该连副连长在敌人冲锋前胆怯动摇，竟丢下阵地往后跑，致使敌军占领了这个阵地。12师和36团首长采取紧急措施，调上36团6连从正面攻，35团两个连从侧后迂回包围，敌军怕被切断后路，加上6连勇猛冲锋，终于败退下去。泉眼沟阵地再次收复。

到了下午，阙汉骞集中兵力，分别向我塔山村、铁路桥、白台山和杨家洼阵地发起总攻。但当敌军靠近我前沿阵地时，炮火支援就停止了。步兵没有炮火配合，就心虚胆怯。当我军以密集火力向敌军扫射时，敌人军心立刻就动摇了，不是趴在地上不敢抬头，就是掉头往回跑。吴克华指挥纵队炮兵猛轰敌军身后，让他们进不得、退不得，我军在塔山正面以八个连的兵力展开反击，迫使敌军全线溃退。这一天敌军伤亡1300余人，我军伤亡563人。①

两天进攻均遭惨败，阙汉骞从狂妄自负变得垂头丧气。11日下午，侯镜如带领一个师从唐山到达葫芦岛。来自华北的独立95师也已到达。从塘沽海运来的62军中途遇上风浪，士兵晕船呕吐，体力大为下降。从烟台海运来的39军更倒霉，到达葫芦岛外海时遇到八级风浪，引水船出不了海，全军几万官兵被困在船上，由风浪颠簸了一昼夜，吐得一塌糊涂。到13日下

① 《中国人民解放军第41军第三次国内革命战争战史》，1956年初稿。

船时，已无力参加战斗了。军长王伯勋下船就骂："这样乱扯，军队不要打仗就拖垮了。现在部队晕船的劲儿还没过去，立刻使用上去，岂非开玩笑！太把人当牛马了！"王对内战极为不满，后来不久就在贵州起义了。所以蒋介石虽然调兵遣将，实际没派上多少用场。

◎ 侯镜如

侯镜如召开军官会议，听取阙汉骞两天来作战的汇报，研究下一步行动计划。虽然身为东进兵团的司令官，但侯镜如对打内战是不感兴趣的。1947年秋季他指挥打通北宁线时，就尝过林彪部队的厉害。所以东北的战事他是能躲就躲，躲不过就拖。这次老蒋点名要他指挥，他不来不行，但是怎样打，他有自己的算盘。在军官会议上，兵团参谋长张伯权提出两个进攻方案：一是54军提出的，以主力攻击白台山以西的山区，那边地形广阔，工事稀薄，比较容易突破；可以迂回到塔山背后，突破共军防守。另一方案是张伯权提出的，仍然按前两天的打法，在炮火掩护下，从正面推进，依靠优势兵力攻下塔山。张伯权的建议实际是侯镜如授意的，侯对他私下说："按我们目前的情况，对塔山和锦州是不能打进去的，若打进去也出不来，如果不打进去还可以多维持几天。"表现了侯镜如保存自己实力，不肯为蒋介石卖命的想法。卫立煌这天也飞到葫芦岛，见到侯低声说："你这个兵团解锦州之围，并率部与廖兵团会师是不容易办到的。"再三嘱咐他要谨慎。卫老总这样说，侯镜如就更不愿意冒险了。[1]

根据当时战场的情况，54军提出的迂回塔山的方案可能是唯一正确的方案，这是阙汉骞他们两天血的教训带来的。但是侯镜如的方案通过了，阙汉骞的方案被否决，督战官罗奇起了很重要的作用。这个狂妄自大的家伙依然以为：有这么多兵力，又有自己的老部队——号称"华北赵子龙师"的独立95师前来参战，还怕拿不下塔山！罗奇坚持正面进攻，并且宣称："这是总统指示的基本精神，如要变更，得先请示好，否则谁也担不起这个责任！"罗奇自告奋勇，要亲自指挥95师从正面主攻塔山。其余部队则由62军军长

---

① 侯镜如：《第十七兵团援锦失败经过》，载《辽沈战役亲历记》，文史资料出版社1985年版，第245页。

林伟俦统一指挥，54军8师进攻铁路桥，62军的两个师进攻白台山。计划定下之后，侯镜如下达作战命令。罗奇建议休战一天，带95师军官去看地形，所以12日塔山没有战事，四纵赢得了宝贵时间重新构筑和加固工事，准备迎接更激烈的战斗。

经过前两天的战斗，四纵也总结出不少打防御战的经验。国民党军队的炮火很强，如果在一线阵地投入大量部队，必然会遭受许多不必要的伤亡。所以前沿每个阵地上只放一两个排守阵地，保留强大的机动力量作预备队，在紧急关头支援前沿阵地或组织反冲锋。塔山防御战中，地图上显示的是四纵10、12师六个团全部投入战斗，但在前线只保持五个营的兵力，分头守卫各阵地，这样就大大节约了兵力。在防御上重点守前沿的突出阵地和一线的主阵地，阵地上只要还有一个人，就决不放弃。敌人被牵制在前沿各阵地，就无法展开更大兵力向我纵深冲击。前沿阵地伤亡太大，主阵地马上支援。主阵地与敌激烈战斗时，后方预备队再顶上来或从侧面出击。四纵以这种层次防御，打退了敌人的六天进攻。

12日战场的平静，引起四纵首长的警惕，预感到敌军正在调整部署，新的恶战即将开始。这天夜里，各部队都派出小分队，深入敌后侦察敌情。34团侦察班长纪仁祥带一个班化装成给敌军修工事的民夫，在敌后300米的岔路口上活捉一个穿呢子大衣的军官。抓回纵队司令部审问，才知道是92军21师的一个副团长，他交代21师是作为独立95师的预备队，明天将向塔山正面发起进攻，还交代了上级规定的攻击部署和各部队的主攻方向。这个情报十分宝贵，吴克华、莫文骅等研究了情况，鉴于12师前两天伤亡较大，决定缩小其防御正面，由10师28团顶上来，接管高家滩、铁路桥阵地。经兵团司令程子华批准，将11师31团阵地移交十一纵，31团调到12师后面当预备队。并派纵队副司令胡奇才到12师，坐镇指挥防御战斗。程子华又调了一个炮兵团给四纵，将炮兵阵地前移。这些部署大大增强了塔山正面防线，为后两天战斗的胜利奠定了可靠的基础。[①]

10月13日天刚破晓，国民党军的炮火开始向塔山猛烈轰击。独立95师在罗奇亲自督战下，与8师从两个侧面向塔山铁路桥和高家滩我军阵地冲来。战前林伟俦、罗奇等宣布：攻下塔山的有重赏，每人给"金圆券"外加

---

① 莫文骅：《英雄塔山》，载《辽沈决战》上册，人民出版社1988年版，第375页。

三个月薪饷；完不成任务的就提头来见。独95师的确要比其他部队凶恶。他们使用"波浪式"的冲击战法，以团为单位分成三波，每个营为一波，轻、重机枪集中火力，掩护步兵连前进。第一波受挫，第二波接上去。更少见的是他们的营、团军官走在队伍前面，很有一股"敢死队"的味道。国民党军的炮火轰击了两个小时，向纵深延伸射击后，95师的一个团利用退潮刚刚露出的沙滩发起冲锋，企图从这里冲开缺口。28团警卫连和6连等待敌人前进到阵地前的障碍物，各种火器突然开火，我军的炮火也开始向敌军的身后打去，隔断其与后续部队的联系。95师一个连打光了，又上来一个连，但28团没有一个人后退，宁肯成班成排战死在阵地上，与塔山共存亡。95师的狂气终于被遏制，在我军密集火力下趴在地上不敢抬头。

95师朱师长向罗奇报告：他们的第一波部队几次冲到共军阵地的障碍物前，都被共军火力阻止，头都抬不起来，伤亡很大，已陷入胶着状态，进退不得。林伟俦在白台山方向也打电话告急：62军各师进攻受挫，营长以下官兵伤亡很大，死的没人抬，伤员没人救，非常影响士气。侯镜如、罗奇非常着急，罗奇要95师不惜一切代价，再组织进攻，今天非拿下塔山不可。

更残酷的厮杀又开始了。敌人如黄色的潮水一般涌上来，我军用机枪、手榴弹把他们一排排打倒在阵地前。我军的后备队不断向敌军反冲锋，在阵地前反复拼杀，刺刀见红。将近中午时，28团6连组织反出击，因跑出阵地太远，得不到火力支援，遭受敌军轻重机枪的扫射，全连伤亡严重，机枪班班长纪守法和两个战士，被困在敌军阵地上，与部队失掉联络。面临这样险恶的环境，纪守法根本没考虑个人安危，他眼看敌军仍在向我军阵地打炮进攻，决心在敌人背后寻求战斗，以减轻阵地上战友的负担。一个新战士犹豫地说："就咱三个人，还不是给敌人送肉吃？"纪守法说："呆板地守正面挨炮多，要想减少自己的伤亡，还是到敌后有利。立功这就是机会！"两个战士受到鼓励，决心跟班长一起干。他们脱下棉袄，只穿里面的黄衬衣，与国民党兵颜色相似。他们提着一挺轻机枪，利用自然沟隐蔽运动。一边侦察，一边前进。半路抓住一个国民党伤兵，问清附近有个炮兵指挥点。他们绕到敌人背后，突然开火，打掉了这个指挥点，使敌军炮火失去指示目标，无法向我方阵地轰击。在敌人的工事旁找到一箱手榴弹，纪守法三人向敌军人群扔去一串。敌军听到爆炸声以为是我军开炮，顿时乱成一团。有个战士在战斗中负伤，他让另一个战士护送回去，自己带着那个伤兵俘虏，捡敌人的子弹在开阔地边上隐蔽起来。当95师发起最后一次冲锋时，他从侧面突然开火，敌人还不明白是怎么回事，就背后挨了子弹纷纷倒下。纪守法一直打到黄昏，敌军后撤停止战斗，才安全地返回我方阵地。这个战斗小组共消灭敌军近百人，有力地支援了28团的正面防御。[①]

在铁路桥和高家滩之间有片坟地，守在这里的是28团2连1排。在指导员程远茂带领下，大家在这里构筑了五个地堡，摆上一挺重机枪和三挺轻机枪。虽然这里地势平坦，但工事修得很隐蔽。当13日早晨敌军开始炮击时，这个阵地并没有被敌人发现。天亮后，95师的敌人像羊群似的涌上来。程远茂一声令下，机枪步枪一齐开火，敌人成片地倒下去，第一次进攻很快被打退了。

第二次进攻敌军就将2连阵地当作重点进攻对象。他们兵分两路，夹击2连阵地，但是经过一阵短促的火力杀伤，敌军再次溃退下去。

第三次攻击是密集的炮火，敌军的炮弹向冰雹一样落在这个小小的集团工事上。尘土飞扬呛得人睁不开眼，中心地堡被打塌了，唯一的重机枪被打坏，电话也不通了。排长负了重伤，程远茂指定1班长代理排长，重新组织了队伍。敌军又分成三路冲了上来，当他们前进到离阵地三十米远的地方，程远茂下令射击。机枪声夹着手榴弹，又把敌人打得倒下一片。活着的慌忙后退，受伤的倒在地上呻吟咒骂。

这时95师的督战队提着冲锋枪，驱赶着士兵掉过头来继续往上冲。又一个地堡被敌军炮火炸塌，代理排长又负伤了，程远茂指定2班长代理排长。轻机枪打坏了一挺，大家用剩下的一挺机枪坚持战斗。敌人利用死尸作掩护，向程远茂和有机枪的地堡爬过来，后边的敌人用机枪封锁这个地堡。程远茂见敌人上来了，勇敢地冲出地堡，在散兵坑里向敌人扔出几个手榴弹，把敌人打了回去。

经过几次拉锯式的战斗，程远茂他们的弹药快打完了。后方弹药运不上来，怎么守阵地呢？程远茂让大家从牺牲和负伤的同志身上把弹药集中起来，平均分配。在战斗中节省子弹，一枪一定要打倒一个敌人。黄昏前，95师开始了最后一次总攻，成连的敌人又涌了上来。程远茂已经两次负伤，他高喊着："同志们，守住阵地！援兵快来了！我们要与阵地共存亡！"面对爬

---

① 四纵司令部编：《锦州战役塔山阻援战斗典型战例》，军事科学院图书馆藏。

到铁丝网前的敌人，程远茂和仅存的几个战士拿起石头，准备和敌人做最后的拼杀。在这危急时刻，28团3营8连反击的部队，突然出现在敌军侧面。敌人惊慌失措，开始向后逃窜。这一天程远茂和1排的战友们一共打退了敌人的九次进攻，倒在阵地前的敌人尸体就有一百四五十个。而1排也付出巨大的牺牲，连程远茂本人在内，阵地上只剩七个人。[①]

10月13日是塔山阻击战最残酷的一天，四纵表现出极其顽强的战斗作风，在绝大多数阵地被炮火摧毁的情况下，前沿一线阵地的部队顶住了国民党军四个师一次又一次的疯狂进攻。许多阵地都像程远茂他们一样，一个连、一个排打得只剩几个人，但是没有一个阵地被主动放弃。指战员们遵守了"与阵地共存亡"的誓言，就是负伤牺牲，也决不后退一步。这天我军共毙伤和俘虏敌军1245人，自己伤亡1048人，可见战斗之激烈。

这一天10师28团打得最为艰苦，伤亡很大，吴克华命令28团当夜撤下来休整，由10师30团接替他们的阵地。其他各团也调上一个营接替苦战一天的战友。28团的顽强战斗，当夜得到林、罗的贺电嘉奖。

四纵的浴血奋战，为我军总攻锦州提供了坚强保证。此时，攻锦部队已经完成了所有的准备工作，总攻即将开始。林彪知道，越到这个时候，塔山就越显得重要。为了保证总攻锦州战斗顺利进行，他甩出了最后一张王牌——将最强大的一纵调往高桥、杏山地区，做四纵的预备队。就在四纵最艰难的时刻，吴克华接到一纵李天佑司令员的电话。李天佑向四纵的兄弟表示亲切慰问，他告诉吴克华："我们奉野战军首长命令来做你们的预备队，现在高桥一带。你们什么时候需要，我们随时可以支援上去！"吴克华非常激动，表示感谢一纵的支持，守卫塔山的信心更加坚定了。

国民党军那边却是一片垂头丧气的景象。13日晚上侯镜如、罗奇召集师以上军官会议研究对策，独立95师朱师长发言时，与早晨那种骄横自负的形象判若两人。他说：看地形的时候，塔山没什么动静，以为共军兵力不多。炮火猛轰时，也没发现什么目标。但当炮火延伸射击后，步兵进入共军的有效射程内，共军突然集中火力向我们射击，打得部队抬不起头来。共军的障碍物破坏不了，我军无法前进，只有白白牺牲，这是在华北战场从没遇到过的。其他各师师长也纷纷抱怨，有的骂海空军支援不力，有的要求调坦

---

① 四纵司令部编：《锦州战役塔山阻援战斗典型战例》，军事科学院图书馆藏。

克来。罗奇站起来严厉地说："开会前接总统来电，锦州战事非常激烈，这一战关系党国存亡。我奉命前来督战，如有执行命令不力者，将报请严办。"见大家不说话，罗奇又自作主张，要95师进行夜间偷袭。54军的人表示反对，说夜间战斗将使我海空军优势全部失去作用，只能与共军拼刺刀和手榴弹，很难占到便宜。但罗奇根本不听，固执己见，侯镜如也没有更好的办法，只好决定试试看。[①]

14日凌晨，天还一片漆黑，95师两个营的敌人经过长距离爬行运动，悄悄接近塔山村34团1营阵地。挖了一夜工事的战士们正在休息，战士魏海云沿着交通沟到后面去取子弹，迎面发现戴有帽徽、扛着机枪在交通沟里向前爬的敌人。他冲上去掏出手榴弹砸在敌人头上，夺下机枪跑回阵地。这时阵地前传来低沉的"冲啊"的口令声，机枪班长严成兴冲出地堡向前一看，十米外黑压压的一片敌人正慢慢地摸上来。严班长叫醒大家，端起机枪就打。一场短兵相接的战斗开始了。这股敌人虽被打退，但有些阵地被95师偷袭得手。在铁路桥头堡守卫的30团7连2排，因赶修工事过于疲劳，戒备不严，被敌军抢占了桥头堡垒。9连两个班立即赶来增援，夺回桥头堡。敌军一拥而上，与我军展开拉锯战。9连寡不敌众，在敌人火力杀伤下损失很大，但仍然坚持不退。天色渐明，95师的进攻越来越猛。30团守卫的铁路两侧阵地上布满了敌人。4连与敌人在工事里搏斗，伤亡很大，5连3排赶到，才巩固了阵地。敌人仗着人多，占领了铁路两侧阵地和地堡的全部顶盖，我守备部队仍然坚持战斗。眼看弹药将尽，形势危急，增援部队及时赶到，将敌人赶走，解救出困在地堡里的战友。

当天亮后95师报告罗奇已占领铁路阵地和接近塔山村时，罗奇大喜，命令8师等发起集团冲锋。国民党空军前来助战，向塔山投弹时将两枚炸弹扔到95师阵地旁，造成连长以下官兵20多人伤亡。95师破口大骂空军混蛋，炸到自己人头上来了。这时我军炮火开始反击，95师接近塔山村的部队又被打了回来。几个回合之后，95师已经伤亡惨重、疲劳不堪，难以继续进攻。朱师长向兵团司令部求援，要求把预备队21师派上来。62军军长林伟俦发现95师并未打进塔山，从铁路桥、高家滩方向难以攻破我军防线，不

---

① 侯镜如：《第十七兵团援锦失败经过》，载《辽沈战役亲历记》，文史资料出版社1985年版，第250页。

愿拿自己的21师去送死，命令已经开始向前运动的21师停下来，由151、157师向塔山右侧和常家沟的我军36团阵地发起进攻。

上午10时，157师集中三十多门炮轰击常家沟。几天战斗中我军战士已经学会了躲避炮弹。36团仅留下少数观察哨，其余都蹲在地堡或单人掩体内。敌军炮火延伸向后方，36团战士即迅速进入阵地。敌军两个营的兵力向阵地前冲来，接近鹿砦时，我军一齐开火，将敌人击退后，又钻进地堡隐蔽起来。如此再三，敌人炮火也没有用，冲锋又上不来，被折磨得士气低落。151师进攻34团的敌军更惨，约一个排的兵力被困在河北岸的一片开阔地里，我军的炮火切断了他们的退路，前边又遭到我军阵地机枪的扫射，趴在地上动弹不得。34团1连副班长卜凤刚跳出战壕，爬到坟地间向敌人喊话："交枪吧，不用害怕，我们优待你们！"后边的战士也跟着喊："命是自己的，枪是蒋介石的，缴枪不杀！"卜凤刚又喊："我就是才解放过来的，解放军真优待俘虏，你们快放下武器过来吧！"在我军政治工作瓦解下，敌人只好在阵地前投降。①

到了下午，锦州方面的炮声渐渐稀少，侯镜如一天没得到范汉杰的任何消息，估计锦州已经失守，东进已经没有意义，便下令全军撤退。塔山阻击战到14日黄昏，以我军的胜利宣告结束。林罗刘谭首长当天致电四纵12师首长，向他们祝贺胜利，对12师和友军英勇顽强的防御作战，给予高度的赞扬和嘉奖。20日苏静同志回到野战军总部，向林彪、罗荣桓汇报了塔山阻击战的全过程。林彪高兴地说："是啊，没有想到他们打得这样好，打的是政治仗啊！打锦州的部队也都打得很好，打得很坚决，胜利是出乎意料的啊！"②

13、14日的战斗，国民党军独立95师损失最为惨重，三个团打得只剩下三个营，基本失去了战斗力。具有讽刺意义的是14日黄昏，国民党的坦克才海运到葫芦岛。罗奇建议15日休战一天，16日用坦克一定能把塔山攻下来。然而这一切都为时已晚，当天锦州的一个国民党军副团长逃出重围到了塔山，报告了范汉杰集团全军覆灭的消息。大家顿时精神紧张，现在不是东进增援锦州的问题，而是锦州方面的共军主力部队会不会乘势西进来打锦

① 《中国人民解放军第41军第三次国内革命战争战史》，1956年初稿。
② 莫文骅：《英雄塔山》，载《辽沈决战》上册，第382页。

西和葫芦岛。侯镜如下令各部队巩固阵地，转攻为守。

16日蒋介石从沈阳乘专机来到葫芦岛，锦州的惨败令他极为震惊和沮丧。当听取罗奇汇报进攻塔山失利的经过时，蒋介石失去控制，大骂道："塔山如此靠近，敌人怎么能够这样快就修了这么多的坚固工事和障碍物呢？阙军长驻在葫芦岛，早就应该发现这些情

◉ 蒋介石在葫芦岛召集军事会议旧址

况，为什么不进行破坏呢？"他痛骂阙汉骞不是黄埔学生，是蝗虫，声言要枪毙他。吓得众将领都立正低头，谁也不敢出声。过了一会儿，罗奇才慢慢地说："将士是用命的，独立95师打得只剩下三个营，此次作战海陆空军得不到协同，战车又赶不到，部队已经伤亡很重。"蒋介石这才转移了话题，研究锦西部队下一步的行动。在离开葫芦岛的时候，蒋介石紧握拳头，眼含泪水，低声自语："我和他们拼了！"①

塔山阻击战至今还是军事家们研究的话题。从常规来看，国民党军有九个师的兵力，以五个师集中进攻守卫塔山的一个四纵，激战六天，从人数上、装备上、海空军支援上，国民党军都占有绝对优势，但付出了6000多人的伤亡，却未能拿下一个小小的塔山，原因何在呢？应该指出：作战不仅是人数和武器数量的对比，最重要的是谁能发挥出最大的战斗力。而战斗力是由指挥员的战术、士兵的士气和各部队的同心协力等多方面因素组成的。国民党军在进攻塔山过程中数易主帅，互不买账，更谈不上齐心合力了。正如一位国民党将领所说："现代化的军队必须是协同一致，才能发挥出战斗力来，这是人所尽知的。但他们进攻塔山，在最紧急关头，头两天侯镜如还没有来，阙汉骞指挥不了林伟俦，罗奇又妄加干扰。即使以上诸人能够和衷

---

① 侯镜如：《第十七兵团援锦失败经过》，载《辽沈战役亲历记》，文史资料出版社1985年版，第251页。

共济，试问有谁敢对海空两军那批骄兵悍将发号施令。当时的海军头子桂永清、马纪壮，空军头子王叔铭等买过谁的账！"[1]54军挨打之后，提出迂回塔山的建议。罗奇为了让95师立功，仍然坚持从正面硬攻。结果再次遭到惨败，把95师也断送掉大半。62军为了保存实力，不肯派21师增援95师，95师没了后劲，又被我军从塔山村和铁路阵地打了回来。这种派系林立、钩心斗角、见死不救的军队，怎么能指望士兵为他们卖命打仗呢？

四纵在塔山阻击战中，充分表现出勇猛、顽强的战斗作风。防御战他们过去没打过，但在战斗中无论敌人的炮火有多猛，冲击有多凶，他们都拼死守住阵地，只要还有一个人活着就决不后退一步。34团2连一个通信员把坚守的命令错传为撤退，一位班长立刻指出："你传错了，我接受任务时，只有守，没有撤！"深入人心的政治工作极大鼓舞了战士们的斗志，使他们明白是在为东北的解放而战，是在为广大人民的翻身而战，争取在战场上立功是大家共同的愿望。在战斗中干部身先士卒，党员冲锋在前，这种精神甚至感动了敌军俘虏。36团5连坚守泉眼沟，在10月13日连续打退敌人七次进攻，并与敌人展开白刃战。一个刚被俘不久的士兵看到我军这样勇敢，也积极投入战斗。他准确地打出几十发迫击炮弹，为打退敌人进攻立了大功。在战斗中各部队互相支援，一个团一天战斗下来伤亡很大，另一个团立即顶上去，轮番战斗。前方部队在浴血奋战，后方机关干部、兄弟部队和地方群众源源不断地把弹药、饭菜、修工事的木料运往前线，把伤员及时送往后方。当我军撤离塔山后，国民党军官来到空无一人的阵地上看来看去。只见堡垒星罗棋布，障碍物纵深，

◎ 塔山英雄团

---

① 惠德安：《国民党军在葫芦岛作战侧记》，载《辽沈战役亲历记》，文史资料出版社1985年版，第286页。

交通沟连贯，真是难以逾越的铜墙铁壁。他们环顾四周，几十里内树木很少。实在想象不出解放军怎么能在短短十天内筹集运输这么多木材，建造如此牢固的阵地。在这个意义上说，塔山阻击战是一场真正的人民战争。战后，12师34团被授予"塔山英雄团"称号，36团被授予"白台山守备英雄团"称号，10师28团被授予"守备英雄团"称号，四纵炮兵团被授予"威震敌胆"锦旗。仅12师就有2026人立功，有的被连续记了几大功。塔山阻击战作为四纵战斗历程中最光辉的一页，被载入中国人民解放军的史册中。

第二十三章

# 雷霆万钧克锦州

攻锦成败事关全局——林彪命令各部大挖交通沟——罗荣桓到八纵督促夺回小紫荆山——毛泽东说：攻克锦州就有了主动权——三纵血战配水池——总攻开始了——"老头坦克"显神威——31小时攻克锦州——范汉杰、卢浚泉被擒

1948年10月7日上午，秋高气爽，天气晴朗。林彪、罗荣桓、刘亚楼在攻锦部队指挥员的陪同下，站在锦州北郊帽儿山顶上，手拿望远镜仔细观看着锦州的情况。

经过长途跋涉，东北野战军总部机关乘火车从双城到达阜新，又换乘汽车经义县到达锦州北郊的牤牛屯。在简陋的农家刚刚安顿下来，林罗刘就急

◎ 林彪（右）、罗荣桓（左）、刘亚楼（中）在前线指挥作战

着要看地形。自从1946年四平保卫战后，林彪基本上是在双城总部中依靠地图和电报指挥各部队作战的，但这次攻打锦州非同寻常，是国共双方在东北大决战的焦点。拿下锦州就全盘主动，若打成1947年四平攻坚战的僵持局面，后果就不堪设想了。作为百万大军的统帅，林彪虽然有取胜的优势兵力和各种有利条件，但进行如此大规模的战役，毕竟是生平第一次。越到大战临近的时刻，林彪身上担负的责任和精神上的压力就越发显得沉重。

获悉林罗刘到达锦州前线指挥，毛泽东非常高兴。因为朱瑞同志刚刚牺牲，他又为林罗刘的安全担心。10月6日他电告林罗刘："你们到锦州附近指挥甚好。但你们不应距城太近，应在距城较远之处以电话能联络各城兵团即妥，务求保障安全。另设攻城直接指挥所，委托适当人员，秉承你们意旨，迫近城垣指挥（亦不要太近）。"[①]但是林罗刘都没听劝告，他们骑马来到帽儿山下，徒步登上四百多米高的山顶观察地形。

锦州城，背山面海，坐落在小凌河、女儿河的北岸，自古以来就是华北与东北的咽喉要道。北宁和锦承两条铁路在这里交汇，使其战略地位更加突出。这里原是一片荒凉的土地，明朝后期满族在关外兴起，成为与明王朝争夺天下的主要对手。为了阻挡满族骑兵冲入华北平原，明朝在辽西走廊锦州至山海关一线部署重兵，层层设防，建起一座座军城要塞。锦州是双方角逐的前沿，也是明军最重要的据点。1641年，清太宗皇太极亲率清军主力与洪承畴的明军主力在这里进行了一场惊心动魄的决战，十几万明军的惨败导致形势的剧变。清朝极为重视锦州，称其为"山海要冲，边关锁匙"。

三百年后的历史竟然也如此相似，锦州又一次成为大会战的焦点。正如范汉杰所说：锦州好比一条扁担，一头挑着东北，一头挑着华北。现在我军要把这条"扁担"从中砸断，堵塞东北几十万国民党军的退路，将其彻底消灭在关外。

日本人占领锦州时期，就构筑了不少工事和坚固的建筑物。国民党军队来后，又经过几年经营，形成了比较完整的防御体系。城北的亮马山、大疙瘩，城东的大、小紫荆山，城南的罕王殿山（就是清军与明军会战的松山）等制高点是外围阵地，山顶上修了工事，派兵驻守。以女儿河、小凌河为天然屏障，以锦州老城和环绕新市区的土城墙为骨干，利用日本人的旧工事，

---

① 《毛泽东军事文集》第5卷，军事科学出版社、中央文献出版社1993年版，第46页。

配以若干地堡、火力点，形成了环城阵地。城墙下有二丈宽、深的壕沟，壕外又有铁丝网、鹿砦、地雷。城墙上布满了明暗火力点。城内划分为五个防区，依托高大建筑物，构成核心工事。范汉杰的指挥所设在锦州铁路局大楼上，守军有卢浚泉的第六兵团所属93军、新8军等七个师，冀热辽国民党地方武装约10万之众。虽说不是一流部队，坚固的工事也增强了他们的战斗力。当时的部署是：93军的暂18师、22师、60军的184师负责北面和西南面包括飞机场地区的防守，新8军的55师、88师担任锦州东南紫荆山到松山一线的防守，沈阳空运来的79师两个团担任锦州南面罕王殿山一带的防守。无论从兵力还是防御的坚固性来看，锦州都远远超过了四平。

所以，林彪在帽儿山上拿着望远镜一边看一边想，锦州这个仗该怎样打。他听参谋人员的汇报，对照地图琢磨选择主攻方向和突破口的问题。一架国民党飞机飞过上空，扔下一颗炸弹，炸得山上尘土飞扬。参谋人员为了首长安全，劝林罗刘马上下山。林彪这才说："好吧，我们下去，具体问题回去再研究。"

回到牤牛屯驻地，林彪听取参谋处长苏静汇报义县攻城作战经验。当苏静说到我攻城部队为了迅速接近敌军阵地，减少伤亡，采取近迫作业，大挖战壕、交通沟时，林彪立刻重视起来，问道："要用多少兵力挖？"苏静答："据二纵5师汪洋参谋长说，除尖刀连外，要用绝大部分的兵力日夜抢挖，多挖几条交通沟，直到冲锋出发阵地前。"林彪马上叫来参谋，口授电报发往攻锦各部队：

一、每个师需以六个营的兵力（三分之二的兵力）全部用于挖交通沟，只留下担任尖刀部队在后面进行充分的突击准备。绝不可只依靠少数部队挖交通沟。

二、挖交通沟时，要有不怕伤亡、不怕疲劳的精神，大胆进至距敌五六十米处，沿途摆开由前向后挖，前后同时挖。

三、每个师要挖五条或三条交通沟。

四、每条沟须高宽各一米五。

五、挖沟时先须以卧倒姿势挖卧沟，然后逐渐挖成站沟。要不怕疲劳，只要我肯挖交通沟，则不管敌火如何激烈，工事如何坚固，都将使其大大丧失作用。

六、以上指示必须坚决执行，不可懒散怕疲劳不执行。今后东北全军的基本任务是攻大城市，故各部须在此次挖沟中，在思想上与作风上，打下坚固基础。这样，今后作战就增加了重大的必胜因素。[1]

电报指示如此之细，口气也是如此坚决，谁也不敢偷懒。东总《阵中日记》10月9日记录："攻锦部队今晚开始挖交通沟。"我军的步兵一下变成了工兵，黑夜里连刨带挖，分段包干，战士们一个个干得挥汗如雨。到第二天天亮时，平坦的田野上已经布满了纵横交叉的交通沟。国民党兵大吃一惊，眼睁睁看着共军挖到他们阵地前沿，说话声音都听得见，就是打不到人。总攻开始后，这些交通沟就变成了插向敌军阵地的尖刀。

林彪一夜没睡好，又通知攻锦各部队首长明天来帽山屯高地看地形。10月8日一早，三纵司令员韩先楚、九纵司令员詹才芳、炮纵负责人等先后赶到。罗荣桓、刘亚楼等对大家表示亲切慰问，刘亚楼参谋长说："这次是请五大主力会餐，看谁吃得快，吃得多，吃得好！"风趣的战前动员引起大家一片笑声。

看完地形后，林彪单独召见三纵司令员韩先楚，与他确定攻击目标和突破口放在城北的亮马山、大疙瘩，并将炮纵主力调配给三纵指挥。九纵在攻打帽儿山阵地和封锁机场的战斗中打得很好，出乎林彪的意想之外。林罗打算让九纵休息一下，做预备队。但九纵首长坚决请战，林彪同意九纵配合七纵，从城南发起进攻。

这天，林彪、罗荣桓又去了帽儿山西边的二郎洞，这里是二纵的指挥所。林彪对二纵司令员刘震作了指示，要他们与三纵搞好配合。二纵、三纵和七纵是这次攻锦的主力部队，林彪把二、三纵和炮兵都摆在锦州城北，表明攻锦计划已经成熟。

在司令部听取汇报时，林罗刘为八纵的失误发了脾气。在锦州外围战斗中，八纵出现两次失误。总部让他们封锁机场，他们问是打西北的机场还是打东南的废弃机场，耽误了两天时间。总部命令九纵封锁机场，把八纵调到城东南打小紫荆山。10月6日凌晨2时八纵68团打下小紫荆山后，团长下山

---

[1] 苏静：《关于锦州战役的回顾》，载《辽沈决战》续集，人民出版社1992年版，第216页。

吃饭去了。不料上午10时敌人在炮火和飞机支援下来个反冲锋，山头上留守的一个连顶不住，把阵地丢了。八纵想马上夺回来，就没向总部报告。国民党电台广播"紫荆山大捷"的消息，总部才知道此事。紫荆山是城东南的制高点，我军总攻时会受到侧面火力封锁。林彪大发脾气，罗荣桓感到事态严重，就与刘亚楼在8日夜里赶到八纵指挥部，严厉批评纵队司令员段苏权和政委邱会作。罗荣桓说："从丢失阵地不及时报告和封锁机场耽误两天这件事，你们应当很好地吸取教训。你们也打了这么多年的仗了，丢失阵地已经不对了，不及时报告更是错误。你们想夺回阵地再报告，这怎么能行？战争中情况瞬息万变，拖延了时间会贻误战机，影响整个战局的。野司的命令虽然没有指明封锁哪个机场，可是你们为什么不动脑筋想一想，封锁机场的目的就是阻止敌人的空援，当然是要封锁那个能用的机场。即使你们不晓得哪个机场能使用，也应先行动起来嘛！毛主席专门来电批评了这件事，指出'大军作战，军令应加严'。这不是件小事，你们要做深刻检查。"①

最深刻的检讨就是马上夺回阵地。邱会作翻身上马赶到紫荆山下的68团，当着全团的面宣布将团长和副团长撤职，那个丢失阵地的连长被当场枪毙。这样严厉的处罚在我军中是极为罕见的，但大战在即，军令不严不行。10日6时，23师向小紫荆山发起猛烈进攻，战士们个个死打硬拼，仅用一小时就夺回了阵地。完成任务之后，邱会作回到指挥部向罗荣桓报告，罗才离去。为了充分吸取教训，保证总攻锦州的顺利，林彪向塔山和黑山两个方向担任阻击的各部队发了一个通报：

"我九纵去年冬季作战中表现战斗作风甚差，经过东总指出后他们全纵奋发努力，今年来表现得能攻能守，26号锦州外围战斗中25师一个连的兵力控制白老虎屯阵地，敌四个主力步兵团配合十一辆坦克、五六架飞机向他们进攻，该连顽强死守，伤亡过半；在最危急时全连指战员将表打碎、钞票焚烧，准备全部牺牲，但最后由我反击将敌击退，保持了阵地并击毁坦克二辆，俘敌数十人，毙伤敌数百人。战后全连指战员均记大功三次。这一战例盼你们很好发扬，九纵是新部队尚能做到，四纵更应做到，十一纵的底子亦不比九纵差，也应做到。主要是自上而下到每个指战员都下决心，就能创造光辉战绩，使敌胆寒，使我全军胜利得到保证。

---

① 《罗荣桓传》，当代中国出版社1991年版，第468页。

"八纵一个连5日守锦州以东小紫荆山，敌向其进攻，该连长畏缩放弃阵地，已于昨日公审枪决。八纵此次锦州附近作战远落于九纵之后，可见不努力者即落伍。"[1]

根据东总的部署，攻锦各部队从8日起陆续开始外围战斗。经过两天战斗，七纵和九纵攻克城南的罕王殿山、双山子等高地。当时罕王殿山顶上还有敌军一个地堡群没有拿下，9日下午国民党军向罕王殿山反击数次，都被七纵21师打退。当天夜里，21师用夜袭战术，攻下罕王殿山头的敌军地堡群，缴获两挺重机枪。七纵和九纵乘胜向前发展，11日打到锦州城下的小凌河边。八纵收复小紫荆山后不停顿地进攻，10日早晨攻占城东南的百官屯和北大营。锦州城南的敌军在我军进攻下，退缩到锦州城内。

在这紧急关头，范汉杰居然想不出任何办法来挽救败局。当初他对我军进攻锦州缺乏思想准备，当我军主力出现在锦州城外时，他向蒋介石和卫立煌连连呼救。还在10月6日，他就想弃城突围。8日卫立煌来电严厉制止，如果锦州丢了，东北国民党军就断了退路，这也是蒋介石绝对不允许的。范汉杰接到卫立煌的电报，只好硬着头皮召集军官会议部署防御。长官如此消极，下级就更无信心。当10月10日塔山方向传来隆隆炮声时，范汉杰尚存一线希望，等援军来给他解围。

毛泽东密切关注锦州战局的发展，10月10日他致电林罗，要他们集中精力打好锦州这一战。电报说："这一时期的战局，很有可能如你们曾经说过的那样，发展成为极有利的形势，即不但能歼灭锦州守敌，而且能歼灭葫、锦援敌之一部，而且能歼灭长春逃敌之一部或大部。如果沈阳援敌进至大凌河以北地区，恰当你们业已攻克锦州、使你们有可能转移兵力将该敌加以包围的话，那就也可能歼灭沈阳援敌。这一切的关键是争取在一星期内外攻克锦州。""你们的中心注意力必须放在锦州作战方面，求得尽可能迅速地攻克该城。即使一切其他目的都未达到，只要攻克了锦州，你们就有了主动权，就是一个伟大的胜利。"[2]

林彪把攻击重点放在城北。三纵担负进攻配水池、大疙瘩两个敌军防御

①《中国人民解放军历史资料丛书·辽沈战役》，解放军出版社1993年版，第166页。
②《毛泽东军事文集》第5卷，军事科学出版社、中央文献出版社1993年版，第52—53页。

最严密的阵地，二纵从城西北方向进攻。在这两大主力的后边，林彪又调来一个强大的预备队——号称"攻坚老虎"的六纵17师。但是敌军也有顽抗拼命的，三纵在攻打配水池、大疙瘩的战斗中，付出了相当大的代价。

配水池位于城北二里处一个高地上，与东边二里远的大疙瘩形成呼应的两个制高点，作为城北的屏障。配水池是日本人搞的钢筋水泥建筑，放干里面的贮水就是坚固的堡垒。守在这里的是暂22师1团的一个加强连，配以轻重机枪。他们自吹"守配水池的都是铁打的汉"，要把配水池当作"第二个凡尔登"。为了拿下这个小小的高地，三纵派出了战斗力最强的7师20团，并配备了炮纵的九门野炮、十一门山炮，突击营集中了十二挺重机枪。

12日8时我军开始了炮火准备，猛烈的炮火打得配水池小高地一片火海。但是敌军的多数火力点修得很隐蔽，我军炮火未能将其彻底摧毁。当20团1营发起冲锋后，敌人的暗火力点突然射击起来，我军战士遇到地雷和铁丝网的障碍，在密集火力下遭到伤亡。这时城里的敌军炮火又向我炮兵阵地打来，我方炮火又去压制敌军炮火，削弱了对步兵的支援。第一次突击没有成功。

将敌人的炮火压制之后，我军的炮火向配水池北部再次进行猛烈轰击，炮弹造成的烟雾掩护了我军的行动。20团1营冲上高地，占领了一个独立房子和西部的大地堡，但是核心地堡群没有拿下来。随后暂22师1团在团长带领下，乘两辆装甲车向我20团冲过来，想把我军从配水池上挤下去，收复阵地。我军奋勇反击，双方展开了硬碰硬的对攻战。一辆装甲车被我军炸毁，敌团长当场丧命。20团1营也遭受重大伤亡，在赵兴元营长"一人一枪，战斗到底"口号激励下，打退敌人一次又一次冲击，到最后全营只剩下20多名负伤的战士，终于保住了阵地。

7师经过几小时的准备，于黄昏时再次发起强大攻击。炮兵集中火力射击敌军地堡群，四发命中，对敌杀伤很大。乘敌慌乱之时，20团3营如猛虎出山，向敌人地堡冲去。敌军战斗一天，伤亡加上弹药不继，终于丧失了战斗力。3营用半小时时间冲进地堡，俘虏敌人近200人，坚固的配水池终于拿下来了。韩先楚司令立即将他的指挥所移到配水池，炮兵也将阵地推进到这里，占据了总攻最有利的阵地。[①]

---

① 《锦州战役炮兵战斗总结》，炮兵司令部1959年翻印。

　　8师打大疙瘩也极为艰苦。经过炮火准备，24团3营战士一跃而起。抱着炸药包冲向敌军阵地。没想到面前突然出现许多暗堡，机枪吐着火舌，对我军进行扫射。由于侦察时没发现这些目标，我军发起冲锋后，炮兵即停止了射击。24团的几门小炮受到敌人火力袭击，炮手伤亡，24团只能凭借战士勇猛地往上冲。敌军拼命扫射，又有地雷、铁丝网阻挡，几次冲锋下来，3营伤亡大半。换上2营去冲，又不成功。天色已晚，夜间进攻更不利，8师首长下令暂停攻击。

　　13日早晨，距离总攻的时间越来越近，这个大疙瘩还拿不下来，韩先楚司令也着急了。他把指挥部移到配水池，亲自指挥进攻大疙瘩。三纵集中炮火朝大疙瘩猛轰，压制了敌军火力。24团1营发起进攻，发现地堡群下面有条盖沟，敌军就是从这条沟里对地堡群进行支援。几个战士冲上去炸塌了盖沟，闷死了里面的敌人。到下午2时，大疙瘩顶上的地堡群终于被24团攻克，敌人一个连的守军此时只剩下十几个带伤的俘虏。24团战士的鲜血，染红了这个小山包的土地，锦州外围最后一个钉子被拔掉了。

　　几天的外围战斗，我军达到了预期目标，国民党军被全部压缩在锦州城内。林彪看到范汉杰的部队战斗力并不像原来估计的那样强，更加胸有成竹。10月11日夜里他向军委汇报情况，在电文最后坚定地说："阻住锦西援敌和打下锦州均有把握。"[1]12日，他向各部队通报了总攻锦州的部署：以二纵、三纵、六纵17师为北突击集团，统归韩先楚指挥。三纵由城北突破，二纵由城西北突破，六纵17师在二、三纵之间突破。以七纵、九纵为南突击集团，统归邓华指挥，由南向北并肩突破。八纵为东突击集团，由东向西进行辅助突击。总攻时间定为10月14日上午10时。

　　为了总攻的顺利进行，林彪调集了最强大的炮火。炮纵主力加上各纵的重炮（山炮、野炮、榴弹炮、加农炮）共300多门，再加上各部队的小口径炮多达600余门。特种兵战车团的15辆坦克，也从后方千里迢迢运到锦州前线。用这样多的重武器攻打一个城市，在我军的历史上是第一次。林彪判断敌军的重点防御是在西北的二纵方向，12日他电告韩先楚和炮纵："在外围肃清后，我军攻城的主要突破方面应选在二纵队的地段上，因此，炮兵最大部分的炮力与坦克应转交二纵使用。盼即根据这一全局重点的需要，我炮纵

　　① 《中国人民解放军历史资料丛书·辽沈战役》，解放军出版社1993年版，第176页。

◎ 重炮轰锦州

所属之炮兵与坦克之绝大部分,本晚开始向二纵方向转动。"①15辆坦克给了
二纵11辆,其余4辆留给了三纵。炮纵两个团配合二纵、三纵和七纵,留下
一个远程炮团由总部直接指挥。九纵配给的炮很少,詹才芳司令员命令27
师连夜抢挖交通沟,主攻的25师休息。27师师长任昌辉想不通,要求参加
总攻突击任务。纵队首长解释后,他服从需要,很快挖出几条交通沟。当总
攻开始后,九纵冒着密集的炮火沿沟向前运动,伤亡很小,大家都感谢27
师同志的汗水没有白流。

锦州外围的国民党军队退入城内后,陷入一片混乱状态。众多国民党官
兵食宿无着,在城内乱抢乱闹。范汉杰构筑的工事主要在外围,城内尚未形
成体系,各部队就在驻地附近修建临时工事。第六兵团的炮兵团退入城内
后,拥挤在邮电局大楼的第六兵团司令部旁。由于城内楼房的遮蔽,炮兵没
有合适的观察所,等于失去作用。炮兵指挥官怕卢浚泉把他们赶往城边,隐
瞒不报真相。卢浚泉下令开炮,他们就朝城外漫无目标地乱打。范汉杰、卢

---

① 刘震等:《东北解放战争中的第二纵队》,载《辽沈决战》续集,人民出版社1992年
版,第115页。

浚泉望眼欲穿，侯镜如、廖耀湘的援军就是来不了。锦州城内国民党军士气低落，人无斗志，败象完全显露出来。

14日清晨，国民党军炮火又向城北三纵阵地乱轰，我军阵地则显得格外沉静。9时30分，各纵队的炮火齐声怒吼，打得锦州城内烟雾弥漫，火光冲天。范汉杰为了安全和靠近六兵团，把自己的指挥部迁移到中央银行地下室，与卢浚泉的兵团指挥部相隔几十米远。此刻，他感到共军的炮弹仿佛都倾泻到他头顶上，奇怪怎么他到哪里，共军的炮就打到哪里。其实这纯属心理作用，可见我军总攻的炮火之猛烈。30分钟炮火准备后，各路攻城大军同时发起突击。九纵因炮火支援少，未等炮火延伸射击，突击部队两个连就从交通沟里冲出，涉过齐腰深的小凌河，10分钟就冲到城墙下，打开突破口。敌军拼命射击，想把我军压回去。76团5连战士朱万林第一个登上城墙，刚刚竖起红旗，就中弹牺牲。班长赵洪泉负伤，忍痛爬上突破口，第二次竖起红旗，一个手榴弹在身边爆炸，旗杆炸断，赵洪泉再次负伤倒地。几个战士奋勇冲上前来，排长刘金第三次举起红旗，召唤战友们前进。当他又负伤倒下，战士李玉明第四次举起红旗。三分钟时间内九纵战士四竖红旗，成为锦州战斗中感人的英雄事迹。七纵与九纵并肩突破，杀入城内，与敌人展开巷战。七纵沿大凌街、小凌街前进，攻克中央银行、陆军医院等重要据点。在锦州电影院，一个营的敌人依托工事拼命抵抗。七纵几次攻击没奏效，决定采用重量爆破。一包又一包的炸药垛起来，炸坏一部分工事；浓烟未散，战士们冲到电影院墙边，码上六七百斤炸药。一声巨响，里面三百多敌人全部被炸死或震昏。[①]

总攻的主要方向在北部。炮纵主力和二纵炮兵对锦州轰击了整整四十分钟，担任主攻的二纵5师14、15团乘浓烟未散，像两把尖刀刺向敌军阵地。不到十分钟就突破了城垣。当15团10连冲到铁路路基北侧时，受到右侧敌军火力封锁，前进受阻。10连两次爆破均未成功，2排5班战斗组长、共产党员梁士英挺身而出，冒着枪林弹雨冲到敌人地堡前，将爆破筒从枪眼塞进地堡。里面的敌人拼命向外推，梁士英拾起冒烟的爆破筒再次塞进地堡，并用身体死死顶住。排长急得高喊："梁士英快回来！"话音刚落，一声巨响，

---

① 詹才芳、李中权：《并肩驰骋在辽沈战场》，载《辽沈决战》上册，人民出版社1988年版，第361页。

◎ 突击部队对锦州发起总攻

敌人的地堡被炸上天，董存瑞式的英雄梁士英壮烈牺牲。他虽然比董存瑞炸碉堡晚了一百多天，但他舍身杀敌，为部队铺开前进道路的英雄行为是完全一样的。[①]

三纵7师、8师在炮火支援下，突破敌军城防，向省公署大楼进攻。敌军从两侧以强大火力封锁突破口，进攻一度受阻。第二梯队爬墙突入城内，迂回进攻。攻克了省公署后，韩先楚紧接着将纵队指挥所迁到这里，指挥纵深战斗。三纵战士沿着地道进入市区，炮兵推着火炮跟部队一起前进。他们实行抵近射击，一炮就干掉当街的一个地堡。在肃清铁路以北敌人后，三纵与北突击集团的友邻部队包围了铁路局和火车站。

在二纵、三纵的攻坚战斗中，我军坦克大显神威。14日11时，炮火延伸向锦州纵深，配合二纵进攻的坦克从隐蔽的草堆中吼叫着冲出来，分成两路向城里冲去。其中一路顺着洼地向大铁桥开去，步兵看到坦克为他们开路，士气大振，抱着炸药包紧随其后。有一辆坦克是我军在东北接收的第一

---

① 刘震等：《东北解放战争中的第二纵队》，载《辽沈决战》续集，人民出版社1992年版，第137页。

辆坦克，因样式老旧，大家叫它"老头坦克"。驾驶"老头坦克"的董来扶是个机灵的年轻人，坦克速度不快，他乘着烟雾行进，躲避敌军炮火。前边一辆坦克被炮击中出了故障，董来扶时进时退，在运动中寻找目标。炮手李群瞄准桥洞两侧的碉堡，几炮把它们打烂。在铁路上停着三节车皮，被敌人用来当火力点。"老头坦克"连发几炮，车皮被打穿，敌军的机枪变成了哑巴。后

◎ 我军坦克在锦州进行巷战

续部队在"老头坦克"带领下，势如洪流地攻进市区。

　　下午在市区内展开了激烈的巷战。我们的坦克因为没有无线通信设备，不能统一指挥，只能依靠坦克兵的机智勇敢，主动配合部队找仗打，单车作战。"老头坦克"沿着大街向前冲击，机枪手武佩龙站在炮塔上向前面的敌军工事猛烈射击。敌人在我军坦克面前吓破了胆，纷纷逃窜。在进攻锦州老城时，因为事先没有机会侦察地形，有三辆坦克不慎掉进城边的壕沟里，退出战斗。"老头坦克"沿着壕沟边缘，一边消灭敌人地堡，一边寻找进入城内的突破口。炮弹在坦克身边爆炸，震得车内的人眼冒金星，耳朵都聋了。但大家仍然坚持战斗，为步兵开辟前进道路。战斗结束后，"老头坦克"被上级命名为"功臣号"，今天还静静地安放在北京军事博物馆的大厅里。[1]

　　攻锦部队像是多把尖刀，从四面八方刺入锦州市区。中午，韩先楚见一线攻击部队疲劳，放出"攻坚老虎"六纵17师。17师49团于15时攀登城墙突入城内，担任突击的3营一边爆破，一边前进。二十分钟消灭六十多个敌人、二十一个地堡。他们以熟练的战术动作，边侦察边调动部队，部署兵力进攻敌人占据的楼房和沿街的地堡、火力点。打过铁道之后，49团3连和7连共同歼灭神社之敌。一个连在东北角，一个连在东南角，在八挺重机枪、

---

① 苏进：《辽沈战役中炮兵纵队的战斗片断》，载《辽沈决战》上册，人民出版社1988年版，第522页。

十三门六〇炮掩护下，连续四次爆破都取得成功。步兵随即发起冲锋，大家立功心切，没组织好就开始行动，结果遭受敌军火力阻击，造成伤亡。7连连长亲自上前，率领两个班又是连续爆破，炸开缺口，与3连前后夹击，消灭了盘踞在神社的一百多敌人。①

从总攻开始到黄昏，二、三、六、七、九纵已突入锦州城内五个师的兵力，各部队分割穿插，不停顿地进攻和消灭敌人。正如林、罗10月18日向毛泽东报告的那样："先头部队与主力不顾一切，横直向敌纵深猛插、猛进。对坚固据点，以后续部队进行有组织的进攻和爆破。""不少连队原有人数一百三四十人，打得只有二三十人，但仍继续攻击。有的师团长、副团长全部伤亡，营级干部伤亡更大。突破后，部队不顾侧射，拼命多路向敌纵深猛烈穿插，迅速将敌人分割，把敌指挥系统打烂。"②

攻城不顺利的是八纵，根据总攻计划他们应该从城东的瓦斯会社突破。为了配合八纵攻城，总部调一纵炮兵团配属八纵指挥。14日11时40分，炮火准备开始（比北面的部队晚了两小时）。13时，担任突击任务的22师64团两个连开始攻击。前进一百多米，受到突破口两侧敌军火力的封锁。城里的敌军炮火也向这里打来。因我方步、炮协同不好，部队前进受阻，一直对峙到黄昏。调整攻击部署后，64团在18时重新进攻，终于突破敌军防线，杀进城东部的纺织厂、瓦斯会社。66团跟着64团冲进去，展开纵深战斗。22时邱会作政委电话命令23师参谋长率领69团从22师左侧马上突进去，不要怕伤亡，要负责任。到夜里23时，八纵主力七个团都冲进城内，分头扫荡据守各据点、街道的敌人。这时，友邻部队已经打到城东，在太子街、中央银行等地与八纵会师，继续消灭老城区的敌人。③

17时半，总部又下达命令："今晚各纵队应继续做通夜之作战，打得敌人没有机会重整已烂的部署。"这一夜，飞向天空的照明弹和爆炸的火光映红了锦州城，清脆的机枪声和喊杀声彻夜不断。在我军四面合击之下，范汉杰、卢浚泉等被打得晕头转向，完全丧失了斗志。当我军的炮火如雨点般打进锦州市内后，敌军的军、师指挥部都受到不同程度的损坏。通信联络中

① 《中国人民解放军第43军第三次国内革命战争战史》，1956年初稿。

② 《中国人民解放军历史资料丛书·辽沈战役》，解放军出版社1993年版，第203页。

③ 吴烈等：《锦州战役战斗经过》，1948年10月18日给东总的报告。

断，各部队只能自己顾自己，失去协调和指挥。下午，锦州旧城内的弹药库和火车站附近的地下汽油库均被炮火击中，火焰冲天。范汉杰见大势已去，侯镜如、廖耀湘也都不来救他，便匆匆赶往卢浚泉的指挥部商量对策。其实卢浚泉也早就想逃跑，他派人到城边侦察情况，发现东南角比较平静，路还是通的（这里是八纵、九纵的接合部——作者注）。16时左右，范汉杰带着老婆子女、参谋长和亲信随从来到卢浚泉的地下室，与93军军长盛家兴、18师师长景阳等商量了二十分钟。范汉杰说：在目前情况下，坚守下去只能是坐以待毙，不如向锦西方向突围求生。但是怎样突出去，几人各怀鬼胎，都想牺牲别人保全自己。范、卢表示：突围由盛军长和景师长指挥，黄昏开始行动。盛家兴则表示18师正在战斗，很难收得拢，要范、卢先行动。

长官要逃跑的消息，很快就在司令部中传开。炮兵官员桂协华是卢浚泉的亲信，当卢要他准备走时，他问："盛军长走不走？"卢说："他们都表示不走，人越少越好嘛！"桂协华想拉上一位朋友一起走，没想到这位老兄气愤地说："这种情况，出得去吗？是出去找死啰！人家出去有办法，我们出去干什么。盛老倌也这样想，抵近了实在没办法，就把白旗扯出去。"当范汉杰、卢浚泉在几十名士兵护送下离开六兵团指挥部时，所有的人都冷眼相待。盛家兴、景阳还来告别，等范、卢刚走，盛家兴马上叫景阳集合队伍向城西突围。原来他们想甩掉范、卢自己逃命。[①]

战斗到15日拂晓，我军攻城各部队在锦州市内的中央大街、白云公园、中央银行和邮电局等地会师。范汉杰、卢浚泉的指挥部都已被我军占领。尚有一万多残敌退入锦州老城内负隅顽抗。为了彻底消灭锦州之敌，当日中午林、罗命令七纵由西南攻击，二纵由东北攻击。在高级长官均已逃跑，失去指挥的情况下，国民党残敌没有能力再组织抵抗。有的投降，有的企图跳墙突围，被我军截获俘虏。到18时，我军攻克锦州老城，锦州攻坚战役胜利结束。

31个小时的攻坚战，我军将锦州城内的10万敌人全部歼灭。计国民党第六兵团属下93军的暂18、暂22师；60军的184师；新8军的88、暂54、暂55师；79师空运来的两个团；以及炮兵、战车、辎重部队和地方杂牌军

---

① 桂协华：《范汉杰卢浚泉被俘始末》，载《辽沈战役亲历记》，第129页。

◎ 被俘的范汉杰

等。毙伤1.9万余人，俘虏8万多人。缴获各种炮1121门、枪支4万多、坦克8辆、汽车258辆及大批其他物资。我军也付出了2.4万人伤亡的代价。

再说范汉杰、卢浚泉在几十名士兵掩护下，沿着交通沟向城东南角行进。爬过土墙，越过铁丝网、外壕到了女儿河边。卢浚泉命令部下把枪扔到河里，分散逃命。这时天已入夜，范、卢一行摸到南山脚下，被山上的解放军发觉，打了几枪，他们顿时慌乱起来，范汉杰与卢浚泉跑散了。卢浚泉派人找了一阵没找到，也顾不得许多，钻进山沟隐蔽起来。

范汉杰带着夫人，向东南摸黑跑出十多里地，回头看看锦州枪声越来越稀，估计锦州已经完了。他想向塔山方向跑，在老乡家躲了一夜，脱下中将军装，换上破旧衣服，16日早上沿着小路到了一个叫谷窝棚的地方。这里有我军九纵的后方机关，干部们发现这三男一女形迹可疑，上前盘问，女人讲福建话，大高个男人说广东话，自称是"沈阳难民"。当盘问他们几人的关系时，大高个说："我没话可谈，你们枪毙我吧。"待把他们几人拘留后，随从的人交代自己是范汉杰的副官。大高个男人就是国民党东北"剿总"锦州指挥所中将主任范汉杰。[1]

卢浚泉一行在山沟里躲了一阵，又借着月光高一脚低一脚地往南跑。他们扔掉了手枪和身上所有的军用品，饿了就拔地里的白菜充饥。天亮后他们又钻进高粱地，看着我军拉东西的大车往锦州去，一队队的俘虏从城里出来。到了一个窝棚，桂协华等用金子向当地农民换了五身破衣服和早饭。化装后卢浚泉命令分散走大路。到了一个村子边，正赶上一架国民党轰炸机飞过，他们为躲避炸弹进了村子。这五个陌生的男人立即引起当地人的怀疑。卢浚泉等感觉不妙，起身就走，在村口被我军哨兵拦住。问他们："老乡，站住！哪里来的？到哪里去？"桂协华支吾说："沈阳逃难来的。"一个干部走上来说："一口云南口音，哪里是沈阳逃难来的，一定是锦州逃出来的。军人要坦白。"几个人见无路可走，只得胡说一阵，卢浚泉自称少校军需。

---

[1]《东北日报》1948年10月27日。

这样，他们到底也没跑出九纵的地盘，当了俘虏。卢浚泉被查出身份后，被送往野战军总部。

在牤牛屯，林彪、罗荣桓分别接见了范汉杰、卢浚泉。范汉杰沮丧地说："这一着（打锦州）非雄才大略之人是做不出来的。你们炮兵的炮火之猛烈，出乎意料。我们的炮火全被压制住了，我们走到哪里，你们的炮火就跟到哪里。你们部队的近迫挖壕作业很熟练，我们在地面上看不到部队运动，无法组织反击，这是我们未曾料到的。你们的部队勇猛攻击，势难抵挡呀。"出于人道主义，我军释放了范汉杰的家属，18日她们逃到葫芦岛，向侯镜如等报告了范汉杰被俘的消息。

锦州攻坚战是东北解放战争中我军进行的规模最大、最成功的一次战役，充分显示了我军强大的战斗力和英勇顽强的战斗作风。攻克锦州，关闭了东北国民党军队进出的大门，为辽沈战役的胜利迈出了关键性的一步。我军完全控制了战役的主动权，国民党军队则陷入了混乱，形势急转而下。10月17日，中共中央电贺锦州大捷。贺电说："这一胜利出现于你们今年秋季攻势的开始阶段，新的胜利必将继续到来。"同时号召东北野战军全体将士"为全歼东北国民党军队，完全解放东北人民而战"。[1]

---

① 《中国人民解放军历史资料丛书·辽沈战役》，解放军出版社1993年版，第194页。

# 第二十四章

# 长春解放

封锁长春，攻心为上——国民党军的最后挣扎——曾泽生酝酿起义——蒋介石强迫长春守军突围——我方欢迎起义——60军长春起义成功——新7军自找出路——郑洞国拒不投降——我军与新7军达成协议——新7军放下武器——郑洞国向蒋介石诀别——萧劲光、萧华宴请郑洞国——长春获得新生

1948年9月，当东北野战军主力向辽西秘密移动，准备进行锦州战役时，长春周围依然是死一般的沉寂。

围城已经四个多月了，城内的国民党军早已饿得有气无力。每人每天的定量是三两大米、三两高粱，加以少量的豆饼、酒曲。待遇最好的主力新38师每人每天多给三两米（十六两一斤）。60军没有存粮，只好发代金券。士兵们拿着钱买不到粮食蔬菜，只能喝盐水维持生命。饥饿的煎熬使近十万国民党官兵面黄肌瘦、体弱多病，很多人患了夜盲症，士气极度低落。

为了维持这座死城，郑洞国根据蒋介石"杀民养兵"的政策，下令赶走了十多万难民。据我方得到的情报，城里实行严厉的粮食管制，家里没有存粮的百姓一律赶出城。军队内部的家属尽可能动员疏散，没有战斗力的地方杂牌和土匪部队宣布遣散。国民党政府的公职人员以教员的身份被放出城。总而言之，城里吃饭的人越少越好。为了节约粮食，不准开饭馆、点心铺，空闲地方要种菜，一切可以吃的东西如酒糟、糠皮、野菜、树叶等都要利用起来。对敢于抢粮的饥民实行坚决镇压，格杀勿论。为了应付最艰难的局面，郑洞国还留了后手。他手里留着三个月的战时军粮，不到共军攻城时决不动用这些最后的存粮。他将城里的中学生和高小学生收容起来，组成一个幼年兵团。说是为了避免他们扰乱社会，实际上想打仗时将这批孩子补充到部队里去当炮灰。

在我十万大军的封锁下，城里的粮食吃一天少一天。卫立煌尽力向长春

空投粮食。6月以前很少有飞机来，6月20日到8月15日平均每天11架次，8月20日以来平均每天20架次，9月13日这天最多达到29架次。空投的粮食估计有五千多袋，够九万国民党军维持两个月。我军架起高射机枪向敌机扫射，吓得空军赶紧扔下粮食就跑。有相当一部分粮食落到我军阵地上，敌军所获也就是百分之六七十。加上分配不均、长官贪污，到士兵饭碗里就所剩无几了。

萧劲光、萧华领导的围城指挥部根据党中央和野战军总部的指示，多次召开政工会议，确定了围城斗争的三大任务：发动群众，加紧封锁和开展全面的对敌政治攻势。9月中旬开始，对城里赶出来滞留在敌军与我军封锁线中间地带的数万难民，实行分批释放救济。一个卡哨每天放两千人，进行检查登记后，安排到附近村庄。地方政府设立几十个救济站，给难民熬稀饭吃。到9月18日，长春外围难民被放出的有八万人，加上以后陆续逃出和接受救济的难民总数约二十万人。

一方面救济难民，一方面加紧封锁。长春城外五十里范围内都是我军封锁区，设立了三道封锁线。敌军出城走一天也找不到粮食，搞粮食走私也很难通过层层哨卡。所以尽管城内老百姓赶走不少，但饥饿状态并没有缓解的迹象。针对敌军悲观失望、士气低落和内部矛盾的情况，围城指挥部仔细研究了对敌工作策略。萧华政委提出"攻心为上，攻城为下。心战为上，兵战为下"的方针，受到大家一致拥护。在分析敌情时大家认为，长春守敌有国民党嫡系、云南滇系和地方杂牌军，彼此间有不少矛盾，互相排斥；由于长期被困，成为孤军，随着时间延长，生活日益艰难，士气必然越来越低落；经过我方地下党的工作和阵地前的接触，敌军对我方政策已有或多或少的了解。我们必须利用这些有利条件，开展多种形式的政治工作，瓦解敌人，达到不战而胜的目的。①

在围城指挥部领导下，各部队指战员掀起了政治宣传的热潮。有的向敌军阵地上打宣传弹，有的在护城河里放小木船，将宣传品送到城里。有的缝制慰问袋，内装食品和宣传品送到敌军阵地前。有的部队过节会餐，请国民党士兵过来吃饭，对他们进行政策宣传，这些方法都收到了很好的效果。最普遍与收效最大的是阵地喊话，围城各部队都形成了群众性的喊话运动。独

---

① 《萧劲光回忆录》，解放军出版社1987年版，第394页。

立6师16、18团的干部亲自到前沿战壕里喊话，营以下干部也都轮流参加，常常从夜里喊到天明。起初没经验，在前沿站着拼命喊，声音小又容易被敌人打冷枪。后来改用喇叭话筒，效果好多了。独立10师发明了弯形长话筒，人隐蔽在沟里喊，话筒一直伸到敌军阵地前。大家对这个发明很感兴趣，老乡们说："这个大喇叭够38师受，怪不得兵往这里跑。"

强大的政治攻势瓦解涣散了敌人的军心。敌军士兵不断向我军投诚。开始是杂牌军，后来是60军的云南兵。新7军38师是嫡系，一贯骄傲自大，来投降的很少。我军摸了两次哨，抓来四个俘虏，其中有两个班长。通过他们了解38师士兵的心理，让俘虏喊话。38师关内人多，都想家，我方就喊："你们的家人在盼望你们回家！""你们过来，我们一定发路费，放你回家！"提起回家，38师的士兵就流泪了。几天后就跑过来三个人。敌军政工人员对我军喊话十分头痛，想出种种对策，在班里实行连坐法，一人逃跑，全班受惩罚。枪毙逃兵，派特务监视连队，控制枪支和人员外出，派妓女扰乱我方喊话，或向我军喊话的地方开枪，这些破坏和阻挠没有起到多少作用，来投诚的则越发多起来，从零散个人发展到成班成排。从6月底到9月底，我方共收容投诚官兵13700多人。其中新7军3700多人，60军3800多人，余下是杂牌军。这显示了我军政治工作的强大威力。

当我军主力南下锦州作战时，林彪担心长春之敌会向沈阳突围，那边只有十二纵是主力，恐怕挡不住。9月底他命令六纵（缺17师）向通江口方向前进，如果长春敌军突围，就与十二纵和独立师坚决堵住他们。果然不出所料，郑洞国不甘心坐以待毙，10月4日他命令新7军军长李鸿指挥38师向大房身机场出击，企图夺取机场，恢复与沈阳的空中联系。郑洞国命令60军军长曾泽生配合新7军行动，曾泽生态度消极，说："目前部队士气低落，根本突不出去。出击只是增添伤亡。"郑洞国愤怒地质问："难道我们就坐以待毙？"曾泽生被迫服从命令，派182师的54团出动。

10月6日，38师向谭家营子、白狗屯、杨家粉房一线进攻，突破了独立7师的阵地，接近大房身机场。新7军61师、60军182师配合行动，兵分三路出击。沉闷已久的长春外围突然紧张起来。萧劲光将情况报告野战军总部，总部7日指示："一兵团必须以炮火控制机场，防敌机空投。如步兵能控制，即占领，并将跑道破坏。"萧劲光执行命令，抢在38师攻占大房身之前将跑道炸了一堆窟窿。①跑道破坏了，占领机场也就没意义了。曾泽生找到郑洞国说："官兵没粮吃，饿着肚子冲不上去。部队不能再打了，今晚必须撤回来。"郑问李鸿，李也说要撤。郑洞国长叹一声："撤回来吧。"面部显出绝望和痛苦的表情。在我军部队反击下，国民党军于8日退回城里，最后一次突围尝试以失败告终。

回到城里，曾泽生找新7军军长李鸿问："目前我军士气低落，兵无斗志，贵军如何？"李鸿说："士气低落，大概皆相同。"曾又问："你看我们能继续守下去吗？"李答："困难太多。"曾说："突围，60军是没有希望，你们还可以。"李鸿摇摇头，也表示信心不大。曾泽生知道新7军38师最强，暂56师最弱，试探着问李鸿："56师可以突出去吗？"李鸿一肚子牢骚突然爆发出来，激动地说："56师？不行！连61、38师都靠不住。现在师长有师长的算盘，士兵有士兵的想法，简直是离心离德！现在圈在城里，还能这样守着；出去，就散了！"两个军长尚且灰心丧气，长春国民党军失败的命运大家都看得很明白了。②

既然守城和突围都是死路一条，曾泽生就不能不为60军的前途另打主意了。曾泽生心里很明白，自己不是蒋介石的嫡系，蒋把他们从云南调来东北打内战，不过是让他们当炮灰，借以消灭云南地方势力。1946年184师海城起义后，杜聿明就开始怀疑60军靠不住，有战事就让60军打头阵，在装备给养上则是克扣刁难。60军的人都知道，新7军是"皇太子"，60军是后娘养的儿子，总是受排挤。我方掌握了这些情况，打入60军的地下党员杨重（杨滨）曾在军官中做了不少工作。1947年底60军驻守吉林时，杨重领着负责敌军工作的刘浩秘密约见曾泽生的亲信、暂21师师长陇耀。把原184师师长潘朔端的一封信当面交给他。陇耀与刘浩密谈后表示：起义事关重大，要时机成熟才行。刘浩的说服虽然没有成功，但曾泽生等已经了解解放军的态度和政策。当1948年3月，60军奉命撤往长春时，郑洞国命令曾泽生炸毁小丰满水电站。曾泽生对陇耀说："要我们破坏小丰满的事，我已有处理腹案。将介石要我做化园口（指1938年国民党军炸毁花园口黄河大

---

①《东北人民解放军司令部阵中日记》，中共党史资料出版社1987年版，第1022页。

②曾泽生：《长春起义纪事》，载《辽沈战役亲历记》，文史资料出版社1985年版，第309页。

堤，造成重大灾难事——作者注）式的罪人，我没那么蠢。"他拒不执行命令，表明他已经从心里厌恶这种非正义的内战了。到长春后，我方把60军被俘的团长张秉昌、李峥释放回来，为曾泽生起联络作用。但是，策动一个军起义绝不是一件轻而易举的事情，所以尽管他们被围困了三个多月，还是没有人敢在高层内议论起义或投降的话题。

9月22日夜里，曾泽生经过反复考虑，决定找182师师长白肇学、暂21师师长陇耀来谈一次。曾泽生终于坦率地说："我认为，我们应该率部反蒋起义！"陇耀一听，激动地说："我早就想着你会这样决定！我们60军这些年受国民党嫡系的气太多了，排挤、歧视、分割、监视，装备坏，待遇低，送死打头阵，撤退当掩护。这样的窝囊气我早就受够了，我拥护起义！"白肇学则十分伤感，表示要解甲归田，经曾泽生的劝说解释，他也表示拥护起义。

从这天起，他们三人经常接触，研究起义的准备和组织问题。10月4日郑洞国命令曾泽生配合新7军出击，他们一度想利用这个机会起义。但再三考虑，认为时机尚未成熟。一、尚未与解放军取得联系；二、下级军官还不知道此事，酝酿不够；三、配属他们的暂52师态度不明；四、新7军内部情况不了解。曾泽生决定以敷衍的态度出兵助战，以便进一步摸情况。于是就有了曾泽生与李鸿的那段对话。

起义还在秘密酝酿中，如果不是一些突发条件的促成，可能还会延长一个时期。10月10日，国民党飞机在长春上空投下信件。郑洞国打开一看，是蒋介石写给他和李、曾二军长的亲笔信。信中说共军主力正在猛攻锦州，东北局势十分不利，要他们立即率领部队经四平以东向东南方向转进。李鸿当时突患伤寒，郑洞国找曾泽生和新7军副军长史说来商议。曾泽生摇头说："总统下命令容易，真正突围谈何容易？现在城外共军兵力雄厚，我军兵无斗志，根本突不出去的。"史说也跟着说："就是突出去，这七八百里地中间没有一个国军，官兵又都腿脚浮肿，不要说打仗，走路都成问题呀！"商量了半天也没结果，不了了之。[①]

曾泽生回到60军后，感到起义不能再拖延了。13日晚上他与白、陇二师长商议，决定派解放军放回来的张秉昌、李峥二位团长为代表，拿着他们

---

① 《我的戎马生涯——郑洞国回忆录》，团结出版社1992年版，第6章第12节。

签名的信件秘密前往城外与解放军联络。信中表示60军将于16日夜里起义，请求解放军配合对付新7军。原定他们二人15日返回，但到夜里还没有消息。曾泽生感到非常不安，分别到182、暂21师巡视，嘱咐白肇学和陇耀掌握好部队。

16日10时，曾泽生正吃早饭，突然郑洞国来电话叫他马上到司令部来，有紧急事。曾泽生以为起义之事泄密，顿时紧张起来。经郑洞国再三催促，才勉强前往。郑洞国察觉到曾泽生神色异常，但形势的紧急令他来不及多想，就把刚收到的蒋介石手令交给曾看。命令写道：

长春郑副总司令洞国并转曾军长泽生李军长鸿：

　　酉灰手令计达，现匪各纵队均被我吸引于辽西方向，该部应遵令即行开始行动。现机油两缺，尔后即令守军全成饿殍，亦无再有转进之机会。如再延迟，坐失机宜，致陷全般战局于不利，该副总司令军长等即以违抗命令论罪，应受最严厉之军法制裁。中本删日已来沈指挥，希知照。

中正手启

郑洞国的心情非常痛苦，明知突围不可能成功，但军人又不能不服从命令，只有硬着头皮走上这条死路了。曾泽生反而坦然了，既然老蒋把他逼上梁山，该是他起义的时候了。曾泽生问郑洞国："司令官准备怎么办？"郑洞国口气坚决地说："现在没有别的选择了，只能按命令突围，我决定今晚开始行动，后天（18日）就突围。"曾泽生语调低沉地说："我没有意见。不过，部队士气非常低落，突围，60军是没有什么希望的。"史说表示，新7军的情况也差不多，不过他服从命令。郑洞国要他们回去准备一下，下午来开会讨论行动计划。曾泽生立刻表示：下午他派参谋长来开会，一切听从司令官决定。说完就匆匆辞去。到了这个关键时刻，他不愿在郑洞国那里多停留一分钟。

下午郑洞国正在司令部里摊开地图与参谋长们研究突围计划、路线、时间和部署时，曾泽生在军部里坐立不安。黄昏时分，派出去联络的张秉昌和李峥终于回来了。曾泽生急切地问："联络上了吧？"他们二人笑着点头说："解放军欢迎我们起义！"

原来，张、李二人14日夜里出城来到我军前沿阵地后，经过盘问和逐级转送，到达一兵团政治部已是15日上午。兵团政治部主任唐天际与潘朔端将军、负责敌军工作的刘浩看了曾泽生的信，认为可靠，就向兵团司令部汇报。萧劲光、萧华等领导正在开会，这天林罗刘得到沈阳内线情报，得知蒋介石在沈阳命令长春守军突围，并安排新3军、新6军准备接应。马上命令六纵向通江口前进，五纵向彰武西北前进，堵截长春之敌，要一兵团围城部队做好应战准备。萧劲光他们就是在研究如何落实总部的这一指示。突然听到60军要起义的消息，大家简直不敢相信。曾泽生的信中表示拥护共产党，愿意参加革命，并提出十一条协议条款。前三条是60军出城后的集结地点，都是我军前沿的主要阵地。同时对新7军的态度和编制情况一字未提。有人认为曾泽生在耍花招，以假降骗人，实质是想突围，不要相信他。刘浩认为，从他与陇耀等人的接触看，60军在走投无路的情况下起义是有可能的。他表示愿意冒险进长春联络起义。萧劲光认为刘浩说得有道理，如果能争取60军起义，对解放长春将有决定性意义。但是也不能放松警惕，就是他们真想突围，我军也有能力消灭他们。萧劲光等提出几项条件，让60军代表考虑：

甲、必须表示对新7军的态度，表现是真正反蒋起义行动。

乙、起义后集结地点、路线由我们指定，其余一切按我党我军对起义部队的保证执行。

丙、即派一高级主管官出来当面谈判。①

萧劲光、萧华等将这一情况分别向东北局和林罗刘报告，马上得到东北局的答复：应该相信60军是真起义。东北局、林罗刘又马上向中央报告，中央的答复也非常迅速。16日中央来电指示：

东北局、林罗刘：

你们二处16日电及转来一兵团15日电均悉，你们争取60军起义的方针是正确的，一兵团对60军的分析和处置也是正确的。惟要60军对新7军表示态度一点不要超过他们所能做的限制。吴化文退出济南战斗时，曾以电话告诉王耀武说我不能打了，但我也不打你等语，这是军阀军队作战的现象。

---

① 《萧劲光回忆录》，解放军出版社1987年版，第400页。

只要60军能拖出长春开入我指定之区域，愿意加入解放军序列，发表通电表示反对美国侵略，反对国民党反动统治，赞成土地改革及没收官僚资本，拥护共产党及人民解放军，也就够了。你们应当不失时机的和60军代表加紧谈判，并注意这些代表。如果曾泽生愿见潘朔端，则潘可秘密见曾谈判。如果60军能按上述办法拖出长春，则一兵团（加十二纵）便应攻入长春，解决新7军。即使目前不能一下解决，也可逐步解决之。

中央①

中央及时的指示和宽大的政策，使萧劲光等能够大胆放手去做促进起义的工作。曾泽生的两位代表得到我方的肯定答复，匆匆赶回城里向曾泽生报告。这天夜里，暂21师545团的我方内线侯方同志派人来联络，要求该团起义。并带来行动计划，还说已经得到团长朱光云的同意。兵团领导当即指示：暂不行动，等待我方命令。但须做充分的准备，严守秘密。行动时间和路线以后再通知，要密切掌握两军动态，将一切具体情况及时报来。

◎ 起义的曾泽生将军在哈尔滨群众的欢迎会上

---

① 《中国人民解放军历史资料丛书·辽沈战役》，解放军出版社1993年版，第193页。

曾泽生听了张秉昌和李峥的汇报，心里如同一块石头落地，精神振奋。他立刻派李佐、任孝宗两位副师长作为他的正式代表出城去与解放军接洽起义的具体行动，然后，他赶到暂21师师部地下室，召开营以上军官会议。曾泽生宣布起义的决心，得到部下的一致拥护。曾泽生发布命令：暂21师马上行动，对新7军布防。为了解决靠不住的暂52师，他命令师长李嵩带所属三个团长夜里11时来军部"开会"，准备强迫他们就范。

李嵩以为要突围，9时就来到军部。接待他们的副官长张维鹏因时间不到，敷衍了两个小时，到11时才将曾军长的信交给李嵩。李看后心情沉重，但也知道大势已去，只得表示服从命令。他打电话把副师长找来，说："千万要服从军长的命令，起义，起义，保全我们的性命。"这样，暂52师的问题解决了，60军全体起义。只有军参谋长徐树民是蒋介石的亲信，拒绝参加起义，被当场扣押起来。

这天夜里，李佐、任孝宗出城来到我军阵地，刘浩同志很快乘车赶来把他们接到一兵团政治部。他们把曾军长交给他们的蒋介石突围手令和郑洞国的突围计划交给唐天际主任，以表示60军起义的诚意。唐天际马上打电话向兵团首长报告，过了一会儿，唐天际回来转达兵团首长意见：欢迎60军起义，起义后待遇与解放军完全一样。派刘浩同志作为解放军代表与他们一起进城，与曾军长见面。17日上午9时，刘浩来到60军军部，曾泽生正在指挥部队在市中心挖工事，戒备新7军。听说解放军代表来到，马上赶回军部，与刘浩紧紧握手。刘浩热情地说："曾军长，解放区军民正忙着准备欢迎你们呢！"曾泽生非常激动，当场解下腰间的手枪赠给刘浩，表示他弃暗投明的喜悦。

16日这一夜，郑洞国也没有睡好。他布置完突围行动计划后，不仅没有一点儿高兴的心情，反而觉得空虚和沉重。因为他明白，突围是凶多吉少，明天很可能就是他们全军覆灭的日子。新7军的几个师长也不回去调度部队，而是在史说副军长屋里打麻将，明天多半是死，最后玩一夜吧。

大约夜里10时，郑洞国的电话突然响了，暂52师副师长欧阳午急促地说："司令官吗？60军已经决定起义了，今夜就行动。"郑洞国大吃一惊，如果真是这样，局势就无法收拾了。他立即通知副参谋长杨友梅调查60军的动向，过了一会，新7军副军长史说、参谋长龙国钧等都跑来了，紧张地报告说：刚才新7军军部附近遭到乱枪射击，60军防区对新7军加强了警戒，60军的电话也打不通，说明60军情况可能有变化。郑洞国拿起电话要曾泽生军长讲话，半天没有人接。他无力地放下电话，长叹一声说："算了，他们要怎么干，就由他们干去吧。"这一突然变故完全打乱了郑洞国的安排，突围是不可能了，他只能向卫立煌请示下一步的行动。众人面面相觑，惶惶不安地散去。

17日早晨，杨友梅、史说、龙国钧和长春市长尚传道等人都跑到郑洞国这里来探听消息。正说话间，60军一位军官送来曾泽生的亲笔信。郑洞国打开一看，曾泽生在信中痛斥蒋介石祸国殃民的罪行，劝说郑洞国断然起义。但是郑洞国仍然坚持效忠蒋介石的立场。他冷冷地对来人说："信我留下，就恕不作复了。请你回去转告曾军长，他要起义，请他自己考虑；要我和他一路，我不能干！"他带着随员迁往最坚固的中央银行地下室，准备顽抗到底。

新7军此时人心大乱。史说、龙国钧等回到军部，马上召集军官会议商量对策。有人主张突围，更多的人反对。一些军官激愤地说：部队饿了将近半年，体力太弱，就是徒手行军一天也走不了四五十里，何况是战斗中的急行军呢！再者，我们退往沈阳，沈阳部队又退往山海关，必然由新7军当后卫，这不明明是当替死鬼？还有三千多伤员和一千多户家属，当初容易撤的时候置之不理，现在要我们抛弃他们，这算什么道德！争了两个钟头还是拿不出一致意见，史说与龙国钧商量：突围没有希望，起义要郑洞国领导才行，眼下只有全军放下武器投诚这条路了。

下午龙国钧来到中央广场西北角的兵团总部大楼，这里已是一片紧张气氛。广场东部是60军控制区，大楼前堆着沙包，窗户里伸出枪口。杨友梅把龙领进郑洞国的卧室，郑问龙有什么事，龙说请他去新7军军部主持军官会议。郑洞国察觉到新7军也靠不住了，撑起身来痛斥道："龙国钧，你和史说随我做了几年事，我待你等不薄，今日为何要学张学良、杨虎城卖我求荣呢？"龙国钧见他这样顽固，几乎气炸了，愣了几分钟，扭头就走。[①]

此时，曾泽生军长在刘浩陪同下，出城来到一兵团政治部所在的村庄。唐天际主任迎出来热烈地欢迎。大家抓紧时间展开军用地图，研究60军交防和撤向解放区的具体行动计划。经过协商决定，60军从夜里22时开始交防，然后撤出长春市区向九台、德惠方向集结。如果新7军没有动作就这样

---

① 龙国钧：《长春解放经过》，载《辽沈战役亲历记》，文史资料出版社1985年版，第378页。

办，如果新7军进攻就协同解放军一起消灭他们。曾军长对这样安排表示十分满意，谈了一个多小时就匆匆返回军部，布置当夜的行动。

当天夜里，双方开始行动。我独6、独8两个师进入长春市内，从60军手中接收了阵地。60军还解决了新7军的后方机构，扣押了派到军里的国民党特务。然后，两万六千多官兵扛着枪、拉着火炮，列队秩序井然地出城。因部队饿了几个月，到18日天亮时走了二十多公里，到兴隆山独立11师师部所在村庄休息。当地政府和老百姓早已做好准备，把热炕让出来给60军的官兵住。各家煮熟一大锅白米饭，炖了喷香的猪肉粉条白菜给他们吃。曾泽生很受感动，指示各部说："我们在半饥饿中过活已有数月，肠胃消化力差，今日有了好饭好菜不可过量。"

这天，萧华政委和唐天际主任、解方参谋长、潘朔端将军等来到村里，热情慰问曾军长和60军官兵们。萧华握着曾泽生的手说："你率部起义，我代表党和人民热烈欢迎你们。你抗日时打过日本人，那时候是国共合作。今后我们是一家人了，要亲如手足兄弟。对我们有什么意见就坦率提出，大家研究，不要顾虑。"曾泽生马上说："我们感谢共产党对60军三万官兵的挽救，今后绝对服从共产党的命令，接受教育。"当天晚上，曾泽生笑着对部下说："今天可以高枕无忧了。"

17日17时，林彪、罗荣桓电告中央："60军已举义，曾泽生本人已到长春东之兴隆山我独11师师部。新7军之后方已为60军解决，并扣留不愿起义之暂52师三军官及特务。60军本晚奉命开德惠。曾泽生已去信劝郑洞国投降，郑考虑中。我各独师及十二纵向长春进，威逼郑投降，并准备歼灭不投降之新7军。"①

西柏坡中央驻地，毛泽东看完电报，与周恩来商量对策。周恩来介绍说：郑洞国是黄埔一期生，人老实，在目前情况下可能争取其起义，则对整个黄埔系的影响当会很大。毛泽东同意周恩来的分析，委托周恩来起草致东北局和林、罗的回电，介绍郑的有关情况，指出郑洞国"现既已动摇，可努力争取之"。夜里，周恩来在油灯下给郑洞国写了一封信，用电报发往长春前线。信中说："目前，全国胜负之局已定。""兄今危处孤城，人心士气久已背离，蒋介石纵数令兄部突围，但已遭解放军重重包围，何能逃脱。曾军

___
① 《中国人民解放军历史资料丛书·辽沈战役》，解放军出版社1993年版，第199页。

长此次举义，已为兄开一为人民立功自赎之门。届此祸福荣辱决于俄顷之际，兄宜回念当年黄埔之革命初衷，毅然重举反帝反封建大旗，率领长春全部守军，宣布反帝反蒋、反对国民党反动统治，赞成土地改革，加入中国人民解放军行列，则我敢保证中国人民及其解放军必将依照中国共产党的宽大政策，不咎既往，欢迎兄部起义，并照曾军长及其所部同等待遇。"①

17日早上，我独6、独8师接管长春市区60军阵地，长春国民党地方部队三千多人也向我军投诚。新7军发现60军防区已经布满了解放军的部队，上上下下都感到灭顶之灾即将来临。郑洞国依然十分顽固，曾泽生临走时接通了郑的电话，刘浩接过电话说："我是解放军的代表，现在长春的局势你是知道的。我们的政策是：放下武器，可以保障生命财产的安全。希望你考虑，不必再做无益的牺牲。"郑洞国愤愤回答："既然失败了，除战到死以外，还有什么可说，放下武器是做不到的！"说完他把电话一摔，表示回绝。

郑洞国真正成了孤家寡人，新7军将领对他也极为不满，但谁也不敢先提起义之事。这时，一个局外人主动打破僵局。年轻的记者杨治兴与郑私交很好，不愿看到郑洞国如此下场，就假借郑的名义来找史说商量。杨说："目前突围和战守都没有前途，您是否有意率部声明退出内战，与解放军商议停战？"史说听说这话忙问："桂公（郑）意下如何？"杨谎称："桂公也有此意，不过依他的身份怎么好讲呢？"史说以为是郑委派杨来传达信息，大喜过望，说："倘若桂公同意，一切就好办了。"

18日早晨，史说派出炮兵指挥官王及人、新闻处长杨天挺和暂61师团长姚凤翔分头去与解放军联络。解放军方面很快有了回应，一位姓周的团长只带着一名警卫员来到暂61师2团与姚凤翔会面。这个机会不能再放过了，史说与李鸿军长商定，在晚间派38师副师长彭克立等前往解放军指挥部，进行正式谈判。

我军委派解方（沛然）参谋长作为我方全权代表出席谈判。会谈开始后，新7军代表表示：起义有一定困难，但是在答复他们的条件后，放下武器是可以的。解参谋长表示理解，说："你们这样做，我们很欢迎，这也是一种形式，也是解决长春问题的一种办法。"接着新7军方面摆出具体条件，解参谋长一一作答。据当事者回忆主要内容有：

<hr>

① 《周恩来军事文选》第3卷，人民出版社1997年版，第491页。

一、放下武器后，保障生命财产的安全。（双方同意，通过。）

二、不参加群众斗争大会并保证任何人亦不得在群众大会上受斗争。（双方同意，通过。）

三、请保留一个农场安排新7军人员，允许他们在那里过自食其力的生活。（同意，通过。）

四、对愿意参加革命工作的，按原级录用，不愿参加工作的遣返还乡。（解参谋长指出"按原级录用"应改为"给予工作"。双方同意，通过。）

五、不得抄腰包，亦不得侮辱眷属。（解参谋长说："在解放军和解放区里都不存在这样的事，这条可以不要。"双方同意，通过。）

答复了新7军的条件后，我方谈了新7军缴枪的具体安排和接管长春的事项，主要有七条：

1. 新7军代表回部后立即下达全军放下武器之命令。

2. 19日上午10时由新7军司令部派大卡车三辆并由该军代表押乘，迎接解放军代表前往受降，不得有任命冲突。

3. 新7军所部驻守之大同广场周围中央银行、邮电管理局、省政府、孝子坟、励志社、高等法院、满映、青年中学、海南大楼、前伪'关东军司令部'等据点首先撤出。并由新7军代表直接将解放军部队迎到该地控制，以便保护新7军官兵与家属及建筑物。

4. 保证10月19日10时30分前，将放下武器认真集中于指定地点。

5. 将放下之武器弹药及一切军用品分别集中于解放军代表小组指定之适当地点。

6. 所有仓库及建筑物在解放军一时不能控制时由新7军保护，不得有任何破坏或损失，并由新7军派代表交解放军管理。

7. 第一兵团司令部及新7军所属电台和机要密码无条件全部交出，不得有任何破坏或私存。①

---

① 姚凤翔：《新编第七军放下武器前后》，载《辽沈战役亲历记》，文史资料出版社1985年版，第390页。

◉ 新7军官兵在长春放下武器

　　以上条件新7军代表均表示同意。解方参谋长与新7军代表在协议上签字，和平解放长春的问题就这样解决了。

　　关于与新7军谈判的经过与我方提出的条件，10月18日夜里东北局向中央作了汇报。电报说到我们的处置措施为：

　　1. 已由独9师派2团周团长去见面，并即派解参谋长为我军全权代表去独9师，找新7军更高级军官、能代表郑洞国的当面谈判，并签定协定。领导各师具体组织受降事宜。

　　2. 所提条件我们完全答应，包括郑洞国及一切高级军官在内。愿意回沈阳者一律欢送。

　　3. 具体办法是先指定地点集合缴枪，时间在白天。先缴38师的，缴枪后以团为单位，完全徒手开到城外指定地区待命。

　　4. 指定范家屯、大南屯、双阳、怀德四处临时集结地区，并由独6、7、10、11各师政治部工作人员率领干部押送武装，负责分头率领到各指定地区。

　　5. 团以上军官送兵团，转送吉林解放军官团。家属财物同各军官随行。

　　6. 收缴武器时先占要点，先缴重武器，分头点验，集中统一分配。不得自由乱拿，违者处分。①

19日早晨，谈判代表返回新7军军部后，向李鸿、史说汇报了情况。史说下令将军官和家属都集中到军部地下室，部队以连为单位原地等待解放军来接收。代表还带回了周恩来副主席给郑洞国的信件，史说派一个参谋给郑送去。由于郑洞国盘踞银行大楼准备顽抗到底，这封信当时没有送到郑洞国手中。

根据东北野战军司令部后来的统计：60军2.6万人起义，新7军3.2万人放下武器，加上地方军共解决7.34万余人。缴获榴弹炮8门、火箭炮14门、山炮9门、战防炮28门、平射炮24门、迫击炮51门、六〇炮183门；重机枪146挺、轻机枪845挺、步枪13000多支、子弹450万发、炮弹8000多发；飞机1架、装甲车2辆、卡车450辆。

杨友梅副参谋长得知新7军放下武器的消息，赶紧来向郑洞国报告。他怯生生地说："刚才接到新7军史副军长和龙参谋长电话，他们已经与解放军方面接洽，决定放下武器了，解放军同意保证司令官以下全体官兵的生命财产安全。李军长和史副军长都希望由您来率领大家行动，解放军方面也再三表示了这个意思，您看我们——"说到这里，他不再往下说了，语气里充满期待。

郑洞国彻底绝望了，他在长春苦苦支撑了半年，没有人来救他，也没有像在四平那样拼个你死我活，十万大军就这样窝窝囊囊地失败了。对一个将军来说，比在战场上被打死还要难受。他没有同意投降，只是将全部情况向卫立煌那边作了汇报。不一会儿，他收到了东北"剿总"副总司令杜聿明的电报，他是奉蒋介石的命令来沈阳收拾残局的。他拟请蒋介石派直升机接郑洞国出去，问有没有降落地点。郑怀着感激又沉痛的心情回答："现在已经来不及了，况亦不忍抛弃部属而去，只有以死报命。"

20日这一天银行大楼一带非常平静，解放军没有向郑洞国发起攻击。杨友梅也决定不再顽抗，瞒着郑洞国与我军联系放下武器的事。我军接管了新7军移交的阵地和武器，正忙着清点、运送。东北局为了配合接管长春，派陈正人率领一批干部赶来接收市政部门，并在长春部署军管，恢复长春的正

---

① 《中国人民解放军历史资料丛书·辽沈战役》，解放军出版社1993年版，第207页。

常生活秩序。

20日下午，我独立9师1团朱政委进入银行大楼与杨友梅谈判，重申了我方的宽大政策。杨友梅因为郑洞国态度顽固，左右为难。最后要求我军给他们一点面子，在21日早晨让他们象征性地抵抗一阵，然后卫队投降，我军进去，向外界公布郑洞国受伤被俘。朱政委表示：上级会采纳这些意见。就出来了。

10月20日夜里，郑洞国给蒋介石发出了最后的诀别电报：

十月十九日下午七时亲电谨呈，职率本部副参谋长杨友梅及司令部与特务团（两个营）全体官兵及省政府秘书长崔垂言共约千人，固守央行，于十月十九日竟日报激战，毙伤匪三百人，我伤亡官兵百余人，入夜转寂，但匪之小部队仍继续分组前来接近，企图急袭，俱经击退。本晨迄午后五时，仅有零星战斗。薄暮以后，匪实行猛攻，乘其优势炮火，窜占我央行大楼以外数十步之野战工事。我外围守兵，均壮烈成仁。刻仅据守大楼以内，兵伤弹尽，士气虽旺，已无能为继。今夜恐难度过。缅怀受命艰危，只以德威不足，曾部突变，李军覆灭，大局无法挽回，致遗革命之羞，痛恨曷已。职当凛遵训诲，克尽军人天职，保全民族气节，不辱钧命。唯国事多艰，深以未能继续追随左右，为钧座分忧，而竟革命大业为憾。时机迫促，谨电奉闻。

职　郑洞国
十月二十日二十三时①

今天读了郑洞国这份悲壮的诀别电报，颇有令人哭笑不得的感觉。郑洞国忠于蒋介石没有临阵逃脱，在蒋介石的黄埔门生是少有的。但他编造了一堆"战斗"的情节，表明他是"壮烈牺牲"的，岂不是笑话？解放军就在大门口，但是一枪没放，等着他们到了约定时间缴枪呢。

21日凌晨4点，银行大楼内外枪声大作。我军与国民党军在进行最后的"战斗"。只是枪全是朝天打，没有伤着在场的人。郑洞国以为"成仁"的时刻来临，转来转去找武器准备自杀，被卫士紧紧抱住，拥到一楼大厅。全副武装的解放军战士已在那里恭候他了。没有别的选择，郑洞国只好同意放下

---

① 《我的戎马生涯——郑洞国回忆录》，团结出版社1992年版，第6章第12节。

◉ 放下武器后的郑洞国（中）到达哈尔滨

武器，听候处理，被押上车送出城外。长春完全解放了！

这天晚上，在郊区四家子一兵团司令部，萧劲光、萧华等摆下丰盛的宴会招待郑洞国。郑洞国神情沮丧，闷头喝酒，一言不发。二萧为他夹菜斟酒，非常客气。酒过数巡，郑洞国说："我在国民党里干了二十几年，现在失败了，当然听凭处理。至于部下官兵，如有愿意回家的，希望能让他们回去。"二萧表示我党对此已有政策，请他放心。萧劲光问郑今后打算如何？郑表示什么都不想做，只想当个老百姓。并提出两条：一不去广播、登报；二不参加公开的宴会。二萧笑笑，毫不介意，爽快地答应了。宴会结束时，二萧建议郑到哈尔滨去休息学习一个时期，郑也答应了，并感激地说：这是我几个月来第一次吃到这么好的饭菜。

长春解放后，东北局领导了紧张的恢复工作。60军编入东北野战军序列，在1949年1月改为中国人民解放军第50军。曾泽生仍任军长。东总后勤部在几天之内赶运来三万套棉军装，为全军将士换装。他们后来随四野大军南下参加解放战争，在抗美援朝作战中，50军打得英勇顽强，受到中央军委的高度评价。新7军官兵被分批送往各地整训，一部分炮兵立即被编入我军，西进与主力会合参加解放沈阳的战斗。在陈正人同志为首的军管会领导下，10月21日吉长铁路通车，紧急调运三十万斤救济粮，连夜发给饿得奄奄待毙的老百姓。经过一周紧张工作，长春的电灯、电话、邮局、自来水、电车等均恢复正常。27日全市商店开业，29日中小学均已复课。[1]

"不战而胜"是战争中最理想的结局，长春的解放是我军在解放战争中用不流血方式占领大城市的一次成功范例。这一胜利不仅大大加速了辽沈战役的进程，也对解放战争后期长江以南许多大中城市的和平解放起了促进作用。

---

[1] 东北野战军一兵团政治部：《长春军管工作总结报告》。

# 第二十五章

# 黑山阻击战

蒋介石坚持要廖兵团西进——廖耀湘浪费了五天宝贵时间——东北局建议抓住时机解放全东北——毛泽东和林罗迅速定下辽西会战计划——十纵奉命死守黑山——高家屯大血战——我军主力及时赶来——黑山阻击战的历史经验

1948年10月15日我军攻克锦州，廖耀湘率领的东北国民党军西进兵团，还按照原定计划由辽西的彰武向新立屯进攻。

这天早上，在徐州的杜聿明突然接到蒋介石急电，要他飞到沈阳去。杜还不知道锦州的最新情况，军人的直觉使他预感到东北形势的严峻，当天下午就赶到了沈阳，蒋介石也是刚从南京到达这里，马上召见杜要听他的意见。杜表示不了解情况，要求先到廖耀湘兵团去摸摸情况，研究一下再说。第二天，锦州方向没有任何信息，估计范汉杰兵团大势已去。蒋介石匆匆飞往葫芦岛，杜聿明则到新立屯召集廖耀湘和各军军长开会研究对策。

出身黄埔六期的廖耀湘是国民党军中的少壮派。20世纪30年代留学法国，抗战后期参加了打通滇缅公路的战役。他那一套军事理论和指挥方法完全是从美国人那里学来的，郑庭笈说廖"是个书呆子，看书看得多，有唯武器论，没有装备不能打仗。很重视训练，重视士兵的小动作。射击、瞄准，自己爬；对步炮协同很重视。曾说：'解放军是人海战术，很勇敢，只有用炮火轰才行。宿营一定要把炮火布置好才行，否则不去睡觉。'他的图上指挥是头头有道，如何布置，如何掩护，但炮火一打就沉不住气了，没有实际经验"[1]。廖耀湘的军事生涯一直比较顺，他的新6军是老蒋的五大主力之一，全部美式机械化装备。来东北后在第一次四平战役中占了便宜，所以相当骄横自负。

---

[1] 郑庭笈：1961年6月15日的回忆。

当杜聿明与他见面时，发现这位老部下情绪发生了很大变化。东北形势的逆转，解放军的强大攻势，使廖耀湘和几位军长都感到震惊和恐惧。10月初决定西进兵团出动，就是迫于蒋介石的命令。廖耀湘占领彰武后，表面上看是切断了共军的后方供应线，卫立煌仍然不许廖兵团继续西进。他要廖把主力部队摆在新开河以东，说："锦州恐怕靠不住，万一锦州失守，则渡新开河西进的辽西兵团，就会陷于进退维谷的危险境地。"10月15日与锦州联络中断，卫立煌和参谋长赵家骧都反对廖兵团继续西进，要求杜聿明见到廖耀湘后，让他把大部队撤回沈阳来。

廖耀湘也觉得西进无望，但是他又有自己的算盘：回沈阳要越过三条大河，万一被共军抓住，后果不妙。即使退回沈阳，也无法扭转局面。从营口撤退，这是唯一的生路。摆在西进兵团面前有两条退路：一条路是由巨流河车站南渡辽河，经辽中退往营口。这样要经过四条大河，行军速度慢；另一条路是由新立屯南下，经黑山、大虎山以东撤往营口。这条路地形上有困难，是一条狭长的走廊，没有像样的公路。但距离短，没有大的河流障碍，如果抓紧时间，两天半急行军就可以通过。廖耀湘考虑："实行这一方案，首先须争取时间，其次需要占领黑山，作为侧卫的据点，以掩护兵团主力通过走廊。不能占领也要猛烈攻击黑山，阻止黑山守军活动，以免它截断走廊。同时，造成我继续向锦州进兵的假象，以迷惑敌人，掩护我向营口撤退的企图。"①

16日中午杜聿明会见廖耀湘，向他传达蒋介石的西进命令。廖耀湘摆出种种理由，力陈西进的危险和南下营口的可行。杜不敢违背蒋的命令，又拉他回到沈阳与卫立煌商量。卫立煌认为，此时绝不能再西进，但是对撤回沈阳还是南下营口犹豫不决。在廖的催促下，卫立煌让廖马上回去集结部队，做好进攻黑山的准备。

就在廖耀湘在新立屯开始布置各军的行动时，蒋介石于18日再次飞抵沈阳，听取卫立煌等下一步行动的汇报。赵家骧参谋长指着地图说："敌军在东北约有八十万，目前使用于锦州、锦西、黑山、大虎山一带的约有十一个纵队及若干独立师约六七十万人，长春有敌人两个纵队十万人，不久可能

---

① 廖耀湘：《辽西战役纪实》，载《辽沈战役亲历记》，文史资料出版社1985年版，第171页。

南下威胁沈阳。现在沈阳附近只有52、53军的六个师，廖耀湘兵团有新3、新6、49、71军的十二个师和骑兵师、炮兵团等。两相比较，敌军兵力超过我军近两倍，而且无后顾之虞，可以集中兵力同我决战。而我军既要保卫沈阳，又要收复锦州，有被敌军各个击破的危险。所以，继续向锦州攻击，是值得慎重考虑的。"蒋介石顿时大怒道："我们有空军优势、炮兵优势，为什么不能打？"仍旧坚持要廖兵团西进。杜、卫、赵三人都不表态，蒋只得说："你们再研究研究。"当日又飞往北平。

18日廖向卫报告一切准备完毕，请下达前进命令。卫说要等蒋介石的决策，廖耀湘进攻黑山的行动就这样搁浅了。十万大军进不进、退不退，白白浪费着一天又一天的宝贵时间。卫立煌与杜聿明又被蒋召到北平，与傅作义共商对策。19日的会议开了四个小时，仍然争吵不休。蒋介石坚持要夺回锦州，卫立煌要集中兵力守沈阳，杜聿明、傅作义则不表态。蒋介石见众将领都不支持他的意见，急得拍桌子瞪眼，先骂卫立煌，后骂马歇尔。说："马歇尔害了我们的国家。抗战胜利后，我决定军队进到锦州后就不再向前推进，以后马歇尔一定要接收东北，把我们所有的精锐部队都调到东北，弄得现在连守南京的部队也没有了。真害死人了！"

杜聿明毕竟是蒋的忠实门生，见校长着急上火，便提出两个方案：一是东北国民党军有计划地向营口撤退，放弃东北。二是要廖兵团继续西进，攻击黑山、大虎山，打得下就进而收复锦州，打不下来就逐次向营口撤退。蒋立即表示同意第二方案，并打定主意，要把东北的指挥权交给杜聿明。

20日早上杜聿明被蒋介石召去，得知要他去指挥东北战事，顿时感到沉重的压力。国民党军队在东北败局已定，谁都看得清，唯独蒋介石还仗着空军和炮火的优势，执意要收复锦州。杜聿明只得搬出《孙子兵法》，做最后的劝说。

杜问："校长看收复锦州有几成把握？"

蒋说："六成把握总有。"

杜说："孙子说：夫未战而庙算胜者得算多也，未战而庙算不胜者，得算少也。多算胜，少算不胜。（杜咽下了'而况于无算乎'这句话）现在我们只算到六成，只会失败，不会胜利。"

蒋说："你看如何才可以收复锦州？锦州是我们东北的生命线。我这次来时，已经和美国顾问团商量好，只要我们保全锦州，美国就可以大量援助我们。现在应研究如何把锦州的敌人打退，将沈阳的主力移到锦州，保全锦州。以后我们一切都有办法。"

蒋介石对杜聿明说了实话，杜也就不好再推托了。他答应去指挥东北战事，但不愿和卫立煌搞僵。蒋做了妥协，任命杜为东北"剿总"副总司令兼冀热辽边区保安司令，指挥部设在葫芦岛。他向杜聿明面授机宜：要第八兵团司令周福成守沈阳，第九兵团司令廖耀湘率主力部队进攻黑山，收复锦州；要52军军长刘玉章夺取营口。蒋介石说："你们对共军作战都丧失了信心，我料定只要我军主力从沈阳出来攻击，与葫芦岛各军南北夹攻，共军必退，我们就可以收复锦州。万一共军打不退，有52军占领营口掩护后路，再令廖耀湘撤退也不晚。"当天下午蒋介石再次召集卫立煌、傅作义、杜聿明开会，宣布了杜的任职和收复锦州的决定。会后，卫和杜立即乘飞机回沈阳。

廖耀湘在新立屯天天等着命令，但一天又一天过去，上边总是研究不完。他急得不得了，19日直接给蒋介石发电报，要求南下营口。蒋介石还等着他收复锦州呢，当然不会答应。20日他接到杜聿明的电报，夜里赶到沈阳卫立煌家中。周福成、刘玉章、赵家骧也都到了，听杜聿明传达了蒋介石的命令。廖耀湘、刘玉章都表示：攻下黑山、营口没有问题，可以马上行动。杜强调说："你们行动要快，实行这一计划主要在于行动迅速，能战就战，不能战就退。"谈到深夜，廖、刘才各自返回部队。

卫立煌、杜聿明睡不着，还在商量。他们同感到蒋介石的决策隐藏着危险的阴影。杜说："廖耀湘要是行动迅速，打得机动，将黑山、大虎山敌人牵住，还有可能从营口撤退。否则有全军覆没的危险。"卫说："沈阳怎么办呢？"杜说："沈阳久守是无望的，你看出老头子的意思没有？但是我现在不能提从沈阳撤退的意见。老头子预计我们夹攻之下，共军会撤退。如果共军真退了，我们不是成了放弃沈阳的罪人？"卫立煌肯定地说："共军不会退，你看着吧！新立屯后路一断，黑山再过不去，廖耀湘危险得很。咱们叫工兵到辽中架几座桥，万一廖耀湘退不到营口，也还可以退到沈阳。"杜表示同意，交代赵家骧参谋长去办此事。①

---

① 杜聿明：《辽沈战役概述》，载《辽沈战役亲历记》，文史资料出版社1985年版，第33页。

　　国民党统帅部犯了一个致命的错误：蒋介石根据以往的经验，认为在锦州作战后我军伤亡很大，林彪必定要用一段时间休整补充部队，才能准备下一次行动。他得到空军的侦察报告，我军一部向山海关移动，攻锦大部队向北票、阜新移动，判断我军不会固守锦州。因而做出要廖耀湘兵团继续西进的决策。廖耀湘凭借手中的精锐部队，充满自信，认为林彪还没有足够的力量来吃掉他这十万大军。因而他虽然要撤往营口，总觉得时间还很从容。谁也没有想到：就在10月16日到21日这几天中，国民党统帅部还在那里扯皮争论，而毛泽东和林彪已迅速决策，调遣部队来歼灭廖耀湘兵团了。直到廖被俘之后，他才痛悔自己为什么不当机立断，迅速南下。在新立屯等待的五天宝贵时间，断送了他们求生的最后机会。

　　林彪、罗荣桓在辽沈战役结束后给毛泽东的报告中，也特别强调了蒋介石的错误决策给我军提供了全歼廖耀湘兵团的机会。报告说："徘徊于彰武与新立屯地区之廖耀湘兵团，既未达到解锦州之被围，也没有达到策应长春之突围。如果按卫立煌之办法，锦州一被打下，即缩回新民，或退守沈阳，可以不致失败到如此之快。但蒋介石误认为刚攻克锦州之师，必不可能迅速继续作战。再加上指挥锦葫作战之陈铁（卫立煌的副手——作者注）被我攻克锦州之七、九两纵向锦州西南移动及一小部分重炮增加到塔山阵地所迷惑，而发生错觉，以为我可能乘机攻击锦葫而向上叫喊。同时，我将锦西附近两个独立师和十一纵一个师向南佯动，并通知沿铁路线到山海关地区，准备军舍及粮草，虚张声势。这更促成蒋介石决心以廖兵团继续沿北宁线攻击前进，企图重占锦州。"[1]

　　锦州战役结束后，我攻锦部队仅仅休整了三天。10月17日，林罗刘向中央军委请示下一步行动计划。毛泽东复电："你们下一步行动，我们认为宜打锦（西）、葫（芦岛），并且不宜太迟，宜在休整十五天左右以后即行作战，先打锦西，后打葫芦岛，争取十一月完成夺取锦葫任务。"

　　这时，长春60军起义的消息传来，形势发生了重大变化。19日林罗向中央连发三封电报，决定放弃打锦西，全力以赴回头打廖耀湘集团。电报说："如沈阳之敌仍继续向锦州前进时，则等敌再前进一步后再向敌进攻；

　　① 《林、罗、刘、谭关于九、十两月作战情况致毛泽东等电》，1948年11月8日，载《中国人民解放军历史资料丛书·辽沈战役》，解放军出版社1993年版，第267页。

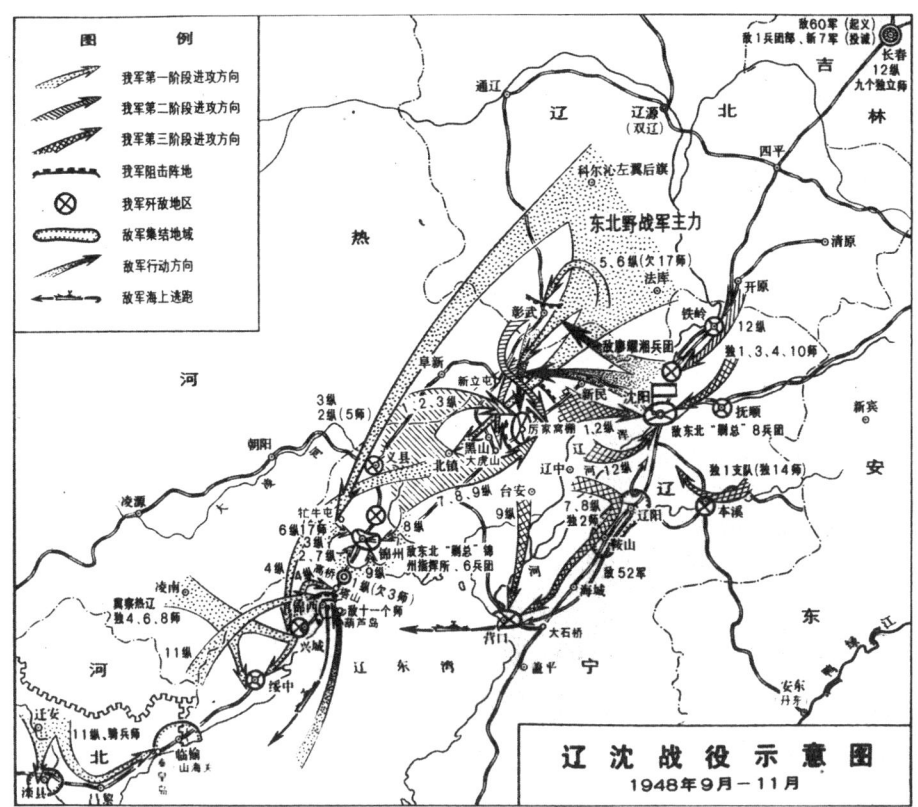

◎ 辽沈战役示意图

但有若干征候敌不再前进，或有向沈阳撤退转向营口撤退的象征时，则我军立即迅速包围彰武、新立屯两处敌人，以各个击破方法，将新1、新3、新6、71、49军全部歼灭，使之不能退回新民、沈阳和退至营口。目前该敌有随时缩回沈阳的可能，故我军须采取迅速行动方针。盼军委即回电指示。"①

19日毛泽东彻夜不眠，连续发出四份答复和指示林罗的电报。20日凌晨4时，他在给林罗19日21时来电的复电中说："你们行动方针已有电示，即不打锦葫而打廖耀湘。我们完全同意你们的建议，如廖兵团继进，则等敌再进一步再进攻之；一经发觉敌不再进，或有退沈阳退营口的象征时，则立即包围彰武、新立屯两处敌人，以各个击破为方法，以全歼廖兵团为目的。望即本此方针，即刻动手部署，鼓励全军达成任务。""高（岗）伍（修权）

---

① 《中国人民解放军历史资料丛书·辽沈战役》，解放军出版社1993年版，第216页。

建议以十二纵及三个独立师由钟伟指挥，由四平以北上车赶于二十四日以前全部运抵清源，以急行军开至鞍山、海城，堵塞敌向营口退路。此计划甚为必要，请即电高、伍照此速办，愈快愈好。唯十纵仍须准备从打虎山开营口，以占先机。当然，十纵目前可在打虎山不动，待敌有退营口征候时迅开营口。"①三个小时之后，毛泽东在第四电中指示林罗刘："以一、二、三、五、六、七、八、九、十共九个纵队二十七个师全部，分割包围廖兵团五个军十二个师。"②

辽西大会战的计划，在短短三天内就基本酝酿成熟，付诸实施了。没有任何争论，大家各抒己见，谁的意见正确可行就照谁的办，充分体现了我党我军指挥机关的高度团结协作精神，与国民党统帅部的争吵扯皮，形成了鲜明对比。如果国民党将领认为我军在辽西会战中是靠运气好而取胜，有什么不服气的话，看看双方决策的过程就能明白一些了。

收到毛泽东20日4时的电报后，东北野战军领导人立即定下歼灭廖耀湘兵团的决心，并于20日10时向各纵队发出指示，命令十纵并指挥一纵3师、内蒙骑兵师进至黑山、大虎山一线，组织坚守防御，阻止敌人南逃和再占锦州。原在彰武以北的六纵（缺17师）、彰武西南的五纵进至黑山东北的厉家窝棚、郑家窝棚、二道岗子一线，切断廖兵团回沈阳的退路。主力一、二、三、七、八、九纵、六纵17师及炮纵，由锦州地区挥师北上，向辽西急进。对敌人的打法是"拦住先头，截断后尾，夹击中间"，务求全歼廖兵团。锦西方向仍由程子华、黄克诚的第二兵团指挥四纵、十一纵牵制侯镜如兵团，阻其北上。十二纵和一兵团十一个独立师由长春南下，拖住沈阳敌人。南满独立2师去营口，阻止敌军从海路逃跑。东总命令强调："此次大战关键在于是否能截断新立屯、彰武之敌的退路，如敌退路已断，则沈阳之敌将亦被拖住。"总部要求"目前各部应忍受疲劳，奋发精神，坚决歼灭廖兵团之五个军，并继续歼灭沈阳周围之敌，解放全东北。我十纵、五纵、六纵及第三师的行动，切不可稍有疏忽与犹豫，切不可让新立屯、彰武之敌逃走。否则会放过伟大胜利的机会，故该三纵须时时准备大胆冒险坚决行动，

---

① 《毛泽东军事文集》第5卷，军事科学出版社、中央文献出版社1993年版，第109页。
② 《毛泽东军事文集》第5卷，军事科学出版社、中央文献出版社1993年版，第112页。

我锦州东北各纵皆能迅速策应作战"。①

　　同日，林罗刘谭签署颁发了全歼东北敌军的政治动员令，指出：东北局势已发生了新的重大变化，我应乘敌连遭惨败，极端恐慌混乱，企图做东北总撤退的时机，连续作战。为此，首先抓住沈阳出来的廖耀湘兵团，与敌决一死战。此战成功，不仅能引起全国军事形势之大变，还将引起全国政治形势之大变，促成蒋介石的覆灭。动员令还指出：此战我军有绝对胜利的把握，我军必须有连续打胜仗的决心，一口吃掉敌七八个师、十数个师，一次俘虏七八万、十数万人。全歼东北国民党军，解放全东北。②

　　辽西大战的重担，首先落在十纵身上。10月21日，驻在黑山县城内的十纵司令员梁兴初、政委周赤萍接到总部命令，要十纵立即到黑山、大虎山"选择阵地，构筑工事，进行顽强死守，以掩护我军主力到达后歼灭前进之敌"。梁、周马上找来各师首长，部署任务，进行动员。梁兴初是东北野战军中出名的虎将，林彪特地把他从一纵1师调到十纵，就是希望他能带出一支能打硬仗的队伍。梁兴初在纵队党委会上表情严峻地说："要想打好这一仗，不咬咬牙是不行的！现

◎梁兴初

在野司首长在看着我们，各兄弟部队也在看着我们。打好了就是全东北的解放，又抹掉了蒋介石的十万大军。打坏了，十万敌军就要逃入关内，我们就对人民犯下了滔天大罪！大家看，我们现在就站在这样严重的任务面前，要求只能是一个：只准打好，不准打坏！"党委会提出"死守黑山，抗击敌人，与阵地共存亡"的口号，当天夜里，各部队就紧急出发。

　　黑山、大虎山是北宁、彰武两条铁路的交会处，又有公路交错，黑山以西是医巫闾山脉，山高五百米以上，像一堵大墙挡住西行道路。大虎山以东是绕阳河沼泽地，水网交错，不宜大军行动。大山和沼泽之间就是一条宽二十公里的狭长走廊。黑山以北三千米长的丘陵地带，把公路限制得更加狭窄。千军万马到这里也使不上多少劲，能够展开作战的部队是很有

①《中国人民解放军历史资料丛书·辽沈战役》，解放军出版社1993年版，第223页。
②《中国人民解放军历史资料丛书·辽沈战役》，解放军出版社1993年版，第229页。

限的。

22日早晨，十纵的三个师都到达指定地区。黑山到大虎山的正面约十六公里，十纵三个师装备都不好，只有机枪、步枪、手榴弹。炮兵只有配属的三个炮兵营，三十多门炮，炮弹也不足。要防御这样宽大的正面，就只能把三个师一线摆开，师采取两个梯队的战斗队形，两个团在第一线，一个团当预备队。梁兴初到担任正面防御的28师去查看构筑工事的情况，这里西侧是大白台子，东侧是高家屯，丘陵地带突出部是"一〇一"高地。梁兴初看到，这个制高点竟是一个寸草不生的石头山，没有任何可以隐蔽的地形。战士们挖工事，根本刨不动。梁兴初与28师贺庆积师长商量，果断决定在地表上堆起工事来。这时，当地老百姓在我军和地方政府组织下，扛着木板、拉着钢轨，浩浩荡荡前来助战。两千多军民扛起装满泥土的麻袋、草包，在高家屯一带堆起十个火力发射点，其他各部队也和群众紧张劳动，在二十多个小时的短时间里修起壕堑、机枪掩体、指挥所、观察所、救护所等，每个主要火力点都铺了一层钢轨、几层木板和一米厚的积土。大虎山阵地前还挖了一道防坦克壕。大家严阵以待，一场血战就要展开。

就在同一天，廖耀湘下达了攻占黑山的命令。从沈阳调来的207师3旅在兵团直属重炮团配合下担任高家屯正面主攻，71军的两个师从侧面迂回进攻。廖耀湘以为共军兵力不多，一天之内拿下黑山没有什么问题。23日早晨，国民党军先头部队从芳山镇南下，向尖子山我28师82团7连阵地发起进攻。7连是担任警戒任务的，没有坚固的工事。上午敌军以两个营的兵力，向尖子山发起三次进攻。7连1排冯祥瑞排长巧妙组织火力，等敌人靠近才用机枪、步枪一齐开火，将敌人一次次打回去。因守卫主峰的8班大部伤亡，弹药耗尽，尖子山主峰被敌人占领。冯排长率领1排剩下的同志退到后面的一个小高地继续坚守。下午敌人又发起两次进攻，7连战士与敌人短兵相接，死缠烂打，子弹手榴弹都打光了，就用石头与敌人搏斗。他们轻伤不下火线，重伤不哭不喊，硬是坚持到黄昏，在人员大部分伤亡后，退出阵地。7连的英勇战斗，为主阵地防御赢得了宝贵的一天准备时间。

这天夜里，28师侦察队抓住了国民党71军87师师部的一个通信班长，他的口袋里装满了送往各团的战斗命令。纵队首长全面掌握了敌军的进攻计划。敌207、169师从正面进攻我28师高家屯阵地，敌新22师从侧面迂回我

30师阵地。梁兴初通知28师连夜加固阵地，准备迎接敌人的进攻。

24日清晨，国民党军以四个师的兵力、五个炮团的火力向我黑山、大虎山阵地发起全线进攻，黑山阻击战打响了。梁兴初在纵队司令部询问各师情况，29、30师都报告敌军正在集结运动，目前还没有发起进攻。28师贺庆积师长报告：国民党军避开黑山正面防御工事，向侧面的高家屯阵地发起猛烈进攻。梁兴初心里一沉，高家屯阵地因工事难修，原来没有作为防御重点，九〇、九二和一〇一三个高地只摆了84团2营担任一线防守，一个山炮营的炮火支援。国民党军也狡猾得很，企图进攻我军薄弱环节，冲破我军防线。想到这里，梁兴初一跃而起，到前方28师指挥部亲自坐镇。

国民党军集中了绝对优势的重炮，第一次炮火准备就打垮了高家屯三个高地上的大部分工事，84团2营也遭受重大伤亡。梁兴初来到28师指挥所的地堡，从望远镜里看到高家屯阵地笼罩在一片烟雾之中。密集的炮弹不断落到三个高地上，泥土飞溅，烟柱四起。梁兴初告诉贺庆积：要把防御重点放在一〇一高地，坚决守住阵地。就是丢了，也要马上夺回来。要82团作预备队，随时准备上前接应。

国民党军的进攻开始了，冲在前面的是207师3旅，新6军169师作预备队。旅长许万寿在一线展开三个营的兵力，呼喊着向一〇一高地和侧面的石头山发起冲锋。我84团2营6连的两个排守在一〇一高地上，连续打退敌人两次进攻，阵地前横躺下一大片尸体。但是进攻石头山的敌军不顾伤亡，反复冲击。我军一个排在激战中大多数伤亡，援兵不继，14时敌军在第四次进攻时占领了石头山。

石头山失守，九二高地的我军4连侧翼暴露，受到敌人的两面夹攻。敌军以一个营兵力向九二高地猛烈进攻。我4连以机枪、步枪火力打击敌人。207师是国民党青年军，相当顽强，不顾伤亡连续进攻，逼近4连阵地。4连伤亡严重，得不到及时支援，1排长李永发坚决不放弃阵地，与仅存的六名战士端起步枪，与敌人进行肉搏。李永发用刺刀拼倒几个敌人，自己身负三处重伤，终于牺牲在九二高地上。

◎ 贺庆积

16时敌军占领九二高地后，又向九〇高地进攻。我84团2营经过大半天战斗，实力已失，阵地失守。这时，一〇一高地上仅剩下6连的十个战士坚持战斗。敌军连连得手，又向一〇一高地冲上来。我军战士已经没有阵地可以依托，只能在弹坑里滚进滚出，向敌军投出一个个手榴弹。很快手榴弹也打光了，只有拼刺刀做最后的搏斗。16时20分，一〇一高地终于也失守了。

情况万分危急！高家屯阵地失守，敌军必将突破我黑山防线，打开南逃的缺口。在这千钧一发的时刻，28师贺庆积师长表现了高度的沉着。他不给敌人丝毫喘息机会，立即命令集中全师的十二门山炮，向一〇一高地猛轰。高地上密集的敌人正准备修工事，我方的炮弹就劈头盖脸落下来，炸得敌人血肉横飞，鬼哭狼嚎。贺师长又命令82团的1、3营统由84团蓝芹指挥，迅速向高家屯阵地冲去。1营主力冲向一〇一高地，3营兵分两路，分别冲向九〇、九二高地。经过半小时激战，敌人在高家屯阵地上丢下一百多具尸体，狼狈溃退下去。敌207师3旅耗尽三个团的兵力，猛攻了一整天，就这样惨遭失败。

这天，向黑山西北我29师阵地进攻的国民党71军，向大虎山我30师进攻的新6军22师，在我军的顽强抗击下也未能前进一步，损兵折将。廖耀湘兵团对黑山、大虎山第一天的进攻，没有取得任何进展。

夜里，十纵首长向野战军司令部汇报当天战况，林罗刘回电指示："盼你们发扬顽强精神，死守阵地，只要守住黑山、大虎山两点，总退却之敌必遭全歼。大军正北进。"①

在纵队指挥所，梁兴初召集师以上干部研究敌情和下一步行动。敌军虽然第一天进攻没有得手，但廖耀湘为了争取时间夺路南下，明天必然会全力猛攻。大家认为：明天战斗的主要方向仍然是高家屯。经过一天激战，高家屯阵地已经打烂，明显暴露出防御的弱点。敌人一定会以更猛烈的炮火和攻击，从这里打开缺口。梁兴初果断做出部署：28师连夜加固阵地，以82团替下84团担任正面防御。接受了84团在阵地上遭受敌军炮火伤亡的教训，决定以少量部队守卫高地，其余在高地背后的壕堑内隐蔽；保持强大的预备队，适时进行反冲击，巩固阵地。这天夜里，十纵战士们不顾疲劳，在当地老百姓帮助下积极修复工事，准备迎接更残酷的战斗。

---

① 军事科学院编：《战术参考资料》第1辑战例部分：《黑山阻击战》。

24日的进攻失败，廖耀湘极为愤怒。71军91师进攻大虎山作战不力，刚一接触，士兵便四下溃退。廖下令严办该师师长戴海容。71军认为廖耀湘损人利己，留着嫡系主力不用，让他们当替死鬼。廖不得不甩出王牌，以新6军169师代替207师进攻，新6军军长李涛傲慢地说："207师打不下黑山，看我们新6军给他打下来看看！"在二线的49军军长郑庭笈预感到了危险，建议不要在黑山久留，改道后撤寻找退路。他在电话中警告李涛："你要走不走，这样的打，我们都要到哈尔滨扫茅房去（即当俘虏）！"但是廖耀湘坚持认为能打开黑山，命令新6军不计牺牲，占领黑山走廊。并要新1军以全部炮火支援，做最后的努力。

25日清晨6时，新6军169师一个团向我军黑山高家屯阵地发起进攻。他们接受了207师失败的教训，不从正面硬攻，而是迂回运动到一〇一高地东南侧，使我突出阵地上的部队处于不利地位。而后配合正面的主力，发起多路进攻。守卫石头山的6连一小时内打退敌人两次进攻，但在敌军炮火下伤亡大半，阵地也基本被摧毁。当敌人第三次冲上来，仅存的战士们冲上前去与敌肉搏。这时，敌军炮火突然袭来，在阵地前沿搏杀的敌我双方人员全部伤亡。169师占领了石头山，又向九〇高地的5连冲击。5连干部不够冷静，命令两个班出击，结果遭敌炮火全部牺牲。5连干部相继伤亡，敌人还是一波接一波地往上涌，一部分突入阵地。在这危急时刻，4连2排在孙永胜排长带领下前来增援。孙永胜打得积极果敢，率领战士们将敌人压了下去，收复了阵地。但是169师占有绝对优势的兵力和火力，他们的第二梯队又冲上来，我军有限的兵力越打越少，又缺乏预备队支援，在人员大多伤亡的情况下，前沿阵地于11时被敌人占领。207师的助攻部队，也迂回攻占了九四高地。

这样，一〇一高地处于敌军的三面包围之下，情况十分紧急。82团军事教导队队长张国，率领全队一百多名学员，向九四高地发起反冲锋。他们集中冲锋枪和手榴弹，一个猛冲，消灭了近一个排敌人，半小时内收复了九四高地。但是一〇一高地受到敌人炮火的不断轰击，敌军组织军官敢死队，以重赏收买亡命之徒向我方阵地冲击。82团2营战斗了大半天，阵地上的部队基本打完了，在弹尽人寡的情况下，一〇一高地于16时再次失守。

高家屯阵地失守，又一次打开了黑山的门户，直接威胁到十纵的全线防守。贺庆积师长在电话中请示梁兴初，能否等到晚上再反击？梁兴初斩钉截铁地回答:"一定要黄昏前反击!我们现在虽然极度疲劳,有伤亡;但敌人的伤亡比我们更大。晚上攻,敌人就喘过气来了,工事也修好了,当然是现在就进攻划得来!"贺师长表示坚决执行命令,马上组织反攻。

但是梁兴初知道,28师苦战了两天,手头已经没有预备队了。他下令把89团2营从大边壕调过来增援高家屯,又亲自到城北28师师部坐镇指挥。师政委晏福生报告梁兴初,贺师长又到前沿组织反击去了。梁拿起望远镜一看,北面公路上有大批敌军前来增援。他命令28师山炮营集中火力打敌人后方,十分钟的炮火急袭,打乱了敌人的增援队伍,迫使其退回胡家窝棚。然而敌军也不甘心吃亏,我军的炮火刚一停下,他们的重炮群马上进行报复,把我军阵地打得浓烟滚滚。

遵照梁兴初的指示,28师集中82团全部和84团3营,于当日20时在炮火支援下,分四路直扑高家屯阵地。82团1营主攻一〇一高地,84团3营从两面迂回;82团的2营和3营分头收复石头山和九二高地。进攻开始后,我军所有的山炮、迫击炮和轻重机枪都向高地猛烈射击,掩护步兵前进。担任夺取一〇一高地任务的82团1营1连在战斗英雄倪恩善的带领下,巧妙避开敌人火力,十多分钟就冲到高地上,与敌军展开激烈拼杀。战士张连发拿着手榴弹连破敌军火力点,把红旗重新插在一〇一高地上。经过一小时战斗,2营、3营也分别占领了阵地,高家屯又回到我们的手中。梁兴初听到报告之后,一块千斤重石才从心头落下,长舒了一口气。①

10月25日是黑山阻击战最残酷的一天,廖耀湘集中了新6军、71军和207师五个师的兵力、全部重炮火力,发射了近万发炮弹,发起数十次猛烈冲锋。我军与敌人死缠烂打,寸土必争。只要还有一个人,就绝不放弃阵地。阵地丢失后又马上组织反冲锋,坚决在当天把阵地夺回来。高家屯是黑山阻击战的关键,28师经受了重大考验。守卫黑山北面大白台子的83、85团也表现得英勇顽强,将71军两个师打得狼狈溃退。三天的战斗,黑山前沿硝烟弥漫,尸横遍野。国民党军伤亡8000余人,6000多人当了俘虏。十纵也付出了4100多人伤亡的沉重代价。②

---

① 梁兴初:《黑山阻击战》,载《辽沈决战》上册,人民出版社1988年版,第457页。

② 韩先楚:《东北战场与辽沈决战》,载《辽沈决战》上册,人民出版社1988年版,第131页。

黑山三天攻不下，使廖耀湘完全丧失了西进锦州的决心。情报机关向他报告，共军主力已经到达北镇地区，行动之迅速出乎意料。廖耀湘决定放弃进攻黑山，夺路向东南方向退却，准备逃向营口。25日他电告卫立煌，马上得到批准。卫立煌还告诉他："万不得已时可退回沈阳。"廖耀湘想利用最后的机会为他的大兵团冲开一条生路，命令25日黄昏停止黑山进攻，队尾变排头，新3军和49军作先头部队向东南方向的台安、大洼前进，71军殿后掩护大军行动。

此刻，十纵也打得筋疲力尽。梁兴初正在为明天如何组织战斗苦苦思索，26日凌晨3时，野战军司令部发来急电："北上主力已到达。敌已总溃退。望即协同一、二、三纵队，从黑山正面投入追击。"

梁兴初万分激动，这真是他日夜盼望、期待已久的"一声春雷"！他立刻命令将总部指示传达到各部队，让大家分享这胜利的喜讯。一纵副司令员曹里怀带着几个参谋，风尘仆仆地赶到十纵司令部，联络商议追击部署。梁兴初紧握着这位当年一起闯关东的老战友的手，兴奋地说："老曹，你们四天赶了三百里路，可真是大大地辛苦了！来吧，现在一盘'肥肉'摆在我们面前，你看哪块最'肥'，就由你们随便挑吧！"曹里怀风趣地说："我们一跑来就抢吃最肥的'肉'，不是太没有礼貌了么？"大家都开怀大笑起来。这种共享胜利的自豪和兴奋的心情，真是难以用任何文字来表达。

黑山阻击战，是辽沈战役中具有决定意义的一战。十纵以顽强的战斗精神，顶住了东北国民党军最精锐的廖耀湘兵团，封闭了他们的南逃之路。为我东北野战军主力从锦州北上赢得了宝贵时间，达到全歼这个国民党军重兵集团的目的。当然，与历史上的著名战役一样，黑山阻击战有成功的经验，也有一些教训。正如十纵在事后总结所说：由于当时对国民党军主攻方向判断不够准确，"故而在阵地编成上，以黑山以北构筑主要防御阵地，对黑山以东则视为翼侧保障阵地，仅布有一个营兵力防守，防御设备不强，工程亦无保障（石质山不易做工事），敌对该阵地进行主要突击时，军、师思想上作战方案上在该阵地均无大打准备，致阵地数度失守。后以较大兵力进行反冲击与敌争夺，遭到很大伤亡。如战前能对敌人的善于攻击侧背、善于迂回有较充分较正确的估计，以一个步兵团固守十里岗子、曹家屯，其防御前沿推至井家凹子、五里岗子、下万子一线，至于一零一一线高地则作重火器发射阵地，也可能要好一些，不至于遭到很大的伤亡。"①

黑山阻击战在十纵历史上写下了最光辉的一页。无论从部队编成或装备来看，十纵都不是东北野战军中最强大的。这支部队没有辜负野战军总部首长的期望，以鲜血和生命守住了阵地，创造了与塔山阻击战一样的辉煌胜利。到今天人们谈起辽沈战役，论述最多的就是塔山和黑山。因为这是整个战役中打得最残酷、最成功的两仗，也是保证战役成功的关键。新中国成立后黑山阻击战被拍成电影，让青年一代永远记住这段历史。

---

① 军事科学院编：《战术参考资料》第1辑战例部分：《黑山阻击战》。

# 第二十六章

# 辽西围歼廖兵团

东北野战军主力向辽西急进——林罗指示务必打好这一仗——独立2师主动出击——国民党将领玩忽职守——六纵厉家窝棚阻击战——三纵7师打烂廖兵团指挥部——廖兵团溃不成军——我军展开分割围歼——国民党军兵败如山倒——廖耀湘、李涛被俘记

1948年10月20日，林彪、罗荣桓、刘亚楼根据中央军委的指示和敌军动向，决心围歼廖耀湘兵团于彰武、新立屯、黑山地区。这天，他们向东北野战军各纵队发布命令：十纵在黑山地区阻止廖耀湘兵团西进；五纵、六纵迅速隐蔽插入敌后切断廖兵团向沈阳退却的道路；独立2师抢占营口，切断敌军的海上退路；一、三、八纵为第一梯队，由锦州分三路向东急进，担任正面攻击；二、七、九纵为第二梯队跟进；四、十一纵仍在塔山阻击锦西、葫芦岛之敌；长春的十二纵和各独立师也兼程南下，策应主力作战。我军布下天罗地网，从四面八方向廖耀湘兵团逼近。

各部队接到命令，不顾连日作战的疲劳，就匆匆上路。一纵、三纵、八

◎ 我军在辽西围歼廖耀湘兵团

纵由锦州沿着铁路线向沟帮子一带进军，经过大凌河时，为了隐蔽，各纵于21日夜间徒涉。十月的东北，天气已经很冷，夜间气温接近零摄氏度。我们的战士穿着单薄的军衣，在冰冷的河水中咬着牙蹚过去。二百米宽的河道，把人都要冻僵了。上岸后还不能烤火，只能继续前进。如果坐在地上休息，可能就站不起来了。过河之后，八纵大多数战士肚子痛得厉害，有的人还因此落下了病。

但是究竟在哪里与廖兵团决战，情况尚不明朗。因为林彪不清楚廖耀湘将指挥他的大部队向哪个方向移动。在野战中吃掉国民党十万精锐部队，在以往的历史上还从未有过。为了打好这一仗，林彪、罗荣桓于23日9时给各部队发出重要指示：

以下指示，请仔细阅读。

一、沈阳、新民、彰武、新立屯之敌，正全部经大虎山、黑山向南总退却。

二、我军决全力乘敌撤退中，与敌决一死战，以连续作战方法，求得歼灭全部敌人。此战成功，则不仅能引起全国军事形势的大变，且必能引起全国政治形势之大变，促成蒋介石的迅速溃灭。我全体指战员须振奋百倍勇气与吃苦精神，参加此一光荣的大决战。不怕伤亡，不怕疲劳，不怕遭受小的挫败，虽每个连队遭受最大伤亡（每个连即打散，或剩几个人，也不害怕），但对全国革命来说，仍然是最值得的。

三、争取此战完全胜利的基本条件有三：1. 在干部和战斗员有充分之认识和动员。2. 各级干部每次攻击之前，均须走在部队前面，亲自侦察地形和布置攻击准备，但并不是随便暴露目标；或在部队冲锋时，也跑在前面，这仅仅是个人勇敢，对战斗指挥无大益处。3. 须严戒沙后所、王道屯的打法，那种打法是在未侦察地形状况、未等大部队到齐、未将兵力火力很好配备、未将敌人退路截断，即仓促的乱打乱冲。此次大战只要我各级干部遵守准备好了再猛攻的原则，则必然横直打胜仗。[①]

23、24日这两天，各纵队陆续到达北镇、沟帮子、盘山、彰武地区，接

---

① 《中国人民解放军历史资料丛书·辽沈战役》，解放军出版社1993年版，第234页。

近了黑山和新立屯地区的廖兵团。但是总的情况仍不明朗，所以各部队都走走停停，没有很明确的攻击目标。23日八纵到了北镇大吴屯，总部命令现地停止待命。到18时接到总部命令向中安堡、大虎山一带前进，部队刚要动身，19时总部又命令停止待命，上述部署作废。[①]

23日早晨，六纵奉命进攻彰武。原以为廖兵团的主力和后方应该在这里，结果18师冲进城内，只有几百民团，扑了个空。当天晚上，总部命令六纵南下进军到泡子地区寻找敌军。司令员黄永胜拉起队伍就走，第二天早上到达泡子，又扑了个空。黄永胜等判断敌军主力应在新立屯以南，请示总部继续前进，然而却接到总部停止待命，在泡子附近隐蔽的命令。要六纵等到敌军正式进攻黑山时，再听命令前进。

当黑山阻击战打响后，林彪并没有马上下命令要各纵队合围廖耀湘兵团，其中原因可能是多方面的：如果十纵顶不住，就在黑山以南阻击；如果廖掉头逃回沈阳，就在新民一带阻击；或是等廖兵团在黑山打得疲劳了，各部队再一齐围上去。也可能最主要的原因是廖兵团的行动方向还不明确，所以林彪还要观察一下，再定决心。然而就在25日这一天，围歼廖兵团的大会战却由辽南独立2师和六纵16师主动打响了。

原来，黑山阻击战之前，总部给独2师布置的任务是从盘山南下进攻营口，阻止敌军从海上增援或逃跑。为了完成这一任务，林彪特地派参谋处长苏静带领一个重炮连从锦州去独2师指挥。22日苏静出发两天后，总部发觉敌军没有向营口撤退，认为独2师去营口无仗可打，于是改变部署，令独2师去新民和半拉门一带侧击敌军。23日，当独2师到达盘山隐蔽待命时，苏静也带重炮连赶到了。他与左叶师长研究了敌情，认为应该在大虎山以东地区阻击敌军。

到25日中午，黑山阻击战已近尾声，又传来营口被敌军占领的消息，总部还没有命令来。苏静果断地对左师长说："我们不能再等了，敌人昨天占了营口，今天廖耀湘肯定南逃。你师于三点半出发，目标是大虎山以东地区。遇见敌人就马上迎头痛击，打他个措手不及。你们要有打硬仗的思想准备，一定要咬住敌人，等主力大部队一到就算完成任务。"苏静以主动求战的姿态下达了命令，事实证明是十分正确的。独2师刚出发不久，林彪就向

---

① 《第八纵队司令部作战日记》，军事科学院图书馆藏。

各部队下达命令："五、六、七、八纵应即由现地向台安急进，独2师应即至台安东大胆猛击退却之敌。"

独2师经过急行军，夜里到达大虎山至台安公路与绕阳河交汇处。突然，前面部队发现大批戴钢盔的国民党兵。这些敌人看来十分疲劳，纪律松懈，挎着枪成四路蹒跚前行，有的一边走一边打瞌睡，竟把独2师几个穿大衣的人当成"长官"。我军一拥而上，没开一枪，用刺刀将敌人制服俘虏，一问原来是49军105师的前卫团。

抓住了国民党军主力部队，左师长下令将部队展开，阻击后面跟进的敌军。105师的跟进部队不知前卫团出了事，仍无战斗准备，直到近距离内我军手榴弹、机枪一齐打响，敌人才发现已经受到围攻。顿时惊慌失措，四下逃散。独2师没有追赶逃兵，而是继续向敌军后方插去。26日凌晨，他们在三家子附近发现大批敌军，住满了村子。敌军正在集合站队，混乱不堪，我军悄悄围上去，在三十米内突然开火。敌军像一群乌合之众，狼狈向后收缩。抓住俘虏询问，原来这是最精锐的新6军22师。[①]

独2师在台安的截击，使敌人大为慌乱。他们以为遭遇林彪的主力部队，遂改向沈阳逃窜。按廖耀湘的命令，49军应作为兵团前卫，为南下营口打开通道。但49军军长郑庭笈胆小，竟然跟在新6军22师之后行动，所以105师遭受打击他竟然不知道，也没有向新6军军长李涛和廖耀湘通报。廖事后认为他们的失败郑负有不可推卸的责任："郑庭笈没有执行他们兵团战略前卫的任务，没有使用他的主力对敌攻击或继续向翼侧搜索，看看解放军的包围圈究竟有多大。反之他却在新22师之后和在新22师掩护下，停止于大虎山以东陈家窝棚地区（在大虎山至老达房往沈阳的公路上）。他直接报告卫立煌，卫竟要他立即率该军两个师和在他近旁的新6军的新22师与新3军的第14师经老达房退回沈阳。也是直到26日黄昏，我到新22师师部时才知道这一重要情况的。"[②]

玩忽职守的不仅是郑庭笈，还有廖兵团的参谋长杨焜。25日下午，国民党空军侦察机向廖兵团司令部报告："在彰武以南发现一个长约五华里的大

① 左叶：《辽沈战役中的辽南独立第2师》，载《辽沈决战》续集，人民出版社1992年版，第288页。

② 廖耀湘：《辽西战役纪实》，载《辽沈战役亲历记》，第178页。

行军纵队，向无梁殿方向前进。是否我们自己的部队，如果不是，我们就轰炸了！"杨参谋长答复："不是我们自己的部队，你们轰炸、扫射吧！"说完，杨焜接通新3军军长龙天武的电话，告诉他这个情况，请新3军注意对付。但是杨焜却忘了将这一极重要的情况报告廖耀湘。廖兵团南北受到我大军夹击合围，兵团司令竟全然不知！[1]

更要命的是龙天武也没有当回事。25日夜里，新1军军长潘裕昆来到新3军军部，进门就说："你们还不走？我军奉命来这里接防的。"龙天武说："慌什么，明早天亮了再走不迟。"没想到天还没亮，我军的六纵就已经赶到，与新3军打响了。

原来，六纵司令员黄永胜于24日夜接到总部命令，要他们以强行军速度由彰武以南插到半拉门地区，防止敌军向西南撤退。六纵连夜行动，在25日中午赶到预定位置。正积极构筑工事准备作战，黄昏时又接到总部命令：要他们向台安以东急进，途中遇敌则歼灭之。六纵马上部署行军，又接到总部命令，要他们立即向大虎山前进，切断新6军退路。

半天之内几道命令，行军和攻击方向一变再变，说明战场情况瞬息万变，稍有迟疑就可能失去战机。黄永胜甚至来不及给总部回电，部队也来不及做片刻休息，就于25日夜23时出发，向大虎山地区急行军。

26日凌晨4时，16师46团通过北宁线，进至腰家窝棚，先头部队与敌新3军14师遭遇。尖兵班击毙敌哨兵，突入村内。但是他们连长没有紧跟猛冲，而是命令部队散开。结果尖兵班在村内与敌人孤军奋战，全部牺牲。团长赶上来询问情况，从敌人的枪声判断村里最少有两个连敌人。他当即拉上来四个连，摆上三门迫击炮，开始向村子里猛攻。我们的战士动作勇猛，不怕伤亡，在火力掩护下一拥而上，杀进村中，与敌人逐屋争夺。战斗进行了两个小时，46团占领了腰家窝棚，全歼新3军一个营，自己也付出了很大伤亡。

26日9时，六纵首长到达16师指挥所于家窝棚。黄永胜亲自审问了一个刚投诚的国民党军少将。据其供称：因黑山、大虎山路被截断，廖耀湘决定由半拉门退回新民，固守辽河东岸再做打算。因此廖兵团主力新1、新3、新6、71共四个军正集结于黑山东北胡家窝棚一带，准备沿公路东进。前卫

---

[1] 杨焜：《辽西战役补述》，载《辽沈战役亲历记》，文史资料出版社1985年版。

部队新3军已经到了这里。

这样，六纵遇到了前所未有的强大敌人。能不能堵住敌人东进之路，关系到能否全歼廖兵团，这是对六纵严峻的考验。来不及请示总部了，黄永胜与政委赖传珠、副司令李作鹏当即决定：不再按总部命令组织突击，而是改为阻截，打到最后一兵一卒也不放跑廖耀湘。16师正当敌军退路，由李作鹏负责指挥。①

六纵强行军两天，又遭遇强敌，紧张投入战斗，一直没来得及向总部报告情况。林彪两天没有六纵的消息，不知出了什么事，一向不露声色的他也沉不住气了，不断催问刘亚楼六纵有电报没有。刘亚楼比林彪还急，两人越说越生气。林彪沉着脸说："这个黄永胜，简直乱弹琴嘛！怎么一点消息也没有呢？要让廖耀湘跑了，非严办不可！"刘亚楼起草了一个电报，于26日5时30分发往六纵。命令他们立即向大虎山东南地区追击，迅速前进，寻敌攻歼。必须完成任务，否则应受处分！

26日18时，六纵的电报终于来了。黄永胜告诉林彪：六纵为了堵住廖兵团，强行军两天一夜，走了二百多里。为了减轻负担，加快行军速度，他们扔掉了行李和干粮袋，只留下枪支弹药。部队二十多个小时没有休息，有的战士累得吐血。既没时间埋锅做饭，也没时间架设电台。现在六纵已经堵住了廖兵团主力，正在与敌决战。六纵决心以16师死守阵地，18师向东北突击，绝不让敌人跑掉。林彪、刘亚楼看了电报，顿时精神振奋，连声称赞六纵做得对，干得好。部队都有这种积极主动的作风，仗就好打了。林彪亲自复电给六纵和16师："26日18时电悉，盼你们顽强固守，勇敢反击，保持阵地歼灭敌人。我各纵队均可陆续加入战斗。"

在腰家窝棚，六纵16师与敌军激战正酣。新3军14师遭到截击后，龙天武与新1军商量，企图绕道翟家窝棚向东北突围。六纵首长闻讯，决定16、18师死守正面阵地，抽调18师54团跑步占领段家窝棚，歼灭敌人一个工兵营，将翟家窝棚的敌军堵了回去。为了加强防线，黄永胜决定将16、18师统归李作鹏指挥。防御的重点是北宁路上的厉家窝棚火车站。

26日下午，六纵与新3军14师进行激战，16师46团五个连坚守腰家窝棚，敌军从姜家窝棚、铁家窝棚、朱家窝棚三面向我军阵地多次冲击，想打

---

① 《43军秋季攻势作战概述》，军事科学院图书馆藏。

开东进的缺口。46团各连与敌军反复搏杀，展开白刃战。2连指导员率一个排与铁家窝棚之敌拼到最后，全部壮烈牺牲。47团在插断14师与廖兵团主力联系后，以两个连兵力向小孙家窝棚之敌攻击。虽然伤亡很大，最后将两个连合并成五个班，仍与敌人死缠烂打。黄昏时候，廖兵团大部队潮水般涌向厉家窝棚车站，18师52团坚守有利地形，打退敌人多次冲击。敌军集合炮火，猛轰我方阵地，并以步兵两面迂回进攻。48团1连遭受重大伤亡后，被敌军占领张家窝棚。我全线防御有被敌人冲破的危险，48团立即调遣主力在朱家窝棚、崔家窝棚一线展开防御，坚守不退。这一夜厉家窝棚地区各个村子都在激烈战斗，许多村庄房屋倒塌，草垛起火，映红了黑夜的天空。六纵许多连队打得只剩不到十人，仍然坚持战斗。许多指战员被炮弹掀起的泥土埋住，又爬出来；一些战士身负重伤还咬着牙奋勇作战。52团2营一昼夜连续打退敌人十四次进攻，终于没让敌军越过北宁线。战至27日凌晨四时，敌军突然全线溃散。原来是五纵、十纵等兄弟部队赶来围歼敌人。与六纵分开一个月的"攻坚老虎"17师，也从锦州赶到这里，加入围歼廖兵团的行列。①

　　六纵在厉家窝棚阻击敌军主力一昼夜，为我军各部队迅速赶来围歼廖兵团创造了条件，立了大功。特别是16师迅速捕捉敌军主力，展开防御，顽强坚守，受到总部的高度赞扬。10月31日东总传令嘉奖16师的电报说："十六师此次堵击廖兵团向新民东南突围的战斗中，表现了无上的英勇。勇敢顽强地抗击了敌人绝对优势兵力的汹涌反复冲锋，使敌突围企图未遂。你师虽有九个连队每连打得只剩六七人至十余人，但这是光荣的和壮烈的，单是你师就俘获了敌人一万八千余人。由于你师的顽强抗击和其他各师的勇猛进攻，使廖兵团十二个师及两个团全军覆没。你们的这次胜利是由于你师在政治工作及党的工作上有很大的转变，因而军事教育也大有进步。但师级首长作战决心勇敢顽强则是有直接意义的因素，纵队首长此次战斗中的决心与指挥也是好的。"②

　　就在六纵阻击的同时，三纵7师21团3营，竟然摸到了廖耀湘的兵团司令部，打烂了敌军的指挥中枢。三纵原来的任务是向正安堡的敌71军进

---

　　①《中国人民解放军第43军第三次国内革命战争战史》，1956年初稿。
　　②《43军秋季攻势作战概述》，军事科学院图书馆藏。

攻。24日黄昏三纵赶到那里时，发现敌人已向东南方向撤退。7师一夜行军，25日6时追到黑山以北的尖山子与8师会合，还是不见敌人大部队，他们决定向胡家窝棚一带搜索，寻找敌人主力决战。

这时，廖耀湘还不知道我军正从各个方向向他包围过来。由于他的兵团参谋长杨焜和新3军军长龙天武的疏忽，没有向他通报发现共军大部队运动的情况。所以他下达停止攻击黑山的命令后，还从容不迫地率新3军和新6军向胡家窝棚撤退。25日夜晚，廖耀湘命令71军接替新3军和新6军在胡家窝棚的防区，71军军长向凤武提出部队连续进攻黑山，十分疲劳；夜间换防容易引起混乱，要求26日早晨再行动。廖想想有道理，就答应了向凤武。新3军和新6军急于南下，也放松了胡家窝棚地区的警戒。没想到就在这一夜，胡家窝棚的接合部正好成了三纵的突破点。

26日早晨，胡家窝棚西边高地突然枪声大作。廖耀湘在村中的兵团司令部里大吃一惊，连忙往新3军挂电话问情况。龙天武军长回答：他的军部附近发生了战斗，71军部队正在纷纷向后撤，共军快要打到军部门前了。廖耀湘要他尽快脱离危险区，去掌握部队，仍按原计划向营口撤退。龙天武口头答应，不久就与廖耀湘中断了通讯联系。

原来，龙天武在乱军之中惊慌失措，临阵逃脱。他抛下军部官员不管，跳上一辆吉普车，带上一辆拉行李的卡车，与少将高参郭树人一起逃出村子。出村不远，两辆车都陷在一条小河中，龙天武等只好弃车徒涉过河。水深没膝，河面上结着薄冰，他们的军裤和皮鞋都泡了水，冻得瑟瑟发抖。龙天武挟着皮大衣，只有一个卫兵跟随，真成了光杆司令。他这一跑，新3军便陷入混乱之中。

廖耀湘又呼叫新1军，谁知军长潘裕昆跑得比龙天武还快，已经不见踪影。廖耀湘扔下话机就往新6军军部跑，只见村里村外秩序大乱，街上挤满了卡车、大车、骡马，一群群的溃兵像潮水一样涌向村东，谁也制止不住。廖耀湘跑到新6军军部，所幸李涛军长还没跑。他也不知道169师和207师现在何处。廖要李涛务必收拢部队，稳住阵脚，占领胡家窝棚西头的高地。然后掩护兵团司令部转移到新22师那里去。说完，廖耀湘就到胡家窝棚以东的开阔地区观察形势。只见胡家窝棚西面的高地正在进行激烈战斗，解放军眼看就要打进村子。胡家窝棚以东有条小河，解放军部队正沿着小河向新1军军部所在的村庄运动，切断新1军和新6军的联系。当时我军部队距离廖耀湘本人不过四五百米,枪弹就在廖的头顶上呼啸而过。廖吓得不敢再返回新6军军部,落荒而逃,向东南方七八里外的新1军30师驻地跑去。半路上回头看看,胡家窝棚已经笼罩在战火之中,他的兵团部和新6军军部都被打散了。[1]

冲向胡家窝棚的是三纵7师21团3营。他们在黎明时行军赶到这里,发现村里村外到处是卡车、吉普和大炮,料定是国民党军主力,根本没想到廖耀湘就在这里。当时新3军部队正在公路上向东南撤退,3营战士冲上去突然开火,将敌人打得乱成一团。随后他们在19团配合下冲上村西的高地,向村里扫射。3营8连2排从胡家窝棚南边迂回过河,发现村东有敌军的重炮阵地。他们冲上前去,俘敌近百人,缴获155毫米口径重炮十八门和数十辆卡车。敌军为了争夺重炮,集合两个营的兵力向2排反扑。国民党军骑兵也扔下战马,与我军战士步行拼杀。因我增援部队未能赶到,2排在与绝对优势之敌激战之后,终因寡不敌众,全部壮烈牺牲。

三纵9师的两个主力团于下午赶到胡家窝棚以北的小谢屯。新3军部队正多路南逃,被我军拦腰切断。前面的敌军慌忙掉过头来,对我军进行火力封锁。因地形开阔,不利于硬拼,三纵与敌军对打,形成相持状态。黄昏时我军又有一个团加入战斗,新3军抵挡不住,乘夜色昏暗,夺路东逃。我军追击捉住俘虏,才问明白是新3军。

◎ 在胡家窝棚缴获的国民党军卡车

三纵的这场遭遇战虽属偶然,但是他们勇猛地又冲又打,打烂了廖耀湘的兵团部和新3军、新6军的军部,等于打碎了廖兵团的脑袋,使十万国民党大军失去指挥,陷入混乱。三纵事先没有想到会打出这样的战果,但确实为我军在辽西围歼廖耀湘兵团,创造了极为重要的条件。[2]

---

[1] 廖耀湘:《辽西战役纪实》,载《辽沈战役亲历记》,文史资料出版社1985年版,第181页。

[2] 《中国人民解放军第40军第三次国内革命战争战史》,1956年初稿。

　　林彪获悉我军在胡家窝棚与国民党军主力激战的消息，立即发电报给二纵和六纵17师："黑山以东之敌正向东南退却，二纵及17师立即出发向胡家窝堡（黑山东北）东南地区猛追敌人。"一旦抓住了廖耀湘的所在，他就插翅难逃了。

　　这天中午，廖耀湘逃到新1军新30师师部，这里尚未受到攻击。廖耀湘惊魂甫定，立刻呼叫各军军长向他靠拢。新1军军长潘裕昆、新6军军长李涛、71军军长向凤武和兵团参谋长杨焜先后来到。聚在一起，商量他们的出路。廖耀湘听说各军都受到沉重打击，目前正处于危急关头，只有台安方面的49军目前还没有崩溃。廖用电台向卫立煌报告，请求紧急指示。下午，新6军新22师师长派车和警卫部队来接廖耀湘。22师是廖在缅甸带出来的亲信部队，廖感觉与22师在一起会更安全，便乘车转移，命令潘裕昆指挥新30师就地抵抗。

　　此时的廖耀湘惊慌失措，全无主张。他用无线电话呼叫各军长时，竟用明语直接喊。参谋长杨焜大惊，这不是等于向共军暴露自己的目标吗？他再三劝说廖用密语，廖也不听。这天黄昏廖耀湘转移到新22师师部唐家窝棚，与49军军长郑庭笈通话。郑汇报说：他的军部位于大虎山至沈阳铁路线上的陈家窝棚，目前还没有行动。这里地图上标的是一片沼泽，实际上都已变成农田，四通八达，地形开阔。从陈家窝棚有一条公路直通老大房，过了辽河就可以到达沈阳。目前这是他们的唯一通道，沿途还没有发现共军。他还告诉廖耀湘：卫立煌命令49军退回沈阳，他派军部特务营到辽河边筹集船只和渡河工具。要走就快走，晚了就来不及了。

　　听郑庭笈这样一说，廖耀湘又犹豫不决起来。南下营口的决心动摇了，回沈阳又觉得没有前途。其实郑庭笈也不明白，他的退路早已被八纵堵住了。八纵经过两天两夜急行军，纵队首长一再命令部队不许休息，全力赶路，终于按总部规定的时间赶到预定地点，接替了独立2师的阵地。49军的前卫团已经被歼灭，郑庭笈居然全不知道。就在这时，卫立煌给廖发来电报，要辽西的部队迅速退回沈阳。廖耀湘拿着电报发愣，一脸痛苦羞愧的表情，想起当初，感到没脸回去见卫立煌。参谋长杨焜焦急地催促道："现在正是万分紧急的时刻，卫老总要你回沈阳，你就依照他的命令办好了！是他要你这样做，责任由他承担。"廖耀湘觉得有道理，就开始算计还能打出去多少部队。照目前情况，只有新22、新30、14师和49军的一个半师能拉出去，其余的部队就很少有希望了。廖耀湘越想越痛苦，命令接通新1军潘军长的电话。他命令潘率领新1军、71军和169师及兵团重炮部队，于27日拂晓沿大虎山至新民铁路向沈阳撤退。在老大房地段渡过辽河。重炮和车辆如果带不走，可以毁弃。潘接受命令时也很痛苦，声音颤抖地说："我将尽我的能力去做。"①

10月27日是廖耀湘兵团全军崩溃的日子。26日晚21时，林彪命令各部队：

一、今夜及明日、后日各部队均应勇敢主动寻敌攻歼。

二、应集中主力各个击破敌，最好以三个师围敌一个师，以二三个团歼敌一个团。

三、应各抓住一股敌人，先包围后，经过几小时准备再发起攻击；对溃退的敌人立即发起冲锋。

最后的总攻开始了。一纵、十纵从黑山向胡家窝棚，二纵、五纵向无梁殿、半拉门，三纵、六纵向厉家窝棚，七、八、九纵向姜家屯，把廖耀湘兵团十万大军包围在方圆几十里的狭小范围内，进行分割围歼。各纵队都下了命令：今夜不许吃饭、睡觉和休息，哪里有敌人就往哪里打，哪里有枪声就往哪里追。27日凌晨，各纵队都与敌军遭遇，展开了围歼。

五纵13师39团在27日凌晨插到二道境子一带的茶棚庵，天还是漆黑的。张团长骑着马去联络3营，没想到3营与一股斜插过来的国民党军搅混在一起，谁也看不清谁。我军向南走，敌人向北插。张团长骑马追过去喊道："谁让你们往那边走，回来！"对方骂道："咋呼什么！暴露了目标，老子毙了你！"一个戴大檐帽的军官上来问他是哪部分的，张团长才大吃一惊，怎么和敌人撞在一起了！他急中生智地说："我们是50师的，前边有共军，想去送死吗？"敌军官说："我们是新6军警卫营的，军部在胡家窝棚被共军打散，我们保护参谋长突出来，转了一天找不到部队。"

张团长一听，高兴得差点跳下马来。抓住"大鱼"了！他稳住敌人，说

---

① 廖耀湘：《辽西战役纪实》，载《辽沈战役亲历记》，文史资料出版社1985年版，第186页。

是回去找人接应，拨转马头回到前面部队，叫他们在公路两侧埋伏好。等这股敌人跟在3营后面进了包围圈，张团长一声令下，埋伏的战士一跃而起，高喊"缴枪不杀"。敌人完全没有准备，包括新6军参谋长黄有旭在内乖乖当了俘虏。①

天亮之后，我军各纵队发起攻击，枪声、炮声、喊杀声震天动地。国民党军溃不成军，根本无法组织战斗。廖耀湘等随新6军军部和22师行动，在一片开阔地被我军隔断包围。东边枪响，人群往西逃；西边枪响，人群又往回跑。廖耀湘、杨焜、李涛等坐在吉普车上，颠颠簸簸坐不住，又下来跟着汽车跑。只见大炮、卡车、辎重被扔得到处都是，官兵们四下溃散。杨焜等分头向人群大喊："你们不要跑，组织起来吧，帮我们突围出去！司令官、军长都在这里，你们保护着出去，要官有官，要钱有钱啊！"此时谁还理睬他们，官和钱都没有用，顾命要紧。廖耀湘等眼睁睁地看着22师逃散，只剩他们几个人蒙头转向，不知如何是好。最后也只好分散开，各自逃命去了。

六纵向新1军和新6军发起围歼，部队向洪水决堤，向厉家窝棚、张家窝棚西南横冲直杀，敌军完全丧失指挥和控制能力，纷纷缴枪投降。16师48团两个排战士端着枪排出一座"解放门"，向面前的敌人宣布：凡是放下武器从这个门里过去，就算解放，不以俘虏对待。不长时间，就有两千多敌人从这个门走过，身份竟包括五个军九个师的番号。

此时的战斗，已经不分前方后方，一线二线，各纵队的建制也跑乱了。27日一天林彪基本上没再下达命令，把权力下放各部队，只管消灭敌人就行。我军人人上阵，捉俘虏、缴武器，忙得不可开交。这天有三四百敌军骑兵盲目窜到六纵司令部驻地的村子，六纵全体机关人员，包括男女宣传队员、医生护士，人人投入战斗。敌军反而惊慌失措，人马全部被俘。这一天六纵总共俘虏敌军约二万人之多。

新1军30师、新6军169师还算顽抗了一阵，他们盘踞在几个村子里，与我军激烈交火。三纵、五纵、十纵的几个帅将其包围，打了一阵，几千敌人向半拉门以西突围。五纵14师彭飞龙师长调两个团堵截，迫击炮弹在敌

---

① 万毅：《浴血彰武，激战黑山》，载《辽沈决战》续集，人民出版社1992年版，第387页。

人群中爆炸，机枪火力向冲在前边的敌军骑兵扫射，敌人开始溃散逃跑。彭师长命令所有的人都上去追。师部直属队的机关干部、"八大员"共七十多人，有枪的冲在前，没枪的随便抄个棍子跟在后，前去捉俘虏。不一会儿，他们就扔掉了手中的棍子，换上崭新的卡宾枪，押着几百俘虏得胜而归。

五纵司令部侦察科长侯显堂出去执行任务，回来经过郭家窝棚，发现一群敌人正抛枪丢炮准备逃命。侯科长只身上前喊道："蒋军弟兄们，你们被包围了！往哪儿也逃不出去了。跟我走吧，保证你们的生命安全。"敌军营长说："长官，你们的俘虏政策我知道，一切听你指挥。"就这样，侯科长解决了新6军169师一个炮营，和几个侦察员押回来四百多俘虏。

27日17时，林罗刘向中央军委和东北局发出告捷电报："廖耀湘兵团五个军已全部被包围和击溃。已俘敌数万，俘虏中已查出副军长一名、师长一名，目前正猛烈扩张战果中。"毛泽东于23时回电，表示"极为欣慰"。并要他们指挥部队向沈阳、营口进军。①

10月28日早晨，围歼廖耀湘兵团的战斗基本结束。各纵队陆续退出战斗，稍事休息，清理战场。算起来，他们连续战斗了四十多小时，如果加上行军时间就更长了。战斗中猛烈追杀和胜利的高度兴奋，使指战员们忘记了疲劳和饥饿。战斗结束后，五纵14师41团王团长在刘屯向老百姓买了一只鸡，收拾好用面粉裹住油炸，做了个香喷喷的"虎头鸡"，请吴瑞林副司令员和师政委丁国钰来尝个鲜，大家喝杯庆功酒。几个人围在一起津津有味地吃起来，王团长刚吃了几口，手里的筷子不觉滑落到地下，趴在桌子上打起了呼噜。

根据中央军委指示，林罗刘这天又发出连续作战的指示：鉴于沈阳敌人已经准备逃跑，命令一、二纵向新民前进，十二纵直接向沈阳进军。七、八纵由辽河卡力马渡口南下，向营口急进，断敌退路。九纵向鞍山、海城前进；三、五、六、十纵在现地集结休整，打扫战场，收容、清理俘虏。由于廖兵团已经消灭，四、十一纵完成塔山阻击任务，后撤休整。②

大虎山以东的辽西平原，硝烟散去，又恢复了平静。我军战士在村里村外收集战利品，拉大炮、推汽车，一箱箱弹药堆积如山，垂头丧气的国民党

---

① 《中国人民解放军历史资料丛书·辽沈战役》，解放军出版社1993年版，第244页。
② 《东北人民解放军司令部阵中日记》，中共党史资料出版社1987年版，第1059页。

军俘虏，排着长长的队伍，被押送到后方。成千上万的民工在地方政府组织下，帮助部队运送伤员，搬运物资，掩埋阵亡者的尸体。

一大批国民党军高级将领被我军俘获。最先被俘的是新1军副军长兼30师师长文小山。27日他的部队被打散后，他与副师长、

◉ 辽西围歼战中俘虏的国民党官兵

师参谋长三人躲在黑山东边的一个洼地里，被五纵15师机关炊事班的同志们发现。炊事班长见这三人都穿着国民党士兵服装，但年龄大，细皮白肉不像兵。班长把扁担一横，问其中一个年岁大的是干什么的。文小山战兢兢地说是做饭的。班长让他伸出手来，见他手上没一个裂口，身上也没有烟油味道，怒喝道："你老实说，到底是干什么的？不然我揍你！"文小山慌忙摇手道："别打，别打，带我去见你们最高首长再说。"

在五纵司令部，文小山见到万毅司令员，承认了自己的身份，要求给予保护。万毅说："我可以保证你的生命安全。不过想问你一句，此时此刻有何感想？"文小山沮丧地说："还有什么好说的，我们好比楚汉战争时被打败的项羽，前有乌江，后有追兵，到了山穷水尽的末路，全军覆灭的命运是不可挽回的了。"

49军军长郑庭笈带着195师一个团，27日在厉家窝棚从上午打到夜里，也没有突出去。28日凌晨他带着师长和少数随从想过辽河逃往沈阳，走了二十多里被我七纵俘获。71军军长向凤武混在俘虏群中，也在台安被我军查出。

再说廖耀湘、李涛在新22师被击溃后，带了部分卫兵仓皇逃命。周围村庄都已被解放军占领，廖为了缩小目标，遣散了卫兵，与李涛、22师副师长周璞等躲在一个洼地里，等到天黑再行动。他们向南徒涉绕阳河，周璞不慎掉进一个深坑，大呼救命，招来了解放军的巡逻队，李涛又跑散了。天亮

后廖耀湘、周璞走进一个看来很平静的村庄，没想到村里也住满了解放军，幸亏天还不太亮，他们躲过哨兵，又钻进田野里的一个高粱秆堆里藏身。白天他们看着解放军大部队向各个方向行军，等解放军过尽了，他们才出来找当地农民用钱换便衣和吃的东西。廖原打算逃回沈阳，走到辽河边上，听说沈阳已经解放，遂决定掉头往回走，进关去找出路。他们混在逃难的老百姓中，走走停停，11月6日到了黑山西南的中安堡。

辽西围歼战结束后，东总政治部就给各部队发出电令缉拿廖耀湘。并指出廖是湖南口音、矮胖、眼睛近视。这天，驻在当地的我军某部后勤部的战士发现街上来了两个身穿破衣、肩披麻袋的"南方商人"，其中那个头发花白的矮胖子，特征与通缉令上说得一样。后勤部将两人扣留，李股长负责审问。矮胖子自称姓胡，在沈阳做生意，战乱中被人抢了，只好逃难回老家。这些鬼话当然骗不了人，李股长命令把他送警卫连看管，却把周璞当普通士兵给放了。

到了连里，连部卫生员是个解放战士。他指着廖问："你不是廖耀湘吗？在西安阅兵时你还给我们讲过话呢！"廖慌忙否认，脸涨得通红，前言不搭后语。警卫连林指导员看在眼里，心想八九不离十了。行军时廖将帽檐拉得盖住脸，只露两只眼，生怕新补充来的原国民党军士兵认出他来。一天夜里，他想翻墙逃走，押送他的战士一梭子子弹打出去，大喝一声，吓得他搭到墙上的腿又缩了回来。林指导员劝告他："你最好自己承认，不然新解放战士也能认出你来。"他还是否认，并乞求给他开通行证，放了他，达不到要求就装病不肯走路，后勤部让他坐卡车，司机是新解放的战士，一看就说："没错儿，他就是廖耀湘！"11月11日后勤部段政委亲自审问他，在无法抵赖的情况了，廖耀湘终于低头承认了自己的身份。①

新6军军长李涛是最后被俘获的。他与廖耀湘失散后，装成"乞丐"东躲西藏近半个月，11月14日，他穿着一件女式长大衫、破棉裤经过北镇南关，见到我军岗哨就躲躲闪闪。我卫兵见其形迹可疑，上前盘问，一听他是南方口音，立即将他扣留，送到政治部去。李涛又累又饿，看到桌上有高粱米饭，抓了一把就往嘴里塞。审讯时他自称原铁岭县政府文书，但是要他写出原铁岭县政府科长以上人名单时，他犹豫半天写不出来。这就露出了

---

① 《东北日报》1948年11月24日。

马脚。

我军干部问他："你看这次东北解放军打得好不好？"他马上回答："贵军战术颇佳，装备优良。"满口的军事术语，更暴露出他的身份。当我军干部向他要证件时，他脱口而出："丢在胡家窝棚了。"谁都知道这是廖兵团的司令部，于是，干部向他交代政策，告诉他廖耀湘就是刚刚在这附近被俘的，现在很平安，要他坦白承认。这位"文书"双手颤抖，含着眼泪请求给他换身军官服装。终于，他承认自己就是李涛。[①]

东北国民党军最精锐的廖耀湘兵团，除新1军军长潘裕昆、新3军军长龙天武带少数残部冲出重围，在新民乘火车逃回沈阳外，就这样全军覆灭了。短短的三天辽西大围歼战，表现出东北野战军灵活机动的战略战术，猛打猛冲的战斗作风和连续作战、不怕牺牲、不怕疲劳的顽强精神，是我军在东北解放战争中打得最漂亮的一仗，宣告了辽沈战役的全面胜利和东北全境解放的到来。偌大一个国民党战略机动集团，因为蒋介石的错误决策和最高统帅部的迟疑不决，长时间徘徊于无用武之地，失去了战机和撤退的时间，再加上廖耀湘临阵慌乱，导致陷入我军合围，不能组织有效的抵抗，陷入混乱而被我军分割歼灭。对胜利者来说，这是我军战史中一次成功的大兵团运动战的范例，对失败者来说，也是有深刻教训可以总结反思的。

---

① 《东北日报》1949年12月7日。

第二十七章

# 胜利

刘玉章的52军逃往营口——毛泽东批评林彪——九纵急行军南下——52军部分漏网——卫立煌逃离沈阳——沈阳守军联系起义投诚——沈阳解放——接管也是战斗——胜利的喜悦——大军南下入关

　　林彪在指挥辽西围歼廖耀湘兵团的大会战时，没顾得上派部队去占领营口。

　　毛泽东对营口是非常重视的。我军攻克锦州之后，营口就成了东北国民党军逃往关内的唯一出海口。在10月18日他与林罗刘商讨下一步作战计划时，在电报中告诉林彪："我们所最担心的是沈敌从营口撤退，向华中增援。"提议"在日内长春解决后，除留几个独立师监视郑洞国及新七军（假定该部反正的话）外，攻长各纵及几个独立师应迅速全部南下，位于沈阳、营口之间。时间应在十一月上旬，过迟则无保障。并须以一个纵队控制营口，构筑坚守阵地，阻绝海上与陆地的联系，使蒋、卫不敢走营口，即使他们走营口，我可先行抗击，以待主力到达聚歼。"[①]以后的几天中，毛泽东连发几封电报，催促林彪调十纵、十二纵去占领营口。

　　林彪不是不想占领营口，10月21日，郑洞国刚刚放下武器，林彪即发布命令要十二纵和一兵团所属的几个独立师迅速南下。考虑到他们距离太远，一时难以赶到，便命令参谋处长苏静带着重炮连去辽南独立2师，2师隐蔽在盘山，距营口最近。苏静乘车从锦州匆匆上路，24日到达盘山。

　　苏静刚走，情况变了。林彪决心以十纵死守黑山、大虎山，阻止廖兵团南下营口，命各纵队迅速前进，准备在辽西平原进行决定性的会战。22日林彪命令："因敌（指廖耀湘——作者注）不向营口撤退，辽南独立2师去营口无仗可打，应即返回，进至新民与半拉门之间，侧击敌人。"十二纵则继

---

　　① 《毛泽东军事文集》第5卷，军事科学出版社、中央文献出版社1993年版，第99页。

续南下，去监视铁岭和沈阳的敌人。[①]

就在我军布下围歼廖兵团的天罗地网时，却让国民党52军钻了空子。当廖兵团奉蒋介石的命令西进时，52军也奉命开往新民。当时军中上上下下情绪低沉，认为凶多吉少。后来听说杜聿明向蒋建议占据营口，52军军长刘玉章立刻跑到沈阳活动，主动要求去打通营口。卫立煌批准了这个方案。52军仿佛捞到了救命稻草，动作出奇迅速。10月23日拂晓52军从辽阳、鞍山出动，24日黄昏就到达营口。因南满我军主力已全部调出，他们仅在海城遇到地方武装的轻微抵抗，就占领了营口。

当林彪获悉国民党军占领营口的消息，黑山阻击战正处于最激烈的时刻，各主力纵队正向黑山全速前进，辽南独立2师也正在堵截廖耀湘兵团的南逃路线，眼下真是无兵可派。25日9时，林罗刘向中央军委报告："一、敌52军部队23号占海城、牛庄，昨（24日）已占营口，我在辽南只有地方武装，辽南独2师已不能先占营口。二、我一个独立师昨日已插到铁岭以南与敌对战，我十二纵本晨可包围铁岭，意图拖住敌人。三、昨日新6军、71军及207师一个旅各一部向我黑山、大虎山进攻，四次冲锋，均被击退。四、我六纵本日可插到黑山、大虎山以东地区，断敌退路，其他各纵均陆续前进，首先抓住敌人。"[②]

毛泽东看到电报，大为不满，当天18时回电批评："你们事先完全不估计到敌人以营口为退路之一，在我们数电指出后，又根据五十二军西进的不确实消息，忽视对营口的控制，致使五十二军部队于二十四日占领营口，是一个不小的失着。""长春各独立师现到何处？我们认为这些独立师应迅速经铁岭附近兼程南进，收复营口、牛庄、海城，并以主力位于打虎山、营口之间，配合你们主力夹击敌人。"[③]

林彪接到毛泽东的电报，也感到问题严重，当天电令十二纵南下。十二纵此时尚在长春以南的公主岭，纵队司令钟伟当即拉起部队出发。然而不凑巧的是：长春经四平、梅河口到清原的铁路被破坏，不通火车。十二纵只好沿着中长铁路步行南下。当他们到达铁岭的时候，已经是10月30日了。

---

① 《东北人民解放军司令部阵中日记》，中共党史资料出版社1987年版，第1049页。

② 《中国人民解放军历史资料丛书·辽沈战役》，解放军出版社1993年版，第238页。

③ 《毛泽东军事文集》第5卷，军事科学出版社、中央文献出版社1993年版，第127页。

10月27日，廖耀湘兵团陷入我军合围，呈现土崩瓦解之势。卫立煌在沈阳急得坐卧不安，令52军立即北上，驰援沈阳。刘玉章接到命令，只得派25师的一个团先出发，再召集军师级长官商量对策。军参谋长廖传枢认为：廖兵团目前情况不明，再把52军调回去，分明是"肉包子打狗——有去无回"嘛！到不了鞍山就会被共军吃掉。他拟了电报稿，谎称共军大部队已从盘山南下（当时根本没有此事——作者注），52军返回必遭侧击。援沈无望，进退失据，不堪设想。几小时后沈阳回电了，刘玉章等急不可耐，围着译电员，译一字看一字。只见纸上写着"来电悉，该军固守营口，已电总统派舰来接"。刘玉章几乎不敢相信自己的眼睛，25师师长跳上吉普车去追已经出发的部队。后队变前队，又返回营口。刘玉章收缩部队，修筑工事，等着蒋介石派军舰来救他们。[1]

27日深夜，毛泽东收到林罗刘发来的全歼廖兵团五个军的捷报，表示"极为欣慰"之后连发两道命令。23时半的电报命令"当面敌人解决后，望以有力兵团（不少于三个纵队）星夜兼程东进，渡辽河，歼灭营口、牛庄、海城一带之敌，阻塞敌人向海上的逃路。"[2]一小时后，又命令林彪等抽出几个纵队兼程东进，追歼沈阳之敌。

未等毛泽东电报到达，林罗刘就已经考虑南下夺取营口的问题了。27日这天，他们电令辽宁军区司令员陈奇涵、政委张秀山："盼你们立即重新架设一座浮桥，以便我大军迅速向鞍山、海城前进，继续歼灭沈阳南下之敌。此事万分紧要，务须办到。"[3]然而在宽阔的辽河上架浮桥，谈何容易？没等军区准备好，七纵、八纵、九纵和辽南独立2师就已经开始渡河南下了。

九纵经过六天六夜急行军，27日刚刚赶到大虎山以东。先头部队26师赶上围歼廖兵团的尾巴，投入了战斗。另外两个师还没喘口气，詹才芳司令员和李中权政委又接到总部急电，说敌军有从营口逃往海上的趋势，令九纵立即赶往营口。大仗没赶上，肥肉没捞着吃，又得赶路。但是九纵没说二话，研究情况之后，詹、李命令25师先行，从台安东渡辽河；27师为左

---

① 廖传枢：《第五十二军营口撤逃记》，载《辽沈战役亲历记》，文史资料出版社1985年版，第506页。
② 《毛泽东军事文集》第5卷，军事科学出版社、中央文献出版社1993年版，第137页。
③ 《中国人民解放军历史资料丛书·辽沈战役》，解放军出版社1993年版，第245页。

路，先占海城，切断沈阳敌军退路；26师待战斗结束后南下，当预备队。

八纵28日上午结束了围歼廖兵团的战斗，退出战场，南下到满都户宿营，准备南下。在辽河边上，他们发现河水既宽又冷，不能徒涉；架桥器材和船只都很难找到。于是29日6时八纵停止行动，向总部请示。9时总部来电："七、九纵均在渡河，总部始终未让八纵停止待命。你们应即渡河向海城、鞍山急进，截击敌人，不得延误。"

◎ 我军抢渡辽河向营口追击

八纵不敢怠慢，马上开始渡河。但由于缺少船只，渡河相当困难。林罗刘29日17时向军委报告："我向营口前进部队昨日已抵辽河沿岸，但只有渡船两只，三天才能渡一个师（不带重武器）。"10月31日早晨，八纵才全部渡完，向鞍山急行军。

渡过辽河之后，各纵队日夜兼程，向营口急行军前进。连续多天的行军作战，战士们已经疲劳到极点。但为了不让国民党军从海上逃跑，他们忍受着饥饿、困乏，咬牙坚持前进。有的战士走着走着就困得睁不开眼，为了防止掉队，每个班发一条绳子，班长牵着绳头，班副拿着绳尾，战士们拉着绳子，可以边走边打瞌睡，不至于因困极而倒在地上。首长看着实在不忍心，但谁也不敢下命令休息。为了让战士能吃上一口饭，纵队派出仅有的几辆卡车拉着炊事班往前面开，准备好饭。部队一到，一人接一碗，边吃边走。多数战士脚上打满了血疱，衣服上又是泥土又是汗水。10月30日下午，九纵25师到达营口北郊的石桥子，开始投入扫清外围的战斗。①

这天夜晚，从葫芦岛开来的国民党海军两艘炮舰到了营口海面。刘玉章等得望眼欲穿，恨不能马上登船逃命。但是海军指挥官马纪壮告诉他：来自天津的商船队要在葫芦岛卸完货才能开来，让52军坚持等待。31日夜里，船队也到了营口海边，因赶上退潮，进不了营口港。眼睁睁看着船上不去，国民党官兵焦急万分。为了逃命，刘玉章命令手下死守阵地，绝不能让共军攻进营口，占领码头。

31日这天，詹才芳、李中权率九纵主力到达营口市郊，布置进攻营口。不料52军以攻为守，想乘我军远来疲乏，立足未稳，打九纵一个措手不及。52军的25师和军属辎重团一天向九纵25、27师发起几次进攻，敌军一度冲进我25师师部所在的村子，进行激烈巷战。九纵渡河的时候把重武器都留在后边，此刻不能组织强大的火力进攻敌人。在这样不利的条件下，硬拼是无济于事的。詹才芳命令部队向后稍撤，做好准备再进攻。

11月1日上午，海水涨潮，接应52军的船只开进营口港。国民党官兵争先恐后往船上拥。由于船只太少，不敷使用，刘玉章下令抛弃所有的卡车、马匹等辎重，打乱建制，把人员全部塞上船。每条船都挤得像沙丁鱼罐头，没有半点空间。就是这样才塞进一半人，刘玉章优先安排特种部队，多数步兵都上不了船。刘玉章许愿只要船只有空，让他们从阵地坐上卡车直接开到码头登船。

就在52军忙乱上船时，九纵和辽南独立2师开始向营口市区进攻。经过1日全天激战，九纵三个师突破了敌人的外围阵地，进入营口市区。不料晚上敌军以团为单位，向我军发起反冲锋，这是刘玉章丢卒保车，掩护主力撤退的举动。目的是迟滞九纵。因为刘玉章等上船之后，又赶上退潮。船要在码头上停泊一夜，到2日早晨才能出海。这些人挤在船上，岂不是活靶子吗？52军的军官们心情紧张，辗转反侧地熬过这漫长的一夜。②

2日早晨，乘着涨潮和浓雾，船只慢慢地驶离营口港，向海上的国民党海军战舰靠拢。与此同时，九纵与独立2师向市区发起总攻。留下的敌军全

---

① 李中权：《营口追击战》，载《辽沈决战》上册，人民出版社1988年版，第505页。
② 廖传枢：《第五十二军营口撤逃记》，载《辽沈战役亲历记》，第507页。

无斗志，被我军分割包围，仅三个小时，营口市区就被我军占领。26师把大炮拖到码头上，向逃离的船只猛轰。一艘满载三千多敌人的轮船被击中起火，引起剧烈爆炸。船上的人纷纷跳海逃生，不少人被烧死或淹死。当天七、八纵先头部队赶来营口参战，然而九纵已经结束了战斗。

◉ 营口港被击毁的国民党军运输舰

在解放营口战斗中，我军共歼灭52军的2师、25师大部及军属辎重团共14800多人，缴获各种火炮88门、轻重机枪301挺、长短枪2574支、汽车66辆和大批弹药物资。刘玉章率52军1万余官兵逃走，成为东北国民党军在辽沈战役中侥幸逃脱的部分。[1]

话分两头，当七、八、九纵南下解放营口和辽东半岛时，林彪遵照毛泽东的电令，指示一、二、十二纵向沈阳急进，解放这个东北最大的城市。

10月27日，卫立煌就再没得到廖耀湘的报告，急得派出飞机到辽西上空侦察，只见地面上一片混战，卫立煌知道廖兵团算是彻底完了。28日上午，新1军军长潘裕昆、新3军军长龙天武率少数残兵，疲惫不堪地逃回沈阳。他们报告说：26日廖命令他们向沈阳撤退，49军在最后掩护。他们不了解情况，也没有派出部队侦察，结果遭到共军拦阻截击，把队伍打得稀烂，谁也不能掌握了。他们只好沿途收拾残部，跑到新民车站乘火车逃回来。卫立煌愤慨地对部下骂道："我早就向委员长说过，一出辽西走廊就会全军覆没，他不相信。我画个十字，他也不信。现在你们看，我不是说中了吗？"大家你一言我一语，然而一切牢骚痛苦都已无济于事，他们都清楚大势已去，问题是如何逃生。

---

① 李中权：《营口追击战》，载《辽沈决战》上册，人民出版社1988年版，第509页。

杜聿明在葫芦岛也是忧心如焚，廖兵团兵败如山倒，是他也没有预料到的。30日蒋介石命令他去沈阳布置防务，当他飞到沈阳上空时，空军通知地面机场已经失控，千万不要降落。杜无可奈何地转而飞向北平，在机场上正遇到蒋介石。杜向蒋汇报了东北的情况，蒋窘态毕露，沉默不语，只是要杜回葫芦岛等命令。空军司令王叔铭请示蒋："是不是把卫先生接出来？"蒋答："叫他到葫芦岛指挥。"说完就登机飞回南京去了。

此时的沈阳已是一片混乱，国民党军政大员纷纷收拾金银细软，准备逃命。卫立煌把沈阳防务交给第八兵团司令周福成，于30日下午与赵家骧参谋长等乘汽车赶往东塔机场。机场上挤满了想要逃跑的国民党军政官员，吵吵嚷嚷，乱作一团。等了约一小时，降落了两架运输机。卫立煌在身强力壮的卫兵保护下第一个登机。参谋长赵家骧、国民党东北政务委员会副主任高惜冰、安东省省长董彦平、辽宁省省长王铁汉、沈阳市长董文琦和潘裕昆、龙天武两位军长也争先恐后地爬上飞机。这时秩序大乱，人们你争我挤，卫立煌的副官把守舱门，把从舷梯往上爬的人一脚一个都踹下去。嫩江省长彭济群从梯子上摔下来伤了腰，有的爬上飞机翅膀赖着不动。赵家骧见无法起飞，急中生智，在舱门口向下喊道：你们不要着慌，马上有四架飞机来到。他假装宣布名单，哪些人乘第一架，哪些人乘第二架。然后又说：等一会儿飞机来了，都按排定的次序登机，我保证大家都走得了，不要乱抢！这一着果然把飞机下面的人都蒙住了。飞机翅膀上的人也下来了。于是飞机立即起飞，时间约在下午四时。黄昏时飞机在葫芦岛降落，杜聿明、侯镜如前去迎接。卫立煌一下飞机，长叹一声："差一点儿见不了面！"[①]

卫立煌等逃跑之后，30日晚上第八兵团司令周福成召开紧急会议，商量沈阳防御问题。当时沈阳城内的国民党军队还有53军两个师、207师两个旅、新1军一个师、四个守备纵队（相当于师）和从外地逃进沈阳的杂牌武装，约8万人。除了207师有些战斗力，其余部队都军心涣散，内部极为空虚混乱。

周福成原来是东北军张学良的旧部，经历过西安事变。抗战期间蒋把53军编入远征军，参加了在缅甸的作战。抗战胜利后从越南回国，即调回东北。周福成不是蒋的嫡系，53军也处处受到排挤。我党认为53军可以争

---

① 赵荣声：《回忆卫立煌先生》，文史资料出版社1985年版，第338页。

取，曾多方进行秘密联络，想让周福成弃暗投明。没想到周福成负隅顽抗，在兵团部会议上，周福成宣布要固守待援，副军长赵国屏、130师师长王理寰等纷纷反对，说这个仗是打不了啦。周破口大骂，扬言要法办他们。众人敢怒不敢言，散会后就开始各找门路，与解放军接洽起义。

这时，我军主力一、二、十二纵正向沈阳进军。十二纵急行军三天三夜，10月28日从公主岭赶到开原。这时钟伟司令员接到林彪电令："十二纵以一个师围歼铁岭之敌，主力即向巨流河前进，坚决堵截廖兵团回沈阳的退路。"钟伟重新部署36师打铁岭，他亲自率34、35师向巨流河前进。铁岭守敌116师的一个团已成了惊弓之鸟，我军一个冲锋，他们就四散逃命，没费多少力气就占领了铁岭。战斗结束后，36师又匆匆上路，赶上了纵队主力向沈阳进军。

31日十二纵到了沈阳以南的苏家屯。这是沈阳南郊的一个大站，占领它就切断了沈阳敌军的南逃之路。钟伟发布命令：今晚集中火力进攻苏家屯，然后向北夺取浑河铁路桥和浑河机场。这里的守敌是207师一部，他们据守碉堡，企图依托宽阔的浑河阻挡我军的前进。

就在十二纵进行攻击准备时，二纵5师从西边赶来了。钟伟原来就是5师师长，见到老战友，非常高兴。大家经过协商，制定了战斗计划。11月1日凌晨，二纵、十二纵集中十几个炮连的全部炮火，向浑河北岸的敌军阵地猛轰了一小时。乘着敌人狼狈不堪，我军冲过浑河铁路桥，扫除敌军据点。当天，二纵5师和十二纵从西南方向进入沈阳的铁西区。

一纵和二纵主力消灭了新民、巨流河的敌人后，势如破竹地向前进军，11月1日，他们从沈阳西北进入铁西区。二纵吴信泉副司令员率一个团冲在前面，敌军没有要打的样子。我军一冲上去，他们就缴枪投降。在后边纵队指挥所，刘震接到一纵李天佑司令员电话："我们的部队已经到齐，东总命令由你统一指挥。"刘震笑着告诉他："现在已经不需要统一部署了，你们赶快进城肃清残敌抓俘虏吧！"[①]

刘震、钟伟可能感到奇怪，沈阳的敌人怎么这么稀松，一点儿作战的样子也没有。除了207师稍作抵抗，其余就是开着大门等解放军来接收的。其

---

① 刘震：《东北解放战争中的第二纵队》，载《辽沈决战》续集，人民出版社1992年版，第139页。

◎ 王理寰

实几天以前，53军军官就与我方秘密联络，要求起义。

130师师长王理寰与我方早有联系。1948年初，我军放回几位53军的被俘军官，吕正操同志托他们捎信给王理寰，劝他反蒋起义。后来又有我方地下工作者去沈阳，与王理寰建立秘密联系。王受我方感召，早就不愿再打内战。但因起义条件不成熟，一直未能行动。廖兵团在辽西被歼灭的消息传来，沈阳守军人心大乱。王见时机到来，召集一批军官开会，商量组织起义。10月29日他派参谋出城与解放军联系，找到辽北军区独立2师，管松涛师长复信表示欢迎。31日，130师在城里贴出起义标语，王要求部下集合，在市内担任警戒，维持好市区秩序，保护工厂物资，等待解放军来接收。[1]

新1军暂53师也在寻求机会。师长许赓扬是东北军出身，这个师由东北地方部队编成，划归新1军，但不是嫡系。许本人与53军关系密切，与我方地下党有过接触。在战局迅速发展，解放军逼近沈阳的情况下，他决定主动采取行动，弃暗投明。从10月29日起，他连续派人出城找解放军联系，也找到了独立2师。30、31日暂53师代表与辽北军区负责人谈判，报告了沈阳市内的情况，辽北军区派出干部随53师代表进城，进行接收。[2]

10月30、31日两天，沈阳国民党军的不少部队都与我军联系起义。31日辽北军区政委陶铸向东北局报告："新1军之暂53师与周福成部正接洽投诚，他们要求起义，我们要求放下武器，正请示林罗决定。准其起义有好处，我可早两天进城，减少破坏；起义部队太多了，将来怕很麻烦是其坏处。城内工作同志已接上头，据说卫立煌走后，城内已呈现混乱。新立屯失败之残兵游勇散入沈市乱搞。已告其宣布我党我军进城后之各项政策，并号召工人组织护厂、学生护校、职员保护机关、市民维持街道、警察也可利用留下。总之是各阶层的统一战线反对特务破坏，在我军进城前，协力维持秩

---

① 王理寰：《在沈阳酝酿起义及其结果》，载《辽沈战役亲历记》，文史资料出版社1985年版，第437页。

② 许赓扬：《沈阳解放时的暂编第53师》，载《辽沈战役亲历记》，文史资料出版社1985年版，第450页。

序，不使沈阳再遭受破坏。"

辽北军区答应沈阳国民党军各部的起义要求后，沈阳国民党军政官员商议组织"和平解放沈阳委员会"，以王化一、王理寰、许赓扬、秦祥征等为委员。10月31日，他们到周福成的司令部劝说周起义。不料周态度极为顽固，公然叫嚣要焦土抗战，与共产党拼个死活。王理寰严肃地说："大势已去，不能再打，我这一师不愿无辜替蒋介石去死，决定放下武器。"副军长赵国屏和其他两位师长也表示了同样的意见。周福成脸色大变，颓然坐下，仍拒绝投降。大家决定把他送到"世合公"银行大楼，使其脱离司令部。

11月1日，我一、二纵由铁西区进城，各独立师从东部进占联合兵工总厂，进入东边门。新1军暂53师奉命向我军移交阵地，开出城外。53军各部队和其他地方部队集结在指定地点和大楼内，等待我军接收。重炮11团官兵守护着十八门美式155毫米重炮，交给我军说："这是国家的财产，现在要交给国家了。"汽车11团将全部车辆摆好队形，司机端坐车上等待我军命令行动。第二守备总队少将总队长秦祥征在街上等候我军到来，对我军干部说："你们今天来缴也行，明天来缴也行，反正我们等着就是。"在沈阳市内

◎ 接收沈阳国民党起义部队的装甲车

◎ 我军攻占沈阳国民党东北剿总大楼

的廖兵团散兵也纷纷向我军投诚，一个打着白旗的军官开着吉普车找到我军，拉上几个战士，一路走一路喊："解放军来了，出来缴枪吧！"到了中午，大街上听不到枪声，看不到混乱，老百姓都涌到大街上，热烈欢迎解放军。

　　国民党沈阳守军中，只有207师拒不投降。11月1日，林罗谭专电下令捉拿207师师长戴朴。戴朴见大势已去，化装逃跑。207师各部没接到命令，还蹲在地堡里顽抗。11月2日，207师1旅2团在东大营被我独立师围歼。2旅一部分残兵被我军击溃后，从沈阳市南郊的苏家屯等地退集乔家窝棚，企图以假投降之计逃跑。我军识破其阴谋，将其全部歼灭。至此，解放沈阳的战斗全部结束。总计消灭国民党军一个兵团部，二个军部、七个师、三个骑兵旅，共13.45万人。其中有周福成等将级军官106人。缴获各种炮1685门、轻重机枪4811挺、步枪71383支、装甲车114辆、坦克43辆、汽车841辆，以及大批弹药和物资。

　　沈阳、营口的解放，宣告了辽沈战役的胜利结束。恢复战争留下的创伤，整顿混乱局面，迅速恢复正常的社会秩序、工业交通和人民生活，是摆在东北局面前的头等重任。前方打胜仗，后方也在日夜忙碌。我军主力歼灭廖耀湘兵团时，东北局领导人就预感胜利将会很快来临，必须做好接管沈阳等大城市的充分准备。10月26日，东北局领导人陈云、林枫、王首道、叶季壮、李立三、吕正操等在高岗住所召开紧急会议，研究接管沈阳的具体方针和办法。会议决定由陈云同志任沈阳军管会主任，伍修权为副主任兼沈阳卫戍司令员；陶铸为副主任兼沈阳市委书记、卫戍区政委；朱其文为沈阳市长。东北局决定抽调四千名新老干部前去搞接管工作，哈尔滨除了少数干部留守，几乎是全面出动。28日开动员大会，29日就乘火车从哈尔滨出发南下，速度之快与前方部队行动不相上下。

2日下午陈云率领干部进入沈阳市区之后，军管会马上发出第一号公告，宣布七项规定：保护人民和市内一切工商业财产；戒严三天，严防破坏分子活动；保护一切公共建筑、机关、设施不遭破坏；蒋军官兵须自动向人民政府投诚报到；任何机关部队不得非法捕人，有坏人可以检举报告；除卫戍部队外，任何部队不得随便入城；在城里的部队必须严格遵守群众纪律，不许自由外出进入影院、剧场等公共场所。

接管沈阳也是一场紧张的战斗。进入沈阳的一、二纵和担任卫戍部队的独立1师、独立4师分头行动，看管各重要机关和仓库、工厂。散入市区的国民党军散兵游勇经各部队收容，三天内集中3万多人，对安定沈阳市面的秩序起了积极作用。从11月1日起，国民党飞机连续从葫芦岛起飞轰炸沈阳，重点是兵工厂、军火库和火车站。东总调来高射炮兵部队，担任沈阳防空。沈阳有全国最大的兵工厂，沈阳解放前蒋介石打算将兵工厂内迁。厂长陈修和是陈毅的哥哥，他坚决抵制，保护了工厂，将其完整地移交给军管会。厂里储存着大量弹药和机械设备，对支援全国解放战争有重要作用。陈云感谢陈修和作出的贡献，指挥哈尔滨来的几百干部和技工，与厂内工人奋战几昼夜，抢运出绝大部分弹药和枪炮成品。对国民党公务员、警察等大批旧人员采取稳定政策，让他们仍按正常规定上班，保护好机关档案、银行、邮局、电信、电灯、电车、自来水等重点部门的正常运转。接管后三天，沈阳商店开门，水电畅通，市政通信设施也都恢复正常。为了解决沈阳的粮食、取暖和财政，军管会从南满调来大

◎ 沈阳人民欢庆解放

批粮食，从阜新调来煤炭，从哈尔滨调拨足够的资金，一扫以前沈阳市面萧条、混乱的景象，给沈阳注入了新生的活力。在我军管会的努力工作下，沈阳的工作很快打开了局面。到11月10日左右，接收工作就基本完成，人民新政权的各项工作走上正轨。①

11月4日，林彪、罗荣桓、刘亚楼、谭政率领东北野战军总部乘火车到达沈阳。历时52天的辽沈战役，我军共消灭国民党军47万余人。其中毙伤5.5万人，俘虏32万人，投诚起义9万人。我军也付出了6.7万人伤亡的代价。其中阵亡14010人，伤53327人。我军在战役中消耗子弹697万发，手榴弹13万发，炮弹15万发。11月9日到12日，锦西、葫芦岛和承德的国民党军分别从海上和陆路向关内撤退，东北全境解放。

11月3日，林罗刘发布命令，让各部队休整一个月。"为恢复体力，各部在到达驻地后的前一星期左右的时间，不正式出操、上课，开会时亦求内容扼要，应多进行文化、娱乐工作。"但又指出："应一切为了新的行动和继续作战，切戒太平、享乐、保守的观念。须指出革命如不能全部胜利，局部胜利是决不能巩固的。只有迅速使蒋介石遭受全部失败，则中国人民才能得到彻底解放和幸福。"

毛泽东为辽沈战役的胜利兴奋不已。11月2日中共中央电贺东北解放的同日，就电告林罗刘谭，要他们向全军公开提出准备进行平津战役和夺取平津的任务。11月14日毛泽东为新华社起草了《中国军事形势的重大变化》一文，指出："现在看来，只需从现时起，再有一年左右的时间，就可能将国民党反动政府从根本上打倒了。"②这不是幻想，因为东北解放战争的胜利，使敌我力量对比发生了转折性的变化。东北野战军的100万人马成为一支最强大的战略机动力量，东北地区雄厚的工农业基础成为全国解放战争的强大后方基地，我党已经真正具备了最后打败蒋介石的军事和经济实力。

11月18日，中央军委命令东北野战军主力立即结束休整，迅速入关，提前发起平津战役。23日，东北野战军十二个纵队、一个铁道纵队和特种兵共84万人，分三路秘密出发。30日，林彪、罗荣桓等离开沈阳，随同大军向关内挺进。这一去又是万里远征，一直把红旗插到了海南岛。

---

① 李锐：《接管沈阳记事》，载《辽沈决战》续集，人民出版社1992年版，第477页。
②《毛泽东军事文集》第5卷，军事科学出版社、中央文献出版社1993年版，第219页。

尾 声

# 历史不会终结

❯❯

卫立煌逃到葫芦岛，越想越窝火，简直不明白他们在东北怎么会败得如此之快，如此之惨。杜聿明、赵家骧与他一起检讨东北失败的原因，卫立煌说："蒋介石的用人是人人直接通天，弄得谁也不能统一指挥。我在东北未下过一道命令，看谁负责！"

蒋介石当然不会负责，他理所当然地拿卫立煌当了替罪羊。1948年11月10日，他发布命令："东北剿总总司令卫立煌迟疑不决，坐失军机，致失重镇，着即撤职查办。"卫立煌从"东北王"沦为阶下囚，被宪兵、特务软禁家中，令旁观的国民党将领寒透了心。幸亏战局变化快，蒋介石被迫"下野"。李宗仁代行总统之职，恢复卫立煌的自由，并听取了卫的申诉。李宗仁在回忆录中写道：

"东北在大势已去之后原不应死守，而蒋先生一意孤行，下令死守到底，实犯兵家大忌。最后锦州之战，如果蒋先生从卫立煌之议，不胡乱越级指挥，则国军在关外精锐不致丧失殆尽，华北亦不致随之覆没，则国民党政权在大陆或可再苟延若干时日。蒋先生不痛定思痛，深自反省，反将全部战败责任委诸卫立煌一人。立煌不但被拘禁，几遭枪决。直至蒋先生下野后，我才下令将卫立煌释放。卫氏感激涕零，特来向我拜谢，一夕长谈，我才明白东北最后战败的情况，原来如此！"[1]

东北的结局就像多米诺骨牌倒下的第一块，引起连锁反应。此后，国民党兵败如山倒，一年之内就被赶下了海。多年以来，国民党将领也在不断反思失去大陆的原因和教训，一致认为东北的战败是军事上的关键原因，抗战胜利后国民党内的腐败和混乱则是经济上的原因。也有不服气的，如关麟征将军在谈起国统区发行"金圆券"导致经济崩溃时说："这只是促成失败的一个原因，而非失败的根本原因。我们银行准备金不足，但总算还有银行；

---

[1]《李宗仁回忆录》，广西人民出版社1995年版，第637页。

还有不少准备金，钞票也是精印出来的。请问毛泽东的银行在哪里？准备金在哪里？他们的钞票是在布条子上盖一颗印，写上多少元就算是多少元。怎不见他们的金融受到影响！这是事实呀！这个事实是根据军事上的成败而存在的。人家天天打胜仗，所以布条子也可以取得人民的信任。我们天天打败仗，什么券人民也不信任。"①

关麟征说的当然是实话，但他就怎么也没搞明白：共产党凭什么天天打胜仗，国民党为什么天天打败仗？生活在那个时代的人都知道：抗战胜利后蒋介石的威望达到一生中的顶点，他就是国家和正统的化身。他第一次视察沈阳的时候，不也受到民众的欢呼吗？国民党的嫡系部队刚进东北的时候不也是八面威风吗？杜聿明不也曾步步进逼，迫使林彪一直退过了松花江吗？但是国民党是怎样失去了民心，共产党又是怎样得到了人民的支持，从弱到强的呢？国民党将领们是说不清楚的。1983年在筹备编写《辽沈决战》一书时，陈云同志谈到辽沈战役胜利的原因，总结为六个方面：

一、苏联红军出兵东北，打败了日本关东军。这为我们的大部队能抢在国民党前面迅速进入这个地区，为改善我们的装备，创造了十分有利的条件。

二、是由于全国各个根据地的支援。为了支援东北，先后调进去了山东军区的主力，新四军的第三师，陕甘宁三五九旅，抗大炮校等部队的一部分，以及冀东、冀中、晋绥、冀鲁豫军区的大部分或一部分部队，共十多万人。另外，还派进去了一百个团架子的部队干部和二万左右的党政干部，其中包括二十个中央委员和候补中央委员。这些力量加上抗联原有的力量，为我党我军在东北的发展奠定了十分雄厚的基础。为了迅速歼灭东北的敌人，东北局曾向中央提出：希望关内能牵制更多的敌人兵力，不使他们再增援东北。那时，全国各个战场都打得很好，确实牵制了大部分敌人兵力，以致敌人大部队不仅没有再进来，有的还出去了。这也是全国对东北的巨大支援。可以说，如果没有全国各个根据地的支援，没有一野、二野、三野和华北野战军的支援，就不可能有四野，就不可能有东北战场的胜利。

三、是由于我们动用正规部队进行了剿匪。东北的土匪实际上就是伪满

① 何家骅：《国民党怎样失去大陆?》，载香港《明报月刊》1989年第11期。

军警和地主武装，如果不把他们剿干净，农民就发动不起来，后方也不可能安稳。

四、是由于进行了土地改革。贫苦农民翻了身，我们党才能在东北站住脚，扎下根，我们的部队才可能有那么充足的兵源、充足的粮草，来和美式装备的国民党军队较量。

五、是由于建立了巩固的东北革命根据地。东北解放区原有的经济基础就比关内各解放区雄厚，……再加上我们在解放区迅速建立了政权，抓紧恢复生产建设，发动翻身农民踊跃参军，充分动员各方面的人力、物力支援解放战争，这就使我军有了一个强大的后方，物资特别是粮食供应有保障，部队可以不断扩充，而且调动起来快，机动性强。

六、也是最重要的一点，是由于党中央、毛主席为东北局制定了完全正确的工作方针，为辽沈战役制定了完全正确的作战方针。如果按照林彪的打法，主力围困长春不南下，以后占领了义县又不打锦州，而要回师长春，那就不会有辽沈战役，东北的胜利就不可能来得这么大，这么快。[1]

陈云同志的这番论述，是目前为止对东北解放战争最全面、最深刻的总结。他的总结中贯穿了一个主题：东北解放战争是我党领导的人民战争。因为共产党代表了广大劳动人民的利益，发动了群众，给贫苦农民分了土地，才得到人民的支持。谁赢得了民众的大多数，谁就能赢得战争。这不是最显而易见的道理吗？

事实也是如此，我军的每一次作战，都离不开人民的支持。辽沈战役中，除了我军后勤部门在运输、军粮、服装、弹药等方面的保障之外，各战区都组织起省委负责的支前委员会，从地方抽调人力物力支援前线。据战役后的统计：共动员民工160万人，出担架13000多副，马车6700多辆，火车皮近2万节，筹措粮食7000多万斤，抢修铁路4300多公里，架设桥梁280座。大军入关时，还有10万民工随军，他们为战争付出多少辛劳，是没有办法计算清楚的。

支援战争是一个方面，人民为战争付出的沉重代价就更无法统计了。哪

---

① 陈云：对编写《辽沈决战》一书的意见，载《辽沈决战》上册，人民出版社1988年版，第2页。

一次作战不要打烂一些乡村和城镇，蒙受的损失和重建工作最终还是要老百姓自己承担的。辽沈战役结束后，黑山和附近地区几乎被扫荡一尽。陈云、陶铸1948年11月7日致东北局的报告说：

> 黑山、彰武及阜新东部，在此次辽西会战中负担很大，仅担架即达一万多副，粮食被部队吃去为数很大。特别是敌人的掠夺，许多村子已无存粮。最严重的为牲口损失约百分之八十，据彰武二区十四个村调查，被敌人抢去牲口一千零一头，大车几百辆，鸡为敌吃掉达一万五千只，猪、羊一千五百头。村干部被杀二百余人。总之，战场地区群众很苦，现已无法生活，明年生产当更成问题。除政府应拨一笔救济款解决群众目前生计困难外，是否可以在后方各省农村，发动号召农民捐些粮食与牲口。对战场地区群众给以援力。这不仅使该地区的群众得到更大的帮助，更可以在农民中间激发一种阶级的友爱，而辽北本身更应以大力来组织这一援救运动。[①]

援助工作当然做了，但在当年那种艰苦的条件下，每户农民能得到的恐怕也只是维持过冬的粮食和一些衣物。远远弥补不了战争造成的灾难。中国老百姓的承受能力是极强的。他们没有抱怨，默默地开始了重建家园的劳动。为了新中国和幸福生活，付出这些代价是值得的。

辽沈战役已经过去了将近半个世纪，然而历史并没有终结。当年在东北战场上风云一时的主角们，又演出了令人瞠目结舌的一幕幕悲喜剧。

廖耀湘被俘后到了哈尔滨"解放军官教导团"，新中国成立后又转到抚顺战犯管理所。虽然是败将，心里总是不服的。抗美援朝战争开始时，他说："跟美国人打，非哗啦不可。"直到志愿军的捷报不断传来，廖才服气地说："解放军还真有一套。"他开始认真地改造思想，1959年以后，与杜聿明、郑庭笈等获得特赦，担任政协全国委员，为祖国统一大业发挥着自己的作用。

郑洞国虽然也到"解放军官教导团"学习了一段时间，但他与李鸿、史说等不是被俘，自然也就不算战犯。新中国成立后他们就获得了自由，分配了工作。郑洞国深刻地反省自己的经历，终于在阅读了《毛泽东选集》后找

---

① 军事科学院图书馆藏。

到了答案。在周恩来关怀下，他到水利部与傅作义将军共事，后来又一起担任了国防委员会委员、政协常委，受到很高的待遇。他将自己的戎马生涯写成回忆录，给后人留下了东北战争的真实记载。

全国解放后，卫立煌栖身香港，时时受到台湾国民党特务的威胁。新中国建设的成就和抗美援朝战争的胜利，使卫立煌看到了光明的前途。反复考虑之后，他向中共转达了想回国的信息。周恩来得知后，表示极为欢迎。1955年3月15日，在我方周密安排下，卫立煌回到广州。毛泽东听说卫归来后，立即发电报表示祝贺，并盼望他早日来北京，好好聊聊。卫立煌到北京后，毛、刘、周、朱等党和国家领导人分别亲切会见了他，畅谈抗战时的情谊。昔日的部下，被授予中国人民解放军上将军衔的陈明仁、国防委员会委员郑洞国也来拜访。毛泽东在《论十大关系》报告中指出："像卫立煌、翁文灏这样的有爱国心的国民党军政人员，我们应当继续调动他们的积极性。"卫立煌被任命为国防委员会副主席、政协常委，使他深受感动，晚年为国家做了许多有益的工作，直到1960年病逝。

留在大陆或回来的国民党将领，都得到了妥善安置，过上了安定生活。去了台湾的反而命运多舛。赵家骧被蒋介石派往金门，任防卫部副司令官。1958年8月23日，中国人民解放军万炮齐发，猛轰金门。赵家骧在司令部被密集的炮火当场炸死。

蒋介石的宠将孙立人，从东北调离后，奉蒋之命驻守台湾，为国民党政府经营最后的地盘。他干得很卖力气，被蒋介石任命为陆军总司令兼保安司令，权倾朝野。但是他与美国人的密切关系引起蒋的猜疑，1954年以莫须有的罪名撤掉了他的一切职务，像张学良一样遭到长期监禁。直到蒋介石、蒋经国相继去世之后，孙立人才恢复了自由。但几十年岁月的煎熬，他已变成垂垂老翁，全无当年风采了。

历史就是这样不断变化。新中国成立后，高岗任中央人民政府副主席。1954年2月在党的七届四中全会上，高岗、饶漱石的问题被揭露出来，高岗最终自杀。

林彪在"文化大革命"中成为党章中规定的接班人，加紧了篡党夺权的图谋。1971年9月13日，林彪叛逃，机毁人亡。

党的十一届三中全会以来，拨乱反正，解放思想。邓小平同志反对"两个凡是"，提出"实践是检验真理的唯一标准"，打碎了禁锢人们头脑的思想枷锁，人们开始重新研究历史、反思历史。

1984年2月11日，几位从事《中国大百科全书》军事卷编撰工作的军队干部来到黄克诚的住所，就关于"林彪"这个词条的写作问题征求他的意见。

1959年的庐山会议，黄克诚大将蒙受冤屈，被打成彭德怀"军事俱乐部"的成员，被撤掉了总参谋长的职务。"文化大革命"中，黄克诚被投进监狱，身心受到残酷折磨，恢复自由时，已是双目失明。但是在谈到林彪的历史评价时，他说了下面一番话：

"你们写人物志，要学习司马迁，他在《史记》中写了一大群历史人物。你们现在要用历史唯物主义的观点，用历史学者的态度，去评价历史人物。不要用过去党内斗争中开斗争会的那种过火的语言，揪出一个人就把他的历史功绩一笔勾销了。不能只看一面，要看两面，要全面地观察，做出全面的评价，写出历史的真面貌。

"林彪死了十几年了，对他也要用历史唯物主义的观点去写他的历史，这是我的想法。林彪是我军历史上有名的指挥员之一，他后来犯了严重的罪行，受到党纪国法的制裁，这是罪有应得。但是在评价他的整个历史时，应当分为两节：一节是他在历史上对党和军队的发展，战斗力的提高，起过积极的作用。另一方面是后来他对党、国家和军队的严重破坏，造成了极为严重的后果。这样，两方面都写明确，不含糊，才符合历史事实。

"解放战争时期，一九四五年冬我们进军东北的部队是十万多点，经过三年，到一九四八年十二月部队进关时是一百多万人。带十万人进去，带一百多万人回来，建立了东北那么大的解放区，当然这不是林彪一个人的功劳，而是整个东北局和东北部队指战员和东北人民的功劳。但是林彪是主要领导人，也不能抹杀这一点。在'林彪'这条释文中，对他的成绩也需要稍具体一点，概括地写几句话。譬如，他与陈云、罗荣桓、李富春等同志共同领导了东北的解放战争，解放了整个东北。后来进关指挥平津战役，解放华北；以后又进军中南，直到中南地区全部解放，他才回来休息。总之，对他历史上的成绩也要概括地点出来。

"在我们党几十年革命斗争中，没有错误的人是没有的。没有讲过错话，没有做过错事的，恐怕一个也找不出来。……至于他后期的问题，属于另外一个性质；那不是错误，而是严重的罪行。……总起来说，我的意见就是要按照历史唯物主义的观点，用历史学者的态度，来写林彪的历史。好的、坏的两方面都写，不要只写一面。"①

黄老也已经成为历史人物，读到他生前的这篇谈话，仍然为他那宽阔的胸怀和科学严肃的态度而深深感动。黄克诚，不愧是一个"一辈子讲真话"的人。如果人人都能以这样的态度来对待历史，研究历史，我们就能给后代留下一部可信的历史。

---

① 《对"林彪"条释文的意见》，载《黄克诚军事文选》，解放军出版社2002年版，第806页。

# 参考文献

## 文集、选集

[1] 毛泽东. 毛泽东选集 [M]. 北京：人民出版社，1991.

[2] 毛泽东. 毛泽东文集：第4卷 [M]. 北京：人民出版社，1996.

[3] 毛泽东. 毛泽东军事文集 [M]. 北京：军事科学出版社、中央文献出版社，1993.

[4] 毛泽东. 建国以来毛泽东文稿 [M]. 北京：中央文献出版社，1987.

[5] 刘少奇. 刘少奇选集 [M]. 北京：人民出版社，1981.

[6] 黄克诚. 黄克诚军事文选 [M]. 北京：解放军出版社，2002.

[7] 中共中央文献研究室. 毛泽东年谱 [M]. 北京：人民出版社、中央文献出版社，1993.

[8] 中共中央文献研究室. 周恩来年谱 [M]. 北京：人民出版社、中央文献出版社，1989.

[9] 中央文献研究室. 彭真年谱 [M]. 北京：中央文献出版社，2002.

## 档案史料

[1] 中央档案馆. 中共中央文件选集 [M]. 北京：中共中央党校出版社，1990.

[2] 中共中央党史资料征集委员会. 东北人民解放军司令部阵中日记 [M]. 北京：中共党史资料出版社，1987.

[3] 中国人民解放军历史资料丛书编审委员会. 中国人民解放军历史资

料丛书　解放战争时期过渡阶段军事斗争［M］.北京：解放军出版社，2000.

［4］中国人民解放军历史资料丛书编审委员会.中国人民解放军历史资料丛书　辽沈战役［M］.北京：解放军出版社，1993.

［5］周保中.东北抗日游击日记［M］.北京：人民出版社，1991.

### 回忆录、传记

［1］红旗飘飘编辑部.解放战争回忆录［M］.北京：中国青年出版社，1961.

［2］中共中央党史资料征集委员会，等.辽沈决战［M］.北京：人民出版社，1988.

［3］辽沈战役纪念馆、《辽沈决战》编审小组.辽沈决战：续集［M］.北京：人民出版社，1992.

［4］胡乔木.胡乔木回忆毛泽东［M］.北京：人民出版社，1994.

［5］师哲.在历史巨人身边［M］.北京：中央文献出版社，1991.

［6］师哲.峰与谷［M］.北京：红旗出版社，1992.

［7］萧劲光.萧劲光回忆录［M］.北京：解放军出版社，1987.

［8］伍修权.回忆与怀念［M］.北京：中共中央党校出版社，1991.

［9］何长工.何长工回忆录［M］.北京：解放军出版社，1987.

［10］黄克诚.黄克诚自述［M］.北京：人民出版社，1994.

［11］曾克林.曾克林将军回忆录［M］.沈阳：辽宁人民出版社，1992.

［12］魏燕茹.张闻天在合江［M］.北京：中共党史资料出版社，1990.

［13］梁必业.东北解放战争中的第一纵队［M］.北京：军事科学出版社，1994.

［14］中共辽宁省委党史研究室.解放战争中的辽吉根据地［M］.北京：中共党史出版社，1991.

［15］全国政协文史资料研究委员会.辽沈战役亲历记［M］.北京：文史资料出版社，1985.

［16］张治中.张治中回忆录［M］.北京：文史资料出版社，1985.

［17］郑洞国.我的戎马生涯——郑洞国回忆录［M］.北京：团结出版

社，1992.

[18] 李宗仁. 李宗仁回忆录 [M]. 南宁：广西人民出版社，1995.

[19] 赵荣声. 回忆卫立煌先生 [M]. 北京：文史资料出版社，1985.

[20] 爱新觉罗·浩. 流浪王妃 [M]. 北京：北京十月文艺出版社，1985.

[21] 金冲及. 刘少奇传 [M]. 北京：中央文献出版社，1998.

[22] 中共中央文献研究室. 任弼时传 [M]. 北京：中央文献出版社，1998.

[23]《当代中国人物传记》丛书编辑部. 罗荣桓传 [M]. 北京：当代中国出版社，1991.

[24] 程中原. 张闻天传 [M]. 北京：当代中国出版社，1993.

[25] 郑建英. 朱瑞传 [M]. 北京：中央文献出版社，1995.

[26] 王成斌，等. 民国高级将领列传 [M]. 北京：解放军出版社，1989.

[27] 中共中央文献研究室. 陈云传 [M]. 北京：中央文献出版社，2005.

## 专著、工具书

[1] 军事科学院军事历史研究部. 中国人民解放军战史 [M]. 北京：军事科学出版社，1987.

[2]《中国人民解放军第四野战军战史》编委会. 中国人民解放军第四野战军战史 [M]. 北京：解放军出版社，1998.

[3] 王元年，等. 东北解放战争锄奸剿匪史 [M]. 哈尔滨：黑龙江教育出版社，1990.

[4] 杨国庆，白刃. 罗荣桓在东北解放战争中 [M]. 北京：解放军出版社，1986.

[5] 孙其明. 和谈内战交响曲 [M]. 上海：上海人民出版社，1992.

[6][美] 赫伯特·菲斯. 中国的纠葛 [M]. 北京：北京大学出版社，1989.

[7][日] 服部卓四郎. 大东亚战争全史 [M]. 北京：商务印书馆，

1984.

[8] 中国军事百科全书编审委员会. 中国军事百科全书 [M]. 北京：军事科学出版社，1997.

[9] 星火燎原编辑部. 中国人民解放军将帅名录 [M]. 北京：解放军出版社，1987.

[10] 军事科学院图书馆. 中国人民解放军组织沿革和各级领导成员名录 [M]. 北京：军事科学出版社，1990.

[11] 姚夫，等. 解放战争纪事 [M]. 北京：解放军出版社，1987.

# 后 记

1988年我在复旦大学历史地理研究所读完了博士研究生，穿上军装，来到北京西山的中国人民解放军军事科学院。我被带进一个全新的领域。

当年叶剑英元帅创建军事科学院时，做了大量的资料积累工作。各部队都将他们的作战电报、战斗总结、组织编制、后勤、政治工作等方面资料全部上缴。这些原始材料，电报是抄在练习本上的，小册子是油印的，总结是手写的。我一边阅读，一边叹服这些前辈，他们的文字如此朴实，故事情节如此生动，我被深深地吸引了。

1987年军事科学院出版了三卷本《中国人民解放军战史》，这是军事历史研究部集体创作的成果。因为它是正史，要对解放军的发展和战争作权威的论述，要顾及各个根据地、部队，所以只能作宏观的叙述。我突发奇想：能不能从细节入手，来写解放军的历史呢？

解放战争是中国革命史上最辉煌的一幕。我在读史料时，发现第四野战军的史料最丰富。四野打的仗最多，从东北打到了海南岛。而且每次战役结束后，各部队都要进行细致的战斗总结，把经验和教训都原原本本记下来，打一仗就进一步。当年中共中央从各地派往东北的都是精英，这些秀才们把后方的土改、剿匪，也都写得深入细致。于是我白天做本职工作，晚上就在办公室里写作。到1996年，完成了第一部60万字的《东北解放战争纪实》，1997年由人民出版社出版。

有读者问：你写的这本书，特点在哪里呢？写作过程中有什么心得呢？我写解放战争，追求的是原创性和历史的细节。

第一，战争是国共双方的大决战，没有事先注定谁就该胜，谁就该败。我们看到的三大战役都是打起来的场面，实际上战前的谋划运筹是一个非常复杂的阶段。就辽沈战役来说，双方统帅部的决心都没有错。蒋介石要东北国军全部撤离，毛泽东要林彪先打锦州，将卫立煌集团消灭在关外。而卫立煌不肯轻易放弃东北，林彪则担心打锦州会孤军深入，造成被动。为此，毛泽东和林彪商量了半年多，林彪才指挥大军包围锦州。而蒋介石和卫立煌并未惊慌，国军部署了廖耀湘的西进兵团和侯镜如的东进兵团，设想让范汉杰坚守锦州，吸住林彪主力，然后两面反包围林彪。如果范汉杰能够坚守一周，黑山或塔山又守不住，战局真的难以预料。但是无论廖兵团还是侯兵团，都没有全力以赴去攻击，而范汉杰仅仅两天就当了俘虏。这说明，上级运筹是一回事，底下执行又是一回事。统帅部的正确决策和各级干部战士的英勇顽强，二者缺一不可。

第二，战役的过程中，会出现突发的战机和意外的情况。谁抓住了谁胜利。攻克锦州之后，林彪的部队已经疲惫不堪，按常规应该修整。而廖耀湘受到卫立煌和杜聿明的双重命令，一个让他回沈阳，一个让他下营口，廖来回协调，浪费了五天时间。林彪敏锐地抓住战机，命令攻锦部队全力奔赴辽西，在野外消灭廖兵团。各部队跑得吐了血，终于用两条腿追上了机械化的廖兵团，取得了辽沈战役的全胜。

第三，解放战争中除了作战，还有许多方面都与战争的胜利密切相关。例如中共的组织工作和解放军的战场政治思想工作，都表现出巨大的能量。1946年四平保卫战失利后，东北我党我军都处于最困难的时刻。中共中央东北局作出《七七决议》动员上万干部下乡，进行土改和剿匪，赢得了民心，巩固了根据地。这种奋发图强和团结一致的精神，终于扭转了局势。相反，国民党军队的腐化堕落，贪图享受，很快涣散了战斗力，与共产党形成了鲜明的对比。

公平地说，国军也有很多能打仗的将领。1947年东北野战军二战四平，被围困的陈明仁顽强死守。战后，王耀武的考察团去四平，写了一个参观报告书，全面再现了四平战斗细节。战斗到了最惨烈的时刻，陈明仁已经没有预备队了。情急之下，他把辎重营的马夫派上战场。白发老营长带着马夫们坚守阵地，伤亡惨重后终于等来了援军。但是他们跟了蒋介石，方向错了。国民党军内部表现更多的是派系斗争，钩心斗角，见死不救。辽沈战役中的侯镜如兵团，在绝对优势的条件下，竟然无法突破一个塔山阵地。这与解放军的同心协力、顽强奋战，形成了鲜明的对比。

历史能留给我们最深刻的印象，就是生动的情节。司马迁的《史记》最经典的就是项羽的破釜沉舟，韩信的背水之战。我们今天写历史，共产党领导的人民军队从井冈山到三大战役，同样是跌宕起伏，可歌可泣。为什么不能写出他们的喜怒哀乐，写出他们的真实经历呢？我的责任就是恢复历史的原貌，辉煌的革命史是由一个一个的细节积累铸就的。

当年《东北解放战争纪实》出版后，曾引起许多四野老前辈的关注，也在年轻读者中产生了较好的反响。但是有些人觉得书太厚，难以读完。河北人民出版社王静编审建议我重新编排一下，主要突出作战过程。于是我压缩部分内容，2012年出版了40万字的《决战东北》，这是个简明版。时间又过了六年，著名出版人梁由之先生建议再版此书。我又做了一番修订，充实了注释，交辽宁人民出版社出版。希望读者看完这几本书后，会感到史料翔实、语言朴实、结论客观，是一部能经受时间检验的解放战争史著作。

刘　统

（作者系上海交通大学历史系教授）